ESCRAVIDÃO E FAMÍLIA ESCRAVA
na Zona da Mata Mineira oitocentista

Jonis Freire

ESCRAVIDÃO E FAMÍLIA ESCRAVA
na Zona da Mata Mineira oitocentista

alameda

Grafia atualizada segundo o Acordo Ortográfico da Língua Portuguesa de 1990, que entrou em vigor no Brasil em 2009.

Edição: Joana Monteleone/Haroldo Ceravolo Sereza
Editor assistente: João Paulo Putini
Assistente acadêmica: Danuza Vallim
Projeto gráfico, capa e diagramação: João Paulo Putini
Revisão: Felipe Lima Bernardino
Assistente de produção: Camila Hama

Imagem da capa
Rugendas. *Préparation de la racine de mendioca* [Preparação da raiz da mandioca], 16,1 x 20,7 cm. Gravador: L. Deroy. Casa litográfica: Engelmann, rue du Faub.g Montmartre nº 6, Paris. In: DIENER, Pablo; COSTA, Maria de Fátima. *Rugendas e o Brasil*. São Paulo: Capivara, 2002.

Este livro foi publicado com o apoio da Fapesp

CIP-BRASIL. CATALOGAÇÃO NA PUBLICAÇÃO
SINDICATO NACIONAL DOS EDITORES DE LIVROS, RJ

F935e

Freire, Jonis
ESCRAVIDÃO E FAMÍLIA ESCRAVA NA
ZONA DA MATA MINEIRA OITOCENTISTA
Jonis Freire - 1. ed.
São Paulo : Alameda, 2014
360p. ; 23 cm

Inclui bibliografia
ISBN 978-85-7939-269-6

1. Escravidão - Zona da Mata (MG : Mesorregião) - História. 2. Escravidão - Minas Gerais - História. I. Título.

14-11613 CDD: 981.51
CDU: 94(815.1)

ALAMEDA CASA EDITORIAL
Rua Conselheiro Ramalho, 694 – Bela Vista
CEP: 01325-000 – São Paulo, SP
Tel.: (11) 3012-2400
www.alamedaeditorial.com.br

A minha mãe Sebastiana Francisca e a Karoline Carula por tudo

SUMÁRIO

ABREVIATURAS

CMJF: Catedral Metropolitana de Juiz de Fora

CM – AAJF: Cúria Metropolitana – Arquivo Arquidiocesano de Juiz de Fora

AHUFJF: Arquivo Histórico da Universidade Federal de Juiz de Fora

AHCJF: Arquivo Histórico da Cidade de Juiz de Fora

AHMPAJS: Arquivo Histórico Municipal Professor Altair José Savassi (Barbacena/MG).

APM: Arquivo Público Mineiro

APRESENTAÇÃO

Os estudos sobre a escravidão no Brasil avançaram enormemente nas últimas décadas, acompanhando a expansão dos cursos de pós-graduação em História. Hoje, a bibliografia sobre o assunto é extremamente diversificada em seu enfoque geográfico e temático, atualizada com respeito à historiografia internacional, e inovadora em seus métodos e abordagens. Entretanto, a proliferação de pesquisas traz o risco de uma excessiva especialização, na forma de diálogos entre autores que enfocam a mesma questão em locais diferentes, utilizando fontes e procedimentos analíticos semelhantes, porém sem se preocupar em levar em conta as discussões sobre outros temas importantes.

Um dos grandes méritos do presente livro, versão revista de tese de doutorado defendida na Unicamp em 2009, é justamente sua intervenção no debate sobre duas questões que vêm atraindo os pesquisadores nos últimos anos, mas que, em geral, são estudadas separadamente: a constituição da família escrava e os padrões de alforria (manumissão). Outro é que ele trabalha na interface de duas abordagens com tradição vigorosa no Brasil, mas que apenas recentemente vêm sendo conjugadas: a da história demográfica e a da história social, na sua vertente micro-histórica.

A micro-história procura, através da redução de escala, reconstituir em detalhe as relações sociais entre indivíduos, para poder intuir os motivos de suas ações, e, assim, entender processos mais amplos. É o que Jonis Freire faz, estudando o percurso dos escravos no que diz respeito a suas relações familiares e à alforria nas propriedades de três grandes fazendeiros de café e de seus herdeiros, em Juiz de Fora (na Zona da Mata, Minas Gerais) entre 1831 e o fim do escravismo. Aplica-se o método consagrado pela história demográfica de "ligação nominativa de fontes", mas ampliando o leque destas; além de recenseamentos manuscritos, inventários *post mortem*, e assentos da Igreja (no caso, registros de batismo e casamento), incluem-se também os documentos que concediam formalmente a manumissão (testamentos, cartas de liberdade, e registros de alforria na pia batismal). O estudo enfoca a experiência e a "agência" (protagonismo) cativa, porém levando-se em conta a situação de extrema coação em que os escravizados se encontravam e as peculiaridades socioeconômicas locais. Enfim, conta-se também a história da relação de conflito e negociação entre cativos e senhores no contexto específico da cafeicultura de larga escala num município mineiro, semelhante certamente a localidades no Vale do Paraíba e no Oeste paulista, mas não idêntico.

Impressiona neste estudo de caso, no entanto, o constante diálogo com os resultados de outros trabalhos, Brasil afora. Quando a pesquisa se iniciou, em 2004, já havia uma bibliografia considerável sobre a família escrava, mas esta se ampliou consideravelmente nos anos seguintes.[1] Quanto à alforria, havia quase nada feito utilizando-se o método de ligação de fontes, que permite o estudo da manumissão em contextos diferentes, por exemplo, em "escravarias" (termo da época para "posses de escravos") pequenas, médias e grandes. Já quando a pesquisa chegava ao fim, vários estudos excelentes utilizando o mesmo método haviam aparecido – embora seja importante frisar que o de Freire é o único que "fecha o círculo" em torno da alforria, no sentido de identificar todos os libertos registrados pelos senhores estudados, em testamento, cartório e assento batismal. Como resultado, Freire pôde colocar seus achados, tanto no que diz respeito à família escrava quanto no tocante à alforria, dentro de um rico quadro comparativo.[2] O livro,

1 Para a bibliografia sobre a família escrava até 1999, ver SLENES, Robert W. *Na senzala, uma flor: esperanças e recordações na formação da família escrava – Brasil Sudeste, século XIX*. 2ª ed. Campinas: Editora da Unicamp, 2011 [1ª ed., 1999]). Para trabalhos posteriores sobre o assunto por outros orientandos meus, ver *ibidem*, "Prefácio à 2ª edição".

2 Ver os estudos de Lisandra Meyer Ferraz, minha orientanda na mesma época em que Freire cursava o doutorado: *Testamentos, alforrias e liberdade: Campinas, século XIX*. Monografia (iniciação científica) – IFCH/Unicamp, Campinas, 2006, premiada – com publicação – em concurso de monografias de alunos do Instituto (Campinas: IFCH/Unicamp, Setor de Publicações, 2008); *Entradas para a liberdade: formas e frequência da alforria em Campinas no século XIX*. Dissertação (mestrado em História) – Unicamp, Campinas, 2009. Ver, também, SLENES, Robert W. "A 'Great Arch' descending: manumission rates, subaltern social mobility and enslaved, freeborn and freed black identities in southeastern Brazil, 1791-1888". In: GLEDHILL, John & SCHELL, Patience A. (orgs.). *New approaches to resistance in Brazil and Mexico*. Durham: Duke University Press, 2012, p. 100-118

portanto, fornece ao leitor um mapeamento atualizado do "estado da questão" em âmbito nacional, no que concerne às duas temáticas.

Temáticas, é importante dizer, que são centrais nos debates sobre o escravismo desde longa data. Já não é mais possível pensar que a escravidão, especialmente a de *plantation*, tenha condenado o escravo africano e afro-brasileiro à "morte social", deixando-o para sempre sem possibilidade de criar laços de parentesco, memória inter-geracional, e capacidade crítica própria para enfrentar os desafios do cativeiro. Também não é mais possível considerar o escravismo brasileiro como sistema indiferenciado no que diz respeito às taxas de alforria, que teriam excedido em muito a incidência de manumissão nos Estados Unidos em todas as propriedades, grandes e pequenas. Sabe-se agora que era justamente onde e quando a escravidão era mais dura – nas "mega-fazendas" oitocentistas do Sudeste, com seu ritmo de trabalho "industrial" – que a família escrava encontrou condições mais estáveis para se afirmar; e era nas mesmas fazendas que a alforria se revelava mais difícil de conquistar – muito mais, aliás, do que nas pequenas propriedades da época colonial e do Oitocentos. As duas descobertas, sintetizadas aqui num dos trabalhos que mais avançaram em ambas as áreas, vão incentivar durante muito tempo novas pesquisas sobre as diversas "escravidões" brasileiras – no século XIX, no Oitocentos em comparação ao período colonial, e nos diversos contextos regionais, rurais e urbanos. E vão levar a novas interpretações sobre como se configuraram, em cada época e lugar, os "cabos de guerra" entre cativos e senhores, as estratégias senhoriais de domínio, as identidades escravas.

ROBERT W. SLENES
Campinas, janeiro de 2014

(parte deste ensaio, preparado entre 2007 e 2010, compara os dados dos diversos estudos existentes sobre a alforria em propriedades de tamanhos diferentes. A ideia e a forma inicial da comparação foi minha, mas a realização final resultou de trabalho colaborativo entre Freire e mim. As tabelas que resultaram e que serviram de base para a discussão em meu artigo foram incorporadas na tese de Freire e aparecem no atual livro com pequenas modificações).

INTRODUÇÃO

Este livro é resultado de minha tese de doutoramento defendida em 2009 na Universidade estadual de Campinas. Procurei, sempre que possível, atender as sugestões feitas pela banca. Já se passam alguns anos, contudo, resisti à tentação de atualizar o texto. De lá para cá, um número grande de excelentes trabalhos sobre os temas que perpassam essa investigação foram produzidos. Esse livro reflete um estágio de minha formação, produzido em uma determinada temporalidade e, por isso, optei por não incluir esse "novo" e dinâmico debate historiográfico. Deixo essa tarefa para outro momento e outro trabalho.

Os estudos sobre a escravidão no Brasil têm-se voltado para temas tais como a dependência/autonomia dos cativos dentro do sistema, "a economia dos escravos", o parentesco espiritual ou ritual (compadrio), os casamentos e as suas variadas formas de resistência, dentre outros. Essas novas abordagens têm sido muito profícuas, principalmente em virtude da utilização, por parte dos pesquisadores, de fontes variadas, qualitativas e quantitativas, tais como: inventários *post mortem*, processos-crime, registros paroquiais, listas censitárias nominativas, cartas de alforria, contas de tutela etc.

O debate que ora se trava aborda o escravo enquanto agente histórico do processo no qual esteve inserido. Essa "nova" perspectiva tem levado os pesquisadores a encontrar um sistema escravista diferente daquele que, até então, se imaginava. A visão de um sistema escravista estático, baseada numa dicotomia entre proprietários e escravos, na qual apenas aos primeiros caberia a sua condução, não mais se sustenta. Está claro que os senhores eram a parte mais forte da contenda, entretanto, os cativos tinham a possibilidade de se mover dentro de certos espaços. Vistos como agentes históricos ativos dentro do sistema no qual se inseriram, estabeleceram uma relação ora de dependência, ora de autonomia.[1]

> Como os escravos sobreviveram à escravidão? Para compreendermos o significado e o legado da escravidão, temos que considerar de que maneira os escravos procuraram moldar suas próprias vidas e destinos. Apesar das esmagadoras exigências impostas pelos senhores – exigências não somente quanto ao trabalho, mas também de obediência e deferência – os escravos conseguiram preservar algo de sua própria cultura e história. Antropólogos e historiadores mostraram que religião, música, histórias, formas artísticas, comida e língua africanas não apenas sobreviveram no Novo Mundo, mas forneceram a base para uma cultura escrava, que se tornou parte integrante de sociedades rurais nas Américas.[2]

Silvia Hunold Lara criticou as ideias que imputavam aos escravos a incapacidade de ação dentro da realidade na qual estavam inseridos, tirando-lhes toda e qualquer possibilidade de atuação e transformação de sua condição, assim como de seu potencial para agir. Segundo Lara,

> Tais concepções, ao salientarem a coisificação e a alienação do escravo, restringem-lhe a humanidade à sua ação criminosa, a ações de resistência explícita, como a fuga e o quilombo, ou a iniciativas senhoriais de ensinar ofícios ao trabalhador cativo. Posta nesses termos, essa caracterização da figura do escravo anula a possibilidade de entender que os escravos eram seres que agenciavam suas vidas enquanto escravos, resistindo e se acomodando, e que a relação senhor-escravo era fruto dessa dinâmica, entre esses dois pólos, e

---

1 Sobre essa virada na historiografia brasileira, baseada na dinâmica das relações existentes entre dominantes e dominados, bem como a respeito de alguns trabalhos pioneiros com esse enfoque, cf. MACHADO, Maria Helena Pereira Toledo. "Em torno da autonomia escrava: uma nova direção para a história social da escravidão". *Revista Brasileira de História*, 8: 16, mar./ago. 1988, p. 143-160; LARA, Silvia Hunold. "Blowin' in the wind: Thompson e a experiência negra no Brasil". *Projeto História*, São Paulo, vol. 12, 1995, p. 43-56; GOMES, Ângela de Castro. "Questão social e historiografia no Brasil do pós-1980: notas para um debate (ensaios bibliográficos)". *Revista Estudos Históricos*, 34: 2, 2004. Para uma compreensão do termo "agência" (*agency*), ver JOHNSON, Walter. "On Agency". *Journal of Social History*, 37.1, 2003.

2 METCALF, Alida C. "Vida familiar dos escravos em São Paulo no século dezoito: o caso de Santana de Parnaíba". *Estudos Econômicos*, São Paulo, 17(2), maio/ago. 1987, p. 229-230.

> não uma construção imposta de cima para baixo, unicamente pela vontade senhorial.[3]

Dentre os principais temas, o concernente à família escrava chama a atenção. Várias questões importantes são discutidas na produção historiográfica recente, desde o seu processo de formação e o seu significado para aqueles que a compunham, incluindo a proporção de uniões que eram legítimas (ratificadas pela Igreja), até as possibilidades de a família nuclear e extensa se manter ao longo do tempo. Não se trata mais de comprovar a existência da família e, sim, de tentar articular a sua existência com outros aspectos do escravismo, buscando, com novos métodos de investigação, ângulos não visíveis em análises mais gerais.

É importante realçar que o termo "família" abarca não só o grupo doméstico "nuclear" ou "conjugal" (pais e filhos), mas também a trama de relações consanguíneas e afins, no tempo, e as relações provenientes da formação da própria família negra, que se deram por meio de solidariedades e reciprocidades – especialmente o compadrio – com escravos, livres e libertos.[4]

A mudança de direção nos estudos sobre a escravidão no Brasil, principalmente no que diz respeito à família escrava, derrubou várias teorias relativas à promiscuidade dos cativos, à fragilidade de suas vidas familiares e de seus laços afetivos, à sua suposta anomia, à instabilidade do convívio entre pais e filhos etc. "Enfim, apesar do impacto negativo do cativeiro sobre a família (visível especialmente nos plantéis pequenos), não se pode caracterizar a vida íntima do escravo como 'desorganizada' ou 'anômica'".[5]

Entretanto, fazem-se necessários estudos que utilizem outros métodos, demográficos ou não, cruzando um variado número de fontes – tal como fizemos –, objetivando a reconstituição de famílias cativas no correr do tempo. Nesse sentido, o método de ligação nominativa permite seu intensivo estudo.[6]

3 LARA, Silvia Hunold. *Campos da violência: escravos e senhores na Capitania do Rio de Janeiro, 1750-1808*. Rio de Janeiro: Paz e Terra, 1988, p. 353.

4 Esta definição para a família escrava foi também utilizada, dentre outros, por SLENES, Robert W. *Na senzala uma flor: esperanças e recordações na formação da família escrava – Brasil sudeste, século XIX*. Rio de Janeiro: Nova Fronteira, 1999.

5 *Idem*, "Escravidão e família: padrões de casamento e estabilidade familiar numa comunidade escrava (Campinas, século XIX)". *Estudos Econômicos*. São Paulo, 17(2), maio/ago. 1987, p. 217.

6 Slenes já havia sugerido, em artigo, a ideia de seguir grupos no tempo, utilizando o intercruzamento de fontes variadas, chamando a atenção para a importância desse método. *Idem*, "Escravos,

Procedendo dessa maneira, podemos vislumbrar as possíveis situações enfrentadas por elas e quais foram suas estratégias e experiências, tentando, assim, capturar as vivências escravas que melhor expliquem o significado do parentesco para essa família e que ganhos (pecúlio, acesso à terra, alforria, trabalhos qualificados etc.) ela pôde obter.

A família escrava foi considerada pela historiografia como inexistente, devido à anomia e à promiscuidade que lhes eram inerentes, pois os seus membros seriam impedidos, pelo caráter violento e opressor da escravidão no Brasil, de tecer solidariedades duradouras e de se integrar à "sociedade de classes". Para Caio Prado Júnior, o escravismo deformou tanto o caráter quanto a cultura negra, o que, consequentemente, levou o cativo à dissolução moral de seus costumes, tendo como resultado a devassidão geral da sociedade.[7] Essa visão ganhou força em um grupo de intelectuais, influenciados por Caio Prado, que ficou conhecido como "Escola Paulista de Sociologia".[8]

Com o intuito de refutar essas conclusões, a partir da década de 1970 a família escrava começou a ser reconhecida como uma instituição importante para a vida da sua comunidade.[9] Isso ocorreu principalmente devido às pesquisas de cunho demográfico e à mudança de enfoque sobre o cativo, visto, a partir de então, como agente histórico. Nos anos subsequentes, surgiram cada vez mais trabalhos sobre o tema, como uma edição especial da *Revista Estudos Econômicos*, contando com a participação de diversos pesquisadores, como Iraci Del Nero da Costa, Stuart Schwartz, Robert Slenes, Alida Metcalf, entre outros, estimulando ainda mais as pesquisas acerca da família escrava.[10] As comemorações do centenário da abolição da escravidão marcaram uma "virada" historiográfica

---

cartórios e desburocratização: o que Rui Barbosa não queimou será destruído agora?". *Revista Brasileira de História*, São Paulo, 1985.

7 PRADO JR., Caio. *Formação do Brasil contemporâneo – Colônia*. 18ª ed. São Paulo: Brasiliense, 1983 [1942].

8 FERNANDES, Florestan. *A integração do negro na sociedade de classes*. São Paulo: Edusp, 1965; CARDOSO, Fernando Henrique. *Capitalismo e escravidão no Brasil meridional*. São Paulo: Difusão Européia do Livro, 1962; COSTA, Emilia Viotti. *Da senzala a Colônia*. São Paulo: Difel, 1965; BASTIDE, Roger. *As religiões africanas no Brasil*. São Paulo: Edusp, 1971.

9 Cf. GRAHAM, Richard. "A família escrava no Brasil colonial". In: *Escravidão, reforma e imperialismo*. São Paulo: Perspectiva, 1979; SLENES, Robert W. *The demography and economics of Brazilian slavery: 1850-1888*. Tese (doutorado) – Stanford University, Stanford, 1976.

10 *Estudos Econômicos* (17:2, 1987), número especial sobre a família escrava.

nos estudos com relação a esse tema: publicações especializadas sobre o assunto começaram a ganhar espaço, juntamente com as monografias, as teses e as dissertações.[11]

Os estudos sobre a família escrava no Brasil ocorreram em paralelo com outras pesquisas, feitas sobre algumas áreas do sul dos Estados Unidos e para a região do Caribe. Nesse contexto, podemos destacar os de Eugene Genovese, Herbert Gutman e Barry Higman. As pesquisas de Genovese e Gutman questionaram alguns trabalhos clássicos da historiografia norte-americana, que postulavam a ideia de que a condição na qual lá se encontravam os negros, no século XIX, era oriunda da desestruturação de sua vida familiar, proveniente do cativeiro.[12] Cabe ressaltar que os trabalhos sobre a família escrava continuam a ser um tema merecedor de atenção por parte da historiografia norte-americana, o que pode ser percebido, por exemplo, nos trabalhos de Brenda Stevenson, Ann Patton Mallone e Wilma A. Dunaway.[13] Recentemente, o historiador americano Ira Berlin destacou que,

> A despeito da natureza desigual do embate, os senhores de escravos nunca saíam completamente vencedores. Enquanto os proprietários de escravos ganhavam quase todas as grandes batalhas, os escravos ganhavam sua quota de escaramuças, frustrando o grande intento dos senhores. Embora tivessem negado o direito de casar, compunham famílias; negado o direito de uma vida religiosa independente, criaram igrejas; negado o direito de ter propriedade, tinham muitas coisas. Definidos como propriedade e tratados como animais, recusavam-se a entregar a humanidade.[14]

---

11 Para uma compreensão acerca dos debates historiográficos sobre a família escrava, a virada historiográfica e o novo enfoque dado aos escravos, conferir MOTTA, José Flavio. *Corpos escravos, vontades livres: posse de cativos e família escrava em Bananal (1801-1829)*. São Paulo: Annablume/Fapesp, 1999, cap. V; SLENES, *op. cit.*, 1999. Para um balanço da produção historiográfica no período do centenário da abolição da escravidão, Cf. SCHWARTZ, Stuart. *Escravos, roceiros e rebeldes*. Bauru: Edusc, 2001.

12 GENOVESE, Eugene. *Roll Jordan Roll*. Nova York: Pantheon, 1974; GUTMAN, Herbert. *The black family in slavery and freedom, 1750-1925*. Nova York: Vintage Books, 1976; HIGMAN, Barry. *Slave population and economy in Jamaica, 1807-1834*. Cambridge: Cambridge University Press, 1976.

13 MALONE, Ann Patton. *Sweet chariot: slave family and household structure in nineteenth-century*. Louisiana: Chapel Hill & London, 1992; STEVENSON, Brenda E. *Life in black and white: family and community in slave south*. Nova York: Oxford University Press, 1996; DUNAWAY, Wilma A. *The African-American family in slavery and emancipation*. Cambridge: Cambridge University Press, 2003.

14 BERLIN, Ira. *Gerações de cativeiro*. Rio de Janeiro: Record, 2006, p. 15.

A partir da década de 1990, os estudos sobre a família escrava no Brasil buscaram compreender, mais minuciosamente, os laços de parentesco dentro dos limites do cativeiro. Os debates sobre autonomia/dependência entraram mais detidamente nas discussões historiográficas. Temas como a economia interna, o parentesco espiritual (compadrio), o casamento, as variadas formas de resistência, entre outros, também foram alvo de estudos. Dentre os principais, podemos destacar os de José Flavio Motta, Robert Slenes, Manolo Florentino & José Roberto Góes, Hebe Mattos, Sheila de Castro Faria e o primeiro volume da *Revista População e Família*.[15]

O estudo da família escrava é bastante importante para a compreensão das relações estabelecidas pela população mancípia no sistema escravista de outrora. Ela foi uma das "instituições" com que os cativos contaram para estabelecer relações de solidariedade e confronto dentro daquele sistema. Foi também muito importante no alargamento da própria rede de parentesco, inclusive dos vários tipos de parentesco espiritual.

Para além do caráter biológico, a família possuía um significado social, pois os escravos procuraram "(re)criar" uma identidade, enquanto grupo, consubstanciando-se como uma das formas de integração comunitária social do negro. As pesquisas atuais agora se voltam para outras fronteiras.

> [...] a formação das famílias significou a construção de laços de solidariedade entre os escravos. Ajuda mútua, suporte material e espiritual. A família funcionava como receptora de angústias e expectativas comuns e como fortificante para a luta cotidiana. Ela tornou-se um dos mecanismos de defesa e sua estruturação impôs-se como estratégia de resistência à desumanização e à indignidade do cativeiro.[16]

---

15 SLENES, *op. cit.*, 1999; MOTTA, *op. cit.*, 1999; FLORENTINO, Manolo & GÓES, José Roberto. *Paz nas senzalas: famílias escravas e tráfico atlântico, Rio de Janeiro, c. 1790-1850*. Rio de Janeiro: Civilização Brasileira, 1997; MATTOS DE CASTRO, Hebe Maria. *Das cores do silêncio: os significados da liberdade no Sudeste escravista – Brasil, século XIX*. Rio de Janeiro: Nova Fronteira, 1998; FARIA, Sheila de Castro. *A colônia em movimento: fortuna e família no cotidiano colonial (sudeste, século XIX)*. Rio de Janeiro: Nova Fronteira, 1998; *Revista População e Família* (Cedhal/USP), vol. 1, nº 1, jan./jun. 1998, número dedicado ao tema da família escrava.

16 PAIVA, Eduardo França. *Escravos e libertos nas Minas Gerais do século XVIII*: estratégias de resistência através dos testamentos. São Paulo: Annablume, 1995, p. 131.

Este livro se insere em algumas dessas fronteiras. Estamos preocupados em avançar questões já colocadas em outros trabalhos. Uma delas está na tentativa de se empreender um estudo sobre as estratégias políticas e as identidades culturais da comunidade escrava. Dentre os estudos que mais se dedicaram ao tema, e que ainda norteiam as discussões sobre ele no Brasil, podemos destacar os de Manolo Florentino & José Roberto Góes, José Flavio Motta, Hebe Mattos e Robert Slenes.[17]

Para Florentino & Góes, a constituição da família escrava visava garantir a "paz das senzalas", em contraposição ao estado iminente de guerra que havia no sistema escravista. Essa abordagem apontou para seu caráter estrutural em relação ao cativeiro que, segundo os autores, nos ajuda a compreender a reprodução daquela própria sociedade, ou seja, a família escrava seria fundamental ao funcionamento da escravidão, e o medo da dissolução de seus laços teria instaurado a "paz das senzalas". Todavia, alguns conflitos ocorriam nelas, devido a tensões étnicas – entre africanos e entre africanos e crioulos – e às disputas pelo "mercado" matrimonial, que os escravos mais velhos teriam dominado, pela obtenção das mulheres mais jovens e férteis. Sem dúvida, podemos pensar em uma certa "paz", entretanto, estando os escravos submetidos às cruéis condições do cativeiro, deve ter havido muito mais conflitos nas senzalas. Para além da "dissensão" imputada àqueles indivíduos, deve ter-lhes sido importante estabelecer sistemas de ajuda mútua, na tentativa de "melhor sobreviver" dentro daquela instituição.[18]

De acordo com Hebe Mattos, na primeira metade do século XIX, os escravos do Sudeste brasileiro disputavam recursos limitados, o que enfraquecia os laços comunitários dentro da senzala. Esses embates ocorriam, sobretudo, entre os crioulos e os africanos "ladinos" (aculturados), a despeito de seus laços de parentesco. Diferente da situação dos africanos "novos" (recém-chegados), os crioulos e os africanos "ladinos" tiveram condições de obter melhorias dentro do cativeiro, como o acesso à terra, a

---

17 FLORENTINO & GÓES, *op. cit.*; MATTOS DE CASTRO, *op. cit.*, 1998; SLENES, *op. cit.*, 1999; MOTTA, *op. cit.*, 1999.

18 FLORENTINO & GÓES, *op. cit.* Slenes está em desacordo com a afirmação de que a família escrava era estrutural, pois ela seria útil somente "para reconhecer que, em todas as sociedades, quem está com mais de 30 anos e com compromissos familiares dificilmente se tornará um revolucionário [...]. Enfim, que paz pode reinar numa senzala habitada por parentelas cujos membros têm experiências, alianças e memórias radicalmente diferentes da de seus senhores? Dito de outra forma: que 'estrutura' é essa que, atrás de uma fachada de paz, alimenta a guerra entre a senzala e a casa-grande?" (SLENES, Robert W. "Família escrava e trabalho". *Revista Tempo*, Niterói, nº 6, 1998, p. 39-41).

chance de alcançar a alforria e ofícios especializados, o que os levou a se aproximarem mais do mundo dos livres pobres. Os cativos procuraram tecer redes de solidariedades verticais, por meio da dependência em relação à classe senhorial, e horizontais, para com livres e libertos pobres. Dessa forma, tendiam a se afastar de seus parceiros da senzala, distanciando-se, portanto, de suas identidades e de suas experiências comuns, enquanto cativos. Para a autora, existiram tanto a coesão quanto o conflito, que se tornavam mais latentes, dependendo das circunstâncias. Essa estratégia de aproximação do mundo dos livres e o consequente distanciamento da condição escrava acarretaram certa dissensão entre os cativos, embora não representasse uma quebra irreconciliável entre os escravizados. Durante a primeira metade do século XIX, segundo Mattos, não houve uma "identidade escrava", pois aqueles crioulos e ladinos, com maiores possibilidades de mobilidade social – e também suas famílias – buscaram distanciar-se da escravidão e aproximar-se da liberdade. Essa aproximação da "experiência de liberdade" sobrepujava outras, assim como heranças culturais em comum e, em última instância, lhes tirava qualquer formação de identidade.[19]

Robert Slenes procurou recuperar as estratégias cotidianas empreendidas pelos escravos para lidar com a opressão imposta pelos senhores. Em seu estudo, travou um debate instigante com as interpretações propostas por Florentino & Góes e Mattos. Para Slenes, os escravos conseguiram, mediante negociação, frustrar a tentativa dos senhores de estabelecerem um cativeiro "perfeito". A "renda política" auferida pelos seus donos seria mínima e só lhes garantia uma frágil estabilidade. O autor buscou um equilíbrio entre as experiências e as heranças culturais africanas e suas posteriores "(re)elaborações" dentro do sistema escravista. A obtenção de espaços próprios pela população cativa e a sua melhoria de vida foram, muitas vezes, conseguidas com as relações de parentesco, sem que, necessariamente, fosse preciso estabelecer mais relações no mundo dos livres do que no dos escravos. Ainda segundo Slenes, a família constituída não seria a almejada nem pelos escravos nem pelos senhores; diante disso, ela promoveu ora a autonomia, ora a dependência do escravo. Diz-nos o autor:

> A "família cativa", no entanto, não se reduzia a estratégias e projetos centrados em laços de parentesco. Ela expressava um mundo mais amplo que os escravos criaram a partir de suas "esperanças e recordações"; ou melhor, ela era apenas *uma* das instâncias culturais importantes

19 MATTOS DE CASTRO, *op. cit.*, 1998.

> que contribuíram, nas regiões de *plantation* do Sudeste, para a formação de uma identidade nas senzalas, conscientemente antagônica à dos senhores e compartilhada por uma grande parte dos cativos.[20]

José Flávio Motta estudou a posse de cativos e a família escrava em Bananal (SP), nas primeiras décadas do século XIX (1801-1829). Procedeu a uma arguta pesquisa demográfica e percebeu que tanto a posse quanto a família evoluíram de forma paralela no transcorrer daquele período. A atividade cafeeira da região engendrou o crescimento demográfico das populações livre e escrava; essa última, pela entrada de africanos, condicionou a estrutura de posses de escravos. Tal variável incidiu sobre as possibilidades de convívio familiar, que, como bem assinalou o pesquisador, a par das diversidades encontradas, sempre se fez presente.[21]

Uma abordagem teórico-metodológica que contribui para o estudo de grupos pequenos, ao longo do tempo, é a da micro-história. Os trabalhos de Giovanni Levi e Carlo Ginzburg sinalizam para a importância de se perseguir nomes no correr do tempo.[22]

Os debates sobre o grau de estabilidade da família cativa nos permitem a possibilidade de realizar um estudo intensivo de algumas escravarias.[23] É necessário, portanto, estabelecer-se o grau de continuidade e estabilidade das famílias, procurando entender o que lhes aconteceu nas partilhas dos bens, assim como detectar se seus laços mais prováveis de serem mantidos eram os relativos a mães e filhos (menores de 12 anos), e, ainda, para além da sua suposta destruição, se houve alguma possibilidade "de ganho", como a alforria e outros. Em suma, teriam sido raros os grupos de escravos com estabilidade familiar?

---

20 SLENES, *op. cit.*, 1999, p. 49. Grifo meu.

21 MOTTA, *op. cit.*, 1999.

22 GINZBURG, Carlo. *A Micro-História e outros ensaios*. Lisboa: Difel, 1991; LEVI, Giovanni. *A herança imaterial: trajetória de um exorcista no Piemonte do século XVII*. Rio de Janeiro: Civilização Brasileira, 2000.

23 A respeito dessa estabilidade, cf. FRAGOSO, João Luis Ribeiro & FLORENTINO, Manolo Garcia. "Marcelino, filho de Inocência crioula, neto de Joana Cabinda: um estudo sobre famílias escravas em Paraíba do Sul (1835-1872)". *Estudos Econômicos*, São Paulo, 17(2), maio/ago. 1987, p. 151-173; ANDRADE, Rômulo Garcia de. "Família escrava e estrutura agrária na Minas Gerais oitocentista". *População e família*, CEDHAL/USP, vol. 1, nº 1, jan./jun. 1998; MOTTA, José Flavio & MARCONDES, Renato Leite. "O comércio de escravos no vale do Paraíba paulista: Guaratinguetá e Silveiras na década de 1870". *Estudos Econômicos*, 30 (2), 2000, p. 267-299.

A análise das políticas de domínio dos senhores e as contraestratégias dos escravos merecem mais estudo. Dentre elas, podemos citar o exercício de trabalhos qualificados, o acesso à alforria, ao pecúlio, à terra e ao casamento, como alguns dos "ganhos" buscados pelos cativos, na tentativa de obterem certa autonomia dentro daquele sistema.

A relação entre crioulos e africanos é outra fronteira bastante polêmica. É importante pensar se o fato de pertencerem a uma mesma condição (cativa) os levou a constituírem uma comunidade, ou, pelo contrário, se os induziu a se dividir, conforme suas diferenças de origem, e se essa dissensão se refletiu nos graus de casamentos endo/exogâmicos no interior da senzala. É necessário repensar se a endogamia pode, realmente, ser caracterizada como fruto de uma divisão entre os cativos, devido à sua origem (crioulo x africanos e africanos de várias origens). Essa reflexão é necessária para sabermos se as famílias extensas e intergeracionais seriam provenientes, apenas, da união entre cativos de igual origem.[24]

O casamento, além de ajudar a compreender a dimensão dada à família, teve papel importante, na medida em que aumentava a família nuclear, transformando-a, muitas vezes, pela incorporação de outros cativos em famílias extensas, estáveis e intergeracionais. Um estudo longitudinal poderá encontrar, dentro delas, além do casamento, redes de parentesco integradas, nas quais as uniões de "longa" duração entre os escravos não teriam sido incomuns. O acesso ao casamento e a seus benefícios teria sido reservado a africanos ladinos (escravos residentes no Brasil há algum tempo) e a crioulos, como aponta parte da historiografia?[25] O casamento, o acesso a trabalhos qualificados e a formação de famílias constituíam parte importante das estratégias empregadas pelos escravos, em sua busca pela liberdade (alforria). Tais estratégias permitem conhecer a quem os cativos destinaram seus esforços para conquistar esse "sonho de liberdade": pais, mães ou filhos.

---

24 Sobre a relação crioulo/africano, cf., entre outros: MATTOS DE CASTRO, *op. cit.*, 1998; FLORENTINO & GÓES, *op. cit.*; REIS, João José. *Rebelião escrava no Brasil: a história do levante dos malês (1835)*. São Paulo: Companhia das Letras, 2003. Sobre a endogamia, ver resultados divergentes nos estudos de FLORENTINO & GÓES, *op. cit.*; SLENES, *op. cit.*, 1999; PIROLA, Ricardo Figueiredo. *A conspiração escrava em Campinas, 1832: rebelião, etnicidade e família*. Dissertação (mestrado em História) – IFCH/Unicamp, Campinas, 2005.

25 Cf. MATTOS DE CASTRO, *op. cit.*, 1998.

A ilegitimidade foi vista, por parte da historiografia, como um indicativo de promiscuidade e, portanto, uma alternativa aos obstáculos para o casamento.[26] Entretanto, devemos perceber que a família dos cativos não passava, necessariamente, pelo reconhecimento da Igreja, e que os seus laços se desenvolveram amplamente dentro das relações ditas ilícitas. Se não chegavam a formar famílias legítimas, não significava que viviam em promiscuidade sexual e em ligações temporárias. Outrossim, a ilegitimidade foi reflexo dos costumes senhoriais, mais do que do desinteresse dos escravos pelo matrimônio, ou seja, suas taxas variaram de acordo com o compromisso dos senhores na formalização dos enlaces matrimoniais de seus escravos, levando uniões consensuais a serem documentadas. Dessa forma, como bem salientou Isabel Reis: "os baixos índices de uniões matrimoniais na Igreja não servem como comprovação de um baixo nível de vivência familiar entre aqueles que estiveram submetidos ao regime de cativeiro".[27]

O compadrio escravo é entendido por muitos estudiosos como tendo sido uma forma de aumentar a rede de parentesco.[28] Utilizando, principalmente, os registros paroquiais, que trazem informações acerca dos envolvidos naqueles sacramentos, percebemos quais foram as estratégias empreendidas pelos cativos, quando da consecução de seus laços de parentesco espiritual. Outro debate que está na fronteira dos estudos atuais é relativo à família e à reprodução natural, embora alguns trabalhos já tenham sido feitos.[29] Cabe tentar descobrir as estratégias familiares e reprodutivas dos escravos.

---

26 Sobre a legitimidade dos casamentos dos escravos, ver FARIA, Sheila Siqueira de Castro. "Família escrava e legitimidade: estratégias de preservação da autonomia". *Estudos Afro-Asiáticos*, Rio de Janeiro, nº 23, dez. 1992; SLENES, Robert W. "Escravidão e família: padrões de casamento e estabilidade familiar numa comunidade escrava. Campinas, século XIX". *Estudos Econômicos*, São Paulo, 17 (2), 1987, p. 217-227; COSTA, Iraci Del Nero da; SLENES, Robert W.; SCHWARTZ, Stuart B. "A família escrava em Lorena (1801)". *Estudos Econômicos*, São Paulo, vol. 17, nº 2, maio/ago. 1987.

27 REIS, Isabel Cristina Ferreira dos. *A família negra no tempo da escravidão: Bahia, 1850-1888*. Tese (doutorado em História) – Unicamp, Campinas, 2007, p. 75.

28 Entre outros, FLORENTINO & GÓES, *op. cit.*; GUDEMAN, S. & SCHWARTZ, S. "Purgando o pecado original: compadrio e batismo de escravos na Bahia no século XVIII". In: REIS, João José (org.). *Escravidão e invenção da liberdade: estudos sobre o negro no Brasil*. São Paulo: Brasiliense; Brasília: CNPq, 1988; KJFERVE, Tânia Maria G. & BRUGGER, Silvia Maria. "Compadrio: relação social e libertação espiritual em sociedades escravistas (Campos, 1754-1766)". *Estudos Afro-Asiáticos*, Rio de Janeiro, nº 20, 1991.

29 GUTIERREZ, Horácio. "Demografia escrava numa economia não-exportadora, Paraná: 1800-1830". *Estudos Econômicos*, São Paulo, 17 (2), maio/ago. 1987; *Idem*. "Crioulos e africanos no

A família e o acesso a benefícios – terra, moradia, pecúlio, alforria – devem ter levado os escravos a uma estabilidade nos seus laços. As uniões estáveis de longa duração, que, provavelmente, não foram incomuns, juntamente com a melhoria das condições de vida para aqueles indivíduos teriam contribuído para as taxas de reprodução natural positiva? O nascimento de crianças certamente ampliou os laços de parentesco, primeiramente com o compadrio, posteriormente, no caso dos inocentes que conseguiram sobreviver até certa idade, pelo casamento.[30]

Algumas pesquisas sobre a Província Mineira apontaram evidências de processos de reprodução natural entre os cativos, o que teria sido importante dentro do escravismo mesmo em períodos adversos, devido ao tráfico interprovincial e ao fim do comércio atlântico de escravos. Sugerem, também, que, após a sua extinção, essa população se encontrava plenamente reprodutiva, desmistificando a afirmação de que o aumento geral da população cativa só foi garantido, no seu conjunto, com altas taxas de imigração forçada.[31]

É preciso determinar quais as contribuições de crioulos e africanos para os padrões de reprodução. Precisamos observar: quais foram as influências dos proprietários sobre a constituição de famílias escravas e qual sua importância no processo de manutenção e/ou ampliação das posses. Teriam esses senhores buscado estratégias na manutenção/ampliação das suas escravarias por meio da reprodução natural ou do tráfico de escravos?

O debate historiográfico e a existência de alguns estudos a respeito da população escrava da Zona da Mata Mineira e da atual cidade de Juiz de Fora, como os de Rômulo Andrade, Ana Lucia Lanna e Peter Blasenheim, nos fornecem a possibilidade de articular um diálogo comparativo entre os resultados daquelas pesquisas e

---

Paraná, 1798-1830". *Revista Brasileira de História*, 8: 16, mar./ago. 1988; BOTELHO, Tarcísio Rodrigues. *Famílias e escravarias: demografia e família escrava no norte de Minas Gerais no século XIX*. Dissertação (mestrado em História) – FFLCH/USP, São Paulo, 1994; LUNA, Francisco Vidal & KLEIN, Herbert S. *Slavery and economy of São Paulo*, 1750-1850. California: Stanford University Press, 2003.

30 SLENES, *op. cit.*, 1999.

31 BOTELHO, *op. cit.*, 1994; PAIVA, Clotilde A. & KLEIN, Herbert S. "Escravos e livres nas Minas Gerais do século XIX: Campanha em 1831". *Estudos Econômicos*, São Paulo, 22 (1), jan./abr. 1992, p. 129-151; PAIVA, Clotilde A. & LIBBY, Douglas Cole. "Caminhos alternativos: escravidão e reprodução em Minas Gerais no século XIX". *Estudos Econômicos*, São Paulo, vol. 25, maio-ago. 1995.

os do nosso trabalho.[32] A tese de Andrade, por exemplo, nos dá subsídios e permite aprofundar os conhecimentos sobre a família escrava naquela localidade. Ele fez um estudo inicial sobre a escravidão e a família escrava na região, que prepara o caminho para uma pesquisa demográfica mais aprofundada, utilizando o método de ligação nominativa de fontes, visando seguir indivíduos ao longo do tempo.

Análises longitudinais, usando o método de ligação nominativa, ainda são poucas. Exceções feitas aos trabalhos de Robert Slenes, Carlos Vogt, Peter Fry & Robet Slenes, Cristiany Miranda Rocha, Carlos de Almeida Bacellar & Ana Silvia Volpi Scott e Maísa Faleiros da Cunha, que utilizaram vários tipos de fontes, procurando acompanhar, numa perspectiva longitudinal, as possibilidades de estabilidade das relações familiares dos escravos ao longo do tempo.[33]

> A reconstituição de famílias escravas ensejou uma tentativa de desvendar o que representaria, em termos de história longitudinal de vida, um escravo pertencer a um plantel de um grande proprietário. Uma análise nesse sentido mostra-se válida na medida em que a descoberta de famílias escravas implica, em maior ou menor escala, na estabilidade do plantel. Se famílias escravas, incluindo duas ou três gerações, podem ser acompanhadas, os plantéis a que pertenciam também o podem.[34]

32 Estes são apenas alguns dos trabalhos sobre a localidade: ANDRADE, Rômulo de. *Limites impostos pela escravidão à comunidade escrava e seus vínculos de parentesco: Zona da Mata de Minas Gerais, século XIX*. 2 vols. Tese (doutorado em História) – FFLCH-USP, São Paulo, 1995; BLASENHEIM, Peter Louis. *A regional history of the Zona da Mata in Minas Gerais, Brazil: 1870-1906*. Tese (doutorado em História) – Stanford University, 1982; LANNA, Ana Lucia Duarte. *A transformação do trabalho: a passagem para o trabalho livre na Zona da Mata Mineira – 1870-1920*. Campinas: Editora da Unicamp, 1989.

33 SLENES, *op. cit.*, 1999; SLENES, Robert; VOGT, Carlos; FRY, Peter. "Histórias do Cafundó" (cap. 2). In: *Cafundó: a África no Brasil – linguagem e sociedade*. São Paulo: Companhia das Letras, 1996; ROCHA, Cristiany Miranda. *Gerações da senzala: famílias e estratégias escravas no contexto dos tráficos africano e interno*. Tese (doutorado em História) – Unicamp, Campinas, 2004; BACELLAR, Carlos de Almeida & SCOTT, Ana Silvia Volpi. "Sobreviver na senzala: estudo da composição e continuidade das grandes escravarias paulistas, 1798-1818". In: NADALIN, Sérgio Odilon, *et al* (coords.). *História e população: estudos sobre a América Latina*. São Paulo: Fundação Sistema Estadual de Análise de Dados, 1990; CUNHA, Maísa Faleiros da. *Demografia e família escrava: Franca (SP), século XIX*. Tese (doutorado em Demografia) – Unicamp, Campinas, 2009.

34 BACELLAR & SCOTT, *op. cit.*, p. 215.

As análises que empreendemos são relativas às posses de três grandes propriedades, encabeçadas pelos senhores Antonio Dias Tostes, Comendador Francisco de Paula Lima e Capitão Manoel Ignácio Barbosa Lage. O critério de escolha desses senhores se fez pela maior variedade de registros sobre suas escravarias, o que possibilitou o intercruzamento de fontes variadas. Dessa maneira, reconstituímos a genealogia de seus ascendentes e descendentes de primeiro grau. Vale salientar que quanto maior o número de inventários possíveis para uma mesma família senhorial, maiores as oportunidades de acompanhar a formação das famílias escravas. Claro que se trata de uma genealogia parcial, visto que o nosso interesse primeiro está na reconstituição das possíveis genealogias das famílias escravas, ou seja, os senhores foram "apenas" a porta de entrada para que pudéssemos ter acesso aos cativos o que nos permitiu um estudo da evolução do grupo familiar no período em questão. O conhecimento da família dos senhores nos ajudou a detectar o alcance das separações dos escravos nas partilhas dos bens.

A Zona da Mata Mineira foi a região com a qual trabalhamos, mais especificamente a atual cidade de Juiz de Fora, que, no decorrer do século XIX, possuiu a maior população escrava da província, com uma economia baseada, principalmente, na *plantation* cafeeira. O exame das relações familiares e de parentesco da população cativa compreendeu o século XIX, visto que trabalhamos com uma perspectiva longitudinal, seguindo os escravos daquelas três famílias senhoriais ao longo do tempo.

Temos, como fontes, os inventários *post mortem*, os testamentos, as cartas de alforria, os registros paroquiais de batismo e casamento, as listas nominativas de recenseamentos e de matrículas de escravos, livros de notas e de compra e venda de escravos. Essa documentação foi trabalhada no sentido de cruzar informações, buscando seguir escravarias no tempo. Para a realização deste estudo, utilizamos técnicas de investigação em demografia histórica já empregadas por outros pesquisadores.[35]

Cada inventário constitui-se num documento único, o que não deve ser esquecido, visto que "A dificuldade em quantificar estes dados é compensada pela riqueza de detalhes introduzida na análise das trajetórias seguidas".[36] O inventário *post*

35 Para uma exposição dessas técnicas, adaptada à documentação brasileira, ver HENRY, L. *Técnicas de análise em demografia histórica*. Curitiba: Universidade Federal do Paraná, 1977.

36 BOTELHO, *op. cit.*, 1994, p. 33. Para uma caracterização das viabilidades de uso dos inventários, ver FRAGOSO, João Luis Ribeiro & PTIZER, Renato Rocha. "Barões, homens livres pobres e escravos: notas sobre uma fonte múltipla – inventários *post mortem*". *Revista Arrabaldes*, ano 1, nº 2, set./dez. 1988.

mortem era o resultado do processo que se abria com o falecimento de qualquer indivíduo possuidor de bens, e fornece dados relativos a esses bens, dentre eles, os escravos. "Nos inventários, observamos a riqueza detida pelas pessoas [...] no final de suas vidas".[37] Isso nos possibilita ter, para um determinado momento da vida daqueles indivíduos escravizados, informações que poderão complementar os dados de outras fontes. Os inventários nos informaram sobre o destino dado aos cativos, no momento da partilha dos bens de seu senhor. Verificamos quem eram seus novos proprietários e se seus laços familiares foram mantidos ou desfeitos. Quando cruzamos esse tipo de documento com assentos de batismos e casamentos e listas de matrícula, mapeamos mais apuradamente os núcleos familiares, visto que conseguimos abranger e identificar maior número de membros que podem ter sido separados.

Segundo Florentino & Fragoso, a utilização de fontes tão ricas como os inventários *post mortem* permite maior aproximação do comportamento dos cativos, em especial no que se refere às suas respostas massivas e quotidianas ao sistema escravista, bem como possibilita o entendimento das relações familiares entre os membros daquela comunidade.[38] Conforme Slenes, Vogt & Fry, o fato de terem sido propriedade de outrem os levou a aparecer, nos documentos da época da escravidão, muito mais do que os homens livres pobres: "Os inventários, por exemplo, quase sempre trazem listas nominativas dos escravos do falecido, como parte da avaliação do espólio, mas quase nunca uma relação de 'agregados' ou empregados".[39]

As listas de matrícula constituem-se na base legal da propriedade de escravos, em virtude da Lei de 1871. Possuem, arroladas numa folha, o nome, a idade e outros dados a respeito de cada indivíduo. Muitas podem ser encontradas nos inventários *post mortem*, pois os herdeiros tinham que apresentar ao juiz a comprovação da matrícula para manterem seu direito às suas propriedades. Com a intenção de averiguar se a população escrava daquela localidade chegava a possuir taxas de reprodução natural positivas, centramos esforços no cruzamento entre as listas de matrícula e os documentos de avaliação de cativos nos inventários *post mortem* dos senhores. Dessa maneira, pudemos ter uma visão mais precisa das escravarias ao longo do tempo.

---

37 MARCONDES, Renato Leite. *A arte de acumular na economia cafeeira: Vale do Paraíba, século XIX*. Lorena: Stiliano, 1998, p. 174.

38 FRAGOSO & FLORENTINO, *op. cit.*

39 SLENES; VOGT; FRY, *op. cit.*, p. 50.

Os assentos de batismo e casamento são outras fontes utilizadas nas pesquisas sobre família escrava. O cruzamento desses assentos com os inventários possibilitou encontrar algumas famílias e pessoas não listadas nos últimos. Essas fontes permitiram aprofundar os conhecimentos sobre as uniões sacramentadas pela Igreja, os laços de parentesco, o compadrio e os processos de reprodução natural. Relacionamos esses escravos com as informações acerca das escravarias de seus senhores e a reconstituição dos laços de parentesco foi feita por meio de um processo de ligação nominativa. Informações como idade e origens, por exemplo, foram muito úteis, já que a grande maioria de escravos é identificada apenas pelo primeiro nome, fazendo com que haja uma repetição de homônimos.

> [...] os assentos de batismo, casamento e óbitos da Igreja permitem, em geral, uma identificação mais segura de escravos do que de livres pobres. Para estes, muitas vezes falta o sobrenome nesses registros, ou há sobrenomes que não permanecem os mesmos ao longo da vida das pessoas. Para os escravos, ao contrário, quase sempre o nome do senhor vem indicado, o que funciona como "sobrenome" (aliás bastante estável no tempo, já que se trata de pessoa mais ou menos abastada), possibilitando a localização do mesmo escravo em outros assentos da Igreja ou nas listas de cativos nos inventários.[40]

As listas nominativas são fontes importantes quando se deseja seguir indivíduos no tempo. A partir do seu cruzamento com nossas outras fontes, acompanhamos o incremento ou o declínio da escravaria de um senhor. Nessas listas, são arrolados nominalmente todos os habitantes de uma dada circunscrição administrativa (distrito, paróquia etc.). As informações contidas nesses documentos são variáveis, mas, em geral, permitiram-nos levantar, dentre outros, dados relativos ao sexo, à idade, à profissão e à distribuição por domicílio da população em foco. As listas de 1831-32 para a província mineira trazem para cada indivíduo informações quanto à cor, à condição social (livre, escravo ou liberto), à idade e ao estado conjugal. Geralmente, pode-se identificar o sexo pelo nome das pessoas. Além disso, as listas trazem a nacionalidade (para os não brasileiros), e as ocupações, principalmente para os chefes de domicílios. Permitiram, ainda, expor alguns indicadores gerais sobre o comportamento da população escrava. Assim, além do acompanhamento longitudinal,

40 *Ibidem*, p. 50.

podemos oferecer algumas informações adicionais sobre aquela população durante aquele período.

As cartas de alforria contêm, basicamente, os seguintes dados: primeiro, a identidade do senhor ou de seu procurador ou testamenteiro (seu nome, o estado conjugal e a residência); segundo, a identidade do alforriado, seu nome e sexo, idade, cor, profissão, naturalidade, filiação, estado conjugal; posteriormente, as condições da alforria, que podia ser gratuita ou onerosa. Não era obrigatório que se registrasse a carta de alforria em cartório. Portanto, o número de cartas registradas não reflete o de alforrias de uma dada localidade. O cruzamento das cartas de alforria com os livros paroquiais de batismo, os testamentos e os inventários possibilita a apreensão, com maior precisão, do número real de alforrias de uma localidade.

Nos testamentos, localizamos nome, sexo, idade, cor, naturalidade, valor, parentesco, profissão e estado de saúde do escravo. Foi necessária uma pesquisa cruzando essas duas fontes – testamentos e cartas de alforria – para encontrarmos tanto as duplicidades (o mesmo escravo liberto em testamento e em carta) e os casos em que o forro aparece somente em uma das fontes. Isto foi feito para se tentar encontrar, senão todos, pelo menos a maioria dos escravos alforriados por aquelas famílias.

A reunião e o cruzamento de todo o tipo de registro existente permitem um estudo intensivo, que acompanhe tais grupos por longos períodos de tempo. Por meio desse procedimento, podemos capturar vivências escravas que possam explicar ou destacar situações possíveis, na tentativa de entender o seu parentesco e a sua família.

Efetuamos o cruzamento dos nomes dos chefes de domicílio e dos senhores de escravos, a fim de "reconstruir" a evolução das escravarias ao longo do tempo. O cruzamento das informações dessas fontes, com base nos nomes desses indivíduos, enriqueceu o trabalho e flagrou os momentos de conflito e mudança, ou seja, permitiu visualizar as transformações que ocorreram em algumas propriedades ou "domicílios".

Malone empreendeu um estudo sugestivo sobre os escravos da Louisiana, importadora de escravos no século XIX. A autora apontou que, naquele contexto de crescimento e relativa estabilidade das posses, as estruturas familiares seriam mais fortes. Sua pesquisa procurou dar atenção aos aspectos da vida em cativeiro. Empreendeu um trabalho ligando variados tipos de fontes, preocupando-se com a organização das comunidades, de seus arranjos domésticos e de suas relações de parentesco.[41]

41 MALONE, *op. cit.*

No Brasil, essa metodologia já produziu trabalhos, utilizando a ligação nominativa de diversos tipos de fontes. Podemos mencionar, por exemplo, os de Ricardo Pirola e Cristiany Miranda Rocha. O primeiro desenvolveu pesquisa sobre uma revolta escrava em Campinas, em 1832. Para tanto, valeu-se de cinco grandes conjuntos documentais: o processo-crime de 1832, os registros de casamento e de batismo escravo, os censos populacionais da Vila de São Carlos e os inventários *post mortem*. O trabalho com essas fontes cruzou informações, seguindo, no tempo, a partir da ligação nominativa das fontes – os escravos da sua pesquisa – fazendo uma biografia coletiva, que possibilitou reconstituir parte da vida daqueles cativos envolvidos na revolta.[42]

A tese de Cristiany Miranda Rocha avançou no conhecimento das dinâmicas e dos significados da construção dos laços de parentesco entre os escravos em Campinas (século XIX), preocupando-se, também, com as experiências dos oriundos do tráfico interno. Utilizou o método da ligação nominativa de fontes. Seu estudo selecionou três grandes proprietários daquela localidade, acompanhou, no tempo, a dispersão/manutenção de suas escravarias, bem como teceu considerações sobre o compadrio, o casamento e o parentesco. Esse método permitiu que ela acompanhasse a formação/manutenção de muitas famílias, e se mostrou eficaz ao revelar parte das estratégias de seus membros para buscar melhorias nas condições de sobrevivência e, em última instância, para realizar o sonho da liberdade em meio ao cativeiro. Com esse tipo de metodologia, foi possível conhecer os destinos das famílias depois da morte do senhor. Pôde concluir que, dentro daquelas grandes propriedades, os escravos puderam constituir famílias estáveis no tempo e uma extensa rede de ligações, dentro e fora das propriedades, principalmente com o compadrio.[43]

Nosso trabalho difere destes dois por estar mais centrado em questões demográficas. Além do estudo de outra localidade, qual seja, o Distrito de Santo Antonio do Juiz de Fora, reunimos nossos esforços em outros temas, como a reprodução natural dos cativos e a importância das alforrias em suas vidas, que não foram alvo dos estudos sobre Campinas.

Na medida em que são feitas reflexões acerca do universo dos cativos dentro do sistema a que pertenciam, acreditamos que um estudo longo e baseado principalmente nas fontes já citadas possa ser importante para entendermos as diversas relações

42 PIROLA, *op. cit.*; ROCHA, *op. cit.*, 2004.

43 ROCHA, *op. cit.*, 2004.

sociais, econômicas e políticas, engendradas pela população escrava, além de vislumbrar quais os seus significados para os sujeitos históricos nelas envolvidos.

No capítulo inicial, empreendemos uma discussão historiográfica sucinta sobre a formação da Zona da Mata e de Juiz de Fora. Procuramos delinear como se deu a constituição do Distrito de Santo Antonio do Paraibuna, depois Vila, com o mesmo nome e, finalmente, Cidade de Juiz de Fora. A localidade começou a se formar, sobretudo, mas não somente, a partir do desenvolvimento da cafeicultura, que demandou uma mudança "radical" na economia, na sociedade e na demografia juizforana. Ainda nesse capítulo, apresentamos as famílias senhoriais, sua riqueza e alguns aspectos demográficos de suas posses de cativos.

Analisamos, no segundo capítulo, a forma como se deu a manutenção/ampliação daquelas propriedades escravistas, se por meio do tráfico e/ou da reprodução natural. Por intermédio dessa discussão, objetivamos conhecer os mecanismos utilizados por três grandes proprietários de cativos, que encabeçavam as famílias Dias Tostes, Paula Lima e Barbosa Lage, para o aumento de suas escravarias. Essa mesma questão foi levantada para o distrito como um todo, com o conhecimento das Listas Nominativas de 1831/32, no momento em que a economia cafeeira começava a se desenvolver. Para tanto, lançamos mão de algumas estimativas demográficas, com o intuito de apreender quais as possibilidades abertas para a ampliação das escravarias na Zona da Mata Mineira.

O Capítulo III trata mais especificamente das famílias de cativos que fizeram parte das escravarias daquelas três famílias senhoriais. Tecemos considerações a respeito das relações familiares, do casamento, das possibilidades de manutenção e respeito aos laços de parentesco no momento da partilha. Procuramos não nos esquecer de que a experiência desses cativos esteve profundamente marcada por uma herança africana, que ajudou a conformar suas atitudes frente à escravidão e que se fizeram presentes com bastante força em suas famílias.

As alforrias são o assunto do último capítulo. Fazendo uso do intercruzamento das fontes possíveis para a análise dessa temática, procuramos compreender, à luz da historiografia, as possibilidades de liberdade naquelas três grandes escravarias da Zona da Mata Mineira, bem como as estratégias cotidianas empreendidas pelos cativos e suas famílias na luta pela obtenção de sua liberdade.

CAPÍTULO I

Famílias da elite: Dias Tostes, Paula Lima e Barbosa Lage

NAS MARGENS DO *CAMINHO NOVO DAS GERAIS* FORMOU-SE A *MANCHESTER MINEIRA*

Como tantas outras cidades da Zona da Mata Mineira, da Metalúrgica Mantiqueira e até mesmo do vale do Paraíba fluminense, o atual município de Juiz de Fora, à beira do rio Paraibuna,[1] teve suas origens vinculadas à criação do "Caminho Novo das Gerais", que ligava Vila Rica (Ouro Preto) ao Rio

1 São vários os trabalhos sobre a localidade, que tratam de temas variados, bem como apresentam argumentos e hipóteses diferenciadas. Listamos, aqui, apenas alguns deles, outros tantos podem ser encontrados no correr do texto: GIROLETTI, Domingos. *A industrialização de Juiz de Fora (1850-1930)*. Juiz de Fora: Editora da UFJF, 1988; PIRES, Anderson José. *Capital agrário, investimento e crise na cafeicultura de Juiz de Fora (1870-1930)*. Dissertação (mestrado em História) – UFF, Niterói, 1993; AMOGLIA, Ana Maria Faria. *Um ar de liberdade: o suicídio de escravos no município de Juiz de Fora (1830-1888)*. Dissertação (mestrado em História) – UFF, Niterói, 2006; LIMA, João Heraldo. *Café e indústria em Minas Gerais* (1870-1920). Petrópolis: Vozes, 1981; SOUZA, Sonia Maria de. *Além dos cafezais: produção de alimentos e mercado interno em uma região de economia agroexportadora – Juiz de Fora na segunda metade do século XIX*. Dissertação (mestrado em História) – UFF, Niterói, 1999; SOUZA, Sonia M. de. *Terra, família, solidariedade...: estratégias de sobrevivência camponesa no período da transição – Juiz de Fora (1870-1920)*. Bauru: Edusc, 2007; SARAIVA, Luiz Fernando. *Um correr de casas, antigas senzalas: a transição do trabalho escravo para o livre em Juiz de Fora*. Dissertação (mestrado em História) – UFF, Niterói, 2001; LESSA, Jair. *Juiz de Fora e seus pioneiros*. Juiz de Fora: Editora da UFJF/Funalfa, 1985; FAZOLATTO, Douglas. *Juiz de Fora: imagens do passado*. Juiz de Fora: Funalfa, 2003; BASTOS, Wilson de Lima. "Do Caminho Novo dos campos gerais a estrada de rodagem União e Indústria e a Estrada de Ferro D. Pedro II". In: BASTOS, Wilson de Lima *et al*. *História econômica de Juiz de Fora: subsídios*. Juiz de Fora: Instituto Histórico e Geográfico de Juiz de Fora, 1987.

de Janeiro. A Paróquia de Santo Antonio do Juiz de Fora foi elevada à Vila em 31 de maio de 1850, com a denominação de Vila de Santo Antonio do Paraibuna, e o município se estabeleceu em 1853. Em 1856, a Vila tornou-se cidade, passando a ser chamada Cidade do Paraibuna, oficialmente instalada em 7 de setembro desse ano, tendo como Presidente da Câmara Municipal o futuro Comendador Francisco de Paula Lima. Essa denominação, dada em 1865, foi mudada para Juiz de Fora devido a um projeto apresentado por Marcelino de Assis Tostes.[2]

Essa rota (Caminho Novo) foi criada com o intuito de estabelecer uma ligação mais rápida entre as áreas mineradoras e a Corte. O chamado "Caminho Velho", que ligava Minas ao Rio de Janeiro, passando por Paraty, demandava mais tempo, além de aumentar as possibilidades de contrabando e pilhagem das riquezas minerais, pertencentes à Coroa Portuguesa. Como a travessia entre o porto de Paraty e o do Rio de Janeiro era feita pelo mar, havia, além do risco de naufrágios, a atuação de piratas e corsários.

Por essa estrada trafegaram tropeiros e, em seus arredores, formaram-se vários lugarejos, sendo que alguns deles vieram, mais tarde, a dar origem à Vila de Santo Antonio do Paraibuna.

> Ao longo do Caminho Novo, desenvolveu-se número considerável de ranchos e roças, gerando uma economia de alimentos de significativa importância (milho, arroz, feijão, aguardente e queijo). Estes gêneros eram vendidos ao grande número de tropeiros que trafegavam pela estrada.[3]

A importância do Caminho Novo para a formação de destacados núcleos cafeeiros pode também ser encontrada no trabalho de João Fragoso. Baseando-se na viagem de Saint-Hilaire para a província mineira, nas primeiras décadas do século XIX, o pesquisador apontou que o viajante,

> [...] percorrendo em princípios dos anos de 1820 o caminho do comércio ou mais vulgarmente o caminho novo ou estrada nova, via que

2 Cf., entre outros, BASTOS, Wilson de Lima. *Caminho Novo: espinha dorsal de Minas*. Juiz de Fora: Funalfa, 2004, p. 73-75.

3 GUIMARÃES, Elione. *Violência entre parceiros de cativeiro: Juiz de Fora, segunda metade do século XIX*. São Paulo: Fapeb/Annablume, 2006a, p. 51.

> ligava o Rio de Janeiro a Minas Gerais, por diversas vezes se refere à freqüência de matas virgens e do terreno ondulado como sendo a característica da paisagem pela qual passava aquela estrada. Criado no século XVII, o caminho novo vinha substituir o caminho velho (parcialmente marítimo e passando por São Paulo) na ligação entre a cidade do Rio de Janeiro e as lavras mineiras. Em função desta estrada surgiram os primeiros núcleos populacionais em Paraíba do Sul.[4]

A abertura desse caminho se deveu à sagacidade do primogênito de Fernão Dias Paes Leme, o bandeirante Garcia Rodrigues Paes, que penetrou "com o seu arrastão ou 'picada', acidentada e rica área [sertões virgens de Minas], então inculta, em Minas Gerais".[5] Sobre o início da abertura daquela rota pelo bandeirante Garcia Paes, Albino Esteves, em trabalho publicado em 1915, nos diz o seguinte:

> Em 1701 o valente sertanista Garcia Rodrigues propôs-se a fazer uma picada que partindo da Borda do Campo fosse à Raiz da Serra. Essa picada foi levada a efeito por Garcia Paes que nesse empreendimento gastara todos os seus haveres, durante quatro anos de trabalho rude, e parte pelo Coronel Domingos Rodrigues, que o substituiu nessa grande empresa. Garcia Rodrigues Paes fora nomeado Guarda Mor em 13 de janeiro de 1698 e já abrira um caminho de S. Paulo para os Campos Gerais de Cataguases.[6]

A Capitania, depois Província de Minas Gerais, contou, como fator mais importante para o seu povoamento, com o surto da mineração, a partir de meados do século XVIII, na região central do seu território. Até o declínio da lide mineradora, todas as outras regiões mineiras, direta ou indiretamente, a ela se subordinavam. Entretanto, após a diminuição da mineração, houve nas Gerais um redimensionamento – econômico, demográfico e político – que se expressou na importância atribuída a outras microrregiões mineiras e, dessa forma, ganhou destaque a Zona da Mata.

Francisco Iglésias frisou que a área de povoamento mais denso era relativamente pequena, localizando-se bem no centro da Capitania. Essa área possuía a

---

4 FRAGOSO, João Luís Ribeiro. *Sistemas agrários em Paraíba do Sul (1850-1920): um estudo de relações não-capitalistas de produção.* Dissertação (mestrado em História) – UFRJ, Rio de Janeiro, 1983, p. 14.

5 BASTOS, *op. cit.*, 1987, p. 11.

6 ESTEVES, Albino. *Álbum do Município de Juiz de Fora.* Belo Horizonte: Imprensa Oficial, 1915, p. 15.

maioria de suas terras na bacia do São Francisco, penetrando pouco nas bacias do Rio Grande ou do Jequitinhonha. "Em torno dessa área central surgiram outros núcleos, mas a densidade mais alta de população, na primeira metade do século XIX, continuou a ser a região primitiva".[7] Ainda sobre o povoamento inicial da Capitania, Iglésias apontou que,

> A propósito, impõe-se lembrar a observação já tantas vezes feita de que o povoamento do território mineiro é centrífugo – a população irradiou-se partindo do centro para a periferia. Na *ânsia* de enriquecimento fácil, os homens vieram em grande número para as minas. Do norte, do leste, do sul, passaram por terras incultas, cobrindo extensões em busca do centro. Só maus e raros caminhos proporcionavam ligação com núcleos populacionais do país. E do centro se dispersaram, em movimento natural de expansão, para outras terras, no exercício da mesma atividade ou de outros trabalhos.[8]

Para melhor entendimento sobre a história da "fundação" da Zona da Mata, é necessário que recordemos as linhas gerais da evolução da mineração e do café. Podemos afirmar que a mineração foi a grande responsável pelo crescimento demográfico e pelo desenvolvimento da região mais central de Minas, onde o minério era abundante e para onde, consequentemente, "correram" os bandeirantes paulistas. Todos os esforços, por parte do governo, foram direcionados para a busca de ouro e de pedras preciosas. De acordo com Ana Lucia Duarte Lanna,

> Os pioneiros da Zona da Mata eram famílias de prestígio, vinculadas à decadente atividade mineratória e relacionados com as atividades mercantis na Corte, no Sul de Minas e no vale do Paraíba. Quando pensamos aqui nos pioneiros não nos referimos aos eventuais primeiros habitantes isolados desta região. [...] O acompanhamento da trajetória de várias destas famílias possibilita a compreensão da expansão das atividades cafeeiras na Zona da Mata. [...] Blasenheim, ao estudar detidamente o povoamento da Zona da Mata, demonstra que a elite de plantadores desta região emigrou do Centro ou Sul da província diretamente para a Mata, ou via

7 IGLÉSIAS, Francisco. "Minas Gerais". In: HOLANDA, Sérgio Buarque de (org.). *História Geral da Civilização Brasileira*. 3ª ed., t. 2, vol. 2. São Paulo: Difel, 1972, p. 366.

8 *Ibidem*.

> província do Rio de Janeiro. [...] [como, por exemplo,] os fundadores de Juiz de Fora, incluindo a família Tostes, Vidal Leite, Barbosa e Cerqueira Leite, todos ligados por casamento entre si e aos colonizadores originais de outros municípios da Mata.[9]

Patrício A. S. Carneiro & Ralfo E. S. Matos apontaram que, na formação do espaço agrário na Zona da Mata,

> O movimento de desbravamento do vale do rio Paraibuna remonta ao princípio da exploração do ouro na antiga região das minas. Muitos proprietários de escravos instalaram-se ao longo da estrada do Rio de Janeiro para Vila Rica, visando abastecer, especialmente, os viandantes e animais em suas jornadas às minas.[10]

A Zona da Mata não era uma região homogênea, pois possuía algumas diferenças dentro de seu próprio território. Recebeu esse nome em função da densa floresta de Mata Atlântica, que ainda cobria seu território na virada do século XVIII. Desde o início do XIX, os diferentes processos de ocupação territorial e os movimentos de povoação, característicos da região, determinaram a variada participação dos escravos no conjunto da população total de cada um dos municípios da região. Da mesma forma, influíram nos padrões distintos de propriedade fundiária e de suas produções agrárias, bem como na natureza diversa de cada um dos processos de produção, estabelecidos nas sub-regiões da Mata, denominadas Sul, Central e Norte.[11]

---

9 LANNA, Ana Lucia Duarte. *A transformação do trabalho: a passagem para o trabalho livre na Zona da Mata Mineira – 1870-1920*. Campinas: Editora da Unicamp, 1989, p. 31-32.

10 CARNEIRO, Patrício A. S. & MATOS, Ralfo E. S. "A formação do espaço agrário no Leste da Capitania de Minas Gerais: Vale dos Rios Piranga e Paraibuna (1694-1835)". In: *Anais do XIII Seminário sobre a Economia Mineira*. Belo Horizonte: Cedeplar/UFMG, 2008, p. 14.

11 A distinção entre as regiões da Zona da Mata de Minas Gerais não é recente. Ao estudar os dados do censo de 1940, Elza de Souza traçou um perfil das propriedades rurais em Minas Gerais no século XX, assim como de sua distribuição, segundo suas áreas médias em hectares. Dessa forma, a autora distinguiu três sub-regiões: norte, central e sul. Na que corresponderia à *Zona da Mata Norte*, a autora assinalou que a área média de propriedade era inferior a 60 hectares, 40% da sua área produtiva estavam destinadas à agricultura, sendo aí muito importante a exploração de madeiras: lenha e carvão para a indústria siderúrgica. Cerca de 60% de seus territórios eram ocupados por propriedades rurais e 30%, por matas virgens. Essa região compreendia ainda uma parcela de uma autêntica zona de fronteira, onde apenas metade da área possuía sítios e fazendas que compartilhavam as estruturas fundiárias com o norte do Espírito Santo. A *Zona da Mata Central*, constituída pelos municípios que

Essa hipótese é reforçada por Angelo Carrara, ao constatar que, quando o recenseamento de 1872 foi feito, apurou-se que a Mata – cuja área correspondia a cerca de 5% do território de Minas Gerais – detinha 16,57% da população total e 24,39% da escrava da província. Todavia, no interior dessa região ocorriam diferenças importantes quanto à porcentagem de população escrava de cada paróquia. As cifras desiguais permitem estabelecer uma cartografia da difusão da produção. Quanto mais distante da área da monocultura cafeeira, menor era a participação dos escravos nas lavouras. Dos 157.909 habitantes da Zona da Mata Sul – correspondente aos municípios de Rio Preto, Juiz de Fora, Rio Novo, Mar de Hespanha e Leopoldina – 55.584 (i.e., 35,20%) eram cativos. Na Zona da Mata Central – Viçosa, Muriaé, Ubá e Rio Pomba – dos 136.603 habitantes totais, 27.240 (19,94%) eram escravos. Havia, por fim, na Zona da Mata Norte – Ponte Nova – 54.032 habitantes, sendo 7.551 (13,97%) indivíduos escravizados.[12]

Ao longo do Oitocentos, a densa vegetação de Mata Atlântica foi derrubada para dar lugar à cafeicultura, que também atravessou a divisa com a Província do Rio de Janeiro. Foi a produção de café, segundo Douglas C. Libby, que fez da Zona da Mata a região economicamente mais dinâmica da província, no século XIX.[13] Cabe ressaltar que o suporte para sustentar o café se deu por meio da renda

vão da margem esquerda do rio Pomba até o alto do vale do rio Doce e, daí, para leste, até o limite com o Espírito Santo, situava-se na isaritma de 60 hectares, isto é, a área média de propriedade era menor que esse valor. Os municípios que dela participavam (Ervália, Guiricema, Visconde do Rio Branco, Senador Firmino, Ubá, a parte setentrional de Rio Pomba, Mercês, Rio Espera, Viçosa e Teixeiras) tinham mais de 40% da superfície aproveitável ocupada por lavouras, com média de 34 habitantes por km², a mais alta de toda a região. Nessa sub-região, a área média de propriedade era geralmente inferior a 35 hectares. Na *Zona da Mata Sul* – vales do Paraíba e seus afluentes Preto, Paraibuna e Pomba – as propriedades eram menos divididas. A área média era superior a 79 hectares e possuía em média menos de 34 habitantes por km². Desta sub-região, participavam os municípios de Recreio, Leopoldina, Volta Grande, Além Paraíba, Mar de Espanha, São João Nepomuceno, Rio Novo, Bicas, Matias Barbosa, Juiz de Fora e Santos Dumont. Mais de dois terços desses municípios eram ocupados por pastagens (SOUZA, Elza Coelho de. "Distribuição das propriedades rurais no Estado de Minas Gerais". *Revista Brasileira de Geografia*, 13 (1), jan.-mar. 1951, p. 52-3).

12 CARRARA, Angelo Alves. *A Zona da Mata de Minas Gerais: diversidade econômica e continuísmo (1839-1909)*. Dissertação (mestrado em História) – UFF, Niterói, 1993.

13 LIBBY, Douglas C. *Transformação e trabalho em uma economia escravista: Minas Gerais no século XIX*. São Paulo: Brasiliense, 1988.

proveniente do plantio e do comércio de outros gêneros, que possibilitaram aos produtores começar a investir em suas plantações.[14]

Esse dinamismo, a partir da produção cafeeira, também foi um traço marcante em Bananal (SP), conforme podemos perceber pela leitura do trabalho de José Flavio Motta. De acordo com ele,

> É inconteste, pois, a importância ímpar assumida rapidamente pela lavoura cafeeira na economia bananalense. Localizada em área de povoamento relativamente recente, cortada ademais pelo "caminho novo" ligando São Paulo ao Rio de Janeiro, a região de Bananal apresenta-se como pólo de atração demográfica no despontar do Oitocentos. Nesse contexto, o café desempenha o papel de estímulo econômico a mais, desdobramento possível de uma agricultura puramente de subsistência.[15]

Com relação aos aspectos geográficos da Zona da Mata, que, em muito, propiciaram o plantio daquela rubiácea, Orlando Valverde salientou que,

> [...] em seus limites horizontais, a formação vegetal de que se originou o nome Zona da Mata se unia à floresta do médio Paraíba, ao sul, e ao norte à do vale do rio Doce, sem sofrer solução de continuidade. Os campos naturais do sul e do centro de Minas constituíam o limite a oeste. O relevo teve uma importante conseqüência econômica: suas altitudes de 800-900 metros até 1.200 foram positivas para a cultura do café, ensejando maior duração e melhores rendimentos.[16]

Durante o período da mineração, aquela região teve como papel mais importante o de inibidora do contrabando. Na realidade, a área foi utilizada como barreira natural ao comércio ilegal, já que a Coroa Portuguesa tinha proibido a exploração e o povoamento da Mata Mineira. O fato de não contar com grandes reservas

14 Sobre a importância da produção de gêneros alimentícios não ligados diretamente às atividades da lavoura de exportação, conferir o trabalho de COSTA, Iraci Del Nero da. *Arraia miúda*. São Paulo: MGPS Editores, 1992.

15 MOTTA, José Flavio. *Corpos escravos, vontades livres: posse de cativos e família escrava em Bananal (1801-1829)*. São Paulo: Annablume/Fapesp, 1999, p. 294.

16 VALVERDE, Orlando. "Estudo regional da Zona da Mata de Minas Gerais". *Revista Brasileira de Geografia*, Rio de Janeiro, nº 1, jan./mar. 1958, p. 17.

minerais e possuir uma floresta densa e montanhas quase intransponíveis tornava-a uma barreira natural às povoações. Quando acabou o ouro "fácil", encontrado no leito e nas margens dos rios e veios, houve necessidade de se encontrar outra fonte de riqueza. A criação e a lavoura conquistaram novas áreas, principalmente as que ficavam entre o centro mineiro, São Paulo e Rio de Janeiro. Dessa forma, "o sul e a mata vão ser povoados por outra forma de exploração econômica".[17] No dizer de Maria Efigênia Lage de Resende,

> [...] com a decadência da mineração é a agricultura, em especial a criação de gado, que vai amparar a população portadora de títulos de sesmaria. Verifica-se a progressiva ruralização da população [...] a mata mineira, ainda não efetivamente penetrada, despertou então interesse. Frustradas as ambições do ouro, aqui o café se tornou a opção do minerador e o motivo de penetração, desbravamento e povoamento da região.[18]

Embora as "matas" fossem o caminho para aqueles que passavam do Rio de Janeiro e de São Paulo para o centro de Minas Gerais, por mais de um século, a região permaneceu com sua vegetação praticamente intacta. Segundo Paulo Mercadante, os aventureiros, "estimulados por cartas régias, a prometerem honrarias e prêmios aos descobridores de riqueza, acompanhavam os cursos dos rios maiores e de seus afluentes, contornavam a atual Mata Mineira e chegavam à região dos minérios".[19] Sobre os caminhos para se chegar às regiões de mineração, o autor é ainda mais esclarecedor:

> Como os imigrantes que para as minas vinham do Rio de Janeiro ou de São Paulo faziam a sua entrada pela estrada de Matias Barbosa e daí para o sul, até as imediações da atual cidade de Baependi, e como o principal ou talvez *único* móvel dessa tão forte emigração era o precioso metal que podia de um dia para o outro fazer de um pobre diabo um homem rico, ou talvez mesmo um grande potentado; e como finalmente esse mesmo ouro nunca existiu ou pelo menos nunca apareceu de um modo satisfatório nas bacias do Pomba e do

17 IGLÉSIAS, *op. cit.*, 1972, p. 364.

18 RESENDE, Maria Efigênia Lage de. *Formação da estrutura de dominação em Minas Gerais: o novo PRM (1889-1906)*. Belo Horizonte: Proed/UFMG, 1982, p. 44.

19 MERCADANTE, Paulo. *Os sertões do Leste*. Rio de Janeiro: Zahar, 1973, p. 15.

> Muriaé; o que aconteceu foi que, ao invés daquela tão forte corrente imigratória obliquar para a direita, a fim de ir encontrar o Paraíba; e desta sorte, ligar por aquele lado o litoral ou a província do Rio com o centro de Minas, espalhou-se, pelo contrário, pelo norte, pelo sul e até mesmo um pouco pelo ocidente e desprezou completamente a parte hoje mais rica de toda a província, isto é, aquele que hoje se denomina a mata.[20]

Para ele, as origens das propriedades rurais na Mata Mineira tiveram profunda ligação com a política de doação de sesmarias, tal como deixou registrado:

> A propriedade rural na Mata tem as suas origens nas sesmarias. As primeiras têm início no começo do século XVIII, nas proximidades do divisor geográfico Minas-Rio, ou seja, o Paraibuna. [...] Na Mata, pois, desde os primórdios de seu devassamento e colonização, a grande propriedade latifundiária se consolida. Os municípios formam-se graças à proteção de um fazendeiro, chefe político local e muitas vezes um futuro barão.[21]

O "Ouro Verde" foi, sem dúvida, o responsável pelo desmatamento dos morros e dos vales da região e pela formação das vilas e das cidades da Mata Mineira. Esse fenômeno foi impulsionado por indivíduos provenientes, sobretudo, das regiões mineradoras. Outros, chegados ao porto do Rio de Janeiro, juntamente com a família real portuguesa, mostraram-se desejosos de adquirir sesmarias nessas regiões.

---

20 RESENDE, Francisco de Paula Ferreira de. *Minhas recordações*. Rio de Janeiro: José Olympio, 1944, p. 367.

21 MERCADANTE, *op. cit.*, p. 79-82. Sobre a política de ocupação/concessão do solo em Minas Gerais por meio de sesmarias e datas, cf. CARRARA, Angelo Alves. *Minas e currais: produção rural e mercado interno de Minas Gerais, 1674-1807*. Juiz de Fora: Editora da UFJF, 2007. Patrício Carneiro e Ralfo Matos, baseando-se nos relatos de Antonil (1711) e nos de Francisco Tavares de Brito (1749) (códice Costa Matoso), chegaram à constatação de que havia "uma paisagem agrária caracterizada pelo predomínio de latifundiários (militares, nobres, alto clero, ocupantes de cargos da alta administração etc.)". Ao contrário do que afirmou Souza (2003, p. 21) [Sonia Maria de Souza], potentados com grandes cabedais monopolizavam as terras entre o rio Paraibuna e a Borda do Campo, a exemplo de Simão Pereira, Matias Barbosa, Antonio de Araújo, Capitão José de Souza, Alcaide-mor Tomé Correa, Azevedo, Manoel Correia, Manoel de Araújo, Bispo, Medeiros, Luis Fortes (Juiz de Fora), Antonio Moreira, Gonçalvez, Queiroz etc. (CARNEIRO & MATOS, *op. cit.*, p. 14).

"A partir dos anos de 1850, inicia-se, na Zona da Mata, o plantio do café em larga escala para a exportação".[22] Exigente quanto às condições de clima e de solo, necessitando de terras férteis, temperatura sem oscilações excessivas, pluviosidade bem distribuída durante todo o ano, sem épocas prolongadas de seca, o café encontrou em localidades como Mar de Hespanha, Juiz de Fora, Leopoldina etc. seu *habitat* ideal. Contudo, a formação das primeiras unidades cafeeiras juizforanas se deu, segundo Mônica Ribeiro de Oliveira, nas primeiras décadas do século XIX. Ela chegou a essa conclusão utilizando-se da análise dos inventários *post mortem*. E diz que,

> Entre 1809 e 1830, encontramos apenas uma unidade produtiva vinculada ao café. Essas unidades estavam voltadas para a produção de alimentos e tinham clara vocação pecuarista. [...] Encontramos nos inventários menções a cafezais "velhos" ou "antigos", ou seja, de aproximadamente 25 anos de existência, entre as décadas de 1840 e 1850. Esse dado revelou que as primeiras propriedades voltadas para o café teriam surgido, realmente, por volta das duas primeiras décadas do século XIX, mas ainda em número bastante reduzido.[23]

A planta obteve, junto das florestas da Zona da Mata, o bom solo para o seu cultivo e a farta mão de obra escrava, liberada pelos mineradores. Para Libby, "Mais importante ainda é constatar que, com seu considerável plantel de escravos, a Zona da Mata estava apta a absorver o surto de cafeicultura, cuja chegada não tardaria".[24] Ainda sobre o desenvolvimento cafeeiro, Anderson Pires esclareceu que,

> Vindo do Rio de Janeiro através do Caminho Novo, o café penetra em Minas Gerais pela Zona da Mata, onde a cultura se desenvolveu inicialmente nos vales dos rios Pomba e Paraibuna; mais tarde, sob influência da expansão do Vale do Paraíba paulista, atinge o sul de Minas e, já bem adentrado o século XIX, a cultura se expande no nordeste – vales dos rios Doce e Mucuri – e sudeste do estado. Já na primeira metade do século XIX, a produção, apesar de poder ser considerada muito incipiente, passa por um evidente processo de expansão. A primeira referência estatística relativa à produção de café em Minas Gerais foi fornecida

22 LANNA, *op. cit.*, p. 30.

23 OLIVEIRA, Mônica Ribeiro de. *Negócios de famílias: mercado, terra e poder na formação da cafeicultura mineira, 1780-1870*. Bauru: Edusc; Juiz de Fora: Funalfa, 2005, p. 59.

24 LIBBY, *op. cit.*, 1988, p. 48.

> por *Eschwege*, para o ano de 1818/19, quando Minas Gerais produziu 9.739 arrobas, das quais 9.259 com procedência da Zona da Mata. A partir daí, a produção atinge 81.400 arrobas, o que representa uma produção 735% superior ao do período anterior; em 1839/40 esta chegou a 243.473 arrobas, representando, por sua vez, uma elevação de 370%, também em relação ao período anterior.[25]

O surto cafeeiro, responsável pelo movimento de expansão e povoação da Mata Mineira, teve suas origens muito próximas das do Vale do Paraíba fluminense. Foi o café, devido à elevação de seus preços e sua lucratividade, associado a um *pool* de terras disponíveis, o responsável pelo dinamismo de ambas as regiões, que, ao mesmo tempo, lhes conferiu uma "identidade". Assim como o ouro foi o responsável pela grande migração para a capitania mineira no período colonial, o café possibilitou um rearranjo populacional interno na província. Segundo o geógrafo Orlando Valverde,

> Faltava ainda a mola econômica, representada pelo surto cafeeiro, que iria desencadear o maior movimento pioneiro jamais realizado em terras de Minas Gerais. Este movimento é mais que gêmeo, é xipófago [sic] do que se verificou no médio Paraíba. Tem com este ligações espaciais – regiões contíguas; históricas – na mesma época: a partir da década de 1830; econômicas – o mesmo produto comercial: o café; a mesma estrutura agrária e social: o latifúndio patriarcal, aristocrata e escravocrata; demográficas e raciais – o estoque luso brasileiro vindo do centro de Minas, superposto à camada escrava de negros africanos.[26]

De acordo com Anderson Pires, foi essa a região mineira responsável pela principal riqueza no século XIX – café –, detendo as maiores proporções na produção. Em 1880, o produto representava cerca de 90% do cultivado em Minas e, em 1920, por volta de 70%. A Zona da Mata foi responsável por 60% do total das importações mineiras entre os anos de 1870 e 1930. O principal produto mineiro de exportação respondeu pela maioria dos impostos dela oriundos: 60%, na década de 70 do Oitocentos, e 78,2%, nos anos 1920. Segundo Pires,

> Apesar de constituir com seus 35.000 km2 apenas 5% do território mineiro, a Zona da Mata foi até o início do século XX a região mais

25 PIRES, *op. cit.*, p. 72.

26 VALVERDE, *op. cit.*, p. 27.

> rica da província, posteriormente, estado de Minas Gerais, por apresentar as melhores condições físicas para o cultivo do produto que na época era a principal riqueza do país. [...] Mais do que isso, a região se encontrava próxima ao Vale do Paraíba fluminense, por sua vez, pelo menos até o final do século XIX, a região economicamente mais dinâmica do país, dinamismo esse provocado pelo vertiginoso avanço da cultura cafeeira e pela presença da capital do país no Rio de Janeiro, centro comercial e financeiro por excelência durante todo o período aqui considerado [1870-1930]. Esta proximidade fará com que a Zona da Mata se articule, ou mais do que isto, se identifique, na esteira da expansão cafeeira, com as estruturas sociais e econômicas desenvolvidas no Vale do Paraíba fluminense, apesar desta identidade não subtrair da região, que fique bem claro, sua autonomia frente ao "complexo" fluminense, autonomia esta pelo menos relativa e delimitada, em grande parte, por sua inclusão no universo político-administrativo mineiro ao qual teria que se submeter em relação a aspectos significativos (política econômica, relações inter-regionais de distribuição de poder e recurso, política tarifária etc.).[27]

Antonio Henrique Duarte Lacerda, baseando-se em relatos de viajantes, apontou três momentos pelos quais passou o que ele chamou de economia pré-cafeeira na Mata Mineira. O primeiro estaria ligado à "existência de atividades agrícolas voltadas para o abastecimento de alimentos (as roças)"; no segundo, "a economia da região vivenciou um período de expansão seguido de um declínio"; e, finalmente, houve um terceiro momento, "o redirecionamento da economia agrícola de Minas para o Rio de Janeiro".[28]

Como já observamos, a localidade começou a se estabelecer como importante polo econômico, a partir da abertura do Caminho Novo. Entre o final do século XVIII e o início do XIX, aquelas paragens foram pouso para os tropeiros e suas bestas, além de local para seu abastecimento. Elione Guimarães destacou que, por volta dos anos de 1850,

> A jovem cidade abrigava os viajantes e, principalmente, os tropeiros que circulavam pelas Gerais, transportando o gado, os gêneros, os

27 PIRES, *op. cit.*, p. 21-22.

28 LACERDA, Henrique Duarte. *Os padrões das alforrias em um município cafeeiro em expansão: Juiz de fora, Zona da mata de Minas Gerais, 1844-88*. São Paulo: Fapeb (Fundação de Amparo à Pesquisa em Educação Básica)/Annablume, 2006, p. 42-44.

> manufaturados, o café e outros, trazendo movimento. Os ranchos, "eram uma instituição que parecia eterna", e que se multiplicavam nas proximidades da cidade. Os rancheiros e os tropeiros prosperavam, trazendo progresso e alegrias, mas também desavenças e ambições.[29]

Posteriormente, no segundo quartel do Oitocentos, com o advento do café, que provocou uma profunda transformação socioeconômica, a localidade se tornou um importante centro econômico e político, consolidando-se como tal na segunda metade do século XIX. A criação da Estrada de Rodagem União e Indústria (1861) e a chegada da Estrada de Ferro D. Pedro II (1869) foram exemplos fundamentais dessa consolidação. Por meio delas, o escoamento do café pôde proceder-se de maneira mais rápida e eficiente. Sua posição de destaque se manteve até o momento em que a produção cafeicultora começou a declinar e a cidade passou a contar fortemente com outras matrizes econômicas, em especial relacionadas à indústria, crescendo novamente e passando a ser conhecida como a "Manchester Mineira".

A concentração fundiária em Juiz de Fora e na Zona da Mata, como um todo, foi mantida, ao que parece, até pelo menos as primeiras décadas do século XX. No caso da localidade em questão, essa hipótese pode ser comprovada pela análise dos registros paroquiais de terra. Houve, de acordo com essas fontes, uma concentração de terras nas mãos de 22 indivíduos, detentores cada um de mais de 200 alqueires. Embora representassem 21,78% dos proprietários, detinham 74,29% das áreas. Os outros 79, com menos de 200 alqueires, totalizavam 78,22% daqueles, com 25,71% das terras.[30] Para Anderson Pires, houve

> [...] a manutenção da concentração da propriedade fundiária não só para o município de Juiz de Fora, mas para os outros produtores da região da Mata mineira no período. No que diz respeito a Juiz de Fora, os pequenos proprietários, apesar de constituírem a maioria dos estabelecimentos recenseados, 54,28% [censo de 1920], vão ocupar uma estreita faixa no conjunto da área discriminada, apenas 9,53% evidenciando a

29 GUIMARÃES, Elione. *Múltiplos viveres de afrodescendentes na escravidão e no pós-emancipação: família, trabalho, terra e conflito (Juiz de Fora-MG, 1828-1928)*. São Paulo: Annablume/Juiz de Fora: Funalfa, 2006b, p. 43.

30 PIRES, *op. cit.*, p. 35.

> natureza secundária das pequenas propriedades na economia agroexportadora ainda na segunda década do século XX [...].[31]

Essa política de terras possibilitou a constituição dos contornos do que hoje é o município de Juiz de Fora. De acordo com o trabalho de Luis Eduardo de Oliveira,

> O baixo valor venal de tais sesmarias e o prestígio que elas conferiam aos seus detentores junto às autoridades coloniais possibilitaram que, na segunda metade do século XVIII, a atual área da cidade se tornasse parte integrante de um único grande *latifúndio*, primeiro sob o domínio de Antonio Vidal e seus filhos e depois sob o controle de Antonio Dias Tostes, que após 1812 se assenhoreou desse imenso patrimônio territorial, composto por diversas fazendas e inúmeros terrenos incultos – terrenos estes que só serão explorados com maior intensidade com a gradual formação de unidades cafeeiras no povoado e em suas redondezas.[32]

No que diz respeito ao contingente escravo utilizado nas zonas cafeeiras, a historiografia foi unânime, durante algum tempo, ao afirmar que o estoque cativo, utilizado nesse setor, nas Minas Gerais, era proveniente da região central da Capitania/Província. Esses trabalhadores vinham das localidades em que esta mão de obra era subutilizada ou ociosa, e esse "padrão" se deu tanto no período de desenvolvimento quanto no de expansão da cafeicultura. Nos dizeres de Celso Furtado,

> [...] existia relativa abundância de mão-de-obra, em conseqüência da desagregação da economia mineira [...]. Como em sua primeira etapa a economia cafeeira dispôs do estoque de mão-de-obra escrava subutilizada da região da antiga mineração, explica-se que seu desenvolvimento haja sido tão intenso, não obstante a tendência pouco favorável dos preços.[33]

---

31 *Ibidem*, p. 39.

32 OLIVEIRA, Luís Eduardo de. *Os trabalhadores e a cidade: a formação do proletariado de Juiz de Fora e suas lutas por direitos (1877-1920)*. Tese (doutorado em História) – UFF, Niterói, 2008, p. 30-31. Grifo no original.

33 FURTADO, Celso. *Formação econômica do Brasil*. São Paulo: Editora Nacional, 1967, p. 122-123. Outros autores, que compartilham a ideia de que a mão de obra empregada na lavoura cafeeira era proveniente das decadentes áreas de mineração, são COSTA, Emilia Viotti da. *Da senzala a colônia*. São Paulo: Difel, 1966, p. 60-1; IGLÉSIAS, Francisco. *Política economia do governo provincial*

Essa vertente historiográfica foi contestada por Roberto Borges Martins. Em seu estudo sobre a escravidão em Minas Gerais, opôs-se à ideia de uma passagem de escravos do setor minerador para a cafeicultura. Segundo ele, essa hipótese devia ser totalmente descartada. Já há muito o setor minerador não contava com número suficiente de escravos, fato que não franqueou às lavouras cafeeiras um número considerável de cativos provenientes das lavras esgotadas. Dessa forma, de acordo com Martins, fica claro "que a idéia de que a história da escravidão na Minas oitocentista possa ser sintetizada como uma passagem da mineração ao café é francamente absurda".[34] A sua explicação para o alto número de escravizados nas Minas Gerais tem suas raízes no tráfico de escravos africanos remetidos às Minas, a partir do Rio de Janeiro. Atentou ele para o fato de que o Brasil, na primeira metade do século XIX, importou mais escravos do que em qualquer outro momento de sua história, e que era essa importação a responsável pela gama de escravos encontrados no território mineiro. De acordo com Martins,

> [...] um número bem superior a um milhão de africanos entrou nos portos do Rio de Janeiro e de São Paulo na primeira metade do século. Essa, e não os supostamente "redundantes" escravos de Minas Gerais, foi a fonte de mão-de-obra para o período formativo do setor cafeeiro. O tráfico oceânico e os primórdios da grande lavoura cafeeira são intimamente ligados.[35]

O caso paulista guarda semelhanças com o mineiro. Luna & Klein argumentaram que o capital gerado pelo café foi responsável pela grande concentração de cativos naquela província, disseminando, inclusive, a posse escrava em outras atividades que não as agrícolas:

> Claramente, o capital gerado pelo café não só permitiu a compra de grande número de escravos africanos para as fazendas como também promoveu um crescimento generalizado em todas as atividades

mineiro (1835-1889). Rio de Janeiro: MEC/Instituto Nacional do Livro, 1958, p. 130-131. Um dos primeiros trabalhos críticos a respeito dessa hipótese foi o de MARTINS, Roberto Borges. "Minas Gerais, século XIX: tráfico e apego a escravidão numa economia não-exportadora". *Estudos Econômicos*, 13 (1), jan./abr. 1983, p. 181-209.

34 MARTINS, *op. cit.*, 1983, p. 183.

35 *Ibidem*, p. 186.

> econômicas, permitindo uma participação crescente de africanos mesmo em ocupações não-agrícolas.[36]

O crescimento demográfico da Mata Mineira foi bastante vertiginoso durante o século XIX, reflexo do desenvolvimento cafeeiro que impulsionava a formação de novas posses, bem como ampliava as já existentes. Em 1822, a região contava com 20.000 indivíduos, já em 1872 possuía 250.000 e, em 1890, 430.000 habitantes.[37]

Os pesquisadores da Mata Mineira e, em especial, os que têm a atual cidade de Juiz de Fora como objeto de pesquisa puderam contar, além dos dados disponíveis para a província, com os de população, distribuídos nos arquivos locais. Segundo Henrique Duarte Lacerda, entre os anos de 1853-1883, o município de Juiz de Fora, comparado a outras localidades cafeeiras do Sudeste, como Rio Claro e Campinas, possuía uma população cativa maior, com exceção do ano de 1872. Entretanto, como veremos a seguir, o recenseamento feito naquele ano, e levado a cabo no de 1873, excluía um dos mais importantes distritos escravistas do município.

Conforme esse recenseamento, a província possuía cerca de 1.669.276 livres e 370.459 indivíduos escravizados, com uma concentração de 26% destes na Zona da Mata Mineira. Ainda de acordo com essa fonte, Juiz de Fora contava com um total de 14.368 cativos, em sua maioria do sexo masculino, só abaixo de Leopoldina, que tinha 15.253. No entanto, como assinalou Rômulo Andrade, uma das paróquias mais prósperas daquela localidade – Nossa Senhora da Glória, em São Pedro D'Alcântara (atual Simão Pereira) – não havia sido recenseada.[38] Elione Guimarães destacou que o "*Mapa aproximado da população do município da Vila de Santo Antonio do Paraibuna* de 1853-54 já apresentava um número de escravos superior ao do censo de 1872, qual seja, 16.428 cativos".[39] Ainda de acordo com a pesquisadora,

> A não inclusão da freguesia de Simão Pereira, no cômputo geral de escravos do município de Juiz de Fora, por si só, permite-me levantar a hipótese de que o número de cativos era superior ao inicialmente apresentado [censo de 1872]. Afinal, Simão Pereira estava

36 LUNA, Francisco Vidal & KLEIN, Herbert S. *Evolução da sociedade e economia escravistas de São Paulo, de 1750 a 1850*. São Paulo: Edusp, 2005, p. 93.

37 PIRES, *op. cit.*, p. 33.

38 ANDRADE, Rômulo, *op. cit.*, 1995, p. 155.

39 GUIMARÃES, *op. cit.*, 2006a, p. 54 (grifos no original).

entre as freguesias de maior produção de café do município e conseqüentemente, com grande concentração de cativos.[40]

O Relatório do Presidente da Província, apresentado no ano de 1874, mostrou uma população cativa de "19.351 elementos sendo 11.507 do sexo masculino e 7.884 do sexo feminino"[41] e, em 1886, 20.905 indivíduos, quando o "crescimento percentual é da ordem de 8,03%".[42] A Tabela 1, abaixo, procura situar a população escrava daquela localidade em comparação com outros municípios do Sudeste e também com a Província do Espírito Santo.

Tabela 1. Evolução demográfica da população escrava de Juiz de Fora, em comparação com outras localidades do Sudeste, no século XIX

Ano	Juiz de Fora	Campinas	Rio Claro	Vassouras	Paraíba do Sul	Prov. do Esp. Santo
1831/32	833	-	-	-	-	-
1853	13.037	-	-	-	-	-
1855	16.428	8.149	-	-	-	-
1856	-	-	1.426	-	-	12.269
1870	-	-	-	-	-	18.772
1872	19.351*	14.028	3.935	20.168	13.881	22.552
1880	-	-	-	-	-	21.216
1882	-	-	4.852	-	-	-
1883	21.808	15.665	4.866	18.630	15.369	-

Fonte: Tabela elaborada a partir dos Mapas de população do Distrito de Santo Antonio do Juiz de Fora, Termo da Nobre e Muito Leal Vila de Barbacena, 1831. Arquivo Público Mineiro. Caixa 9; Documento 4 (os dados desses mapas serão abordados no próximo capítulo). ANDRADE, Rômulo, *op. cit.*, 2002; e LACERDA, *op. cit.*, p. 51. *Essa cifra corresponde à população escrava de Juiz de Fora, com a inclusão da Freguesia de São Pedro de Alcântara ou Simão Pereira. O número oficial, de acordo com o censo de 1872, é de 14.368 cativos.

Como veremos adiante, esse aumento da população se deu, sobretudo, pela participação da localidade no tráfico internacional, e, na segunda metade do Oitocentos, por meio das diversas modalidades dos "tráficos internos" de escravos.

40 *Ibidem*, p. 55.

41 *Ibidem*, p. 56

42 GUIMARÃES, *op. cit.*, 2006b, p. 46.

> Considerando os números apresentados pelo censo de 1872 nas freguesias por ele contempladas, verificamos um crescimento da população livre, na freguesia de Santo Antonio do Paraibuna da ordem de 375,38%, o que atribuímos ao processo de urbanização de Juiz de Fora. O crescimento anual médio do período (1853-72) foi de 19,76%, representando uma verdadeira explosão demográfica. Na mesma época, o crescimento da população escrava foi de 78,16%, aproximadamente três vezes menos que o da população livre, confirmando o processo de urbanização. Comparada com as outras freguesias, a população mancípia apresentou crescimento de 1,08%, em relação a Chapéu D'Uvas; 2,15% a mais do que São Francisco de Paula/São José do Rio Preto. A população servil do município, que em 1853/54 era de 30,87%, passou para 37,46% em 1872/73.[43]

A fortuna proveniente do café causou efeitos "multiplicadores" em outros aspectos daquela sociedade. Para Wilson de Lima Bastos, "A riqueza que gerou o seu prestígio [do município] econômico, político, cultural e social foi o café, instalando-se [...], no decorrer do tempo, uma influente e ilustre aristocracia".[44] Com a riqueza proveniente do produto, Juiz de Fora adquiriu prestígio econômico, cultural e social, levando à formação de uma aristocracia local. Sobre o crescimento econômico, Luis Eduardo Oliveira ressaltou que,

> Desta forma, entre as décadas de 1830 e 1850, Santo Antonio do Juiz de Fora e seus arredores de rústicos pontos de abastecimento de tropas transformaram-se, gradativamente, em pólo de produção cafeeira. Essa mudança fundamental da economia da região pode ser atribuída tanto à disponibilidade de áreas para o cultivo e aos elevados preços alcançados pelo café nos mercados externos, quanto à oferta regular de mão-de-obra, garantida pelo intenso e lucrativo tráfico inter e intraprovincial de escravos, e à imposição de um regime fundiário baseado na grande propriedade, que possibilitou uma brutal concentração de terras e de renda nas mãos de um grupo restrito de fazendeiros.[45]

---

43 LACERDA, *op. cit.*, p. 53. Neste mesmo trabalho, pode ser encontrada uma explicação sobre as divisões administrativas do município e uma comparação sobre os censos

44 BASTOS, *op. cit.*, 1987, p. 18.

45 OLIVEIRA, Luís Eduardo de, *op. cit.*, p. 32.

Foi a partir da segunda metade do Oitocentos que a produção cafeeira juizforana realmente se expandiu e, junto com ela, também se fortaleceram as grandes propriedades e a concentração da mão de obra cativa. Dessa forma, houve um acréscimo e não um decréscimo da população escrava. Concomitante a esse fortalecimento, as elites da localidade buscaram nela imprimir sua visão de mundo.[46] Por meio de sua atuação na Câmara Municipal, entre os anos de 1850 e 1889, os detentores do poder econômico procuraram aplicar àquela sociedade o que consideravam ser um modelo de modernidade. A atuação desse grupo na Câmara, assim como seus projetos modernizadores, mostram que, além de se caracterizar como uma elite econômica, esse grupo era também uma elite política e intelectual – o que legitimava mais ainda seu poder regional.

> Não apenas pelo reconhecimento da Côrte trabalha a elite política de Juiz de Fora. Seus esforços objetivam, principalmente, a transformação da *Cidade do Juiz do Fóra* num símbolo do seu poder e do sucesso de seu estilo de vida – leia-se, da economia cafeeira de exportação, baseada na exploração do trabalho escravo. A pretensão é tornar o centro urbano um lugar atraente, para o bem viver de uma elite poderosa e em sintonia com as modernas noções de higiene, planejamento urbano, transporte, cultura e segurança. Uma cidade moderna uma cidade oitocentista.[47]

Esse projeto modernizador da elite tencionava transformar Juiz de Fora em uma cidade moderna, segundo os moldes estabelecidos pela época, quais sejam, os europeus. Vale destacar que esse anseio não era uma peculiaridade local. A capital imperial, por exemplo, também sofria com sérios problemas de higiene,

46 De acordo com Marcos Andrade, foi o magistrado Francisco de Paula Ferreira de Resende (1832-1893), em seu livro autobiográfico, *Minhas Recordações* (Belo Horizonte: Imprensa Oficial, 1987), quem deixou pistas sobre os homens de importância, "de elite", daqueles tempos. "Além de possuir terras e escravos, o que também dava notoriedade a um membro de elite era sua inserção na vida pública, seja através da ocupação de cargos políticos e administrativos, seja da participação em alguma confraria religiosa de importância do lugar" (ANDRADE, Marcos Ferreira de. *Família, fortuna e poder no Império do Brasil – Minas Gerais – Campanha da Princesa (1799-1850)*. Tese (doutorado em História) – UFF, Niterói, 2005).

47 GOODWIN JR., James William. "A modernidade como projeto Conservador: a atuação da Câmara Municipal de Juiz de Fora, 1850-1888". *Locus: Revista de História*, Juiz de Fora, vol. 3, nº 1, 1997, p. 126 (grifo no original).

planejamento urbano e outros, que tinham que ser solucionados. Modernizar o Rio de Janeiro era uma temática também amplamente discutida pela elite carioca.[48]

AS FAMÍLIAS E SUA INSERÇÃO NA REGIÃO

A historiografia tem demonstrado que, em algumas regiões do país, uma estratégia muito utilizada pelas famílias da elite foi a união com outras de igual *status*. Por meio, sobretudo, do casamento entre seus pares, elas objetivaram manter, formar e/ou aumentar suas fortunas e seu prestígio.[49] De acordo com Sheila de Castro Faria: "'Casar bem' a si próprio e a seus filhos constituía-se num dos pontos fundamentais do ciclo de vida familiar. Estabeleciam-se, com tais alianças, reciprocidades que alicerçavam o poderio das famílias da região, em particular as mais ricas".[50]

Carlos Bacellar estudou a elite escravista do Oeste paulista (1765-1855), reconstruindo trajetórias de vida naquela região por meio de uma análise longitudinal das principais famílias paulistanas ali encontradas. Abordou as estratégias de manutenção, ampliação e transmissão de poder – fosse ele econômico, político ou social – e percebeu o matrimônio como um dos estratagemas utilizados por aqueles senhores da elite, com o objetivo de perpetuarem sua linhagem e sua fortuna. De acordo com o autor,

> Os casamentos ocorriam, portanto, dentro de duas estratégias principais. Uma, voltada para o viés da união sangüínea, unindo primos de quarto grau preferentemente. Outra, interessada em alianças economicamente vantajosas, unindo filhos de poderosos. Estas opções,

48 A esse respeito, conferir SEVCENKO, Nicolau. *Literatura como missão: tensões sociais e criação cultural na Primeira República*. 2ª ed. São Paulo: Companhia das Letras, 2003; CHALHOUB, Sidney. *Cidade febril: cortiços e epidemias na Corte imperial*. São Paulo: Companhia das Letras, 1996.

49 OLIVEIRA, Flávia Arlanch Martins de. "Famílias proprietárias e estratégias de poder local no século passado". *Revista Brasileira de História*, São Paulo, vol. 9, nº 17, set. 1988/fev. 1989; BACELLAR, Carlos de Almeida Prado. *Os senhores da terra: família e sistema sucessório entre os senhores de engenho do Oeste Paulista – 1765-1855*. Campinas: CMU/Unicamp, 1997; OLIVEIRA, Mônica Ribeiro, *op. cit.*, 2005; ANDRADE, Marcos, *op. cit.*, 2005; BRÜGGER, Silvia Maria Jardim. *Minas patriarcal: família e sociedade (São João Del Rei, séculos XVIII e XIX)*. Tese (doutorado em História) – UFF, Niterói, 2002; FARIA, Sheila de Castro. "Fortuna e família em Bananal no século XIX". In: MATTOS DE CASTRO, Hebe & SCHNOOR, Eduardo (orgs.). *Resgate: uma janela para o Oitocentos*. Rio de Janeiro: Topbooks, 1995.

50 FARIA, *op. cit.*, 1995, p. 85.

> no entanto, eram balizadas por um parâmetro fundamental: o cônjuge selecionado deveria advir de meio sócio-econômico semelhante ao de seus sogros. A endogamia social era, assim, critério essencial na escolha conjugal.[51]

Sandra Graham, em estudo acerca da sociedade brasileira oitocentista, no qual enfocou a prestigiosa família dos Werneck, do Vale do Paraíba fluminense, atentou para as possibilidades de dispersão do patrimônio no momento da divisão dos bens entre os herdeiros. Segundo ela, as gerações posteriores àquelas procuravam "adquirir novas terras por meio de matrimônios e compras, repetindo o ciclo de expansão e contração das propriedades familiares".[52] Demonstrou como os Werneck continuaram a "aumentar e estender propriedades, poder e reputação",[53] valendo-se de estratégias matrimonias e fundando novas linhagens familiares entre "iguais" não aparentados, e algumas delas entre parentes. Diz ela:

> [...] para contrabalançar a fragmentação da propriedade entre os numerosos filhos e a diluição do poder familiar, uma estratégia de casamentos entre parentes próximos possibilitava que uma família extensa reconsolidasse sua propriedade. Com freqüência, primos se casavam com primos: às vezes, se tratava efetivamente de primo carnal, outras vezes, "primo" significava apenas um parente. Acontecia de uma viúva se casar com o irmão do marido morto, ou um viúvo com a irmã da falecida, [...] irmãs se casavam às vezes com homens que eram irmãos; até tias se casavam com sobrinhos e tios com sobrinhas. [...] Sem dúvida, eles julgavam que sua estratégia era razoável e até necessária, não porque houvesse poucos candidatos potenciais ao casamento, até mesmo aceitáveis, mas porque qualquer união fora da família significava inevitavelmente a dispersão da propriedade e da influência por meio da partilha da herança.[54]

51 BACELLAR, *op. cit.*, 1997, p. 98.

52 GRAHAM, Sandra, *op. cit.*, p. 125.

53 *Ibidem.*

54 *Ibidem*, p. 126. Sobre os direitos de herança, envolvendo as famílias brasileiras do século XIX, bem como sobre o concubinato, o casamento e os filhos ilegítimos, ver LEWIN, Linda. *Surprise heirs*. Stanford: Stanford University Press, 2003.

É importante perceber, assim como já apontou Dora Isabel Paiva, que o conceito de herança ultrapassava a transmissão de bens doados ou legados aos herdeiros, que recebiam também a "visão de mundo", os valores que seus familiares carregavam consigo, atitudes que se fizeram presentes em suas vidas e, por que não dizer, no trato com seus cativos. O aprendizado herdado por eles, portanto, pode ser verificado em suas posses, na sua relação com a sociedade. Conforme a pesquisadora,

> O conceito de herança [...] tem o sentido de transmissão material de bens das gerações mais velhas em direção às mais novas, contudo não podemos deixar de apontar também os valores, as atitudes que subjaziam ao comportamento coletivo e familiar do período focalizado. A transmissão de bens não é apenas o meio através do qual se dá a reprodução da estrutura social, mas também o meio pelo qual as relações inter-pessoais são estabelecidas.[55]

Flavia Arlanch Oliveira analisou a família senhorial em Jaú (SP), no século XIX – momento em que começava a se formar o povoado – e percebeu que o poder local se deu por meio de uma articulação entre as famílias proprietárias.

> Sabemos que as famílias brasileiras proprietárias ou de elites desenvolveram estratégias de manutenção de poder local. [...] Posse de grandes extensões de terras, casamentos consangüíneos, prole numerosa, poder econômico. Esses fatores permitiram a construção de uma rede de poder que atuou nas comunidades.[56]

Os Junqueira, do sul de Minas Gerais, se notabilizaram, sobretudo, na região de Campanha, durante o Império, e foram estudados por Marcos Andrade, que percebeu "claramente, que os caminhos para o enriquecimento e a consolidação do nome da família estiveram, quase sempre, na combinação das atividades agropastoris e comerciais e também na ocupação de cargos administrativos, civis, eclesiásticos e políticos".[57] Ainda segundo ele,

---

55 COSTA, Dora Isabel Paiva da. *Herança e ciclo de vida: um estudo sobre família e população em Campinas, São Paulo, 1765-1850*. Tese (doutorado em História) – UFF, Niterói, 1997, p. 9.

56 OLIVEIRA, Flávia A. M. de, *op. cit.*, p. 65.

57 ANDRADE, Marcos, *op. cit.*, 2005, p. 211.

> A política, os negócios e a família constituíam os três pilares de sustentação e consolidação do prestígio e do poder de determinados membros da elite escravista. Através da conjugação destes três elementos, grandes proprietários poderiam ampliar seus negócios, fixar a identidade da parentela e garantir, assim, a continuidade das atividades políticas.[58]

Essas mesmas práticas, de acordo com Mônica Oliveira, foram muito utilizadas entre as principais famílias de Juiz de Fora, durante o século XIX, estabelecendo, naquela localidade, famílias de importância econômica e política significativa na Província mineira e também na Corte. Muitos dos laços criados entre essas famílias, principalmente, mas não só pelo casamento, se deram com as da localidade e com outras, oriundas da Borda do Campo (Barbacena) e da região próxima a São João Del Rey. Os proprietários por nós pesquisados – pelo menos os Dias Tostes e os Paula Lima, também estudados pela autora – certamente se utilizaram desses recursos: "Via de regra, esses casamentos possibilitavam assegurar a propriedade, no círculo das famílias proprietárias de terras, impedindo o seu esfacelamento. [...] Através dos matrimônios se fortaleceram os vínculos econômicos e políticos".[59]

A família de Antonio Dias Tostes (uma das três famílias senhoriais analisadas neste livro), por exemplo, estabeleceu relações, sobretudo por meio do casamento, com a de Mariano Dutra de Moraes, outro grande proprietário de terras e escravos, com inúmeras dívidas ativas. De acordo com Mônica Oliveira, "O processo de sucessão das duas fortunas revelou uma conduta de partilha que conduziu à indivisibilidade".[60]

Para Rômulo Andrade, houve, em Juiz de Fora, no plano da política, uma correspondência com os grandes proprietários de escravos, café e terras. Analisando a votação dos cidadãos, que levou à renovação da Câmara Municipal no ano de 1860, ele destacou que alguns "grandes proprietários rurais bem situados economicamente – encontravam uma correspondência de poder na superestrutura política".[61] O Comendador

58 *Ibidem*, p. 237.

59 OLIVEIRA, Mônica Ribeiro de, *op. cit.*, p. 79-80.

60 *Ibidem*, p. 167.

61 ANDRADE, Rômulo. Escravidão e cafeicultura em Minas Gerais: o caso da Zona da Mata. *Revista Brasileira de História*. Vol. 11, n. 22. São Paulo, mar./ago. 1991.

Francisco de Paula Lima e o Capitão Antonio Dias Tostes, filho de Antonio Dias Tostes e Dona Anna Maria do Sacramento, são exemplos dessa correspondência.

Também em outras regiões do país as famílias da elite fizeram uso dessa estratégia para o acúmulo e o aumento de riquezas. Renato Marcondes, em estudo sobre o Vale do Paraíba no século XIX, afirmou que "a participação política, o uso de cargos públicos e as relações de parentesco e amizade também influíram na acumulação da riqueza dos indivíduos".[62]

Analisando as relações de parentesco na Câmara Municipal de Juiz de Fora, entre os anos de 1853 e 1889, Patrícia Falco Genovez chegou à conclusão de que

> No Brasil imperial da segunda metade do século XIX, as famílias, de maior destaque na política da Câmara de Vereadores da cidade de Juiz de Fora, estavam vinculadas ao café ou à cultura de alimentos voltada para o comércio. Características básicas da região sul da Zona da Mata Mineira que, através de tais atividades, proporcionavam uma certa acumulação de riqueza, garantindo não apenas uma relevância econômica na região mas também um certo *status* perante a sociedade circunvizinha a Juiz de Fora.[63]

Com relação aos Dias Tostes, a autora asseverou que: "A família que detém o maior prestígio e poder político local é a família Tostes, cujos maiores picos de parentes na Câmara Municipal ocorreram nas eleições de 1853, 1861 e 1887. O que nos chama a atenção é a sua presença em todas as legislaturas".[64]

Antonio Dias Tostes foi um dos pioneiros na ocupação da Zona da Mata Mineira. Casado, em primeiras núpcias, com Dona Anna Maria do Sacramento, esse proprietário de terras e de homens apareceu na lista nominativa do Distrito de Santo Antonio do Juiz de Fora, em 1831, habitando o fogo de número 102, juntamente com sua esposa, 9 filhos, 2 libertos e 147 cativos, cerca de 17,6% do total de escravos da localidade. Credenciava-se, assim, como o maior possuidor, dentre os avaliados naquela lista de habitantes.[65]

---

62 MARCONDES, Renato Leite. *A arte de acumular na economia cafeeira: Vale do Paraíba, século XIX*. Lorena: Stiliano, 1998, p. 24-25.

63 GENOVEZ, Patrícia Falco. "Câmara dos Compadres: relações familiares na Câmara Municipal de Juiz de Fora (1853-1889)". *Lócus: Revista de História*, Juiz de Fora, vol. 2, nº 2, 1996, p. 63.

64 *Ibidem*, p. 74.

65 As listas foram organizadas por domicílios, com a relação nominal de todos os indivíduos pertencentes àquele fogo. Para cada indivíduo, há informações sobre nome, qualidade (branco, africano, crioulo),

Os Paula Lima constituíam outra família destacada, com seus membros na Câmara Municipal. Nesse aspecto, merece atenção o neto do inconfidente José Ayres Gomes, "o Comendador Francisco de Paula Lima, [...] [com] a mesma estratégia das famílias para reforçar o poder político local na Câmara Municipal".[66] A pesquisadora chegou à conclusão de que

> [...] a Câmara de Vereadores de Santo Antonio do Paraibuna era na verdade uma *Câmara de Compadres* onde se formaram grupos tradicionais atraindo, para sua órbita famílias influentes da localidade. Foi assim que aconteceu entre os Tostes, compadres dos Halfeld, compadres do Coronel Rezende, compadre dos Teixeira de Carvalho. Ou, como ocorreu com o Comendador Paula Lima, compadre de Romualdo Miranda Ribeiro, do doutor Penido que era compadre do coronel Francisco Ribeiro de Assis, que era compadre... e por aí vai.[67]

O Comendador Francisco de Paula Lima também utilizou o matrimônio para a manutenção e a ampliação de sua fortuna. Seu primeiro casamento foi com sua sobrinha, Maria Cândida de Lima, o que lhe possibilitou, por meio da herança, enriquecer seu patrimônio. Com a morte da esposa, casou-se, em segundas núpcias, com Francisca Benedicta de Miranda Lima, filha do Visconde de Uberaba, também detentor de prestígio social e de fortuna na Província de Minas Gerais.[68]

A inventariante Francisca Benedicta de Miranda Lima declarou que seu marido, o Comendador Francisco de Paula Lima, havia falecido no dia 26 de novembro de 1865 e deixara os seguintes filhos herdeiros: José Ayres Monteiro de Miranda Lima (casado), Francisco de Paula Lima (casado), José Cezario de Miranda Lima (casado), Theotonio Mauricio de Miranda Lima (solteiro, então com 20 anos), Dona Maria José (casada com o Dr. Lucas Monteiro de Castro), Dona Constancia (casada com Manuel Vidal Barboza), José Rodrigues de Miranda Lima (16 anos), João Evangelista (14 anos), Romualdo (12 anos), Marcos (10 anos), Dona Francisca

---

condição social (cativo, liberto), idade e estado conjugal, além das ocupações. O sexo pode ser identificado pelo nome das pessoas. Mapas de população. Distrito de Santo Antonio do Juiz de Fora, Termo de Barbacena, 1831. Arquivo Público Mineiro (doravante APM). Caixa 9; Documento 4.

66 *Ibidem*, p. 69.

67 *Ibidem*, p. 79 (grifos no original).

68 RODRIGUES, André Figueiredo. *Um potentado na Mantiqueira: José Aires Gomes e a ocupação da terra na Borda do Campo*. Dissertação (mestrado em História) – FFLCH-USP, São Paulo, 2002.

(9 anos), Benjamim (7 anos), Lucas (5 anos), e Antonio Carlos (2 anos).[69] Em seu inventário, consta um total de 204 cativos, além de outros bens, como propriedades, 468 mil pés de café, ações da Companhia União e Indústria e dívidas ativas. O monte-mor desse proprietário chegou a 647:552$400.[70]

Quanto ao Capitão Manoel Ignácio Barboza Lage, não nos foi possível estabelecer uma relação de proximidade com alguma família, a fim de saber que estratégia teria usado para a ampliação de seu cabedal, anterior a seu inventário. Entretanto, conseguimos perceber esse estratagema após sua morte, com a união de sua família à dos Moretzsohn, tendo sua viúva contraído segundas núpcias com um de seus integrantes, chamado Augusto Moretzsohn.[71] O Capitão Manoel Ignácio Barboza Lage faleceu no dia 3 de março do ano de 1868. Era morador da Freguesia de Simão Pereira, do termo da cidade de Juiz de Fora, onde possuía fazenda e residência habitual, conforme constava em seu testamento de última vontade.[72]

Casado com Dona Florisbella Francisca de Assis Barboza Lage, o capitão teve em seu matrimônio 4 filhos, os quais, por lei, eram seus herdeiros: Dr. Francisco de Assis Barboza Lage (casado com Dona Theresa Meyer da Fonseca Lage), Dona Marianna Cândida Lage Nunes (casada com José Ribeiro Nunes), Dr. Antero José Lage Barboza (solteiro), e Dona Anna Carolina Barboza Lage (viúva de seu filho Antonio Augusto Barboza Lage, falecido em 19 de junho daquele mesmo ano). O último casal mencionado teve 6 filhos, netos e herdeiros do Coronel: Carolina (8 anos), Manoel (6 anos),

69 Inventário *post mortem* do Comendador Francisco de Paula Lima, 1866. Arquivo Histórico da Universidade Federal de Juiz de Fora. Cartório do 1º Ofício Cível (Doravante AHUFJF).

70 "Monte-mor é o total bruto dos bens possuídos por um casal, ou por um indivíduo solteiro ou viúvo, levantado pelo inventário. Deste total, eram descontadas as dívidas e as custas do inventário, e obtinha-se o monte-mor líquido. Sobre este era efetuada a meação dos bens, a cada cônjuge cabendo 50% do patrimônio. A seguir, a parte de cada cônjuge era dividida em três terços de igual valor: dois terços para serem repartidos, sob a forma de legítimas, entre os herdeiros arrolados no inventário, e um terço, ou a 'terça', para ser livremente legada pelo testador, de acordo com seu testamento escrito ou recomendações verbais" (BACELLAR, Carlos de Almeida Prado. "Família, herança e poder em São Paulo: 1765-1855". *Estudos Cedhal*, São Paulo, nº 7, 1991, p. 59). "No século XIX, a unidade monetária brasileira era o mil-réis, escrito 1$000. Uma unidade maior era o conto, equivalente a 1.000 mil-réis, ou 1 milhão de réis, escrito 1:000$000" (GRAHAM, Sandra, *op. cit.*, p. 19).

71 Prestação de contas testamentárias de Dona Florisbella Francisca de Assis Barboza Lage, 1887. Cartório do 1º Ofício Cível. AHUFJF.

72 Testamento de Manoel Ignácio Barboza Lage, 1868. Livro de testamentos, n. v. Arquivo Histórico de Juiz de Fora (Doravante AHJF).

Florisbella (5 anos), Maria da Gloria (3 anos), Francisca (2 anos) e Antero (8 meses).[73] Declarou mais, que todos os herdeiros, à exceção de seus netos, receberam bens do casal, a título de dote ou doações, que deviam ir à colação oportunamente.

Dentre seus bens arrolados no inventário, constam 118 escravos, 8 deles na cidade de Juiz de Fora, e os outros 110 na Fazenda da Boa Esperança, localizada na Freguesia de Simão Pereira, além de ações da dívida pública, cafezais, dívidas ativas e benfeitorias; a importância dos bens inventariados foi de 380:674$000.

De acordo com Maria Sylvia de Carvalho Franco, tratando do desenvolvimento da empresa cafeeira,

> Para alguns desses fazendeiros realmente grandes, a entrada na exploração do café fez-se com uma já sólida cabeça de ponte. Os privilégios que vinham do Brasil joanino, seja pela propriedade ou pela facilidade de acesso à terra, seja pela fortuna amealhada nas atividades comerciais, foram decisivos. Estes homens mais favorecidos [...] começaram seus empreendimentos alicerçados em posses consideráveis [...].[74]

Na esteira desse raciocínio, encontramos Antonio Dias Tostes e o Comendador Francisco de Paula Lima. O primeiro, homônimo de seu pai, Antonio Dias Tostes, natural da Freguesia de Santa Bárbara da Ilha Terceira do bispado de Angra, morador em Santa Rita do Ibitipoca e casado com Lusia Ribeira, contou com tais facilidades, como as apontadas logo acima. Seu pai adquiriu, por compra, em Santa Rita, no dia 20 de maio de 1759, uma sesmaria de 0,5 légua, fato que possibilitou a essa família a posse de um dos principais ativos em riqueza.[75] Anos mais tarde, sua posse, localizada na entrada do Ribeirão do Salto, foi descrita como "moderna".[76]

---

73 Inventário *post mortem* do Capitão Manoel Ignácio Barboza Lage, 1868. AHUFJF. Cartório do 1º Ofício Cível.

74 FRANCO, Maria Sylvia de Carvalho. *Homens livres na ordem escravocrata*. São Paulo: Ática, 1974, p. 195-196.

75 APM. Seção Colonial/Códice 125, Registro de Sesmarias, 1759, fls. 15-16v. Riqueza é considerada como a "totalidade dos haveres ou bens possuídos pela família, tais como objetos, móveis, tapetes, jóias, utensílios e implementos, escravos, animais com valor de troca, propriedades rurais e urbanas, títulos de crédito, não se incluindo [...] alimentos, bebidas e salários que significam rendimentos" (CANABRAVA, Alice P. "Uma economia em decadência: os níveis de riqueza na Capitania de São Paulo, 1765-67". *Revista Brasileira de História*, vol. 26, nº 4, out./dez. 1972).

76 APM, Seção Colonial/Códice 224, Livro primeiro dos registros dos ofícios dirigidos à Corte pelo Ilustríssimo e Excelentíssimo Senhor D. Rodrigo José de Meneses, governador e capitão general

O Comendador Francisco de Paula Lima era neto do famoso Inconfidente Coronel José Ayres Gomes, um dos maiores, senão o maior detentor de terras ao longo do Caminho Novo, transformando-se, nos dizeres do historiador André Figueiredo, em "um potentado da Mantiqueira".[77] Fez uso do casamento como recurso de manutenção e enriquecimento, o que lhe possibilitou prestígio e relações políticas extremamente sólidas na região. Paula Lima foi vereador na primeira Câmara Municipal da Vila de Santo Antonio do Paraibuna, na qual ocupou, várias vezes, o cargo de Presidente, assim como o de Juiz de Paz, autoridade policial e substituto do Juiz de Órfãos. Em sua homenagem, foi dado ao distrito da Freguesia do Chapéu d'Uvas, antes distrito do Engenho do Matto, a denominação de Paula Lima.[78]

Averiguamos, portanto, que todas as três famílias estudadas, em algum momento, fizeram uso das ligações matrimoniais com outras famílias da elite para aumentar não só o seu prestígio social, mas, acima de tudo, os seus cabedais econômicos, compostos, principalmente, por terras e escravos, bem como seu *status* político.

Casamentos com o pagamento de dotes (adiantamento da herança) podiam, muitas vezes, aumentar o cabedal de uma família, ampliando, de maneira mais rápida, o contingente escravo dos casais que começavam suas vidas.[79]

> O dote constituía-se em peça chave no arranjo matrimonial. A princípio, podiam-se dotar filhos e filhas, mas a prática que imperou foi a dotação de mulheres, provavelmente por interesse das famílias em incorporar homens adultos (e, talvez, mais prestigiados) ao círculo de poder e mando de famílias abastadas.[80]

desta capitania de Minas Gerais, 1780-1782, fls. 41-48.

77 RODRIGUES, André, *op. cit.*

78 ESTEVES, Albino. *Álbum de Juiz de Fora*. Belo Horizonte: Imprensa Oficial, 1915, p. 505.

79 Os dotes eram "uma antecipação daquilo que seria sua legítima [dos filhos], ou seja, sua parte na herança. Por esta razão, quando um dos progenitores morria, no inventário, havia sempre referência aos dotes concedidos, trazendo-se à colação os bens móveis e de raiz doados por ocasião do casamento. [...] O objetivo da colação era, portanto, manter a igualdade entre todos os filhos na herança, evitando-se assim que os dotes tivessem sido desiguais, a igualdade era restabelecida no momento do inventário e das partilhas" (SILVA, Maria Beatriz Nizza da. *Sistema de casamento no Brasil colonial*. São Paulo: T.A. Queiroz/Edusp, 1984, p. 102).

80 FARIA, *op. cit.*, 1995, p. 82.

As estratégias familiares, muitas vezes, se utilizaram da endogamia no casamento. Procurava manter-se dentro de um mesmo círculo, por meio do casamento entre primos, tios e sobrinhos, com o intuito de preservar o controle social e político, consolidado pelas famílias em determinadas regiões.

> A consolidação do *status* social permitia o fechamento da elite em torno de si mesma e se manifestava num sentimento de grupo que, sem dúvida, respaldava as ações de seus membros. Ao mesmo tempo, percebe-se que a diminuição do poder econômico e uma evidente preponderância social e política é que faziam com que os casamentos endógenos se multiplicassem.[81]

Quando se recorria a um casamento exogâmico, as estratégias eram praticamente as mesmas. Como bem assinalou Andrade: "Quanto ao estabelecimento de alianças matrimoniais fora do círculo familiar, eram devidamente analisadas e calculadas, admitidas na medida em que somavam prestígio socioeconômico".[82] Portanto, objetivava-se um casamento entre "iguais", com outras famílias importantes e que pudessem agregar à nova união mais terras, escravos, prestígio etc.

SENHORES DE TERRAS E ESCRAVOS: A RIQUEZA NA ZONA DA MATA MINEIRA

A compreensão da riqueza (composição da fortuna) daqueles senhores se constitui fundamental, já que deve ter influenciado a vida dos escravos. O conhecimento do montante que os mesmos possuíam em terras, dívidas, escravos etc., cotejado a trabalhos sobre a concentração das propriedades fundiárias e da posse de escravos, nos ajudará a perceber em que nível de riqueza se encontravam esses proprietários.

> Minha propriedade consiste em terras e escravos. Com essas palavras inúmeros testamentos do décimo nono século, até 1888, iniciavam a enumeração dos bens que os fazendeiros de Vassouras haviam herdado, comprado, e hipotecado; construído ou cultivado durante suas vidas. O laço entre a terra e os escravos, esteios da sociedade rural, era mais do que fortuito; não só era o braço escravo

81 *Ibidem*, p. 87.

82 ANDRADE, Marcos, *op. cit.*, 2005, p. 254.

> indispensável ao trabalho da terra, como necessário para a obtenção das sesmarias da Coroa de Portugal.[83]

Para Alida Metcalf, as vinculações entre riqueza e escravidão eram muito próximas e influenciaram a vida dos cativos, sobretudo no que diz respeito a suas famílias. De acordo com ela,

> Como os escravos não podiam formar famílias auto-suficientes e independentes eram obrigados a constituí-las dentro ou nas proximidades do domicílio de seu senhor, suas famílias eram grandemente afetadas pelos acontecimentos na vida deste. A riqueza e o ciclo de vida dos proprietários, especialmente, influenciavam a formação e duração das famílias escravas. Assim, o ciclo familiar dos cativos (ou como as famílias escravas se desenvolviam e mudavam durante a vida de um indivíduo) dependia das características dos senhores – do seu grau de riqueza e de como suas famílias se modificavam ao longo do tempo. Dados sobre o Brasil, Estados Unidos e Caribe, por exemplo, indicam que os escravos de grandes *plantations*, i.e., pertencentes aos proprietários mais ricos, tiveram as famílias mais estáveis.[84]

O que determinava quem era um homem rico naqueles tempos? Em uma sociedade escravista, ser senhor de homens e de terras certamente determinava a riqueza de um indivíduo. É importante ressaltar que as desigualdades regionais não podem ser desconsideradas, já que as diferenças socioeconômicas, sem dúvida, podem determinar padrões de riqueza diferenciados. Entretanto, cremos que, pelo menos para a Zona da Mata Sul, a fortuna se associava à posse de terras e cativos, que foram fatores importantes no condicionamento do patrimônio dos indivíduos.[85]

---

83 STEIN, Stanley. *Grandeza e decadência do café no Vale do Paraíba, com referência especial ao município de Vassouras*. São Paulo: Brasiliense, 1961, p. 63.

84 METCALF, *op. cit.*, 1987, p. 231.

85 Kátia Mattoso, por exemplo, para a primeira metade do século XIX, na Bahia, considera ricos aqueles indivíduos que possuíssem mais de dez contos de réis (10:000$000). MATTOSO, Kátia. *Ser escravo no Brasil*. 3ª ed. São Paulo: Brasiliense, 1990, p. 254. Marcos Andrade, em seu estudo sobre Campanha da Princesa (Sul de Minas), apontou como mais afortunados os proprietários que detinham 20 cativos ou mais (ANDRADE, Marcos, *op. cit.*, 2005).

Rômulo Andrade desenvolveu uma hipótese, na qual procurou determinar os indivíduos que representavam a elite econômica na Zona da Mata durante o século XIX. Segundo ele, no começo daquele século, era nítida a concentração de terras, pois "53 propriedades (num total de 215) detinham 66.816 alqueires dos 71.760 alqueires registrados, sendo nítida a concentração fundiária".[86] De acordo com o autor, no período entre 1854-1888, em média, as grandes propriedades de Juiz de Fora possuíam 100 escravos em cada unidade de produção, 236 alqueires e 237.714 pés de café. Confrontando os seus dados com os de Vilma Almada e os de Blasenheim, o pesquisador afirmou que:

> Assim sendo, os dados que obtivemos para o município de Juiz de Fora se associam aos de Almada (Leopoldina e Juiz de Fora) e Blasenhein [sic] (toda a mata) no sentido de indicar – para Juiz de Fora, de nossa parte – a vigência da grande unidade de produção cafeeira.[87]

Ainda de acordo com Andrade, as propriedades contavam com uma diversificação agrícola,[88] que lhes possibilitou certa autonomia com relação ao mercado, conclusão que pode ser verificada por meio da análise dos inventários *post mortem*. As maiores inversões de capital se davam, primeiro, em escravos, depois, em terras e, finalmente, no café, sendo as restantes de menor monta.

No contexto paulista, entre a segunda metade do Setecentos e primeira do Oitocentos, houve uma mudança notável na economia e na sociedade, capitaneada pelos possuidores do trabalho escravo. Segundo Luna & Klein, era esta "a forma crucial de riqueza disponível no Brasil colonial e imperial. [...] embora o acesso à terra fosse fundamental, foi o tamanho da força de trabalho o fator mais importante na determinação da riqueza de um domicílio".[89]

---

86 ANDRADE, Rômulo. "Família escrava e estrutura agrária na Minas Gerais oitocentista". *População e família*, São Paulo, vol. 1, nº 1, jan./jun. 1998, p. 185.

87 *Idem, op. cit.*, 1991, p. 97.

88 Acerca da diversidade de culturas em estabelecimentos agrícolas, e também sobre a trajetória de famílias no contexto de formação de propriedades agrícolas na Zona da Mata, conferir REZENDE, Irene Nogueira de. *O paraíso e a esperança: vida cotidiana de fazendeiros na Zona da Mata de Minas Gerais*. São Paulo: Humanitas/FFLCH-USP, 2004; SOUZA, *op. cit.*, 1999; *Idem, op. cit.*, 2007.

89 LUNA & KLEIN, *op. cit.*, 2005, p. 138.

Em estudo sobre a riqueza e a escravidão em Batatais (SP), 1851-1887, Juliana Garavazo detectou, entre outras coisas, que os senhores com algum título ou patente militar e as mulheres tratadas como "donas" tiveram uma correlação direta com a riqueza. Para ela,

> No caso dos homens, as patentes militares eram indicadores de poder político e *status* social, que, na maioria das vezes, estava atrelado diretamente à posição econômica por eles ocupada. Assim, aqueles proprietários que carregavam junto ao nome alguma patente deveriam ocupar melhores posições sociais e econômicas, apresentando, assim, maior riqueza.
>
> No que concerne às mulheres, o tratamento "dona" indicava tratar-se de uma mulher de melhor posição social – também decorrente quase que invariavelmente de uma melhor condição econômica – geralmente filhas e/ou esposas de homens com alguma importância local ou possuidores de maiores cabedais.[90]

Marcos Andrade encontrou uma situação bastante similar em seu estudo: "Considerando a importância dos ativos na composição das fortunas, constata-se [...] que os três ativos de maior importância na composição da fortuna dos proprietários sul-mineiros eram os escravos, os imóveis e as dívidas ativas".[91]

Rita de Cássia Almico, ao estudar Juiz de Fora entre os anos de 1870/1914, percebeu uma "dança da riqueza". Em um primeiro momento (1870/1888), ela se fez presente com escravos, café e dívidas ativas. Já nos anos posteriores, ao fim da escravidão, com a crise da mão de obra escrava, existiu, segundo a autora, uma racionalidade por parte dos abastados fazendeiros daquele município, que pode ser percebida pelo crescimento de outros ativos, tais como terras, casas e títulos.[92]

---

90 GARAVAZO, Juliana. *Riqueza e escravidão no Nordeste Paulista: Batatais, 1851-1887*. Dissertação (mestrado em História Econômica) – FFLCH-USP, São Paulo, 2006, p. 85. O valor médio dos homens com patentes foi quatorze vezes maior do que o daqueles sem patente, no caso das mulheres, as "donas" possuíam uma riqueza líquida de cerca de 1,8 vezes superior às mulheres sem este tratamento (p. 86).

91 ANDRADE, Marcos, *op. cit.*, 2005, p. 66.

92 ALMICO, Rita de Cássia. *Fortunas em movimento: um estudo sobre as transformações na riqueza pessoal em Juiz de Fora, 1870/1914*. Dissertação (mestrado em História Econômica) – IE-Unicamp, Campinas, 2001.

Garavazo encontrou na composição da riqueza bruta dos inventariados, em Batatais (SP), maior concentração da fortuna em imóveis, escravos e animais.[93] Em Franca (SP), Lélio Luiz de Oliveira percebeu que, entre os anos de 1875-1885, o patrimônio estava concentrado em escravos (26,7%), imóveis (53,4%) e semoventes (11,9%).[94]

Heloísa Teixeira, estudando Minas Gerais, mais especificamente Mariana – localidade distinta de Juiz de Fora e de Baependi (estudada por Marcos Andrade), pelo menos do ponto de vista demográfico e econômico –, encontrou, na segunda metade do XIX, patrimônios imobilizados em escravos (38,9%), imóveis (24,8%) e animais (5,9%).[95]

A diversificação da produção agrícola deve ter sido a base para aqueles que viriam a ser os maiores produtores de café daquela localidade. Lembremo-nos de que, num primeiro momento, nos arredores daquele que viria a se tornar o distrito e, depois, o município de Juiz de Fora, se estabeleceu um núcleo fornecedor de produtos de primeira necessidade, bem como de pouso para os tropeiros que se utilizaram daquela estrada. Muitos daqueles homens e mulheres, como os das famílias Dias Tostes, Paula Lima e Barbosa Lage, sem dúvida, tiveram a origem de suas fortunas ligadas à diversificação de atividades. Fossem agrícolas, comerciais ou usurárias, elas garantiram o capital para o início de seu enriquecimento, por meio da lavoura cafeeira. Todavia, é preciso lembrar que, na maioria das vezes, não houve, por parte daqueles indivíduos, o abandono imediato dessas atividades que lhes propiciaram o suporte financeiro para se dedicarem à produção daquela rubiácea, mesmo porque não sabiam que o café seria tão lucrativo. Como bem assinalaram Carneiro & Matos,

> O cultivo de produtos alimentares para o mercado interno também esteve presente no sul da Mata, como atesta o relatório do Presidente de Província em 1871 [2 de Março]. No documento consta que em Juiz, além da "grande cultura do café", "a leste e a nordeste" ocorria a produção de gêneros de abastecimento,

93 GARAVAZO, *op. cit.*, p. 88.

94 OLIVEIRA, Lélio Luiz de. *Economia e história em Franca: século XIX*. Franca: Unesp-FHDSS/Amazonas Prod. Calçados S/A, 1997.

95 TEIXEIRA, Heloísa Maria. *Reprodução e famílias escravas de Mariana (1850-1888)*. Dissertação (mestrado em História Econômica) – FFLCH-USP, São Paulo, 2001.

> voltados para o consumo no município, alem da criação de gado suíno que se exportava para os municípios vizinhos e para o Rio de Janeiro. Apesar dessa evidência, era a economia baseada na agro-exportação que atraía os maiores investimentos, notadamente em terras e cativos.[96]

O café, principal produto comercializado durante o século XIX e início do XX, em Juiz de Fora, teve importância fundamental na formação e na consolidação da localidade, da mesma forma que em outras regiões. Foi por meio e por causa desse produto de exportação que os proprietários de cativos da região conseguiram as condições para o aumento de suas escravarias.

Para Sheila de Castro Faria, em estudo sobre a localidade de Bananal (SP), "desde o início do século XIX, café e riqueza formavam, no imaginário da época, um par inseparável. Não foi de espantar, portanto, que seu cultivo se estendesse por áreas até mesmo pouco propícias".[97] Segundo João Fragoso,

> [...] a configuração da reprodução extensiva implica não apenas o "arroteamento" de mais terras, mas também, o crescimento demográfico. Em outras palavras, é necessário mais homens para trabalhar as terras incorporadas à produção. No sistema agrário da economia de exportação do café, a incorporação de mais força de trabalho se fará, em parte, independentemente do crescimento demográfico. Será o tráfico de escravos que fornecerá parte desta "mais força de trabalho". E isto, além de conferir um traço peculiar à racionalidade desta forma de produção, imprimia um ritmo próprio à demografia local, no que diz respeito à sua distribuição por sexo e idade.[98]

Os patriarcas das três famílias senhoriais independente das faixas de tamanho de posses utilizadas nos diversos estudos sobre o tema, eram grandes proprietários de escravos. Cada um deles possuiu mais de 100 em suas propriedades. Essa posse foi importante, visto que "foi ela (a posse ou a não posse) que, em certa dimensão, possibilitou às famílias proprietárias ou não-proprietárias

96 CARNEIRO & MATOS, *op. cit.*, p. 19.

97 FARIA, *op. cit.*, 1995, p. 67.

98 FRAGOSO, *op. cit.*, p. 40.

inserirem-se em determinados grupos ocupacionais, e desenvolverem determinadas estratégias de herança".[99]

A importância da força de trabalho desses indivíduos foi o arrimo sobre o qual se criaram as grandes fortunas, tanto no Brasil Colônia quanto no Império. Para Ricardo Salles,

> Sobre o escravo, erguiam-se fortunas, construíam-se caminhos de proeminência social. O tráfico africano de cativos, em operação desde o século XVI e uma das cadeias comerciais mais lucrativas do Mundo Atlântico, nunca foi tão ativo quanto na primeira metade do século XIX. Dezenas de milhares de escravos foram despejados anualmente nos portos e em outras localidades do litoral brasileiro. O tráfico propiciava um fluxo de mão-de-obra relativamente barata para os grandes senhores, mas também permitia que a propriedade escrava se estendesse a outros setores sociais.[100]

A partilha dos bens da finada Dona Anna Maria do Sacramento, que fora casada com Antonio Dias Tostes, permitiu conhecer um pouco os bens que aquela família possuía, assim como sua distribuição entre os herdeiros do casal. Embora não tenhamos em mãos todo o inventário, o documento nos permitiu essa possibilidade, uma vez que todos os bens inventariados deveriam ser divididos entre os herdeiros no ato da partilha. A divisão dos bens foi feita no ano de 1837. O monte-mor foi avaliado em 182:444$578. Feitos os abatimentos das dívidas passivas (débitos), no valor de 36:552$950, às custas do processo, e de outras somas, o monte líquido partível entre o viúvo e os outros herdeiros ficou na quantia de 135:131$600 (ver Tabela 2).

99 COSTA, Dora Isabel, *op. cit.*, p. 37.

100 SALLES, Ricardo. *E o Vale era o escravo: Vassouras, século XIX. Senhores e escravos no coração do Império*. Rio de Janeiro: Civilização Brasileira, 2008, p. 155.

Tabela 2. Composição da fortuna do casal Dias Tostes em mil réis – 1837[101]

Bens	Valores	%
Escravos	58:556$404	43,3
Imóveis rurais	37:879$996	28,0
Dívidas ativas	37:700$550	27,9
Móveis	994$650	0,8
Total	135:131$600	100,0

Fonte: Partilha dos bens de Dona Anna Maria do Sacramento, 1837. AHJF.

Dessa forma, coube ao viúvo a quantia de 67:565$800 e igual valor aos doze herdeiros da falecida Dona Anna. Porém, cabe ressaltar que, ao total dividido entre os herdeiros, foram acrescidos os dotes já adiantados, ou seja, 6:485$000, elevando-se, dessa forma, a quantia da meação – 74:050$800 – para os herdeiros. No fim das contas, a parte que tocava a cada um dos 12 herdeiros, ou sua legítima, foi de 6:170$900. Para Bacellar,

> [...] o valor e a composição do dote jamais eram por si só, suficientes para colocar o filho ou genro dotado em posição de destaque como grande proprietário; sua importância era no sentido de fornecer o empuxo inicial para a arrancada do jovem rumo à lenta construção de seu patrimônio, que chegaria a contar com um mínimo de quarenta escravos somente por volta de seus cinqüenta anos de idade [...].[102]

Todavia, cabe ressaltar que as heranças e os dotes eram fundamentais para o começo da vida. A divisão dos bens do casal Tostes permitiu conhecer um pouco mais o patrimônio dessa família, além de possibilitar tecer algumas considerações sobre

101 Para essa e as próximas duas tabelas sobre a composição das fortunas, os valores que foram distribuídos nesses grupos abarcam os seguintes itens: *Bens Móveis* se constituem de utensílios, ferramentas, objetos de casa; *Metais Preciosos* geralmente ouro e prata; *Animais* abarcam cavalos, bestas, gado, porcos etc.; *Escravos* são todos os indivíduos sujeitos a senhores, como propriedades deles; *Bens Imóveis*, casas e benfeitorias urbanas e rurais, terras; *Produção, plantações e mantimentos* reúnem as lavouras de cultura, bem como os gêneros alimentícios produzidos na propriedade, nesse tópico, desde as plantações de café, milho, arroz, feijão até os produtos já colhidos e armazenados; *Ações e Dinheiro*, compostos por ações de empresas ou bancos, por exemplo, e dinheiro em mão ou em conta bancária; *Dívidas Ativas*, ou seja, créditos a receber.

102 BACELLAR, *op. cit.*, 1991, p. 65.

as atividades desenvolvidas naquela propriedade. As dívidas passivas do casal envolveram uma quantia considerável, entretanto, o número de credores era restrito a sete indivíduos. Os valores eram altos, com exceção dos 265$000 devidos a Bernardo Ferreira Mello, e os 581$823, a Dr. Antonio de Cerqueira Leme. Todas as somas restantes ultrapassaram um conto e quinhentos mil réis (1:500$000), sendo seu maior credor José Francisco de Mesquita, que lhes havia emprestado a considerável quantia de 28:541$240.

Já suas dívidas ativas (créditos) foram contraídas com diversos indivíduos, entre filhos, genros, parentes e outras pessoas. Eram cinquenta e seis os devedores daquele casal. Os valores variavam entre 30$000, devidos por José de Souza Barros, e 7:000$000, por João Francisco Leal.

O item principal na composição da riqueza do casal Dias Tostes compunha-se de seus cativos (43,3%). A fortuna pertencente a eles se ancorava na posse escrava, o que, sem dúvida, denota a importância dessa família, uma das mais abastadas da região, em um momento em que os preços dos cativos comprados nas Minas eram maiores do que os praticados no Rio de Janeiro. Segundo Roberto Martins, todas as evidências disponíveis apontaram, pelo menos enquanto perdurou o tráfico africano, que os cativos em Minas eram mais caros do que no Rio de Janeiro. Baseando-se em fontes contemporâneas, o autor apontou o fato de que em "1810 não se podia comprar um escravo por menos de 240 a 280 mil-réis, enquanto uma amostra de vendas de cativos no Rio de Janeiro, entre 1807 e 1812, fornece os preços médios de 145 mil-réis para os homens e de 123 mil-réis para as mulheres".[103] Slenes concorda com Martins quanto a esse aspecto, embora atente para o fato de que a comparação deva ser feita em relação aos preços vigentes em Vassouras (Rio de Janeiro). Segundo o autor, "não só a evidência a respeito do tráfico de africanos, mas também dados diretos sobre os preços de escravos indicam que a mão-de-obra forçada, antes de 1850, era mais cara em Minas do que em Vassouras".[104]

Pela análise dos bens distribuídos aos descendentes de Dona Anna Maria do Sacramento, foi possível conhecer um pouco mais sobre os legados e sobre os dotes que foram repartidos entre os filhos e os genros, antes do falecimento daquela senhora. Como já dissemos, além do viúvo, havia outros doze herdeiros. Sete deles receberam dotes em dinheiro. Mariano Dutra de Moraes recebeu 800$000;

103 MARTINS, *op. cit.*, 1983, p. 185.

104 SLENES, Robert. "Os múltiplos de porcos e diamantes: a economia escrava de Minas Gerais no século XIX". *Estudos Econômicos*, São Paulo, vol. 18, nº 3, 1988, p. 470.

Antonio de Macedo, 865$000; José Antonio Henriques, 1:665$000; Manoel José Pires, 1:635$000; Manoel Dias Tostes, 525$000; Severino Dias Tostes, 505$000; Marcelino Dias Tostes, 490$000. Os outros cinco herdeiros, Antonio, Custodio, Marianno, Cassiano e Candida, todos filhos do casal Dias Tostes, ao que parece, pelo menos pela análise da fonte, não receberam adiantamento de dotes. A hipótese mais provável para se explicar isso é a de que eles não eram casados e, portanto, ainda não necessitavam de um "adiantamento" para começar suas vidas. Essa hipótese se confirma pela análise das listas de habitantes de 1831/32, na qual podemos encontrar quatro daqueles herdeiros, todos menores de 10 anos. A única exceção era o solteiro Antonio Dias Tostes "filho".

Dora Isabel Paiva afirmou que em Campinas na primeira metade do século XIX:

> Muitos pais praticaram antecipações aos filhos varões em escravos, dinheiro, cavalos, gado e que [...] o estrato superior da elite campineira desenvolveu tal estratégia no sentido de expandir o fundo parental comum, o qual representava a base patrimonial que dava suporte à formação de novas famílias de descendentes da referida fração do grupo social.[105]

Muriel Nazzari estudou os dotes na Capitania de São Paulo e percebeu que as filhas dos proprietários mais ricos (aqueles que deixaram testamentos e inventários) recebiam valores maiores do que seus irmãos, sobretudo durante os séculos XVII e XVIII. Todavia, na primeira metade do XIX, essa prática parecia não ser a mais usual, já que o valor dos dotes estava muito próximo ao das legítimas. Ainda de acordo com Nazzari, no que diz respeito aos dotes em escravos, naquela região teriam predominado os índios, no século XVII, destinados às tarefas agrícolas. Já nos séculos posteriores, houve uma mudança, pois, a partir de então, se procurava dotar os herdeiros principalmente com escravas domésticas. Essas peculiaridades tinham, segundo Nazzari, primeiro, uma atenção com as novas propriedades que se iriam formar, posteriormente, a preocupação se dava muito mais com a doação de bens que pudessem ser de consumo.[106]

---

105 COSTA, Dora Isabel, *op. cit.*, p. 31.

106 NAZZARI, Muriel. *Disappearance of the Dowry: women, families, and social change in São Paulo, Brazil, 1600-1900*. Stanford: Stanford University Press, 1991.

Alida Metcalf, em estudo sobre Santana de Paranaíba (São Paulo), percebeu, entre as famílias de grandes proprietários, estratégias diferenciadas de heranças. Via de regra, nessa localidade, eram os genros que assumiam a supremacia dentro do grupo familiar e herdavam possessões de terras, que eram passadas por meio da matrilinearidade, enquanto os filhos varões eram "obrigados" a migrar em direção a novas áreas de fronteira.[107]

Carlos Bacellar, em estudo sobre os grandes proprietários do Oeste paulista, percebeu falhas na análise de Metcalf. Segundo ele, a pesquisadora não acompanhou a migração daqueles filhos, que, muitas vezes, tinham herdado valores maiores do que os de suas irmãs.[108] Com relação a este aspecto, segundo Dora Isabel,

> As proporções das legítimas recebidas pelos herdeiros não variavam, e sim a sua composição interna. Alguns filhos recebiam mais escravos do que outros, ou ainda, mais dinheiro, ou mesmo terras, e tal diferença era compensada pela presença de outros tipos de bens como animais, jóias, ferramentas, dinheiro, etc., ou ainda por promessas de pagamento futuro.[109]

Ao que parece, o casal Tostes começou a amealhar sua fortuna com a atividade de tropeiro. Na descrição dos bens deixados ao viúvo, consta, para o seu pagamento, "um rancho de tropas, casas de vivenda e uma morada de casas, tudo coberto de telha na paragem denominada Boiada, tudo na quantia de 600$000", e, ainda, "um rancho de tropas coberto de capim, casas de vivenda cobertas de telha, no lugar denominado Ranchinho, tudo na quantia de 30$000". A propriedade contava também com uma "tenda de ferreiro na quantia de 25$600". Todavia, já no ano de 1837, essa não deveria ser a atividade que mais lhes possibilitou aumentar seu cabedal. Dizemos isso, pois os únicos animais descritos na partilha – 17 bois de carro, 4 vacas, 2 novilhos de 2 anos, 2 novilhos pequenos, 4 cavalos, uma besta e 80 cabeças de porcos, entre pequenos e grandes – foram usados para o pagamento das dívidas. Uma outra hipótese, que pode ser levantada, é a de que os Tostes tenham se ligado à atividade de tropeiro, como "prestadores de serviço", ou seja, seus ranchos de tropas poderiam estar servindo como pouso para os tropeiros que atravessavam

107 METCALF, Alida C. "Fathers and sons: the politics of inheritance in a Colonial Brazilian Township". *Hispanic American Historical Review*, vol. 66, nº 3, 1986.

108 BACELLAR, *op. cit.*, 1991.

109 COSTA, Dora Isabel, *op. cit.*, p. 105.

aquelas paragens. Entretanto, essa parece uma hipótese menos provável, pois, para conseguirem um alto grau de lucratividade, teriam de contar com um fluxo sempre constante e intenso de indivíduos dispostos a pagar pelos serviços prestados.

A família dispunha de um tear e sua aparelhagem, que parece ter-lhes garantido a confecção das próprias roupas de cama e mesa, como 10 colchas de algodão, 17 colchões do mesmo tecido, 19 toalhas de mão e 11 grandes, de algodão. A posse contava ainda com a mobília habitual: camas, tamboretes e outros móveis, além das típicas bacias de cobre, tão peculiares àqueles domicílios, e existia ainda uma espingarda. Havia também os utensílios domésticos, como garfos, faqueiros, panelas de ferro, bacias de arame etc.

A única cultura efetivamente descrita na partilha foi a do café. Àquela altura, essa já devia ser uma realidade na fazenda do casal. Antonio Dias Tostes ficou, para seu pagamento, com a "Fazenda do Retiro avaliada em 12:000$000 e mais uma morada de casas de sobrado novas, dois moinhos e seus anexos tudo coberto de telha e um cafezal tudo na quantia de 3:300$000". Cremos que esse fosse o local de residência daquela família, não só pelo valor, mas por todo o aparato, o que pode, talvez, ser confirmado pelo "sobrado de casas novas". Terras para o plantio do café não lhes faltavam, além da Fazenda de Juiz de Fora, que foi dividida entre os doze herdeiros, o casal havia adquirido "uma sesmaria de terras nos fundos de Mathias que forão compradas a Francisco do Valle na quantia de 1:200$000", e, ainda, "um quarto de terras de cultura que foi comprado a Manoel Linhares nos fundos do Alcaide mor na quantia de 400$000". Talvez essas compras de terras tenham sido efetivadas com o propósito de produzir café em larga escala.

Essa família possuía tudo que era necessário para adentrar nesse "novo" negócio. Além de terra e escravos, contava ainda com as ferramentas necessárias para a produção, a limpeza e a colheita do café, bem como para os produtos de subsistência. Entre os bens legados ao viúvo, havia ainda 79 cativos, 94 enxadas, avaliadas em 60$160, 44 foices, na quantia de 28$160, 23 machados, no valor de 23$000, e mais 5 carros ferrados. Fragoso ressaltou que, tanto na cultura de alimentos quanto na de café, as técnicas e o instrumental de trabalho adotados eram muito semelhantes. De acordo com ele,

> Quanto ao instrumental de trabalho este correspondia ao sistema de uso da terra em vigor, consistindo basicamente na enxada, foice machado e cavadeira. [...] o sistema de uso da terra, cujas técnicas estão ligadas à derrubada e queimada das matas, sendo a sementeira e plantação realizadas diretamente nas cinzas, o emprego do

> arado torna-se difícil. [...] Nessas condições, o instrumento mais adequando era a enxada. Por sua vez, a semelhança entre as técnicas de trabalho adotadas na cultura de alimentos e na de café, nos indica um mesmo instrumental de trabalho, [que] consistiam principalmente na foice grande, foicinha, enxada, machado e cavadeira.[110]

O alto valor das dívidas ativas do casal demonstra que ele praticava a usura, ou seja, empréstimos de dinheiro a juros. Como já expusemos, eram muitos os devedores do casal, o que demonstra a importância dessa família. Se os Tostes não possuíssem um cabedal considerável, não seriam tão requisitados pelos indivíduos daquela localidade que procuravam empréstimos financeiros. Se não fossem detentores de poder local, que lhes possibilitasse emprestar sem temor, cremos que esse tipo de prática não seria utilizado tão largamente por eles. Esse deve ter sido um hábito comum entre eles e, certamente, lhes possibilitou aumentar sua riqueza.

Esse sistema de "crédito" foi utilizado na formação da economia cafeeira do Vale do Paraíba, durante o século XIX, sobretudo na primeira metade, visto que não havia um sistema bancário desenvolvido que se pudesse responsabilizar por tais empréstimos. Em pesquisa sobre a cidade de Lorena (São Paulo), no período oitocentista, Marcondes argumentou que

> Tais empréstimos constituíram complemento essencial para os recursos advindos de heranças, dotes, outras atividades e localidades para expansão cafeeira. Os empréstimos permitiam aos cafeicultores um significativo acréscimo nas suas inversões para a produção de café.[111]

Outra família estudada foi a encabeçada pelo Capitão Manoel Ignácio Barbosa Lage, patriarca da família Barbosa Lage. Falecido no dia 3 de março de 1868, deixou viúva, 3 filhos, uma nora e os filhos desta como seus herdeiros. O inventário, feito naquele ano, demonstrou que a importância dos bens inventariados era de 380:674$459. Feita a divisão, coube à viúva e aos outros 4 herdeiros a quantia de 190:337$229$^{1/2}$ para cada um (metade para a viúva e a outra dividida entre os 4 herdeiros). No caso dos

110 FRAGOSO, *op. cit.*, p. 21 e 28.

111 MARCONDES, *op. cit.*, p. 220. Essas mesmas características foram percebidas por STEIN, *op. cit.*, p. 20-21; MELLO, Zélia Cardoso de. *Metamorfoses da riqueza: São Paulo, 1845-1895*. São Paulo: Hucitec/Prefeitura do Município de São Paulo/Secretaria Municipal de Cultura, 1985.

herdeiros, foram acrescidos a esse valor os dotes de 6:550$000 e, logo em seguida, abatidos os prêmios de testamentária e legados na importância de 8:200$000. Dessa forma, coube aos herdeiros a quantia de 188:687$229$^{1/2}$, tocando a cada um dos quatro a quantia de 47:171$807. As dívidas ativas (créditos) do casal compunham a maior parte de sua riqueza (27,5%), assim como os imóveis rurais e urbanos (27,3%), seguidos pelos escravos (26,3%), todos com valores acima dos cem contos de réis.

Tabela 3. Composição da fortuna do casal Barbosa Lage em mil réis – 1868

Bens	Valores	%
Dívidas ativas	104:751$759	27,5
Imóveis rurais e urbanos	104:070$000	27,3
Escravos	100:090$000	26,3
Produção, plantações e mantimentos	45:610$000	12,0
Direitos e Ações	18:060$000	4,8
Animais	4:884$000	1,3
Móveis	1:911$100	0,5
Metais preciosos	1:297$600	0,3
Total	380:674$459	100,0

Fonte: Inventário *post mortem* do Capitão Manoel Ignácio Barbosa Lage, 1868. AHUFJF. Cartório do 1º Ofício Cível.

Entre os imóveis, havia 312 alqueires e meio de terras, distribuídos na Fazenda da Boa Esperança, e outros comprados pela família, com seus respectivos galinheiros, cafezais, monjolos, senzalas etc. Os cafezais pertencentes àquela família totalizavam 190 mil pés de café, que tinham entre trinta e cinco anos a seis meses de idade, e 500 arrobas de café por colher. Havia ainda menção a 200 alqueires de arroz, 160 de feijão, e mais 60 carros de milho e 4.400 arrobas de café em coco. Nota-se, portanto, que a cultura de café era desenvolvida juntamente com outros produtos de subsistência. Apesar da importância do café, a produção de outros gêneros, como os acima descritos, parece ter sido importante naquelas propriedades, e, possivelmente, em outras médias e grandes posses da região.

Essas culturas correlatas à produção de café, também fizeram parte do cotidiano em Areias (São Paulo). Naquela localidade, o café causou uma mudança estrutural, pois levou os grandes proprietários (com 20 ou mais cativos) a concentrar a "produção das principais culturas", o que resultou em uma diminuição na participação dos pequenos produtores com poucos ou sem nenhum escravo. De acordo com os dados de Luna & Klein,

> Os grandes proprietários (com vinte ou mais cativos) em 1829 controlavam 78 fazendas de café. Em todas elas produzia-se milho e em apenas uma não se plantava arroz ou feijão. Essas 78 fazendas responderam por 61% do café, pouco menos da metade do milho (46%), uma parte substancial do arroz (38%) e uma parcela ainda maior do feijão (45%) produzido na vila. Essas 78 fazendas de café também tiveram grande participação na produção de aguardente (61%) e em mais da metade da produção de açúcar (55%) e farinha de mandioca (69%). No total, 58% do valor de toda a produção agrícola proveio, em 1829, apenas desses 78 domicílios.[112]

Na Tabela 3, podemos conhecer de maneira mais detalhada como se distribuía a riqueza daquele casal. Seus três maiores percentuais de fortuna vinculavam-se, em ordem decrescente, a dívidas ativas, imóveis rurais e urbanos e escravos, com percentagens bastante próximas umas das outras, respectivamente, 27,5%, 27,3% e 26,3%. Ao que parece, o Capitão Manoel Ignácio Barbosa Lage e sua esposa diversificaram sua fortuna, o que lhes possibilitou "empatar" seus rendimentos, de maneira bem distribuída, em três grandes atividades econômicas. Talvez essa tenha sido uma forma de se assegurarem contra as oscilações econômicas, que poderiam minar sua riqueza.

Outras atividades que parecem ter demandado "menores" recursos por parte daquele casal eram as agrícolas, que abarcavam 12,0% de seu patrimônio; logo em seguida vinham os direitos e as ações (4,8%), os animais (1,3%), os móveis (0,5%), e, por último, os metais preciosos, sobretudo o ouro e a prata, que perfizeram apenas 0,3% de sua fortuna.

Os dotes feitos pelo inventariante aos quatro herdeiros foram basicamente de escravos. Dona Anna Carolina Barbosa Lage, viúva de Antonio Augusto Barbosa Lage, um dos filhos do capitão, levou à colação a metade do dote feito ao seu falecido marido (1:450$000), que provinha dos valores dos escravos Victorino crioulo (15 anos), avaliado em 1:500$000, e Rita crioula (16 anos), em 1:400$000. O herdeiro Antero José Lage Barbosa também recebeu escravos como dote: José pardo (20 anos), e Jorge africano (30 anos), valendo, respectivamente, 1:500$000 e 1:4000$000. Dessa

112 LUNA & KLEIN, *op. cit.*, 2005, p. 103.

forma, levou à colação o mesmo valor – 1:450$000. Já o herdeiro Dr. Francisco de Assis Barbosa Lage recebeu como dote apenas o escravo Nicolau crioulo, avaliado em 1:700$000. A metade desse valor foi levada à inclusão no inventário. O coerdeiro José Ribeiro Nunes, cabeça do casal (sua esposa era Dona Marianna Cândida Barbosa Lage Nunes, filha do inventariante), recebeu um dote maior do que os filhos do testador, no total de 5:600$000, constituído dos escravos João, Maria e Ignacia e algum dinheiro, correspondendo à metade do referido valor, 2:900$000.[113]

A terceira família senhorial analisada neste livro era a comandada pelo Comendador Francisco de Paula Lima. De acordo com o inventário, seu monte-mor partível foi somava 641:002$400, que deveria ser partilhado entre sua viúva e herdeiros. Contudo, ao longo do inventário, ocorreu a sobrepartilha de alguns bens não inventariados e que, da mesma forma, foram divididos entre os herdeiros, somando em direitos e ações 27:760$000, e mais 3 escravos, no valor de 3:300$000. Dessa forma, somando-se a partilha e a sobrepartilha, percebe-se que, na verdade, foram divididos entre Dona Francisca Benedicta de Miranda Lima e os filhos do casal a quantia de 672:062$400, cabendo a cada uma das partes a quantia de 320:501$200. Porém, vale ressaltar que, somados os dotes e depois deduzida a importância da terça remanescente, os herdeiros ficaram, na verdade, com a partilha de 228:017$467.

Tabela 4. Composição da fortuna do casal Paula Lima em mil réis – 1866

Bens	Valores	%
Escravos	221:723$680	33,0
Produção, plantações e mantimentos	215:230$000	32,0
Imóveis rurais e urbanos	101:721$000	15,1
Dívidas ativas	91:006$080	13,6
Direitos e Ações	27:760$000	4,1
Animais	7:810$000	1,2
Móveis	4:316$840	0,6
Metais preciosos	2:494$800	0,4
Total	672:062$400	100,0

Fonte: Inventário *post mortem* do Comendador Francisco de Paula Lima, 1866. AHUFJF. Cartório do 1º Ofício Cível.

113 Inventário *post mortem* do Capitão Manoel Ignácio Barbosa Lage, 1868. AHUFJF. Cartório do 1º Ofício Cível.

A composição da fortuna do patriarca daquela família teve suas maiores concentrações em escravos, seguidos por produção, plantações e mantimentos, e, por último, imóveis urbanos e rurais. Sua fortuna esteve concentrada em posses em Juiz de Fora e Barbacena. Eram 204 escravos, que representavam 33,0% do patrimônio do casal Paula Lima. A riqueza distribuída em bens de consumo foi de 32,0%. Dentre essas produções, havia 5 carros de milho e 800 alqueires de feijão, que, muito provavelmente, eram utilizados na subsistência dos que viviam naquela propriedade. No caso do milho, além do consumo para a família, deve ter sido importante para a criação de bois, cavalos, carneiros, porcos, novilhas e outros animais, que compunham 1,2% da fortuna do casal naquela propriedade. Como bem ressaltou Fragoso, "Ao lado da produção de café e de alimentos, no interior da fazenda de café, existiam diferentes tipos de rebanho".[114]

No entanto, a maior parte das plantações era de café. Havia, segundo o inventário dos bens do casal, um total de 468 mil pés, muitos deles (no caso, 185 mil) "novos da pontinha de dois para três anos", e ainda 80 mil de "seis anos", demonstrando que a propriedade contava com plantações recentes.

Os imóveis, constituídos de terras, casas, sobrados e senzalas, perfizeram o terceiro maior ativo descrito naquela posse. As terras distribuíam-se, assim como os pés de café, em diversas fazendas e sítios, muitas delas provenientes de compras feitas pelo Comendador Francisco de Paula Lima. O inventário descreveu 554 alqueires de terras, localizadas em Juiz de Fora e Barbacena. Muitas dessas fazendas e sítios foram acompanhadas de paiol, moinho, casa de sobrado, lance de senzalas para pretos casados, terreiro de café, rancho para tropas e uma variedade enorme de bens de raiz. Algumas dessas terras foram descritas como de "capoeira e matas virgens", ou, então, "entre campos e matas", com "campos e cultura", ou seja, eram efetivamente utilizadas para a plantação, sobretudo do café; na verdade, a maioria delas não foi descrita de maneira mais pormenorizada, porém, é muito provável que não tenham recebido essas "designações", pois já vinham sendo utilizadas há algum tempo. A descrição de "matas virgens" e "matas" denota, ainda, a possibilidade de terras para a plantação. Como assinalou Fragoso,

> [...] a disponibilidade de matas virgens, permitiria a configuração de uma agricultura fundada em um sistema de exploração do solo

114 FRAGOSO, *op. cit.*, p. 56.

> extensivo, em que os principais fatores de produção consistiriam na mão de obra e terra, ficando em segundo plano as técnicas e instrumentos de trabalho. [...] baixa relação homem-terra permitiria a persistência dos métodos de trabalho da agricultura de alimentos na lavoura do café e, de um sistema de uso da terá em que as matas substituem a aplicação de um trabalho adicional para a recuperação dos solos. Sendo que, pelo fato do café ao contrário da agricultura de alimentos ser uma cultura permanente, podendo ter uma vida produtiva de mais ou menos 25 anos, a existência e disponibilidade das matas ocupavam o lugar de um longo período de pousio.[115]

O falecido Comendador Francisco de Paula Lima foi generoso ao distribuir dotes aos seus herdeiros. Todavia, esses dotes couberam única e exclusivamente aos casados. Seu filho Francisco de Paula Lima Junior tinha recebido como dote 6:100$000, no valor de 4 escravos; Rufino pardo (40 anos), no valor de 1:200$000, Pedro Rodrigues/Braga (38 anos), 1:800$000, José Domingues, pardo (28 anos), 1:500$000, João Pereira (40 anos), 1:600$000. José Cezario de Miranda Lima, outro filho do Comendador, recebeu o mesmo número de cativos, no total de 5:800$000, Ignácio crioulo (35 anos), no valor de 1:900$000, Vicente mulato (25 anos), valendo 1:700$000, Floriano (28 anos), avaliado em 2:000$000, e ainda Rosa Benguela (60 anos), 200$000. O herdeiro José Ayres de Miranda Lima recebeu como dote 7:150$000, e a escrava Maria, valendo 100$000, Ernesto, avaliado em 1:200$000, Claudina, mulher dele, com o valor de 1:450$000, Caetana, estimada em 1:700$000, Simplicio, valendo 1:300$000.

Outro herdeiro, o Dr. Lucas Matheos Monteiro de Castro, casado com Dona Maria José, declarou ter recebido de seu sogro o dote, com os seguintes bens: o escravo Marcos (35 anos), avaliado em 1:700$000, Clara (32 anos), 1:300$000, Furtunata (17 anos), 1:800$000, Emerenciana (15 anos), 1:800$000, uma casa em Juiz de Fora, no valor de 4:500$000, e, ainda, em dinheiro, 900$000, somando tudo, o total foi de 12:000$000. Manoel Vidal Barbosa Lage, genro do comendador, casado com Dona Constancia, recebeu a escrava Ritta parda (25 anos), avaliada em 1:540$000, terras e cafezais no valor de 10:460$000, num total de 12:000$000.

Tudo indica que as propriedades dos três senhores pesquisados neste trabalho são representativas da riqueza com que contavam os grandes fazendeiros daquela

115 *Ibidem*, p. 15-16 e 25.

localidade, fortunas que tiveram sua origem nas mais variadas formas, sobretudo, por meio do casamento e dos legados aos herdeiros das famílias mais abastadas. Todavia, é preciso ressaltar que essas fortunas eram muito voláteis. Qualquer "descuido" poderia gerar a mais completa e, às vezes, irreversível perda dos bens de uma família. Sheila de Castro Faria percebeu que

> As oscilações da fortuna, no Brasil escravista, eram freqüentes. Dificilmente a segunda ou terceira geração repetiam o grau da fortuna paterna. De maneira geral, o ditado popular "pai taberneiro filho barão e neto mendicante" foi a regra. O enriquecimento, tanto no período colonial quanto no imperial, dava-se principalmente pelo comércio, lugar por excelência da acumulação de capital.[116]

Esse aspecto da vida dos brasileiros do século XIX não escapou a alguns dos integrantes daquelas três famílias senhoriais. Dentre os que foi possível ter acesso ao inventário ou a qualquer outro tipo de fonte que permitisse o conhecimento sobre suas fortunas, pudemos perceber que alguns senhores parece não terem sido bons empreendedores. Os únicos, que, pela análise das fontes consultadas, aparentemente, não tiveram perda dos bens herdados/adquiridos foram os Barbosa Lage e os Dias Tostes – embora seja preciso ressalvar que muitos dos indivíduos dessas famílias não tiveram o mesmo montante de riqueza que seus pais. Alguns deles, inclusive, diminuíram suas fortunas ou aumentaram muito pouco seu cabedal em relação aos valores que haviam recebido por herança.

Todavia, alguns dos Paula Lima não tiveram a mesma "sorte". Em 1877, morreu a viúva do falecido Comendador Francisco de Paula Lima. Dona Francisca Benedicta de Miranda Lima teve seu espólio onerado na importância de 272:939$296, para o pagamento de dívidas. Dentre os seus credores, havia alguns parentes (filhos e genros), além de casas comerciais, como a Brandi & Primo e Gervasio Antonio M. da Silva & Irmão. Havia ainda dívidas com o Barão de Carandahy e o Banco do Brasil. Para o pagamento, foram separados, dentre outros bens levados à praça pública para leilão, 107 dos seus 127 escravos, avaliados em 140:530$000, além de imóveis urbanos e rurais com suas benfeitorias, cafezais, somas em dinheiro e terras. Embora seu falecido marido lhe tenha deixado grande fortuna, supõe-se que Dona Francisca

116 FARIA, *op. cit.*, 1995, p. 70.

Benedicta foi menos cuidadosa com seus negócios, o que a levou a se desfazer da maior parte de sua fortuna.

O Major Francisco de Paula Lima, testamenteiro de seu pai homônimo, faleceu em 1884, na completa ruína, como se percebe pela leitura de seu inventário. O trecho que citamos abaixo é longo, mas, talvez, nos possa ajudar a compreender como se dava a oscilação da riqueza naqueles tempos. Na ocasião, dizia a viúva Dona Francisca Theodora Guimarães Lima:

> [...] tendo sido intimada para dar bens a inventário, vem com todo respeito ponderar a vossa senhoria que o seu casal nada tem a inventariar, porquanto todos os bens deixados por seu finado marido estão seqüestrados, penhorados e depositados por execuções movidas pelos credores hipotecários, (?) do casal e tanto assim que a suplicante e sua família residem atualmente em uma casa de favor do sr. Antero Jose Lage Barbosa, e vivem as expensas de seus parentes, não tendo se quer a posse dos bens, que se achão depositados em mão de terceiros por força das execuções que correm perante vossa senhoria [...] A chácara e todos os moveis que seu finado marido possuía nesta cidade forão ainda em vida dele arrematados para pagamento de dividas. [...] Em conclusão todo o ativo do casal, que alias se acha em deposito em mãos de terceiros por força das execuções, não chega para cobrir o passivo que excede ao ativo em muitos contos de reis. Nestas condições o que tem a suplicante para por a inventario? Nada. Além disso, os bens, que restão, estão em outro termo, [...] e por isso não pode dar a inventario, que nestas circunstancias se traria mais despesas e ônus ao casal, sem o minimo resultando aos menores. [...] que a seu casal longe de ficar com bens, ainda ficara a dever grande soma.[117]

Pertencer a uma família abastada, com a qual pudesse contar no início de suas vidas, era fator de muita importância para os habitantes do Brasil oitocentista. Contudo, não bastava simplesmente pertencer a uma família de posses, era necessário que os herdeiros fossem previdentes e precavidos em seus negócios, para que não sofressem um revés financeiro, quase sempre fatal e sem volta.

117 Inventário *post mortem* do Major Francisco de Paula Lima, 1884. AHUFJF, ID: 914, Cx. 129B, fls. 4-5.

A POSSE DE ESCRAVOS: ASPECTOS DEMOGRÁFICOS E ORGANIZAÇÃO DAS ESCRAVARIAS

Outro aspecto importante – e que nos ajudará na compreensão dos capítulos subsequentes – é relativo aos escravos daqueles senhores. Neste tópico, debruçar-nos-emos no conhecimento de alguns padrões demográficos daquelas posses de escravos, tais como número de cativos, porcentagem de crioulos e africanos, razões de masculinidade, idade, procedência e outros, que forem factíveis de mensuração, mediante o conhecimento de certas variáveis.

Os escravos pertencentes a essas famílias, bem como os que eram de propriedade de outros senhores no Brasil Colonial e Imperial, foram a base da força de trabalho de seus senhores. Por meio deles, erigiram-se engenhos, fazendas de café, cidades, enfim, tudo que dependia de mão de obra teve nesses indivíduos a fonte de trabalho. No caso das fazendas de café, assim como em outras atividades, sua rotina era extenuante. Sandra Graham sintetizou muito bem o panorama do mundo do trabalho desses escravizados:

> A maioria dos escravos trabalhava grande parte do tempo no café, mas alguns também plantavam milho, feijão e arroz e criavam gado. Escravos artesãos – carpinteiros, ferreiros, pedreiros – construíam as casas, estradas e pontes de uma fazenda. Escravas domésticas cozinhavam, limpavam, lavavam e passavam roupas, carregavam água, esvaziavam os restos de cozinha e dejetos noturnos e entregavam recados. Uma escrava com leite de sua própria gravidez podia amamentar o bebê de sua senhora ou, como "ama-seca", cuidar dos filhos mais velhos dela. As crianças escravas tinham suas tarefas próprias: separar café, cuidar de cabras, descascar feijões, regar jardins ou cuidar dos menores. O número e a variedade de escravos qualificados dependiam do tamanho e da prosperidade da fazenda, da diversidade de sua produção e dos confortos que a família quisesse ter.[118]

Cabe agora visualizar, um pouco mais de perto as posses das três famílias alvo de nosso estudo. Um perfil desses cativos pode ser vislumbrado por meio do estudo das Listas Nominativas de 1831 e dos inventários *post mortem*. Vamos começar com a propriedade do Capitão Antonio Dias Tostes, então com 55 anos de idade, e, de longe, o

118 GRAHAM, Sandra, *op. cit.*, p. 42-43.

maior possuidor de cativos daquela localidade (147 escravos), de acordo com o recenseamento de 1831 (das famílias aqui estudadas esta foi a única que apareceu nesta fonte). A maioria esmagadora desses foi descrita como africano/africana e representava o mais elevado número de cativos existentes naquele fogo – 126. Em seguida, vinham os descritos como crioulos, num total de 19. O recenseador incluiu nesse grupo 2 escravos descritos como pardos. Nessa propriedade, havia uma maioria de cativos do sexo masculino, tanto entre africanos quanto entre crioulos, 73,0% e 57,9%, respectivamente. Esses números absolutos demonstram a grande supremacia de homens e mulheres africanos, em relação aos crioulos e aos pardos. No entanto, é preciso ressaltar que os africanos eram em número quase três vezes maior do que suas parceiras de mesma origem. As cativas africanas (27,0%), embora possuíssem um percentual menor do que as crioulas (42,1%), eram, em números absolutos, mais representativas do que essas últimas. Esse fogo contava ainda com duas cativas designadas como pardas, que representavam a totalidade dos descritos desta forma (Tabela 5).

Tabela 5. Sexo e origem dos cativos de Antonio Dias Tostes, 1831*

Origem/ Sexo	Africano	%	Crioulo	%	Pardo	%	Total	%
Masculino	92	73,0	11	57,9	–	–	104	70,8
Feminino	34	27,0	8	42,1	2	100	43	29,2
Total	126	100,0	19	100,0	2	100	147	100,0

Fonte: Mapas de população. Distrito de Santo Antonio do Juiz de Fora, Termo da Nobre e Muito Leal Vila de Barbacena, 1831. Arquivo Público Mineiro (doravante APM), Caixa 9; Documento 4. *Decidimos manter, pelo menos por enquanto, nesta tabela, tal como apareceu na fonte, a variável *qualidade* dos escravos denominados pardos. Cabe ressaltar ainda que os 2 libertos eram 1 homem africano e 1 mulher crioula.

No ano de 1837, como já dissemos, correu a partilha dos bens da primeira esposa de Antonio Dias Tostes, Dona Anna Maria do Sacramento. Quanto à origem dos cativos, essa fonte demonstra que a grande maioria da escravaria dessa família continuava a ser composta por africanos (108); os crioulos eram 33. Mesmo entre aqueles dos quais não foi possível conhecer a origem, os homens suplantam as mulheres, sendo 28 homens (63,6%) e 16 mulheres (36,4%) (Tabela 6). Os africanos eram quase três vezes mais do que as africanas em 1831, já, em 1837, haviam alcançado essa cifra. Os crioulos e as crioulas se equilibravam no ano do recenseamento, mas os homens tinham agora a supremacia sobre as mulheres: respectivamente, 66,7% e 33,3%.

Tabela 6. Sexo e origem dos cativos de Dona Anna Maria do Sacramento, 1837

Origem/Sexo	Africano	%	Crioulo	%	Não consta	%	Total	%
Masculino	81	75,0	22	66,7	28	63,6	131	71,0
Feminino	27	25,0	11	33,3	16	36,4	54	29,0
Total	108	100,0	33	100,0	44	100,0	185	100,0

Fonte: Partilha dos bens de Dona Anna Maria do Sacramento, 1837. AHJF.

Ao compararmos os dados das duas tabelas acima, verificamos uma pequena diminuição de africanos e um aumento de crioulos no decorrer daqueles seis anos. Quanto aos cativos, dos quais não foi possível saber a procedência, o número aumentou, entretanto, mesmo que fossem todos crioulos – o que não deve ser o caso – não conseguiriam suplantar os provenientes da África.

Com relação ao sexo dos cativos, a propriedade dos Dias Tostes, como já dissemos, possuía uma maioria de homens africanos, típicos de uma propriedade de *plantation*, com razões de sexo[119] bastante elevadas. Em 1831, computamos uma razão de 270,6, entre os africanos, e 137,5, entre os crioulos.

Perfil semelhante encontramos no ano de 1837. Embora com diminuição de seu percentual, os africanos continuaram tendo a supremacia nessa propriedade. Àquela época, as razões de sexo entre africanos e crioulos foram, respectivamente, 300 e 200. Havia ainda os cativos sem origem conhecida, mas, mesmo dentre eles, a diferença era elevada, perfazendo 175 homens para cada grupo de cem mulheres.

É fato que, na primeira metade do século XIX, a reprodução dos cativos se deu por meio da mão de obra proveniente do tráfico atlântico. Nesse aspecto, o conhecimento da procedência dos cativos africanos é muito interessante, pois possibilita uma aproximação das regiões das quais aqueles indivíduos eram oriundos. Entretanto, é preciso ressaltar que tais procedências podem dizer respeito apenas ao porto em que foram embarcados, não correspondendo, de imediato, aos locais de seus grupos de convívio.

Segundo os estudos realizados por Mary Karasch, os escravos africanos enviados para Minas Gerais, em 1831/1832, eram oriundos, primeiramente, do Centro-Oeste Africano (40,6%); da África Oriental (38,4%); da África Ocidental (7,5%), e os escravos novos de origem desconhecida (13,5%). A autora ainda atentou para a

119 A razão de masculinidade é definida como o número de homens para cada grupo de 100 mulheres.

importância do comércio feito por meio dos traficantes mineiros: "Quem não tinha esse tipo de gente [escravos novos] comprava muitas vezes escravos de traficantes mineiros que os levavam para Minas Gerais".[120]

Diferente da relação de habitantes de 1831, a partilha ocorrida em 1837 nos possibilitou conhecer um pouco mais sobre a procedência dos africanos (Tabela 7).

Tabela 7. Procedência dos cativos de Anna Maria do Sacramento, 1837

Origem africana	Procedência	Nº de cativos	%
África Central ou Centro-Oeste Africano	Congo	34	31,0
	Cabinda	31	28,2
	Monjolo	7	6,3
	Muange	1	0,9
Angola	Benguela	17	15,5
	Cassange	8	7,3
	Rebolo	5	4,5
	Angola	2	1,8
África Ocidental	Mina	1	0,9
África Oriental	Moçambique	3	2,7
Brasil	Rio de Janeiro	1	0,9
-	Total	110	100,0

Fonte: Partilha dos bens de Dona Anna Maria do Sacramento, 1837. Arquivo Histórico de Juiz de Fora (AHJF).

Utilizando as considerações de Mary Karasch sobre as procedências africanas dos cativos que foram destinados ao Rio de Janeiro e posteriormente enviados a Minas Gerias, encontramos, na posse de Dona Anna Maria do Sacramento, no ano de 1837, dentre aqueles com procedência conhecida, uma maioria de cativos provenientes da "África Central ou Centro-Oeste Africano", formada pelas regiões do Congo Norte (66,4%) e Angola (29,1%), perfazendo o total de 95,5%. Eram 73 cativos procedentes da região do Congo Norte, sendo 34 Congo (31,0%), 31 Cabinda (28,2%) e 7 Monjolo (6,3%), também, do Centro-Oeste africano, havia 1 Muange (0,9%), que Karasch caracterizou como de região incerta. Da região de "Angola",

120 KARASCH, Mary C. *A vida dos escravos no Rio de Janeiro* (1808-1850). São Paulo: Companhia das Letras, 2000, p. 96-97.

eram 32 cativos, sendo, de Angola Meridional, 17 Benguela (15,5%), os outros 14 eram do Norte de Angola – 8 Cassange (7,3%), 5 Rebolo (4,5%) e 2 Angola (1,8%). Da "África Oriental", temos 3 escravos de Moçambique (2,7%). Existia 1 cativo da "África Ocidental" (0,9%), de procedência Mina.[121] Havia ainda 73 cativos sem esta variável mencionada.

Padrão semelhante foi encontrado por Fabio Pinheiro, que constatou, por meio da análise de inventários *post mortem*, a hegemonia da África Central Atlântica, enquanto principal área de procedência dos cativos levados do Rio de Janeiro para a Zona da Mata Mineira, entre os anos de 1809 e 1830. Foram 93,8% oriundos dessa região, com ênfase para Angola, Congo e Benguela. Logo a seguir, vinham os cativos da África Oriental (Moçambique), com 3,6%, seguidos pelos da África Ocidental, com cerca de 2,6%. Buscando enriquecer seu conhecimento sobre esse aspecto, Pinheiro se utilizou dos registros alfandegários para vislumbrar as procedências dos cativos despachados da Província carioca para a província mineira.

Por meio do cruzamento entre as principais áreas de origem dos africanos traficados a partir da praça mercantil carioca para a Província de Minas, o pesquisador pôde "perceber a possibilidade de uma coincidência entre a tendência das regiões de origem dos cativos do tráfico para Minas Gerais e os residentes na mata mineira". Naquele mesmo período (1809-1830), dos escravos dos quais foi possível saber a procedência, 70,2% eram da África Central Atlântica. Os da África Oriental perfizeram 21,6%, enquanto os cativos da África Ocidental foram 8,2%. Interessante saber que, quando esse período é recortado entre os anos de 1809-1819 e 1820-1830, se nota sempre, em termos percentuais, uma diminuição entre os cativos da África Central Atlântica e os da África Ocidental e um aumento dos escravizados da África Oriental entre os traficados para Minas Gerais.[122]

Esse mesmo perfil da procedência dos escravos africanos foi encontrado para São José Del Rey pelos pesquisadores Afonso Graça Filho e Fabio Vieira Pinto, entre os anos de 1743 e 1850, por meio de consulta a inventários. Os escravos dessa região vinham, em sua maioria, da África Centro-Oeste, eram Benguela, Ganguela,

121 *Ibidem*.

122 PINHEIRO, Fabio Wilson Amaral. *O tráfico atlântico de escravos na formação dos plantéis mineiros, Zona da Mata (c. 1809 – c. 1830)*. Dissertação (mestrado em História) – UFRJ, Rio de Janeiro, 2007, p. 54-55.

Angola, Cabinda, Cassange, Rebolo e Congo, um total de 82,1%. Logo após, vinham os da África Ocidental, 8,19% (a maior parte de procedência Mina), seguidos pelos da África Oriental, que perfaziam 1,08% (Moçambique).[123]

A dependência do tráfico internacional de escravos também foi percebida por Marcos Andrade, em estudo sobre o Sul de Minas (Termos de Baependi e Campanha). Em cada uma dessas localidades, a percentagem de africanos era superior a 45%. De acordo com a análise empreendida, o Sul de Minas e a província mineira seguiram a tendência do tráfico internacional, o que levou a um grande contingente de cativos provenientes da África Central.

> A grande maioria dos que vieram para Minas Gerais, na primeira metade do século XIX, era proveniente da África Central. Em todas as freguesias, o percentual de cativos desta área, quase sempre ficou acima de 90%, com predominância para os angola, os banguela e os benguela. Em segundo lugar, estavam os cativos oriundos da África Ocidental, qualificados genericamente como "mina". Percebe-se que o percentual oscilava entre 6 e 11% e, a considerar as informações encontradas nos registros paroquiais, a entrada de cativos da África Ocidental nas freguesias do sul de Minas foi maior na década de 1780.[124]

De acordo com o historiador Robert Slenes, em seus estudos sobre o Sudeste brasileiro, as evidências apontam para uma supremacia, nas senzalas dessa região, de escravizados provenientes da África Central Ocidental, portadores de uma homogeneidade cultural, como nos informa:

> Nas fazendas do Rio e de São Paulo [e provavelmente nas mineiras fronteiriças aos vales do Paraíba fluminense e paulista], formadas em boa parte em regiões praticamente desabitadas a partir do final do século XVIII, quando não depois de 1820, os africanos constituíam a grande maioria dos escravos adultos antes do fim do tráfico. Além disso, eles provinham principalmente da África Central ocidental, o que significa que compartilhavam uma herança cultural e um patrimônio

123 GRAÇA FILHO, Afonso de Alencastro & PINTO, Fábio Carlos Vieira. "Tráfico e famílias escravas em Minas Gerais". In: GONÇALVES, Andréa Lisly & ARAUJO, Valdei Lopes de (orgs.). *Estado, região e sociedade: contribuições sobre história social e política*. Belo Horizonte: Argvmentvm, 2008, p. 67.

124 ANDRADE, Marcos, *op. cit.*, 2005, p. 283.

> lingüístico bantu. [...] Finalmente, a grande maioria de crioulos adultos nas fazendas eram filhos de centro-africanos [...].[125]

A Tabela 8 nos permite tecer algumas considerações a respeito da faixa etária na qual se situavam esses cativos africanos e seus parceiros. Na faixa de 1-14 anos, encontram-se 35: 23 africanos (65,7%), 8 crioulos (28,6%) e 2 pardas (5,7%). Na segunda faixa etária (15-40 anos), a que abrigava o maior número dos cativos de Antonio Dias Tostes àquela época (105), estão inclusos 99 africanos (94,3%) e 6 crioulos (5,7%). Finalmente, a última (41 + anos), a que contempla o menor número de cativos (7), possuía 4 africanos (57,1%) e 3 crioulos (42,9%). Embora não estejam computados nessa Tabela, é nessa faixa etária que se encontravam os libertos Antonia crioula e Ambrosio africano.

Tabela 8. Sexo e faixa etária dos cativos do Capitão Antonio Dias Tostes, 1831

Faixa etária/ Sexo	1-14 (crianças)	%	15-40 (jovens/ adultos)	%	41+ (idosos)	%	Total	%
Masculino	21	60,0	77	73,3	5	71,4	103	70,1
Feminino	14	40,0	28	26,7	2	28,6	44	29,9
Total	35	100,0	105	100,0	7	100,0	147	100,0

Fonte: Mapas de população. Distrito de Santo Antonio do Juiz de Fora, Termo da Nobre e Muito Leal Vila de Barbacena, 1831. APM. Caixa 9; Documento 4.

Se subtrairmos os cativos na faixa de 1-14 anos do total de escravos pertencentes à posse do Capitão Antonio Dias Tostes, em 1831, encontraremos um total de 103 africanos e 9 crioulos; dentro das duas outras faixas etárias expostas na Tabela acima, havia um percentual de 91,9% de africanos e 8,1% de crioulos. Fica claro, então, que o maior proprietário de escravos do Distrito de Santo Antonio do Juiz de Fora possuía uma posse majoritariamente composta de africanos em idade produtiva.[126]

125 SLENES, Robert W. "A Árvore de *Nsanda* transplantada: cultos *kongo* de aflição e identidade escrava no Sudeste brasileiro (século XIX)". In: LIBBY, Douglas Cole & FURTADO, Júnia Ferreira (orgs.). *Trabalho livre, trabalho escravo: Brasil e Europa, séculos XVII e XIX*. São Paulo: Annablume, 2006, p. 279.

126 Stanley Stein, em estudo sobre o Vale do Paraíba, com referência especial ao município de Vassouras, apontou os cativos entre 15 e 40 anos como sendo os "escravos em idade de trabalho eficiente. [...] segmento crucial da mão-de-obra das fazendas" (STEIN, *op. cit.*, p. 93).

Alguns anos mais tarde, na partilha dos bens de Dona Anna Maria do Sacramento, esposa de Antonio Dias Tostes, ocorrida no ano de 1837, temos a oportunidade de avaliar um pouco mais a posse de escravos desse senhor (Tabela 9). Houve aumento desse número, totalizando 185. Portanto, durante esse intervalo de tempo, a posse de cativos dessa família aumentou 25,9%, em relação aos listados em 1831, agregando 38 escravos àquela comunidade. Alguns deles foram entregues para pagamento de dívidas, notadamente os com algum problema ou deficiência de saúde, totalizando 30. A maior parte, 79 escravos, ficou com o viúvo, e o restante (76) foi partilhado entre os herdeiros Marianno Dutra de Moraes, Antonio de Macedo, José Antonio Henriques, Manoel José Pires, Manoel Dias Tostes, Severino Dias Tostes, Marcelino Dias Tostes, Antonio Dias Tostes, Custódio Dias Tostes, Cândida Maria Carlota, Marianno Dias Tostes e Cassiano Dias Tostes.

Tabela 9. Sexo e faixa etária dos cativos de Dona Anna Maria do Sacramento, 1837

Faixa etária/ Sexo	Recém--nascido*	%	1-14 (crianças)	%	15-40 (jovens/adultos)	%	41+(idosos)	%	Não consta	%	Total	%
Masculino	9	64,3	17	53,1	89	75,4	6	85,7	10	71,4	131	70,8
Feminino	5	35,7	15	46,9	29	24,6	1	14,3	4	28,6	54	29,2
Total	14	100,0	32	100,0	118	100,0	7	100,0	14	100,0	185	100,0

Fonte: Partilha dos bens de Dona Anna Maria do Sacramento, 1837. AHJF. *Crianças com menos de um ano de idade.

A análise das faixas etárias (Tabelas 8 e 9), permite vislumbrar que houve, entre 1831 e 1837, um aumento de cativos, por nós considerados como jovens/adultos, e uma pequena diminuição dos denominados crianças. Sem deixar de lado outras possíveis variáveis, para uma explicação dessas oscilações, como a fuga, a morte e a venda, talvez isso possa ter acontecido pelo fato de essas crianças terem atingido os 15 anos de idade, passando a compor a faixa dos jovens. Os idosos permaneceram com o mesmo número. Entretanto, se agregarmos às crianças os recém-nascidos,[127] verificamos que aquela escravaria, possivelmente, contou também, no intervalo de tempo entre as duas fontes, com

127 Recém-nascidos são aquelas crianças descritas nas fontes, como tendo "x meses de vida".

um aumento de sua posse por meio do nascimento de cativos. Todavia, seria necessário o conhecimento das taxas de natalidade e mortalidade gerais para saber qual o percentual de aumento dessa população por meio da reprodução natural.

Ainda de acordo com a partilha feita em 1837, foi possível saber a origem dos cativos. Encontramos a maioria dos africanos na faixa atribuída aos jovens, perfazendo 82 indivíduos (69,5%), seguidos por 2 crioulos (1,7%). Dos outros 33 (28,8%) não sabemos a origem. Na faixa concernente às crianças, existiu certo equilíbrio entre africanos e crioulos: respectivamente, 14 (43,8%), e 15 (46,9%). Portanto, parece que no momento de ilegalidade do tráfico de cativos aquela família recorreu ao tráfico atlântico ilegal para obter mão de obra "infantil". Havia ainda 3 crianças (9,4%) de que não pudemos conhecer a origem, além de 14 recém-nascidos, 13 deles de origem crioula (92,9%); de 1 não conhecemos a origem, entretanto, acredito que, pela idade, é muito provável que tenha sido crioulo. Embora não se saiba a taxa de mortalidade daquela população, pode ter ocorrido, entre a lista de 1831 e a partilha em 1837, um crescimento vegetativo natural,[128] importante entre os cativos daquela família. De outros 14 escravos não foi possível conhecer a idade, o que nos impossibilitou determinar a que faixas pertenceram 8 africanos, 2 crioulos e outros 4 sem origem descrita.

No que concerne à procedência dos escravos daquela posse, encontramos, na faixa referente às crianças, 4 cativos de Cabinda, 3 do Congo, 3 de Benguela, 2 Cassange, 1 Monjolo, 1 Rebolo. Dezoito crianças não tiveram a procedência mencionada. Entre os por nós designados jovens/adultos (15-40 anos), existiram 28 Congo, 24 Cabinda, 10 Benguela, 6 Monjolo, 6 Cassange, 3 Rebolo, 2 Angola, 1 Mina, 1 carioca e 34 sem indicação de procedência, isto é, na faixa em que se localizavam os escravos mais aptos para o trabalho ("jovens/adultos"), havia 58 cativos do Congo Norte, 21 de Angola e 1 Mina. O grupo dos idosos era composto por 1 Congo e 3 Benguela, mas para 3 deles não constavam informações. Dentre os recém-nascidos, não há menção à procedência, e entre os cativos de que não foi possível saber a idade, encontramos 2 do Congo, 1 de Benguela, 3 de Cabinda, 1 Rebolo e 1 Muange, sendo que para 6 não consta a procedência.

Analisando outra daquelas três famílias, pudemos notar que o Comendador Francisco de Paula Lima, patriarca da família Paula Lima, falecido no dia 26 de novembro de 1865, possuiu uma propriedade majoritariamente masculina, em que os homens somavam 68,1% da posse e as mulheres, 31,4% (Tabela 10). Não foi possível

128 Definido como a diferença positiva entre nascimentos e mortes.

conhecer o sexo de 1 indivíduo (0,5%). Nessa posse, também houve maior concentração de cativos entre os jovens/adultos (15-40 anos), em número de 136. Logo depois estão os 35 idosos, seguidos por 29 crianças e apenas 1 recém-nascido – um pequeno número se comparado à de Dona Anna Maria do Sacramento. Os descritos como crioulos eram 19, dois deles procedentes da Bahia.

Tabela 10. Sexo e faixa etária dos cativos do Comendador Francisco de Paula Lima, 1866

Faixa etária/ Sexo	Recém- nascido	%	1-14 (crianças)	%	15-40 (jovens/adultos)	%	41+ (idosos)	%	Total	%
Masculino	-	-	21	65,6	89	65,4	29	82,9	139	68,1
Feminino	1	100	11	34,4	47	34,6	5	14,2	64	31,4
Não consta	-	-	-	-	-	-	1	2,9	1	0,5
Total	1	100	32	100,0	136	100,0	35	100,0	204	100,0

Fonte: Inventário *post mortem* do Comendador Francisco de Paula Lima, 1866. AHUFJF. Cartório do 1º Ofício Cível.

Por meio do conhecimento do sexo e da faixa etária de seus cativos, podemos perceber que os crioulos estiveram em sua maioria na faixa etária das crianças, num total de 15, correspondendo a 46,9% do total das crianças. Outros 3 pertenciam à faixa de 15-40 anos, inclusive os 2 descritos como "da Bahia" (2,2%). A outra crioula era a recém-nascida Rozaria, de 8 meses, filha de Theophila. Os 8 africanos conhecidos dividem-se entre a terceira e a quarta faixa etária, respectivamente, 6 (4,4%) – 2 Congo, 2 Rebolo, 1 Cabinda e o 1 Cabo Verde – e 2 (5,7%) – 1 Moçambique e 1 Benguela. Entretanto, a imensa maioria dos cativos, de que não foi possível saber sua origem, pertence à faixa dos jovens, totalizando 127 escravos (93,4%); em seguida, computamos 35 na faixa acima dos 41 anos (94,3%); por fim, 17 escravos (51,7%) compõem a faixa etária concernente às crianças.

Os cativos, descritos como portadores de algum ofício especializado, estavam, principalmente, na faixa dos jovens/adultos, além dos 4 pedreiros, 2 carreiros e 2 carpinteiros. Compunham essa faixa 1 alfaiate, 1 tropeiro, 1 cozinheiro, 1 feitor e 1 ferreiro. Os outros estavam na faixa dos idosos, sendo 3 carpinteiros, 1 arrieiro, 1 carreiro, além do feitor e do copeiro, totalizando 20 escravos com algum tipo de especialização, ou seja, 9,8% do total de cativos daquela propriedade.

No ano de 1877, aos 27 dias do mês de outubro, faleceu a viúva do Comendador Francisco de Paula Lima, Dona Francisca Benedicta de Miranda Lima. De acordo com o seu inventário, essa senhora possuía, à época, 130 cativos. O documento listou, ainda, 9 ingênuos (Tabela 11). Passados 11 anos desde o inventário do Comendador, percebemos um decréscimo no número de escravos, o que não é de espantar, se consideramos que, nesse intervalo de tempo, houve a partilha dos bens daquele senhor, inclusive dos cativos, em 1866. Logicamente, podem ter existido outros fatores que levaram a essa baixa no número de cativos, como vendas, óbitos e dívidas.

Tabela 11. Sexo e faixa etária dos cativos de Dona Francisca Benedicta de Miranda Lima, 1877

Faixa etária/ Sexo	1-14 (crianças)	%	15-40 (jovens/adultos)	%	41 + (idosos)	%	Não consta	%	Total	%
Masculino	5	55,6	32	56,1	34	57,6	3	60,0	74	57,0
Feminino	4	44,4	25	43,9	25	42,4	2	40,0	56	43,0
Total	9	100,0	57	100,0	59	100,0	5	100,0	130	100,0

Fonte: Inventário *post mortem* de Dona Francisca Benedicta de Miranda Lima, 1877. AHUFJF. Cartório do 1º Ofício Cível.

Ainda podemos encontrar mais homens do que mulheres escravas, porém, apesar da diferença, os números tendem a se equilibrar. Houve uma diminuição no número total de homens com relação às mulheres. Enquanto em números relativos eles diminuem mais ou menos em torno de 10%, elas aumentam na mesma proporção.

As alterações das percentagens nas três faixas etárias se devem, entre outros motivos, à própria variação de tempo, ou seja, houve ali mudança dos cativos em suas faixas de idade. Muitos dos que conseguiram sobreviver, estavam, por exemplo, na faixa dos recém-nascidos em 1866. Com o passar dos anos, integraram a faixa das crianças, enquanto os daquela faixa eram, em 1877, jovens/adultos, e, assim, sucessivamente. Cabe ressaltar que a primeira partilha ocorrida em 1866 ajuda a compreender a diminuição total do número de cativos de 204 para 130.

Parece que a posse de escravos envelheceu, entretanto, isso deve ser matizado, pois as crianças nascidas após a Lei do Ventre Livre, de 1871, eram 9 ingênuos, que, a partir de então, ficaram livres e não foram computadas. A análise das duas tabelas parece corroborar essa "passagem" entre as faixas. Em 1866, eram 32 crianças e 1 recém-nascido (16,1% do total de escravos); já em 1877 esse número caiu para 9 (7%).

Isso fica ainda mais perceptível nas faixas dos jovens/adultos e na dos idosos. Enquanto a primeira, que possuía 136 cativos (66,6%), passou a contar, em 1877, com 57 (43,9%), a segunda teve sua percentagem aumentada de 35 idosos (17,7%) para 59 (45,4%), em 1877, passando a contar com a maior taxa do total de cativos nesse ano – no período em que a mão de obra escrava sofreu um aumento no preço, sobretudo por causa do fim do tráfico internacional. Assim sendo, seria inviável, pelo menos do ponto de vista econômico, que, depois da morte do Comendador, sua esposa ou seus herdeiros tivessem investido seu capital em cativos com idades acima dos quarenta anos. Essa mudança pode demonstrar uma manutenção dessa comunidade. Muitos dos que habitaram a posse do Comendador durante seu ciclo de vida, inclusive suas famílias, devem ter continuado na propriedade até o momento da morte de Dona Francisca Benedicta de Miranda Lima, ou, quem sabe, até mais.

Como seria de se esperar, a posse dos Paula Lima teve, tanto no inventário do Comendador Francisco de Paula Lima quanto no de sua esposa, Dona Francisca Benedicta de Miranda Lima, um pequeno percentual de africanos com procedência conhecida (Tabela 12). É interessante notar que os escravos dessa família reproduzem, entre 1866 e 1877, os dados que expusemos anteriormente sobre a posse de Dona Anna Maria do Sacramento, primeira esposa do Capitão Antonio Dias Tostes. Lá havia também, dentre os cativos com procedência conhecida, uma maioria proveniente da "África Central ou Centro-Oeste Africano". Em 1866, 8 cativos eram da "África Central", 2 Congo e 1 Cabinda; de "Angola", 2 Rebolo e 1 Benguela. Encontramos, ainda, da "África Oriental", 1 Moçambique, e, da "África Ocidental", 1 Cabo Verde. Já, em 1877, da "África Central ou Centro-Oeste Africano", foram 3 Congo e 3 Cabinda; de "Angola", 2 Rebolo, 1 Benguela, 1 Angola e 1 Cassange; da "África Oriental", 2 escravos de Moçambique, da "África Ocidental", e havia 1 Cabo Verde.[129]

129 Cf. KARASCH, *op. cit.*

Tabela 12. Procedência dos cativos africanos da família Paula Lima, Juiz de Fora 1866 e 1877

Ano do inventário/ Procedência	1866	1877	Total
Congo	2	1	3
Cabinda	1	2	3
Rebolo	2	-	2
Cassange	-	1	1
Benguela	1	-	1
Angola	-	1	1
Moçambique	1	1	2
Cabo Verde	1	-	1
Total	8	6	14

Fonte: Inventário *post mortem* do Comendador Francisco de Paula Lima, 1866 e inventário *post mortem* de sua esposa, Dona Francisca Benedicta de Miranda Lima, 1877. AHUFJF. Cartório do 1º Ofício Cível.

Coincidência? Talvez não. Duas hipóteses podem ser propostas para se pensar essa semelhança. Primeiro, como o número de procedências dadas a conhecer é pequeno, nossa análise pode estar enviesada, distorcendo o que realmente aconteceu. Uma segunda a ser pensada é que, até o fim efetivo do tráfico, os traficantes e os compradores de cativos tenham continuado a ter preferência pela compra dos provenientes das regiões acima citadas, ou que, mesmo após a extinção do tráfico, com o consequente redirecionamento dessa prática, tenha continuado essa dinâmica, só que, então, se valendo da compra de Congo, Cabinda, Rebolo etc., no mercado interno.

Já outra posse de escravos pesquisada foi a do Capitão Manoel Ignácio de Barbosa Lage, composta, segundo seu inventário, em sua maioria, por homens, 64,4%, constituindo as mulheres 35,6% de sua propriedade, como pode ser observado na Tabela 13. Nessa propriedade, foram mencionados escravos africanos, entretanto, sem menção de sua procedência.

Tabela 13. Sexo dos escravos do Capitão Manoel Ignácio Barbosa Lage, 1868

Sexo	Nº de cativos	%
Masculino	76	64,4
Feminino	42	35,6
Total	118	100,0

Fonte: Inventário *post mortem* do Capitão Manoel Ignácio Barbosa Lage, 1868. AHUFJF. Cartório do 1º Ofício Cível.

Sobre a origem dos escravos pertencentes ao Capitão Manoel Ignácio Barbosa Lage, para um grande número não foi possível determinar essa variável. Para aqueles, cuja origem conseguimos averiguar, observamos que os homens foram, em sua maioria, classificados como crioulos, num total de 31 indivíduos, o que corresponde a 26,3%. Os designados como africanos totalizavam 30 indivíduos (25,4%) do total da posse. As mulheres, da mesma forma, em sua maior parte, foram chamadas crioulas, 20 (16,9%). As africanas eram 3 e representavam 2,5% do total dos 118 cativos. Os sem indicação de procedência perfaziam 34 ou 28,8% (Tabela 14).

Tabela 14. Origem dos cativos de Manoel Ignácio Barbosa Lage, 1868

Origem	Nº de cativos	%
Africano	33	27,9
Crioulo	51	43,2
Não consta	34	28,8
Total	118	100,0

Fonte: Inventário *post mortem* do Capitão Manoel Ignácio Barbosa Lage, 1868. AHUFJF. Cartório do 1º Ofício Cível.

Dezoito anos após o fim efetivo do tráfico para o Brasil, a grande maioria dos cativos dessa posse, em que foi possível saber sua origem, era composta por nascidos no Brasil (43,2%). Quando averiguamos o sexo e a faixa etária dos cativos (Ver Tabela abaixo), verificamos uma distribuição sempre maior dos homens em todas elas, com exceção dos recém-nascidos, que se equivalem. Os africanos foram designados apenas como de nação, portanto, não pudemos saber sua procedência. O conhecimento desse aspecto foi possível para apenas 3 cativos do sexo masculino, 2 deles designados como carioca e o outro, pernambucano, provavelmente oriundos do tráfico interprovincial.

Tabela 15. Sexo segundo a faixa etária dos cativos do Capitão Manoel Ignácio de Barbosa Lage, 1868

Faixa etária/ Sexo	Recém- nascido*	%	1-14 (crianças)	%	15-40 (jovens/adultos)	%	41+ (idosos)	%	Não consta	%	Total	%
Masculino	3	50,0	15	55,6	37	63,8	20	76,9	1	100	76	64,1
Feminino	3	50,0	12	44,4	21	36,2	6	23,1	-	-	42	35.9
Total	6	100,0	27	100,0	58	100,0	26	100,0	1	100,0	118	100,0

Fonte: Inventário *post mortem* do Capitão Manoel Ignácio Barbosa Lage, 1868. AHUFJF. Cartório do 1º Ofício Cível. *Correspondem às crianças com menos de 1 ano, nessa posse elas tinham entre 1 e 8 meses.

Essa posse também contou com uma maioria de cativos na faixa correspondente aos jovens/adultos. É interessante salientar que as faixas etárias das crianças e dos idosos tinham praticamente o mesmo número de indivíduos. Esses idosos, provavelmente, em sua maioria, eram africanos que tiveram, assim como na posse do Comendador Francisco de Paula Lima, maior expectativa de vida, diferente do que aconteceu na de Antonio Dias Tostes.

Deve ter havido, por parte desses dois primeiros proprietários, maior cuidado com a saúde de seus cativos, possibilitando-lhes maior longevidade. Cabe ressaltar que, no inventário do Comendador, há menção a um "hospital" no interior de sua propriedade. O fato de não contar com um fluxo maior, no que diz respeito ao tráfico internacional de cativos, diferentemente de Antonio Dias Tostes, pode também ter influenciado o Comendador Paula Lima e o Capitão Manoel Lage no tocante aos cuidados com seus escravos, refletido, por exemplo, no número de idosos de suas posses.

Em uma região em que, desde o começo do século XIX, o café vinha se estruturando como propagador do desenvolvimento da localidade, o que pode ser percebido, entre outros aspectos, pelo crescimento demográfico daquela população. O cultivo nas fazendas, sobretudo nas de maior porte, necessitava de mão de obra constante e abundante, e essa força de trabalho foi a escrava. Como se teria dado a manutenção/ampliação de cativos naquelas posses? Tráfico e/ou reprodução natural? É disso que iremos nos ocupar no próximo capítulo.

CAPÍTULO II

Crescimento da população cativa em uma economia agroexportadora

HIPÓTESES SOBRE O CRESCIMENTO DA POPULAÇÃO CATIVA NO BRASIL

Questão importante sobre o escravismo brasileiro é a relativa ao crescimento da sua população. Qual ou quais as formas encontradas pelos senhores de escravos para a manutenção e/ou a ampliação de suas escravarias? Procuraremos compreender, neste capítulo, como se dava o aumento da população cativa naquelas três propriedades juizforanas no século XIX. Tal análise nos possibilitou uma visão dos recursos e das estratégias lançados pelos proprietários em relação à aquisição de suas escravarias.

Uma das perspectivas analíticas sobre a reprodução da mão de obra escrava é a que busca no tráfico a resposta para o seu aumento.[1] Além de possibilitar tecer considerações acerca da origem dos escravos comercializados, o seu estudo nos permite

---

1 Cf., entre outros, MOTTA, José Flavio & MARCONDES, Renato Leite. "O comércio de escravos no vale do Paraíba paulista: Guaratinguetá e Silveiras na década de 1870". *Estudos Econômicos*, 30 (2), 2000; SLENES, Robert W. "The Brazilian Internal Slave Trade, 1850-1888: Regional economies, slave experience and the politics of a peculiar market". In: JOHNSON, Walter (org.). *Domestic passages: Internal Slave Trades in the Americas, 1808-1888*. New Haven: Yale University Press, 2005; *Idem*. *The demography and economics of Brazilian slavery: 1850-1888*. Tese (doutorado) – Stanford University, Stanford, 1976; KLEIN, Herbert S. "A demografia do tráfico atlântico de escravos para o Brasil". *Estudos Econômicos*, São Paulo, vol. 17, nº 2, maio/ago. 1987, p. 129-149; FLORENTINO, Manolo. *Em costas negras: uma história do tráfico de escravos entre a África e o Rio de Janeiro, século XVIII e XIX*. São Paulo: Companhia das Letras, 1997; RODRIGUES, Jaime. *O infame comércio: propostas e experiências no final do tráfico de africanos para o Brasil (1800-1850)*. Campinas: Editora da Unicamp/Cecult, 2000.

estabelecer, em certa medida, qual a procedência dos que, porventura, tenham sido negociados com as famílias senhoriais em estudo.

Outra vertente analítica sobre o crescimento da população analisada é a da reprodução natural. Segundo alguns estudiosos, o aumento do contingente escravo por meio do nascimento poderia permitir uma possível manutenção e/ou ampliação da mão de obra nas propriedades senhoriais.[2] Tema bastante discutido na historiografia, sua análise torna-se fundamental. Se houve, por parte dos senhores, um privilégio nesse quesito, isso talvez indique não uma minimização do peso da escravidão, mas possibilidades encontradas pelos cativos para satisfazerem seus anseios dentro das limitações impostas pelo sistema. Teria havido reprodução natural, mesmo em períodos adversos, devido ao tráfico interprovincial ou ao fim do tráfico Atlântico?

O Brasil é notadamente reconhecido como tendo sido o *locus* para onde foi levado o maior contingente dos escravos transportados do continente africano. A historiografia relativa a esse tema, desde muito tempo, se debruça, dentre outros aspectos, sobre as possibilidades encontradas pelos proprietários brasileiros, no que diz respeito à aquisição de sua mão de obra escrava, por meio das rotas e do volume do tráfico.[3]

---

2 PAIVA, Clotilde A. & LIBBY, Douglas Cole. "Caminhos alternativos: escravidão e reprodução em Minas Gerais no século XIX". *Estudos Econômicos*, São Paulo, vol. 25, maio-ago. 1995; GUTIERREZ, Horacio. "Demografia escrava numa economia não-exportadora: Paraná, 1800-1830". *Estudos Econômicos*, São Paulo, vol. 17, nº 2, maio-ago. 1987, p. 297-314; SANTOS, Jonas Rafael dos. "Senhores e escravos: a estrutura da posse de escravos em Mogi das Cruzes no início do século XIX". *Estudos de História*, Franca, vol. 9, nº 2, 2002, p. 235-253; BOTELHO, Tarcísio Rodrigues. *Famílias e escravarias: demografia e família escrava no norte de Minas Gerais no século XIX*. Dissertação (mestrado em História) – FFLCH/USP, São Paulo, 1994; *Idem*. "Famílias e escravarias: demografia e família escrava no norte de Minas Gerais no século XIX". *População e família*, São Paulo, vol. 1, nº 1, jan./jun. 1998, p. 211-234; BERGAD, Laird W. *Escravidão e história econômica: demografia de Minas Gerais, 1720-1888*. Bauru: Edusc, 2004. Algumas críticas sobre o trabalho de Bergad, feitas por Libby, podem ser vistas em uma resenha no *American Historical Review*, 107,1 (2002), 258-9. E também em LIBBY, Douglas Cole. "Minas na mira dos Brasilianistas: reflexões sobre os trabalhos de Higgins e Bergad". In: BOTELHO, Tarcísio Rodrigues (org.). *História quantitativa e serial: um balanço*. Belo Horizonte: ANPUH-MG, 2001; NOGUERÓL, Luiz Paulo Ferreira de. *Economia escravista e preços de escravos em Minas Gerais: o caso de Sabará entre 1850 e 1887*. Dissertação (mestrado em Economia) – Cedeplar/UFMG, Belo Horizonte, 1997; TEIXEIRA, Heloísa Maria. *Reprodução e famílias escravas de Mariana (1850-1888)*. Dissertação (mestrado em História Econômica) – FFLCH-USP, São Paulo, 2001.

3 SLENES, *op. cit.*, 1976; KLEIN, *op. cit.*, 1987; FLORENTINO, *op. cit.*, 1997; RODRIGUES, Jaime, *op. cit.*

Herbert Klein procurou sintetizar alguns dos eventos que levaram a América portuguesa a se firmar como a maior absorvedora de escravos durante o século XIX. Segundo Klein,

> Os portugueses permaneceram como os maiores traficantes durante a maior parte do século XIX em virtude de três fatores: o fim dos tráficos de escravos norte-americano e britânico em 1808, a destruição da frota escrava francesa durante a era da Revolução Francesa e a abolição formal da maior parte do tráfico europeu nas três primeiras décadas do novo século. A abolição da escravidão, em 1834, nas colônias inglesas e, em 1848, nas colônias francesas, eliminou totalmente estas regiões como importadoras de escravos.[4]

Sobre esse grande número de cativos de origem africana e sua consequente importância cultural, cremos que os argumentos de Robert Slenes são bastante elucidativos. Segundo ele,

> Nas regiões de grande lavoura no Rio de Janeiro e em São Paulo, e nas áreas agropecuárias mais dinâmicas do Sul de Minas Gerais, a escravidão na primeira metade do século XIX era quase literalmente "africana". Recenseamentos da época indicam que cerca de 80% dos cativos adultos (acima de 15 anos) nessas regiões provinham da África. Além disso, os adultos "crioulos" [nascidos no Brasil] provavelmente eram, majoritariamente, filhos de africanos. Portanto, falar das esperanças e recordações dos cativos nesta parte do Brasil implica necessariamente em voltar a atenção para a herança cultural que os desterrados da África trouxeram consigo.[5]

Parece-nos inquestionável a afirmação de que o Brasil se utilizou, durante vários anos de sua colonização, do tráfico intercontinental com o intuito de adquirir mão de obra farta e relativamente barata, devido ao grande fluxo de cativos. As estimativas sobre a quantidade de africanos trazidos para a América Portuguesa são muitas. Eduardo França Paiva, por exemplo, baseando-se em diversos autores, aponta a percentagem de 38% deles em direção ao Brasil, entre os séculos XVI e

4 KLEIN, Herbert S. *Escravidão africana: América Latina e Caribe*. São Paulo: Brasiliense, 1987, p. 169.

5 SLENES, Robert W. *Na senzala uma flor: esperanças e recordações na formação da família escrava –Brasil Sudeste, século XIX*. Rio de Janeiro: Nova Fronteira, 1999, p. 142.

XIX. O tráfico intercontinental foi, sem dúvida, um dos pilares do sistema escravista brasileiro. Tendo perdurado até o ano de 1850, foi por meio dele que se garantiu o abastecimento da Colônia e, depois, do Império, até pelo menos esse ano, constituindo-se o tráfico atlântico "em variável fundamental para a reprodução física da mão-de-obra cativa".[6] Manolo Florentino, em seu estudo sobre o tráfico de escravos, nos séculos XVIII e XIX, entre a África e o Rio de Janeiro (maior recebedor de escravos oriundos do tráfico) afirma que:

> [...] se durante a primeira década do século XIX o porto do Rio continuou a deter quase metade das importações de africanos, a partir de então sua participação subiu vertiginosamente, variando entre 70% e 90% das importações de todo o país, índice que varia de acordo com o autor adotado como parâmetro para as estimativas das importações brasileiras.[7]

David Eltis, em estudo sobre o tráfico transatlântico de escravos para as Américas, percebeu, primeiramente, que os portugueses foram os principais comerciantes a partir da África. Entre aqueles com nacionalidades conhecidas e que se aventuraram nesse tipo de comércio, foram eles os responsáveis pela aquisição dos maiores volumes de mão de obra escrava. De acordo com os seus cálculos, entre os anos de 1519 e 1867, 5.074.900 africanos fizeram parte do comércio transatlântico, tendo os portugueses à frente dos negócios. Isso correspondeu a 45,9% do total de indivíduos comercializados entre aqueles anos. Em segundo lugar, vinham os ingleses, com 28,1%, e os franceses, com 13,2%. Segundo Eltis, durante esse mesmo período, a maior parte dos cativos despachados para as Américas era da região da *West Central Africa* – portos de Malembo, Loango, Cabinda, Ambriz e Benguela – 44,2% (4.887,500 escravos), seguidos pelos de *Bight of Benin* e *Bight of Biafra*, com, respectivamente, 18,4% (2.034,600) e 13,7% (1.517, 900).[8]

Com relação ao volume de cativos chegados às diversas regiões das Américas, por meio do tráfico transatlântico, o Brasil se sobressaiu como o local para onde foram enviadas as maiores levas de africanos. Nesse aspecto, a região Sudeste se

---

6 FRAGOSO & FLORENTINO, 1990, p. 20-34 *apud* FLORENTINO, *op. cit.*, 1997, p. 27.

7 *Ibidem*, p. 66.

8 ELTIS, David. "The volume and structure of the transatlantic slave trade: a reassessment". *William and Mary Quaterly*, ano III, vol. 58, nº 1, jan. 2001.

destacou. Conforme os dados de Eltis, o Nordeste brasileiro, juntamente com a Bahia e o Sudeste foram responsáveis por 40,6% dos 9.599.000 africanos traficados para as Américas, entre os séculos XVI e XIX. O Sudeste do Brasil foi a região que recebeu a maior quantidade de cativos, tanto em números absolutos quanto relativos: foram 2.017.900, o que equivalia a 21,0% do total. Sobretudo entre os anos de 1801-1850, ocorreram os maiores desembarques no Sudeste brasileiro, ou seja, 1.145.100 – 56,7% dos desembarcados nesta região. Em anos precedentes (1519-1800), as cifras chegaram a 869.300 (43,1%) e, em anos posteriores, o número caiu vertiginosamente, chegando, entre 1851-1867, a 0,2%, o que correspondia a 3.600 africanos.[9]

Minas Gerais é considerada pelos pesquisadores a maior possuidora de escravos no século XIX. Conforme estimativas de Eduardo França Paiva, desde o século XVIII, a Capitania contava com um alto número de cativos. Segundo sua análise em testamentos e inventários, para as Comarcas do Rio das Mortes e do Rio das Velhas, eram cerca de 2/3 de africanos e 1/3 de crioulos, sendo que estes últimos possuíam uma composição sexual mais equilibrada àquela época, com uma supremacia masculina. Com relação às procedências dos que foram trazidos para Minas Gerais, o autor indicou que a maioria deles era oriunda da Costa da Mina e de Angola.[10]

Vários são os debates travados com a intenção de lançar luzes acerca dessa questão, tentando responder à seguinte pergunta: Como foi que a província mineira conseguiu obter esse grande percentual? O diálogo gerado entre Roberto Martins e Robert Slenes sobre essa questão, bem como os trabalhos de Francisco Vidal Luna e Wilson Cano, são interessantes, e ainda norteiam as discussões sobre o crescimento da população cativa mineira.[11]

Até o final da década de 1970, havia um consenso, entre os historiadores, de que a economia de Minas no Oitocentos foi caracterizada por uma estagnação secular, que teve início no terceiro quartel do século XVIII, quando a produção aurífera

---

9 *Ibidem*, Tabela III.

10 PAIVA, Eduardo França. *Escravidão e universo cultural na colônia: Minas Gerais, 1716-1789*. Belo Horizonte: Editora da UFMG, 2001, p. 118.

11 CANO, Wilson e LUNA, Francisco Vidal. "A reprodução natural de escravos em Minas Gerais (século XIX): uma hipótese". *Cadernos IFCH-Unicamp*, Campinas, 10, out. 1983, p. 1-14; MARTINS, Roberto Borges. "Minas Gerais, século XIX: tráfico e apego a escravidão numa economia não-exportadora". *Estudos Econômicos*, 13 (1), jan./abr. 1983, p. 181-209; SLENES, Robert. "Os múltiplos de porcos e diamantes: a economia escrava de Minas gerais no século XIX". *Estudos Econômicos*, São Paulo, vol. 18, nº 3, 1988.

declinou vertiginosamente. Segundo essa visão "convencional", o fator econômico primordial da capitania deixou de existir, e a região passou por uma prolongada fase de involução, que resultou em regressão para a economia, baseada numa agropecuária de subsistência.[12]

Na sequência desse raciocínio, também se pensava que o enorme contingente de escravos, que o ciclo do ouro havia legado às gerações seguintes, teria, gradualmente, diminuído, em função do desgaste natural. Esses cativos teriam servido, ainda, como uma importante fonte de mão de obra para a expansão da cafeicultura pelo vale do Paraíba, por São Paulo e por uma reduzida área da própria Província de Minas.[13]

A partir da década de 1980, os trabalhos sobre a economia mineira do século XIX destacaram a importância da Zona da Mata, porque esta concentrava, até 1888, a maior parte do trabalho escravo e também a maior densidade demográfica da Província. Em alguns desses estudos, já começavam a surgir problemas para os que assinalavam a estrutura econômica homogênea da região.

Roberto Martins demonstrou que a maioria das propriedades com escravos, em Minas, se fundamentava numa agricultura de subsistência de baixo grau de mercantilização.[14] A economia provincial, para ele, era formada, basicamente, por unidades agrícolas diversificadas internamente – fazendas, sítios e roças – cuja produção se destinava ao autoconsumo e à venda em mercados locais. Martins negou que a cafeicultura pudesse ter funcionado como polo de atração de trabalhadores escravos. De fato, do fim ou, pelo menos, da decadência da atividade mineradora ao surgimento do café na província como produto importante, tinham

---

12 FURTADO, Celso. *Formação econômica do Brasil*. 7ª ed. São Paulo: Nacional, 1969, p. 91-3.

13 COSTA, Emilia Viotti da. *Da senzala à Colônia*. São Paulo: Difel, 1966, p. 42-6.

14 MARTINS, Roberto Borges. *Growing in silence: the slave economic of nineteenth century Minas Gerais (Brazil)*. Tese (doutorado) – University Vanderbilt, Nashville, 1980; *Idem*. "Minas Gerais, século XIX: tráfico e apego a escravidão numa economia não-exportadora". *Estudos Econômicos*, 13 (1), jan./abr. 1983, p. 181-209. Conferir também MARTINS, Roberto Borges & MARTINS FILHO, Amílcar. "Slavery in a non-export economy: nineteenth century Minas Gerais revisited". *Hispanic American Historical Review*, 63(3), 1983, p. 537-68; MARTINS, Roberto Borges & MARTINS, Maria do Carmo Salazar. RBEP, 58, jan. 1984, p. 105-20. Para uma discussão bibliográfica sobre a relação entre atividades exportadoras e de subsistência, cf. LENHARO, Alcir. *As tropas da moderação*. São Paulo: Símbolo, 1979; MARTINS, R. B. *A economia escravista de Minas Gerais no século XIX*. Belo Horizonte: Cedeplar, 1980, p. 4-5. O "fator Wakefield" é tratado por WINCH, Donald. *Classical political economy and the colonies*. Cambridge: Harvard University Press, 1965, p. 90-104; NEIBOER, H. J. *Slavery as an industrial system*. Nova York: Burt Franklin, 1971, p. 417-22.

transcorrido algumas décadas. Por outro lado, Minas Gerais não fora uma grande exportadora de escravos, ao contrário, teria participado grandemente do tráfico internacional e, depois, sido um expressivo lugar de destino dos africanos do comércio interprovincial. Ainda segundo o autor, Minas "teria sido um considerável importador líquido de escravos, mesmo com uma população estável ou naturalmente crescente".[15]

Em síntese, Roberto Martins destacou que a maioria dos escravos se radicava numa agricultura de subsistência, que as unidades agrícolas eram diversificadas internamente e que o café não foi polo de atração para cativos. A abundância de terras apropriáveis significou que continuariam sendo eles os únicos recursos disponíveis para os agricultores da região, e para outros, que não quiseram ganhar a vida pelo próprio suor. Esses argumentos foram novamente ressaltados por Martins, em artigo, no qual concluiu que, entre os anos de 1800 e 1852, a Província mineira teria absorvido 19% do total de escravos oriundos do tráfico atlântico para o Brasil, importando cerca de 320 mil.[16]

Contrariamente, Robert Slenes, dialogando com os estudos de Martins, feitos na década de 1980, notou que o desligamento da economia escravista mineira de agroexportação não era tão completo como afirmava o autor. Isto porque, direta ou indiretamente, determinados setores dessa economia, considerados dinâmicos, participavam do complexo, gerando, desse modo, divisas para a Província. Além disso, segundo Slenes, há um problema na exposição de Martins: determinar a origem da disponibilidade de capitais para custear as grandes importações de escravos por uma economia tão pouco mercantilizada. Como explicar que essa economia de

15 Para Roberto Martins, Minas apresentava taxas negativas de crescimento natural, desta forma, as importações seriam as únicas responsáveis pelo aumento da população escrava. O autor só detectou duas regiões que fugiam a esse aspecto, o Sul dos Estados Unidos e Barbados. Martins explica o apego de Minas à escravidão pela reformulação parcial do "fator Wakefield", segundo o qual a escravidão era implantada em regiões caracterizadas por abundância de terras cultiváveis e facilmente apropriáveis por qualquer homem livre, desde que fosse possível produzir mercadorias de valor relativamente alto no mercado internacional. Para o autor, Minas Gerais representou um caso em que o componente de produção para exportação não foi necessário à permanência de um regime escravista; o essencial foi a existência de recursos abundantes e a constante disponibilidade de terras (MARTINS, *op. cit.*, 1983, p. 187).

16 MARTINS, Roberto Borges. "Minas e o tráfico de escravos no século XIX, outra vez". In: SZMRECSÁNYI, Tamás & LAPA, José Roberto do Amaral. *História econômica da independência ao império*. São Paulo: Hucitec, 1996, p. 103.

subsistência gerou recursos para maciças importações de escravos, e que, a partir de 1850, passaram a ter uma tendência sempre crescente nos seus preços?[17]

Nesse debate, a própria diversidade econômica da Província de Minas obsta a generalizações. Se havia grandes extensões territoriais, onde predominava a pecuária de corte com baixa utilização de mão de obra escrava, havia também uma pequena porção do território mineiro em que se praticava a cafeicultura nos padrões clássicos.

A incômoda combinação de um baixo grau de mercantilização e pesadas importações de cativos também preocupou Francisco Vidal Luna e Wilson Cano, para quem, no baixo grau de mercantilização, reside a explicação do imenso número de escravos. A violenta diminuição da taxa de exploração e o relaxamento dos costumes (mestiçagem e casamentos) permitiram o crescimento demográfico.[18]

Sobre esses problemas, Douglas Libby ofereceu outras explicações. Em primeiro lugar, defendeu que as atividades de transformação nos "setores dinâmicos" liberaram a província de certas importações custosas, permitindo um ganho adicional. Concordando com Luna e Cano, quanto às causas das taxas positivas de crescimento da população mancípia, Libby acrescentou que o apego à escravidão se deveu a um complexo histórico, que é a transformação de um determinado regime escravista regional. A diversificação da economia mineira e a importância do setor de agricultura de subsistência, mercantilizada ou não, bem como o desenvolvimento de uma protoindústria constituem não uma mera resposta à independência econômica do campesinato, como quer Martins, e, sim, uma reação secular, específica da organização econômica e social escravista de Minas, à crise que lhe tirou a razão de ser original. A esse processo Libby chama "economia de acomodação".[19]

De qualquer modo, ele tem sempre em mente a premissa de que a compreensão de qualquer aspecto da história de Minas Gerais, no século XIX, precisa levar em conta que a ordem econômica e social foi profundamente marcada pelo escravismo

---

17 SLENES, *op. cit.*, 1988.

18 CANO, Wilson & LUNA, Francisco Vidal. "Economia escravista em Minas Gerais". *Cadernos IFCH/Unicamp*, Campinas, 10, out. 1983, p. 1-14.

19 Libby assinala a anterioridade desta posição em Celso Furtado (LIBBY, Douglas Cole. *Transformação e trabalho em uma economia escravista: Minas Gerais no século XIX*. São Paulo: Brasiliense, 1988). O autor tem também em conta a crítica do censo de 1872, feita por PAIVA, Clotilde A. & MARTINS, Mª do Carmo Salazar. "Revisão crítica do recenseamento de 1872". In: *Anais do II Seminário sobre Economia Mineira*. Belo Horizonte: Cedeplar/Face/UFMG, 1983, p. 149-63.

– ou pelo regime escravista, que predominava nessa época. Para ele, sob o aspecto de modo de produção, o escravismo foi também o determinante da superestrutura de dominação política e ideológica das sociedades em que se encontrava instalado. Não obstante, e contrariamente à lógica do regime escravista – o máximo aproveitamento da mão de obra –surpreendeu-se muito com

> [...] as cifras sobre escravos desocupados em 1872 em Rio Pomba e São Francisco de Paula do Monte Verde (incluindo o distrito de Santana do Deserto) – justamente a única região mineira onde a cafeicultura exportadora predominava como atividade produtiva na década de 1870. De acordo com o Recenseamento, nessas duas paróquias, 53,4% dos escravos eram desocupados.[20]

E concluiu que, pelo menos no caso dessas amostras, os resultados do recenseamento não seriam dignos de confiança. A explicação para esse fato, dada por Luna e Cano, de que mudanças substanciais no funcionamento do regime escravista tivessem ocorrido, em especial o tratamento melhorado dos escravos, não é aceita. Em vez disso, Libby considerou que os dados foram distorcidos, seja pela má vontade dos chefes de domicílios ou dos coletores em preencher corretamente os formulários, percebidos como grandes ou complicados demais, seja pela consideração dos escravos como paus para toda obra e para nenhuma em especial.

Ainda a esse respeito, Clotilde Paiva e Douglas Libby questionam a noção, para eles convencional, da dependência do tráfico negreiro internacional para manter ou aumentar as populações escravas. Segundo esses pesquisadores, o tráfico de escravos e a reprodução natural não são mutuamente excludentes.[21] Analisando Minas

---

20 LIBBY, *op. cit.*, 1988, p. 20.

21 Sobre processos de aumento da posse em escravos por meio da reprodução natural de escravos ou do tráfico, associadas ou não, em Minas Gerais e outras regiões ver, entre outros: NOGUERÓL, Luiz Paulo Ferreira de. *Economia escravista e preços de escravos em Minas Gerais: o caso de Sabará entre 1850 e 1887*. Dissertação (mestrado em Economia) – Cedeplar/UFMG, Belo Horizonte, 1997; MATTOS DE CASTRO, Hebe Maria. *Ao sul da história*. São Paulo: Brasiliense, 1987; FRAGOSO, *op. cit.*; GUTIERREZ, *op. cit.*, 1987; SANTOS, *op. cit.*; BACELLAR, Carlos de Almeida & SCOTT, Ana Silvia Volpi. "Sobreviver na senzala: estudo da composição e continuidade das grandes escravarias paulistas, 1798-1818". In: NADALIN, Sérgio Odilon *et al* (coords.). *História e população: estudos sobre a América Latina*. São Paulo: Fundação Sistema Estadual de Análise de Dados, 1990, p. 214; BOTELHO, *op. cit.*, 1998; LUNA, Francisco Vidal & KLEIN, Herbert S. *Evolução da sociedade e economia escravistas de São Paulo, de 1750 a 1850*. São Paulo: Edusp, 2005, p. 93; GARAVAZO, Juliana.

Gerais, tanto antes como após o término do tráfico negreiro internacional, os autores argumentam que a orientação da economia mineira para o mercado interno favorecia o crescimento reprodutivo natural. Essa reprodução acontecia, mesmo levando-se em conta os efeitos adversos do comércio atlântico.

Paiva e Libby utilizam-se de Listas Nominativas e constatam que, na década de 1830, a população escrava de Minas Gerais se sustentava, em parte, por meio da reprodução natural, e que uma geração, após o término do tráfico, se encontrava plenamente reprodutiva.

> O fluxo de escravos para Minas deve ter ficado bastante reduzido durante as últimas décadas do século XVIII e a primeira década do XIX. Se esta hipótese é correta, significaria que a população escrava experimentou um hiato de quase duas gerações durante o qual as influências 'negativas' do tráfico negreiro internacional ficaram bastante diminuídas. Neste caso, avanços em direção à reprodução natural deveriam ter ocorrido e teriam conseqüências importantes quando do novo aumento do volume de entradas de africanos. Uma grande e relativamente estável população crioula estaria se reproduzindo e, até um certo tempo, poderia ter absorvido uma parcela do novo contingente africano nos padrões de reprodução ou, ao menos, ter resistido à 'investida' dos recém-chegados.[22]

Juliana Garavazo também apontou para a reprodução natural como possibilidade de aumento da população cativa de Batatais (São Paulo), na segunda metade do Oitocentos. Verificou-se, naquela localidade, uma significativa participação de cativos menores de quinze anos, e, ainda, um menor desequilíbrio sexual na população escrava.

> [...] notou-se uma tendência no sentido da maior proporção de escravos brasileiros à medida que se distanciava da data de proibição da entrada de escravos trazidos da África em território brasileiro [...], apesar dos africanos estarem presentes em pequeno número mesmo nas primeiras décadas subseqüentes a tal medida (anos 1850 e 1860), atingindo, respectivamente, 24,2% e 31,0% do total. Neste caso,

---

Riqueza e escravidão no Nordeste Paulista: Batatais, 1851-1887. Dissertação (mestrado em História Econômica) – FFLCH-USP, São Paulo, 2006; SALLES, Ricardo. *E o Vale era o escravo: Vassouras, século XIX. Senhores e escravos no coração do Império*. Rio de Janeiro: Civilização Brasileira, 2008.

22 PAIVA & LIBBY, *op. cit.*, 1995, p. 213.

> pode-se sugerir que os proprietários batataenses não recorreram sistematicamente ao mercado de escravos africanos para formação de seus plantéis enquanto este tipo de transação ainda era legal.[23]

Até a primeira metade do século XIX, o tráfico atlântico legal e ilegal dava o panorama das formas de aquisição de mão de obra, muitas vezes concomitante à reprodução endógena. Na segunda metade do mesmo século, ele ganhou outras "feições". Houve a necessidade de obter mão de obra para as regiões onde havia um maior dinamismo econômico, principalmente as vinculadas a produtos que pudessem reverter em lucros, utilizando-se do trabalho cativo, como por exemplo, para o café. Dessa forma, os senhores de escravos e os traficantes passaram a utilizar, com mais vigor, os tráficos interprovinciais, intraprovinciais e/ou locais para a aquisição do produto, como foi o caso das Províncias do Rio de Janeiro, de São Paulo e Minas Gerais[24].

Vale salientar que muito dessa proeminência se deveu a crises enfrentadas por outras províncias do Império, o que possibilitou a transferência de cativos em direção às áreas deles necessitadas.[25] A partir de então, os senhores tiveram de utilizar outros mecanismos, visando novas aquisições. Sem se desconsiderar o contrabando, ganha mais dinamismo, sobretudo a partir da segunda metade do XIX, a opção pelo tráfico, seja ele interprovincial, intraprovincial ou local. Sobre o período após 1850, Hebe Mattos esclareceu ainda que, "desde 1850, com a extinção do tráfico africano, a propriedade escrava – antes amplamente disseminada entre a população livre – passa a concentrar-se, por causa da alta do preço do cativo, nas mãos de grandes senhores das províncias cafeeiras".[26]

---

23 GARAVAZO, *op. cit.*, p. 155.

24 Cf., entre outros, SLENES, *op. cit.*, 1976 e COSTA, Emilia, *op. cit.* O tráfico interno já existia em período anterior, contudo, era reduzido, e contou primeiro com a mão de obra da população nativa. "Quando o tráfico africano terminou, uma sociedade complacente ajustou-se à nova realidade com um vasto e espontâneo aumento no movimento interno dos escravos, conseqüência da procura constante de mais escravos na região do café e de atitudes imutáveis no que se refere à própria instituição da escravatura" (CONRAD, Robert. *Os últimos anos da escravatura no Brasil – 1850-1888*. Rio de Janeiro: Civilização Brasileira, 1978, p. 64).

25 CONRAD, *op. cit.*

26 MATTOS DE CASTRO, Hebe Maria. "Laços de família e direitos no final da escravidão". In: ALENCASTRO, Luiz Felipe de (org.). *História da Vida Privada no Brasil: Império*. 7ª reimpressão. São Paulo: Companhia da Letras, 2004, p. 343. De acordo com Herbert Klein, Kátia Mattoso e Stanley

Com relação à Província mineira, é interessante notar o alerta de Tarcísio Botelho: "é necessário perceber melhor as possíveis diferenças entre as várias regiões mineiras, de modo a relativizar o peso seja do tráfico seja da reprodução natural na recomposição e/ou expansão das escravarias".[27] Segundo França Paiva,

> O tráfico africano abastecia todas as categorias, mas nas maiores, além dos cativos importados, houve uma grande quantidade de nascimentos. Isto aponta para uma prática comum de formação de famílias dentro das posses de cada senhor e para a reprodução natural da mão-de-obra como importante estratégia de renovação e ampliação dos contingentes de indivíduos mancípios.[28]

O município de Juiz de Fora, que viria a ser detentor do maior contingente de cativos no correr do século XIX na Província de Minas Gerais, pode ajudar a tecer novas considerações em relação a esse debate.[29] A análise das escravarias das três famílias senhoriais, encabeçadas por Antonio Dias Tostes, Comendador Francisco de Paula Lima e Capitão Manoel Ignácio de Barbosa Lage, que consideramos representativas no tocante aos grandes proprietários da Mata Mineira, nos possibilita detectar quais as estratégias adotadas por eles. Permite também demonstrar quais as opções (tráfico e/ou reprodução natural) de que se valeram as ditas famílias para a manutenção e/ou a ampliação de suas posses.

Engermann: "O aumento brusco dos preços de escravos no Brasil não deve ser atribuído apenas ao fim do tráfico, mas também, e ainda mais importante, àquelas forças que aceleraram a demanda por mercadorias produzidas por escravos e com isso aceleraram a demanda por escravos. A expansão econômica européia dos anos 50 em geral afetou os preços de escravos em todas as Américas" (MATTOSO, Kátia Queiroz; KLEIN, Herbert; ENGERMAN, Stanley L. "Notas sobre as tendências e padrões dos preços de alforria na Bahia, 1819-1888". In: REIS, João José (org.). *Escravidão e invenção da liberdade: estudos sobre o negro no Brasil*. São Paulo: Brasiliense, 1988, p. 68).

27 BOTELHO, *op. cit.*, 1998, p. 232.

28 PAIVA, Eduardo F., *op. cit.*, 2001, p. 147.

29 A esse respeito, entre outros, ver: ANDRADE, Rômulo Garcia de. *Limites impostos pela escravidão à comunidade escrava e seus vínculos de parentesco: Zona da Mata de Minas Gerais, século XIX*. 2 vols. Tese (doutorado em História) – FFLCH-USP, São Paulo, 1995; GUIMARÃES, Elione Silva. *Múltiplos viveres de afrodescendentes na escravidão e no pós-emancipação: família, trabalho, terra e conflito (Juiz de Fora-MG, 1828-1928)*. São Paulo: Annablume/Juiz de Fora: Funalfa, 2006; LACERDA, Antonio Henrique Duarte. *Os padrões de alforrias em um município cafeeiro em expansão: Juiz de Fora, Zona da Mata de Minas Gerais, 1844-1888*. São Paulo: Fapeb/Annablume, 2006.

Segundo Ângelo Alves Carrara, a Zona da Mata Mineira era, àquela época, uma área contígua ao Vale do Paraíba Fluminense,[30] próxima ao porto do Rio de Janeiro, de onde eram escoadas as levas de escravos chegados do continente africano. A análise dessa região, não só por sua importância econômica e demográfica, mas também pela geográfica, que, sem dúvida, contribuiu para suprir as posses de escravos encontradas naquela área, permite perceber de que forma o tráfico influiu na composição das propriedades da localidade e – por que não dizer? – da Província mineira como um todo. Como bem salientam Clotilde Paiva e Tarcísio Botelho:

> Sabe-se que nas décadas que antecederam a abolição do tráfico negreiro houve uma intensificação na entrada de escravos no Brasil, especialmente via porto do Rio de Janeiro, de onde vinham para Minas. É provável que, neste momento, as facilidades de importação de mão de obra cativa tenham levado os africanos a se espalharem por todos os pontos do território. No entanto, tanto o percentual de escravos na população total quanto a Razão de Sexos refletem diferenças regionais. No Sul, Mata e Mineradora, as proporções estão quase sempre acima de 35% e as Razões de Sexo próximas de dois homens por mulher. No Norte e Oeste as proporções são, na maioria dos casos, inferiores a 30% e há cerca de 1,2 homens para cada mulher.[31]

Cremos que o tráfico de escravos está entre os motivos que explicam o grande contingente deles na Província mineira durante o século XIX, oriundos, num primeiro momento, do continente africano e, depois, do tráfico nacional interno. Claro está que as duas possibilidades, reprodução natural e tráfico, podem não ser excludentes, mas complementares.

AS LISTAS NOMINATIVAS DE 1831 E O DISTRITO DE SANTO ANTONIO DO JUIZ DE FORA

Os estudos sobre Minas Gerais oitocentista, já há algum tempo, vêm-se utilizando de uma base empírica muito importante para o conhecimento das

30 CARRARA, Angelo Alves. *A Zona da Mata de Minas Gerais: diversidade econômica e continuísmo (1839-1909)*. Dissertação (mestrado em História) – UFF, Niterói, 1993.

31 BOTELHO, Tarcísio Rodrigues & PAIVA, Clotilde Andrade. "População e espaço no século XIX: algumas evidências de dinâmicas diferenciadas". In: *Anais do VII Seminário sobre a Economia Mineira*. Vol. 1. Belo Horizonte: Cedeplar, 1995, p. 102.

comunidades daquela época, que "são [aparentemente] fragmentos de dois censos provinciais".[32] Cremos ser importante debruçarmo-nos sobre essas fontes, quais sejam, as Listas Nominativas de Habitantes de 1831/1832, que trazem dados sobre os proprietários que residiam nos distritos mineiros, por município, e foram uma iniciativa do Governo Provincial. São fontes que, sem dúvida, possibilitam perceber de que forma estavam estabelecidos os fogos/domicílios[33] do então Distrito de Santo Antonio do Juiz de Fora, na primeira metade do século XIX, seja do ponto de vista econômico, seja do demográfico.

Douglas Libby, analisando a justificativa e a necessidade de tais censos, esclarece, utilizando-se do Ofício de 1831, que as Listas foram feitas para o "exacto e detalhado conhecimento do estado da população e da indústria", como "convindo muito ao Serviço Nacional e ao bem dos povos".[34]

Poucas são as Listas Nominativas para a Província mineira, *vis-à-vis* as encontradas para a paulista, por exemplo, que foram produzidas desde 1765 até, mais ou menos, 1830.[35] Portanto, esse é um dos motivos que se impõe na escolha dessa fonte. O outro se deve às variáveis nela encontradas, que possibilitam um entendimento,

32 PAIVA, Clotilde A. & ARNAUT, Luiz D. H. "Fontes para o estudo de Minas oitocentista: listas nominativas". In: *Anais do V Seminário sobre a Economia Mineira*. Belo Horizonte: Cedeplar/Face/UFMG, 1990, p. 89.

33 Vários são os trabalhos que tentam propor uma tipologia dos termos fogo e domicílio, como: COSTA, Iraci Del Nero. *Populações mineiras: sobre a estrutura populacional de alguns núcleos mineiros no alvorecer do século XIX*. São Paulo: IPE/USP, 1981. Após o manuseio com as Listas da primeira metade, do século XIX, Clotilde Paiva e Luiz Arnaut chegam à conclusão de que as listas sugerem que "os termos família e fogo/domicílio se referiam à mesma realidade: um grupo doméstico, com ou sem a presença de relações de parentesco, sob a autoridade de um mesmo chefe" (PAIVA & ARNAUT, *op. cit.*, p. 97). Ainda a esse respeito Slenes ressalta que "'Fogo' corresponde mais ao temo 'houseful', cunhado por Peter Laslett, do que ao 'household', pois o mesmo fogo frequentemente pode incluir vários grupos domésticos (por exemplo, os de escravos e de 'agregados' livres), além do grupo da família do senhor. O que une esses grupos na ótica do recenseador parece ser sua atividade econômica em comum e uma hierarquia de supersubordinação, além de sua proximidade residencial" (SLENES, *op. cit.*, 1999, p. 117).

34 LIBBY, *op. cit.*, 1988, p. 29.

35 Sobre estas listas, ver: MARCÍLIO, Maria L. *Crescimento demográfico e evolução agrária paulista: 1700-1836*. São Paulo: Hucitec/Edusp, 2000. Dois trabalhos críticos sobre as Listas Paulistas e que podem ajudar, guardadas as devidas proporções, e outros documentos, como as Listas Mineiras, por exemplo, podem ser encontrados em: FERNANDEZ, Ramón. V. G. "A consistência das listas nominativas de habitantes da capitania de São Paulo: um estudo de caso". *Estudos Econômicos*, São Paulo, vol. 19, nº 3, set./dez. 1989; BACELLAR, Carlos de Almeida Prado. "Arrolando os habitantes

ainda que em um período determinado, sobre o sistema escravista em Juiz de Fora, e como ele estava organizado no começo do século XIX, momento em que se iniciou o plantio do café, seu principal produto de exportação na época.

Outra razão, não menos importante, diz respeito ao fato de podermos encontrar nessas listas Antonio Dias Tostes, patriarca de uma das três famílias que estudamos e maior possuidor de cativos àquela época. Todavia, antes de nos debruçarmos sobre o conhecimento específico do fogo/domicílio habitado por ele e os seus, incluindo cativos e agregados, faz-se necessário o entendimento dos aspectos demográficos das populações que habitavam o Distrito de Santo Antonio do Juiz de Fora no ano de 1831, possibilitando, com isso, uma visão de conjunto daquela localidade na primeira metade do século XIX.

Nessas Listas Nominativas, encontramos a Relação dos Habitantes do Distrito de Santo Antonio do Juiz de Fora, Termo da Nobre e Muito Leal Vila de Barbacena. Foram listados 118 fogos, correspondendo a um total de 1.419 indivíduos, entre homens e mulheres, adultos e crianças, livres, escravos e libertos/forros. Cabe ressaltar que esse número corresponde aos indivíduos listados por José Bastos Pinto, responsável pela feitura de tal mapa, e o primeiro recenseado da lista, entretanto, outros podem não ter sido incluídos.

Essa relação dos habitantes, segundo consta de sua última folha, foi concluída no dia 18 de novembro de 1831. O recenseador, ao assinar o seu término, lançou os seguintes dados: fogos, 118; habitantes, 1.419, sendo 586 livres (destes, 23 eram libertos/forros) e 833 cativos. Porém, uma incursão às fontes nos levou à constatação de que houve um erro por parte de José Bastos Pinto: na verdade, o número total dos habitantes recenseados era de 1.422, 3 a mais do que o exposto por ele, indivíduos esses recenseados como livres (Tabela 16). Ainda sobre o número de fogos, existiam 2 listados com o número 59. Nesse caso, o recenseador deixou uma observação entre eles dizendo tratar-se de "huma so caza"[36] (Tabela 16).

---

no passado: as listas nominativas sob um olhar crítico". *Locus: Revista de História*, Juiz de Fora, vol. 14, nº 1, 2008.

36 Mapas de população. Distrito de Santo Antonio do Juiz de Fora, termo de Barbacena, 1831. APM. Caixa 9; Documento 4.

Tabela 16. População do Distrito de Santo Antonio do Paraibuna, termo da Nobre e Muito Leal Vila de Barbacena, 1831

População livre	%	População escrava	%	População total	%
589	41,4	833	58,6	1.422	100

Fonte: Mapas de população. Distrito de Santo Antonio do Juiz de Fora, Termo da Nobre e Muito Leal Vila de Barbacena, 1831. APM. Caixa 9; Documento 4.

Esses tipos de erros ou omissões parecem ter sido característicos de grande parte dos responsáveis pela feitura dos censos, nas mais variadas regiões da Colônia e do Império do Brasil. Para a historiadora Ivana Stolze Lima,

> Entre os representantes do governo houve muita resistência ou indolência para preparar tabelas, conferir informações e, sobretudo, fazer com que elas fossem dadas, assim como entre os habitantes, que se esquivaram, temendo impostos, recrutamento, ou às vezes – quem sabe? – a própria classificação.[37]

Na confecção da Lista, além do número dos fogos e dos nomes dos indivíduos residentes, havia outras cinco variáveis presentes: "Qualidades", "Condições", "Idades", "Estados" e "Ocupações". O recenseador as classificou da seguinte forma: na primeira delas, foram listados os indivíduos descritos por ele como branco(a), africano(a), crioulo(a), pardo(a), cabra. Na segunda, cativo(a), liberto(a), forro(a), livre. A terceira e a quarta variáveis arrolaram, respectivamente, as idades dos habitantes e se eram casados, solteiros ou viúvos. Na última, encontramos menção das ocupações dos indivíduos que habitavam aqueles fogos, tais como, roceiro, lavrador, administrador, feitor etc. É difícil entender a variedade de vocabulário utilizada pelo recenseador.

É interessante notar que esse recenseamento se deu no momento em que começavam a acontecer as primeiras discussões sobre o fim do tráfico negreiro para o Brasil, inclusive com uma lei de sua supressão, no ano de 1831. Será que esse arrolamento de indivíduos já demonstra os reflexos da "corrida" por mão de obra africana, ocorrida a partir dos anos de 1820, ou, quem sabe, anteriormente?

Acreditamos que não, pela proximidade dos dois eventos. Provavelmente, a grande maioria dessa população recenseada já se encontrava no Distrito há algum tempo

37 LIMA, Ivana Stolze. *Cores, marcas e falas: sentidos da mestiçagem no Império do Brasil*. Rio de Janeiro: Arquivo Nacional, 2003, p. 90.

com seus senhores. Pode-se aventar a hipótese de que esses chefes de domicílio tenham ido para o Distrito de Santo Antonio do Juiz de Fora provenientes de outras regiões da Província mineira, ou, até mesmo, de outras partes do Império. Entretanto, a Lista nos permite conhecer alguns que, de acordo com estudiosos da região, já se encontravam residindo no local há algum tempo, o que nos possibilita, então, tecer algumas considerações acerca desse tópico. Esse é o caso, por exemplo, de Antonio Dias Tostes, José Damaso da Costa Lage, Francisco de Paula Villas Boas, Valentim Gomes Tolentino e outros. Reforçando essa hipótese, cabe ressaltar também que, desde o século XVIII, já se distribuíam cartas de sesmarias, como a concedida a Garcia Rodrigues Paes, em 1727, o que, certamente, fixou muitas pessoas nessas terras.[38]

De acordo com o estudo sobre o tráfico atlântico de escravos, realizado por Manolo Florentino, Minas Gerais se constituiu como um dos principais pontos de recebimento deles, a partir do porto do Rio de Janeiro, nos primeiros anos do século XIX. De acordo com o pesquisador,

> Com relação à distribuição terrestre de africanos entre a segunda metade da década de 1820 e a primeira da seguinte, Minas Gerais, com sua economia voltada para o abastecimento (isto é, com a predominância de camponeses donos de pequenos plantéis de cativos), aparecia como pólo de absorção de 40% a 60% dos escravos que saíam do Rio de Janeiro. [...] O desempenho da economia mineira a transformava em um dos grandes pólos de demanda por africanos desembarcados no porto do Rio [...].[39]

Havia ainda um outro elemento que marcava essa sociedade, qual seja o da definição de cores/qualidades dos indivíduos que ali habitavam. A Tabela 17 foi confeccionada a partir dos dados extraídos de um dos termos descritos na Lista, denominado pelo recenseador como "Qualidades". Nesse item, José Bastos Pinto arrolava todos os recenseados, designando-os como branco(a), africano(a), crioulo(a), pardo(a) e cabra, o que, para nós, seria uma mistura entre o que designamos como origem e cor.[40]

---

38 ESTEVES, Albino. *Álbum do Município de Juiz de Fora*. Belo Horizonte: Imprensa Oficial, 1915.

39 FLORENTINO, *op. cit.*, 1997, p. 38.

40 Sobre os significados e a classificação dos cativos por meio da cor são elucidativos os trabalhos de KARASCH, Mary C. *A vida dos escravos no Rio de Janeiro (1808-1850)*. São Paulo: Companhia das Letras, 2000; e LIMA, Ivana, *op. cit.*

Tabela 17. Condição social e cor da população do Distrito de Santo Antonio do Juiz de Fora, 1831

Cor / Condição social	Branco	%	Pardo	%	Cabra	%	Não consta	%	Total	%
Livre	259	100	293	77,5	-	-	14	1,8	566	39,8
Escravo	-	-	77	20,4	2	66,7	754	96,4	833	58,6
Liberto/forro	-	-	8	2,1	1	33,3	14	1,8	23	1,6
Total	259	100	378	100	3	100	782	100	1.422	100

Fonte: Mapas de população. Distrito de Santo Antonio do Juiz de Fora, Termo da Nobre e Muito Leal Vila de Barbacena, 1831. APM. Caixa 9; Documento 4.

Talvez essa miscelânea de "adjetivos" se tenha dado com o intuito de demarcar as ascendências dos indivíduos. O próprio nome "Qualidades" pode indicar que havia, por parte do recenseador, uma tentativa de agrupar aquelas pessoas, atribuindo a um ou outro grupo (livres, escravos e libertos/forros) características que os aproximavam ou os distanciavam de uma possível origem cativa. Portanto, essa designação estava vinculada à questão da ascendência africana do indivíduo. Como bem assinalou Ivana Stolze Lima,

> A variação dos designativos raciais e de identidade obedecia a práticas específicas. [...] a relação do Império com as cores de sua população oscilou segundo o olhar do recenseador, que foi constrangido por diferentes variáveis e situações, e está longe de ser um seguidor fiel das instruções.[41]

No Distrito de Santo Antonio do Juiz de Fora, o termo pardo designava tanto escravos como uma grande parcela dos livres. Temos a maioria dos livres pardos entre adultos e idosos, sendo alguns com uma idade bastante avançada. Talvez a melhor forma para fazer com que eles não se esquecessem de sua ascendência, bem como para alertar "a boa sociedade" de então, fosse atribuir-lhes a "Qualidade" pardo(a).

Havia um número reduzido de libertos nesse Distrito, e, ao mesmo tempo, um elevado percentual de pardos entre os livres. Teria havido uma tendência a silenciar a condição de "liberto" desses indivíduos? Uma hipótese que podemos levantar para esse alto número é que, na verdade, muitos deles eram, de fato, libertos. Isso é muito

41 LIMA, Ivana, *op. cit.*, p. 89-90.

provável, e talvez tenha ocorrido, pois o liberto carregava várias restrições, como o exercício de elegibilidade para cargos públicos, direitos políticos, dentre outras. A tendência seria a de que o liberto, à medida que se fosse distanciando da escravidão, passasse, cada vez mais, a adquirir vários direitos de um indivíduo livre. Ninguém ficaria lembrando a sua condição pretérita.

Outra conjectura que pode ser feita é que muitos desses pardos livres, na verdade libertos, vieram de outras regiões. Ao chegarem a essa nova área de fronteira, já com certo cabedal, podiam muito bem passar por homens de condição livre, o que lhes permitia abrir totalmente o seu futuro para qualquer possibilidade. Esses "desconhecidos" que chegavam não tinham necessariamente que se declarar como libertos. Podiam dizer-se livres, ainda mais se possuíssem, por exemplo, escravos e/ou pecúlio, ou seja, uma certa condição que lhes proporcionasse sustentar seu *status* de livre, mesmo que não o fossem. Se esse foi o caso, deviam guardar "na gaveta" suas cartas de alforria para se defenderem de qualquer tentativa de reescravização. Talvez tais hipóteses possam explicar o número muito baixo de libertos entre a população (1,6%) – a não ser que houvesse uma dinâmica costumeira de se passar de liberto para livre, o que é pouco provável.

Hebe Mattos argumentou que o termo "pardo" designava o indivíduo que tinha "a marca de sua ascendência africana – fosse mestiço ou não". Para Sheila de Castro Faria, esse termo geralmente se referia a filho de forros e, portanto, seria a primeira geração de descendentes de escravos nascidos livres. Ivana Stolze considerou que, na relação entre cor e condição social dos diferentes estratos da população,

> Os brancos estariam, nesse caso, explicitamente acima da inquirição sobre a condição. Ser branco já dispensaria dessa classificação. Por outro lado, entre "pardos" e "pretos" tornava-se importante distinguir quem era livre e quem era escravo, linha que se tornava cada vez mais tênue, à medida que avançava o século e a crise da escravidão. [...] o termo pardo parece por si só indicar o nascimento no país, o que não acontecia para o preto.[42]

---

42 MATTOS DE CASTRO, Hebe Maria. *Das cores do silêncio: os significados da liberdade no Sudeste escravista – Brasil, século XIX*. 2ª ed. Rio de Janeiro: Nova Fronteira, 1998, p. 29-30; FARIA, Sheila Siqueira de Castro. *A colônia em movimento: fortuna e família no cotidiano colonial*. Rio de Janeiro: Nova Fronteira, 1998; LIMA, Ivana, *op. cit.*, p. 99-123.

O percentual de escravos "sem cor" (não consta) era de 96,4%, e é de difícil explicação. Talvez o recenseador tenha achado que, por pertencerem à condição cativa, aqueles indivíduos não necessitassem de uma indicação da cor da pele, ou, mais provável ainda, ser cativo denotava uma única possibilidade de "cor" – talvez "preta" –, bastante conhecida por aquela sociedade e que não demandava maiores especificações. A descrição da "cor" talvez só ocorresse caso ela fosse indicativa de relações entre desiguais (livres e escravos), gerando um fruto que possuía atributos físicos diferentes do "padrão" dos escravizados da época. Talvez seja essa a explicação para os 77 escravos descritos como pardos (20,4%), para 2 escravos (66,7%), e para 1 liberto/forro (33,3%), indicado como cabra.

No momento de consolidação dessa localidade, enquanto importante centro produtor de café, o recenseamento nos permite perceber como estavam distribuídas as propriedades, bem como conhecer aqueles 118 chefes de domicílio recenseados[43] (Tabela 18).

Tabela 18. Distribuição dos fogos de acordo com o sexo e a cor dos chefes no Distrito de Santo Antonio do Juiz de Fora, 1831

Cor/ Sexo	Branco(a)	%	Pardo(a)*	%	Crioulo forro	%	Crioulo(a) livre	%	Total	%
Masculino	49	41,5	51	43,2	1	0,9	2	1,6	103	87,3
Feminino	4	3,4	10	8,5	-	-	1	0,9	15	12,7
Total	53	44,9	61	51,7	1	0,9	3	2,6	118	100

Fonte: Mapas de população. Distrito de Santo Antonio do Juiz de Fora, Termo da Nobre e Muito Leal Vila de Barbacena, 1831. APM. Caixa 9; Documento 4. *Não está incluso Manoel Veloso, pardo, de quarenta e dois anos, casado, roceiro, possuidor de um cativo, que dividia a mesma casa no fogo de número 59, com Silvanna Maria, parda, viúva, de quarenta e oito anos, também roceira. Como Silvanna foi a primeira a encabeçar o fogo, apenas ela foi computada.

A maioria dos 118 chefes dos fogos era composta por pessoas de cor parda, havia 61 indivíduos, sendo 51 homens e 10 mulheres (51,7%). Em seguida, temos os designados como brancos, totalizando 53 pessoas (44,9%), 49 homens e 4 mulheres. Logo a seguir, vinham os crioulos, que encabeçaram a chefia de quatro fogos, e foram descritos da seguinte maneira: 2 crioulos e 1 crioula livres (2,6%), e 1 crioulo forro (0,9%).

43 Os chefes são os primeiros indivíduos recenseados em cada fogo/domicílio.

Essa divisão dos domicílios, de acordo com a cor da primeira pessoa recenseada, parece evidenciar o comportamento descrito por Clotilde Paiva e Herbert Klein. Utilizando a mesma fonte para estudar o município urbano de Campanha, localizado no Sul de Minas, os autores apontaram que era comum, na Província oitocentista, maior número de pardos livres entre os habitantes, e um número menor dos designados como brancos.

> Enquanto no restante da província os brancos constituíam minoria, quase dois terços dos habitantes livres de Campanha eram registrados como brancos, cifra mais alta do que a vigente em Minas na década de 1830, onde menos da metade da população livre era branca.[44]

Os chefes dos fogos/domicílios, em sua maioria, eram homens, 103 indivíduos (87,3%), os outros 15 eram mulheres (12,7%). Os 67 escravistas[45] recenseados e constantes daquela lista eram, na maior parte, homens (83,8%), enquanto as mulheres, apenas 16,2%. De todos os escravistas, 70,1% eram casados, 19,4%, solteiros e 10,5% viúvos, sendo esses últimos 6 mulheres e apenas 1 homem. A média de idades dos escravistas, homens e mulheres, era de 45,1 anos, um pouco menor do que em Mogi das Cruzes (49,3) no início do século XIX, estudada por Jonas Rafael dos Santos.[46] Para os proprietários em geral essa média foi de 42 anos.

Saber a relação entre a idade dos proprietários e o tamanho de suas posses de escravos é importante, pois, como bem ressaltou Renato Leite Marcondes,

> O patrimônio alcançado pelos indivíduos relaciona-se com a idade dos mesmos, bem como a sua renda. Além de outros fatores, o estoque de ativos das pessoas varia de acordo com as diversas etapas de suas vidas. Esta correlação não corre, apenas, de forma direta entre as duas variáveis, pois em determinadas fases mostra-se positiva e, em outras, negativa.[47]

44 PAIVA, Clotilde A. & KLEIN, Herbert S. "Escravos e livres nas Minas Gerais do século XIX: Campanha em 1831". *Estudos Econômicos*, São Paulo, 22 (1), jan./abr. 1992, p. 134.

45 Consideramos como escravistas todos os possuidores de cativos, desta maneira, incluímos os 2 indivíduos listados no fogo 59.

46 SANTOS, *op. cit.*

47 MARCONDES, Renato Leite. *A arte de acumular na economia cafeeira: Vale do Paraíba, século XIX*. Lorena: Stiliano, 1998, p. 269.

Herbert Gutman, em estudos sobre a região do Caribe, desenvolveu uma relação entre a evolução da escravaria e a idade dos seus possuidores, na qual ganhou destaque a família escrava, cuja formação e reprodução natural estariam bastante marcadas pelo tempo de vida de seus senhores, num ciclo de destruição, construção e dispersão, que influenciaria a estabilidade dos laços familiares e de parentesco. Segundo Marcondes, a síntese do raciocínio desenvolvido por Gutman partia da seguinte argumentação:

> A formação do plantel ocorreria na juventude do escravista por meio de compras e doações recebidas. Na meia-idade do proprietário haveria a estabilização da força de trabalho e o crescimento das relações familiares, abrindo condições propícias para a reprodução natural no âmbito familiar. Ao final de sua vida, o escravista dispersaria a força de trabalho cativa, com doações, vendas e divisões do plantel rompendo os laços de parentesco, ou quando ocorresse sua morte se dividiriam os seus escravos.[48]

No Brasil, essa hipótese foi testada por alguns pesquisadores, como Alida Metcalf, José Flavio Motta e Iraci Del Nero da Costa, o qual, em estudo sobre o ciclo de vida e as posses de escravos, desenvolveu uma hipótese acerca da relação entre a média de cativos e as faixas de idade dos proprietários. De acordo com Iraci Costa,

> [...] a posse de escravos era pequena na faixa etária mais baixa (20 a 39 anos) porque os senhores estavam começando a sua vida produtiva; alta na faixa etária intermediária (40 a 69 anos), devido aos senhores atingirem o auge na sua vida produtiva; e baixa novamente a partir dos 70 anos, em função da morte dos senhores ou adiantamento de heranças ou dotes, que ocasionavam muitas vezes a repartição dos escravos entre os membros da família.[49]

Utilizando-nos dessa metodologia, podemos perceber que, no Distrito de Santo Antonio do Juiz de Fora, os proprietários entre 20 e 39 anos possuíam uma

48 *Ibidem*, p. 272.

49 COSTA, Iraci Del Nero. "Nota sobre ciclo de vida e posse de escravos". *História: Questões e Debates*, vol. 4, nº 6, jun. 1983, p. 121-127; MOTTA, José Flavio. *Corpos escravos, vontades livres: posse de cativos e família escrava em Bananal (1801-1829)*. São Paulo: Annablume/Fapesp, 1999; METCALF, Alida C. "Vida familiar dos escravos em São Paulo no século dezoito: o caso de Santana de Parnaíba". *Estudos Econômicos*, São Paulo, 17(2), maio/ago. 1987.

média em torno de 9,5 escravos, alcançando 14,3 entre os 40 e 69 anos, enquanto, a partir dos 70 anos ou mais, cai para 7,0 cativos por proprietário, evidenciando o mesmo ritmo exposto pelo pesquisador.

É preciso, porém, ter-se em consideração que essas faixas de idade são tendências bastante fluidas, pois podiam ocorrer vários mecanismos de acúmulo e perda de fortuna, principalmente no tocante ao capital empregado em escravos. A própria hipótese da repartição dos cativos por dote ou herança testamentária, concedidos pelos proprietários acima dos 70 anos, pode ocorrer em outras fases da vida de um chefe de família. Entretanto, cremos que, resguardadas as especificidades, essas faixas são de grande importância para o conhecimento da dinâmica do ciclo de vida dos senhores escravistas.

É interessante destacar que, quando aplicamos a teoria do ciclo de vida, desenvolvida por Iraci Costa, dentro das três faixas de tamanho das propriedades, notamos uma mudança daquele comportamento nas pequenas posses (1–19 cativos). Primeiramente, essa faixa incluía proprietários com as mais variadas idades, tendo os mais jovens 22 anos e o mais velho, 65. Os senhores, entre 20 e 39 anos, possuíam uma média de 3,9 cativos, enquanto os de idades intermediárias, entre 40 e 69 anos, contavam com uma média de 4,9, seguindo o padrão já indicado por Costa. Porém, aqueles com idade acima dos 70 anos, ao contrário do que se poderia esperar, apresentaram o maior número de escravos em suas posses, contavam com a maior média, 7,0; pouco menor do que a soma das duas outras faixas etárias entre os pequenos proprietários de cativos. Nossos números reforçam os padrões apresentados por Costa. Encontramos, em maioria, senhores com idades a partir dos 41 anos (tendo o mais idoso 66), ou seja, dentro daquelas faixas que o pesquisador considera como possuidoras da maior quantidade de escravos por proprietário. Entre os 10 proprietários médios, constatamos uma média de 33 (20 a 39 anos) e de 31,2 (40 a 69 anos) cativos. Já para os três grandes senhores, essas médias foram, respectivamente, 62 e 101 mancípios. As únicas exceções são 2 indivíduos, 1 em cada faixa etária, respectivamente, com 35 e 36 anos (Tabela 19).

Tabela 19. Tamanho da posse de escravos, sua origem e seu percentual, Distrito de Santo Antonio do Juiz de Fora, 1831

Posses com ou sem cativos/ Origem e número	Posses sem cativos		Pequena* (1-19 escravos)		Média (20-50 escravos)		Grande (+ de 51 escravos)		Total	
Número de fogos	51	43,2%	54	45,8%	10	8,5%	3	2,5%	118	100%
Africanos	-	-	147	58,1%	176	55,7%	150	56,9%	473	56,8%
Crioulos	-	-	94	37,2%	109	34,5%	78	29,5%	281	33,8%
Pardos	-	-	12	4,7%	29	9,1%	36	13,6%	77	9,2%
Cabras	-	-	-	-	2	0,7%	-	-	2	0,2%
Número de cativos	-	-	253	100%	316	100%	264	100%	833	100%

Fonte: Mapas de população. Distrito de Santo Antonio do Juiz de Fora, Termo da Nobre e Muito Leal Vila de Barbacena, 1831. APM. Caixa 9; Documento 4. *Os moradores do fogo 59 são contados apenas uma vez, mas seus cativos africanos estão contemplados na tabela, cada um contava à época com 1 escravo.

A definição da faixa de tamanho das posses é um critério que, às vezes, parece "arbitrário". No entanto, essa definição tem sempre de levar em consideração as regiões estudadas, bem como o tipo de economia nela desenvolvida. Para uma determinada localidade, um indivíduo podia ser considerado um grande proprietário, quando possuía 20 cativos ou até menos. Não é nosso intuito polemizar a respeito dessa questão. Contudo, cabe expor que, para a localidade que estudamos, e que começa, a partir da década de 30 do Oitocentos, a se constituir como um grande município cafeeiro, cremos serem pertinentes as três faixas de tamanho das posses – pequena (1-19 cativos), média (20–50) e grande (+50).

Os não proprietários de escravos encontraram-se presentes naquela lista. Podemos observar, na Tabela 19, que existiam muitos fogos que não contavam, naquela época, com qualquer tipo de mão de obra escrava, num total de 51 (43,2% do total); ao que parece, alguns eram ex-escravos ou seus descendentes. Chegamos a essa conclusão já que muitas daquelas pessoas foram designadas como pardos/pardas e, em alguns casos, como crioulos forros, crioulos livres e crioulos, indivíduos que, de alguma forma, conseguiram obter pecúlio, fixando-se naquele Distrito, contando com o trabalho familiar na tentativa de manter suas propriedades.[50]

50 Sobre a questão do trabalho familiar em pequenas propriedades que contavam principalmente com essa força de trabalho para sua manutenção, conferir, entre outros, MATTOS DE CASTRO, *op. cit.*, 1987; CARRARA, Angelo Alves. *Estruturas agrárias e capitalismo: ocupação do solo e*

> A falta de interesse ou a incapacidade de acumular impedia pelo menos uma parcela destes indivíduos de atingir a condição de escravistas. Por outro lado, a mão-de-obra familiar também contribuía para a possibilidade de manutenção de suas atividades sem a necessidade de recorrer à cativa.[51]

Esse deve ter sido o caso, por exemplo, de José Albino, pardo, livre, de 34 anos, casado com Francisca Antonia, também parda, 24 anos, e pai de Domingos pardo, 2 anos, recenseado no fogo de número 118, com a ocupação de roceiro. Podemos encontrar vários outros indivíduos com situação semelhante, como Silvestre Leite, pardo, casado, com 60 anos de idade e roceiro, ou Francisco da Silva Xavier, pardo, livre, 42 anos, moradores nos fogos 115 e 116, todos casados, residindo com suas esposas e filhos. Acreditamos que esse perfil possa ter se dado pelo fato de a região contar ainda com uma fronteira aberta, utilizando terras para produção de gêneros de consumo, e por estar se consolidando o cultivo da rubiácea naquela região, o que pode ter possibilitado a esses pequenos proprietários obterem e manterem suas posses, sem necessidade de investimento em mão de obra escrava.

> Deve ficar claro que a ocupação das áreas de fronteira é um componente essencial da persistência do sistema agrário. Essas áreas correspondem, ao nível de uma dada região, à função e ao papel desempenhados pelas áreas em matas no interior das unidades produtivas, e, portanto, vão concretizar a condição essencial de permanência do sistema nos limites dessa região. O fim da área de fronteira, vai corresponder, assim, à impossibilidade da região considerada continuar se fundamentando na agroexportação e nesta forma histórica de uso do solo.[52]

Todavia, cabe ressaltar que essa condição de não proprietários de escravos podia ser passageira, e muitas vezes o foi, representando, dessa forma, apenas um momento da vida daqueles indivíduos.

---

transformação do trabalho na Zona da Mata central de Minas Gerais (séculos XVIII e XIX). Ouro Preto: Editora Ufop, 1999.

51 MARCONDES, *op. cit.*, p. 290.

52 PIRES, *op. cit.*, p. 28.

As posses nas quais encontramos o maior número de fogos com escravos são as pequenas, entre 1–19 com 54 fogos (45,8% das posses). Eram 253 escravos, média de aproximadamente 4,7 por fogo. Muitos deles possuíam apenas 1; na verdade essa faixa variou entre proprietários com, no mínimo, 1 e, no máximo, 15 cativos. Parece ter havido uma disseminação com relação à posse de cativos entre aqueles senhores, que tinham a primazia no número de fogos com escravos, entretanto, essa superioridade não lhes possibilitou deter o maior número de cativos.

Esse último aspecto se deu na faixa intermediária, em que se concentravam os proprietários com 20–50 escravos. Eram apenas 10 proprietários, 8,5% do total dos fogos, com seus 316 cativos, o que lhes dava uma média de 31,6. O número de cativos dessa faixa oscilou entre 21 e 39.

Por fim, temos as grandes posses, de 51 cativos ou mais. Foram apenas 3 dos indivíduos recenseados (2,5%), e possuíam o segundo maior número, 264; entretanto, eram os que possuíam a maior média, 88, bem acima do que a soma das duas outras faixas. Francisco de Paula Villas Boas, lavrador e morador no fogo de número 3, Antonio João do Valle, fogo de número 18, com ocupação de fábrica de café e lavoura, e Antonio Dias Tostes, lavrador e maior proprietário de escravos entre os três, morador no fogo 102. Segundo o recenseamento, possuíam a maior concentração de cativos do Distrito de Santo Antonio do Juiz de Fora, no ano de 1831.

Podemos perceber que, independente do tamanho da posse, os africanos representaram a maioria dos escravos pertencentes àquelas faixas, respectivamente, 58,1%, 55,7% e 56,9%. Todavia, os crioulos constituíam nelas um percentual não desprezível, perfazendo, nas duas primeiras faixas, 37,2% e 34,5%, com ligeira queda na das grandes posses, em que perfizeram 29,5% do total de cativos. Os pardos, à medida que crescem as faixas de tamanho da posse, aumentam sua participação no total do contingente escravo (4,7% e 9,1%), nas duas primeiras, atingindo seu maior percentual na das grandes posses de cativos, representando 13,6% do total. Quanto aos cabras, apenas 2 (0,7%) se encontravam na faixa das posses médias.

Com o aumento no tamanho da escravaria, há uma diminuição na diferença entre africanos e nacionais,[53] com isso, na primeira faixa, ela é de 41 cativos, diminuindo para 36, na segunda e na terceira. Podemos considerar que, independente do

53 Os nacionais são a soma de crioulos, cabras e pardos.

tamanho da faixa de escravos, houve uma concentração na mão de obra escrava de origem africana, oriunda do tráfico internacional.

Como pudemos observar na Tabela 18, os pardos encabeçavam o maior número de fogos. Todavia, com relação à distribuição do tamanho das faixas das posses (Tabela 19) de acordo com o número de escravos, constatamos que, dos 51, 43,2% dos chefes que não contavam com esse tipo de mão de obra nos seus domicílios, 38 eram homens ou mulheres pardos(as), ou seja, 74,6%, seguidos por 10 homens brancos (19,7%.). Dentre os não possuidores de cativos, encontramos também 1 crioulo forro e 2 livres, correspondendo cada um a 1,9%.

Situação completamente oposta acontecia com outros 67 proprietários que também possuíam cativos (Tabela 19). A maioria deles era composta por 39 homens brancos (58,2% dos indivíduos), possuidores de mão de obra escrava. Logo a seguir, vinham os homens pardos, com um total de 18 pessoas (26,9%) (não está incluído o pardo do fogo 59). No que diz respeito às mulheres que encabeçaram fogos com escravos, é interessante notar que as pardas eram o dobro das brancas, sendo aquelas em número de 6 (9,0%) e essas, de 3 (4,4%). Havia, ainda, 1 crioula livre, perfazendo 1,5% do total de mulheres possuidoras de cativos.

Conseguimos, por meio dessa fonte, encontrar entre aquela população recenseada, 169 atividades descritas, o que equivale a 11,9% dos 1.422 indivíduos listados. A análise dessas ocupações demonstrou que a maioria dos indivíduos (77) se ocupava dos serviços da roça, sendo designados como roceiros. Depois, vêm os lavradores, 32, em seguida, podemos encontrar os derrubadores e os jornaleiros, respectivamente, 7 e 6 pessoas com essas ocupações, as costureiras eram 5 e os feitores também, sendo que, dentre esses, havia 1 cativo africano. Carpinteiros, ferreiros e tropeiros somavam, para cada grupo, 4 indivíduos. Existiam ainda 3 quitandeiras, 2 arreadores e 2 fiandeiras. O restante da população se distribuiu igualmente com 1 indivíduo vinculado às seguintes ocupações: fábrica de cana, engenho e lavoura, rancheiro, taverneiro, fábrica de café, arrendatário, lavrador e cirurgião, lavrador e sapateiro, caldeireiro, lavrador e tropeiro, mercador, administrador, capelão, caixeiro, parteira, estudante, carreiro e rendeira (Tabela 20).

Tabela 20. Ocupações, em ordem decrescente, dos recenseados no Distrito de Santo Antonio do Juiz de Fora, 1831

Sexo/Condição social	Homens			Mulheres			Total
Ocupação	Livre	Cativo	Liberto/ forro*	Livre	Cativa	Liberta/ forra	
Roceiro	67	-	2	8	-	-	77
Lavrador	31	-	-	1	-	-	32
Derrubador	7	-	-	-	-	-	7
Jornaleiro	5	-	1	-	-	-	6
Costureira	-	-	-	5	-	-	5
Feitor	4	1	-	-	-	-	5
Carpinteiro	1	-	3	-	-	-	4
Ferreiro	4	-	-	-	-	-	4
Tropeiro	4	-	-	-	-	-	4
Quitandeira	-	-	-	3	-	-	3
Arreador	2	-	-	-	-	-	2
Fiandeira	-	-	-	2	-	-	2
Fábrica de cana	1	-	-	-	-	-	1
Fábrica de café e lavoura	1	-	-	-	-	-	1
Rancheiro	1	-	-	-	-	-	1
Taverneiro	1	-	-	-	-	-	1
Fábrica de café	1	-	-	-	-	-	1
Arrendatário	1	-	-	-	-	-	1
Lavrador e cirurgião	1	-	-	-	-	-	1
Lavrador e sapateiro	1	-	-	-	-	-	1
Caldeireiro	1	-	-	-	-	-	1
Lavrador e Tropeiro	1	-	-	-	-	-	1
Mercador	1	-	-	-	-	-	1
Administrador	1	-	-	-	-	-	1
Capelão	1	-	-	-	-	-	1
Caixeiro	1	-	-	-	-	-	1
Parteira	-	-	-	-	-	1	1
Estudante	1	-	-	-	-	-	1
Carreiro	1	-	-	-	-	-	1
Rendeira	-	-	-	1	-	-	1
Total	141	1	6	20	-	1	169

Fonte: Mapas de população. Distrito de Santo Antonio do Juiz de Fora, Termo da Nobre e Muito Leal Vila de Barbacena, 1831. APM. Caixa 9; Documento 4. *Roceiros e carpinteiros são libertos e o jornaleiro é forro.

Segundo Arnaut e Paiva,

> Em alguns documentos, a ocupação é atividade de onde a pessoa retira a sua fonte de renda, não sendo especificada qual a sua função dentro daquela. Revela o setor da economia ao qual aquela pessoa pode ser vinculada, mais do que sua situação sócio-profissional [sic].[54]

Apenas uma proprietária não foi recenseada com sua ocupação. A grande maioria dos "cabeças" de fogos teve essa variável mencionada e era composta por roceiros(as), num total de 67 proprietários (encontram-se aqui os 2 indivíduos do fogo número 59). Logo a seguir, vêm os descritos como lavrador(a) (31), e, ainda, costureira, jornaleiro e derrubador, em número de 3 cada. Havia ainda 2 proprietárias recenseadas como quitandeiras e 2 ferreiros. As outras ocupações estão igualmente divididas, representando, cada uma 1 proprietário, e eram as seguintes: fábrica de cana, fábrica de café e lavoura, rancheiro, ferreiro e lavrador, taverneiro, fábrica de café, arrendatário, lavrador e cirurgião; lavrador e sapateiro, lavrador e tropeiro, arreador, caldeireiro e mercador.

Excetuando-se as ocupações de roceiro e lavrador, que abarcaram tanto homens quanto mulheres, todas as outras foram exclusivas de um ou outro sexo. As ocupações de costureira, quitandeira, fiandeira, parteira e rendeira foram exercidas por mulheres, que eram quase todas de condição social livre. O restante das ocupações foi exercido por homens livres, libertos/forros e 1 cativo. É interessante notar que todos os escravos, com exceção do africano José Maria, de quarenta anos, casado e com ocupação de feitor, pertencente ao Capitão Antonio Dias Tostes, não tiveram seu ofício descrito.[55]

Voltando à questão das ocupações descritas na Lista de 1831, a respeito da sua "omissão" quanto à ocupação dos cativos, Paiva e Arnaut trazem a hipótese de que, provavelmente, quem a elaborou entendeu que a ocupação do escravo dependia da

54 PAIVA & ARNAUT, *op. cit.*, p. 98.

55 Segundo Robert Slenes, "se de um modo geral, o feitor escravo necessariamente se situava entre dois mundos, o feitor africano do século XIX [principalmente na primeira metade] era uma pessoa especialmente liminar. Ao mesmo tempo em que seguia a estratégia de tornar-se cada vez mais 'ladino' aos olhos do senhor, o grande volume do tráfico combinava com as exigências de sua ocupação para obrigá-lo a renovar constantemente sua africanidade" (SLENES, *op. cit.*, 1991-92, p. 56).

vontade de seu proprietário, e não precisava ser indicada. Portanto, essa ausência não significa que os escravos estivessem ociosos, nem que não tivessem ofício.[56]

> Tendo em vista a enorme complexidade entre as situações de trabalho e outros aspectos da vida econômica e social, seria possível supor que ter uma ocupação determinada e reconhecida socialmente era alguma coisa que distinguia o indivíduo, tornava clara sua "identidade", diferenciando-o do grupo. Escravos e mulheres tinham por definição, implícito em suas condições individuais, o exercício de um leque de tarefas tais como serviço doméstico em geral, fiar e tecer, fazer o que lhe mandam etc., que podia não ser percebido pelo informante como algo distinto da sua própria condição. Arriscamos a dizer que poderia ser quase redundante afirmar que uma mulher exercia tarefas domésticas ou que um escravo fazia isto ou aquilo.[57]

A análise dessas ocupações nos permite vislumbrar o momento pelo qual passava aquela localidade. Qual era a atividade produtiva principal naquele distrito, nos idos de 1830? Pergunta difícil, se analisarmos apenas os dados do recenseamento, já que a maioria dos habitantes foi descrita como roceiros ou lavradores. Sem dúvida, essa designação permite a inclusão de vários tipos de cultivos, feita pelos recenseados. Acreditamos, entretanto, que o plantio do café já se fazia importante, junto com outros produtos, é claro. A descrição de duas fábricas de café deixa antever a possibilidade de que existia a necessidade, por parte daqueles produtores, de beneficiamento do produto, que poderia, até mesmo, atender aos outros moradores do distrito, que se ocupavam com o seu plantio.

É interessante também a designação dada a 3 chefes de domicílio e a 4 outros homens livres, descritos como "derrubadores", isto é, aqueles que são responsáveis pela derrubada e consequente abertura de espaços fechados, o que pode significar a existência de terras e matas virgens, demonstrando que havia a possibilidade de expansão de uma fronteira agrícola naquela região.

No que diz respeito à condição social, a maioria dos indivíduos era composta por escravos (833), seguida pelos livres (566). As pessoas de condição liberta/forra totalizaram 23. Os homens eram a maioria (849), 59,7% do total dos habitantes. As mulheres,

---

56 PAIVA & ARNAUT, *op. cit.*

57 *Ibidem*, p. 100.

em número de 573, representavam 40,3%. Nota-se que os homens constituíam maioria também entre os escravos e os livres, situação que se inverte ligeiramente entre os libertos/forros. Entretanto, é interessante notar que, entre os livres, houve bastante equilíbrio na diferença entre homens e mulheres, respectivamente, 51,4% e 48,6%. O mesmo aconteceu em relação aos libertos/forros, sendo que os do sexo masculino perfizeram 47,8% contra 52,2% de suas parceiras. Já os cativos eram quase o dobro das cativas, respectivamente, 65,7% e 34,3%. Essa diferença, como veremos, está relacionada com a escolha, por parte dos senhores, na aquisição de homens em idade produtiva, e parece indicar uma menor importância da reprodução natural, no aumento da população cativa naquela localidade, nos primeiros decênios do Oitocentos (Tabela 21).

Tabela 21. Percentual da população do Distrito de Santo Antonio do Juiz de Fora, segundo o sexo e a condição social, 1831*

Condição social/ Sexo	Escravos	%	Livres	%	Libertos/ Forros	%	Total	%
Masculino	547	65,7	291	51,4	11	47,8	849	59,7
Feminino	286	34,3	275	48,6	12	52,2	573	40,3
Total	833	100	566	100	23	100	1.422	100

Fonte: Mapas de população. Distrito de Santo Antonio do Juiz de Fora, Termo da Nobre e Muito Leal Vila de Barbacena, 1831. APM. Caixa 9; Documento 4.

A tabela nos permite afirmar que o Distrito de Santo Antonio do Juiz de Fora contava, àquela época, com um grande percentual de escravos – certamente a base do grande contingente de escravos encontrada pelos estudiosos da Província mineira do século XIX –, o que demonstra a importância, já naquela época, da localidade que viria a se constituir na maior possuidora de cativos no decorrer do século XIX. Para os livres, havia um equilíbrio na razão de masculinidade: 105,8. Os libertos/forros, por possuírem maior número de mulheres, tiveram uma razão de masculinidade de 91,7. Com relação aos escravos, notamos a clássica distribuição de quase dois homens para cada mulher, com uma razão de 191,3, o que novamente aponta para uma aquisição de mão de obra por meio do tráfico.

As análises da população cativa, segundo sua faixa etária, origem/cor e sexo (Tabela 22) demonstram que o distrito possuía um número considerável de crioulos e pardos na faixa de 1 a 14 anos. Eram 178 crianças, 77,0% do total, o que pode apontar para um processo de ampliação da população escrava por meio também do nascimento de crianças;[58] percentual nada desprezível, se notarmos que os escravos de origem crioula, naquela faixa, superam os de origem africana, perfazendo 59,7% contra 23,0%. Se a esses agregarmos os pardos (17,3%), a importância dos filhos de africanos ou de seus descendentes nascidos em terras brasileiras ganha ainda mais destaque. Certamente aqueles que foram descritos como africanos, entre 1 e 14 anos de idade, eram crianças oriundas do tráfico intercontinental, quiçá tenham chegado aqui junto com seus pais; se não o fossem, seriam descritas, por exemplo, como crioulas/pardas/mulatas.

Tabela 22. Percentual da população cativa do Distrito de Santo Antonio do Juiz de Fora, segundo a faixa etária, a origem/cor e o sexo, 1831*

Faixa etária/ Origem-cor-sexo		1-14 (crianças)	%	15-40 (jovens/ adultos)	%	41 + (idosos)	%	Total	%
Africano	Homens	39	16,9	305	57,4	30	42,2	473	56,8
	Mulheres	14	6,1	81	15,3	4	5,6		
Crioulo	Homens	62	26,8	53	10,0	16	22,5	281	33,8
	Mulheres	76	32,9	61	11,5	13	18,3		
Pardo	Homens	18	7,8	18	3,4	4	5,6	77	9,2
	Mulheres	22	9,5	13	2,4	2	2,9		
Cabra	Homens	-		-		2	2,9	2	0,2
Total		231	100	531	100	71	100	833	100

Fonte: Mapas de população. Distrito de Santo Antonio do Juiz de Fora, Termo da Nobre e muito leal Vila de Barbacena, 1831. APM. Caixa 9; Documento 4. *As listas trazem a indicação das condições (cativo, livre, liberto, forro); na maioria das vezes, a variável anterior, denominada "qualidades", indica se os cativos são africanos ou crioulos, entretanto, nessa mesma variável, o recenseador, por vezes, identifica "fulano de condição parda ou cabra, cativo", logo a seguir caracterizando-o como cativo no item "condições"; é por esse motivo que montamos a tabela de acordo com a origem/cor dos cativos. **Razão de africanidade é o número de africanos para cada 100 crioulos, nesse caso a razão se deu entre os africanos e os nacionais (crioulos, pardos e cabras).

Segundo Manolo Florentino e José Roberto Góes, era pequeno o número de escravos com menos de 10 anos de idade, desembarcados no mercado do Valongo, no Rio de Janeiro, na primeira metade do século XIX: 4,1%, percentagem bem próxima da verificada por Herbert Klein, que estudou o tráfico de Benguela e Luanda para o Rio de Janeiro, na segunda metade do século XVIII, encontrando um percentual de

58 Hipótese levantada para Minas Gerais, entre outros, por BOTELHO, *op. cit.*, 1994 e PAIVA & LIBBY, 1995.

5,2% do total dos cativos nos navios negreiros, com menos de 10 anos, as chamadas "crias de pé" e crias de peito.[59]

A percentagem dos crioulos e dos pardos permite vislumbrar que houve, naquele período, um acréscimo na população cativa da região, por meio também da reprodução natural. Claro que, para afirmamos que houve taxas de reprodução positivas, precisaríamos comparar o número de nascimentos *versus* o de óbitos. No entanto, a constatação do acima exposto é importante para o entendimento da manutenção e/ou da ampliação das escravarias. Segundo Florentino e Góes,

> Por outro lado, eram cerca de 16% os importados entre dez e 14 anos, o que fazia com que, no máximo, apenas um em cada cinco dos poucos escravos africanos que chamamos infantes (de zero a 14 anos) pudessem ter sido diretamente trazidos da África.[60]

Como seria de se esperar, a maior parte dos escravos se encontrava entre os jovens/adultos em idade produtiva, 15 a 40 anos, e possuía uma superioridade de cativos(as) africanos (72,7%), maior que a soma das percentagens dos crioulos(as) (21,5%) e pardos(as) (5,8%) nessa faixa de idade, ou seja, esses africanos, que eram a grande maioria do contingente cativo, haviam chegado ao território brasileiro via tráfico internacional. É preciso ressaltar que não há menção à procedência desses cativos, com exceção de Matheus Congo, solteiro, 25 anos, que habitava o fogo 107, e de José Congo, 70 anos, morador no fogo 68. Nota-se uma diminuição pequena no número de crioulos e pardos (homens e mulheres) entre as faixas das crianças e a dos adultos e um aumento brutal no número de africanos, novamente reforçando a hipótese de que o aumento da escravaria se deu por meio da importação de cativos, obviamente em idade produtiva.

O maior número de africanos na faixa dos idosos (47,8%) demonstra que, anteriormente, já havia uma predileção pelos escravos oriundos do tráfico internacional, que, apesar das agruras do cativeiro, conseguiram alcançar aquela faixa etária. Entretanto, encontra-se entre os idosos um número muito próximo de cativos de origem crioula, 40,8%, o que pode denotar (caso eles tenham nascido na dita localidade) incidência de reprodução natural. A porcentagem desses idosos, acima dos 41 anos, típica de uma

59 FLORENTINO, Manolo, & GÓES, José Roberto. *A paz das senzalas:* famílias escravas e tráfico atlântico, Rio de Janeiro, c. 1750 – c. 1850. Rio de Janeiro: Civilização Brasileira, 1997; KLEIN, *op. cit.*, 1987.

60 FLORENTINO & GÓES, *op. cit.*, p. 131-132.

população com baixas taxas de fecundidade e/ou altas taxas de imigração, é uma boa medida do desenvolvimento daquela economia. Talvez tenha havido, por parte daqueles proprietários, um cuidado mais racional de sua posse de cativos, independente de sua origem, o que não quer dizer que tenha havido um abrandamento na relação senhor/escravo, em que o primeiro continuava a ser o detentor das prerrogativas.

Paiva, Libby e Grimaldi dividiram os cativos das Listas Nominativas entre escravos nacionais e africanos. Consideraram como africanos os declarados como tal, e como negros, enquanto os nacionais eram os crioulos e todos os outros, mestiços. Posteriormente, em seu estudo sobre Montes Claros, Botelho utilizou o mesmo procedimento.[61]

Posto isso, a utilização da mesma metodologia nos permite tecer algumas considerações acerca de africanos e nacionais, apresentados na Tabela 22. No caso dos nacionais, encontramos uma população bastante equilibrada entre homens e mulheres, em todas as faixas etárias, inclusive com as crioulas, tendo pequena supremacia com relação aos crioulos, entre as crianças e os jovens/adultos, dando-se o contrário na dos idosos. Os pardos têm o sentido inverso: há, na faixa dos idosos e dos jovens adultos, ligeira maioria de homens com relação às mulheres, ocorrendo o oposto com as crianças. Os cabras encontravam-se apenas entre os idosos e eram homens. Percebe-se, então, uma significativa presença de mulheres e crianças entre os nacionais, principalmente na faixa etária entre 1-4 e 15-40 anos, o que indica um alto percentual de cativas nacionais em idade fecunda na população feminina da localidade.

Com base na tabela anterior, podemos conhecer a razão de masculinidade daqueles cativos. De modo geral, notamos que os africanos a tinham bastante concentrada, talvez um indicativo do desenvolvimento daquele distrito. Os nacionais contavam com um equilíbrio quase perfeito, o que, para alguns, poderia caracterizar a possibilidade de processos de reprodução natural entre eles. Os africanos possuíram razões de sexo das mais altas em todas as faixas, respectivamente, 278,6; 388,6 e 750, panorama que, mais uma vez, vem demonstrar a força de tal contingente na região em questão, e pode indicar, talvez, que mais mulheres receberam a alforria. Vale ressaltar que entre os idosos se encontra o menor contingente de escravos em números absolutos, 34 cativos, sendo 30 deles homens, o que explica a razão de 750. Crianças e jovens/adultos, apesar de apresentarem razões de sexo menores, concentram, do

61 PAIVA, Clotilde A.; LIBBY, Douglas Cole; GRIMALDI, Márcia. "Crescimento natural dos escravos: uma questão em aberto". In: *Anais do IV Seminário sobre a Economia Mineira*. Belo Horizonte: Cedeplar/Face/UFMG, p. 11-32; BOTELHO, *op. cit.*, 1998.

ponto de vista econômico e demográfico, os cativos mais aptos ao trabalho ou em vias de exercê-lo (Tabela 23). De acordo com José Flavio Motta,

> Se o predomínio crescente dos africanos patenteia a importância do tráfico externo de cativos, as cada vez maiores razões de masculinidade entre os escravos oriundos da África – sempre mais elevadas que as concernentes aos cativos nascidos no Brasil – atestam a preferência dada à importação de indivíduos do sexo masculino.[62]

Essas altas taxas de razão de masculinidade, encontradas na década de 30 do Oitocentos, vão-se ainda refletir na segunda metade do século XIX mineiro. Demonstram, segundo Paiva e Botelho, o movimento populacional anterior, sobretudo em duas regiões que seriam o Sul, devido ao abastecimento para a Corte, e a Zona da Mata, que vinha iniciando sua expansão por meio do cultivo do café. Para eles, "Mesmo na segunda metade do século, estas duas áreas continuam mostrando algum sinal de desequilíbrio nas Razões de Sexo o que pode ser o resultado da importação (intra e/ou interprovincial) no crescimento da escravaria".[63]

Tabela 23. Razão de masculinidade dos escravos africanos e nacionais, segundo a faixa etária, no Distrito de Santo Antonio do Juiz de Fora, 1831

Faixa etária/ Origem	1-14 (crianças)	15-40 (jovens/ adultos)	41 + (idosos)	Razão de masculinidade somadas todas as faixas
Africanos	278,6	388,6	750	387,6
Crioulos	81,6	86,9	123,1	87,3
Pardos	81,8	138,5	200	108,1
Cabras	-	-	-	-
Nacionais*	81,6	96	133,3	91,3

Fonte: Mapas de população. Distrito de Santo Antonio do Juiz de Fora, Termo da Nobre e Muito Leal Vila de Barbacena, 1831. APM. Caixa 9; Documento 4. *Os nacionais são a soma de crioulos, pardos e cabras, entretanto, os cabras não se incluem, pois localizamos apenas dois escravos do sexo masculino.

Cremos que, no caso dos africanos, tais razões de sexo só podem ser explicadas pela participação do tráfico de escravos em suas várias formas, seja ele intercontinental, interprovincial, intraprovincial ou local. Claro que, por se tratar de um

62 MOTTA, *op. cit.*, 1999, p. 140.

63 PAIVA & BOTELHO, *op. cit.*, 1995, p. 102.

período ímpar em relação às tentativas de supressão do tráfico transatlântico, podemos aventar a possibilidade de que a maioria era oriunda do continente africano e que, para a província mineira, chegaram por meio dos portos do Rio de Janeiro e/ou de Salvador.[64] A alta razão de masculinidade nas faixas etárias provavelmente refletia uma fonte de dependência anterior em relação ao tráfico negreiro e/ou à continuada preferência pela compra de homens adultos.

Quanto aos cativos nacionais, o cômputo geral demonstra que possuíram baixas razões de sexo, com exceção da faixa dos idosos com 133,3, ao que parece, pelos mesmos motivos ocorridos com relação aos africanos, embora a sua razão de masculinidade seja muito inferior à daqueles. Quando desagregamos esses cativos de acordo com a origem/cor, detectamos a mesma tendência, excetuando-se os pardos, encontrados na faixa dos jovens/adultos (138,5). Talvez esse fato possa demonstrar, ainda mais, a tendência de que os chefes de domicílio preferiram ter em suas propriedades jovens/adultos do sexo masculino.

Essa supremacia dos homens em relação às mulheres foi verificada por Vidal Luna, em estudo sobre algumas localidades da Província paulista. Com base em censos dos séculos XVIII e XIX, identificou diferenciações entre a razão de masculinidade dos escravos, em regiões mais ou menos voltadas para o mercado externo. Para Luna,

> Onde e quando mais fortemente se efetuavam os cultivos de "exportação" (principalmente café e cana-de-açúcar) ampliava-se o peso masculino. Inversamente, nas áreas de maior concentração de atividades típicas de "agricultura de subsistência" [...] ocorria maior equilíbrio quantitativo entre os sexos, embora raramente encontrássemos números próximos de 100 ou maioria feminina.[65]

---

64 Sobre os escravos oriundos do tráfico, via porto de Salvador, conferir RIBEIRO, Alexandre Vieira. *O tráfico atlântico de escravos e a praça mercantil de Salvador, c. 1680-c. 1830*. Dissertação (mestrado em História) – UFRJ, Rio de Janeiro, 2005.

65 LUNA, Francisco Vidal. "Casamento de escravos em São Paulo: 1776, 1804, 1829". In: NADALIN, S. O. & MARCÍLIO, M. L. (orgs.). *História e população, estudos sobre a América Latina: São Paulo*. São Paulo: Abep/IUSSP/Celade, 1990, p. 227. Essa mesma tendência foi observada, dentre outras, pelos estudos de Bacellar & Scott sobre as grandes escravarias paulistas entre 1798-1818. Para as vilas de abastecimento (Atibaia, Moji das Cruzes, Santana de Parnaíba, São Roque e Nazaré, situadas nas redondezas da cidade de São Paulo) as razões de masculinidade foram para os anos de 1798, 1808 e 1818, respectivamente, 91,3, 105,1 e 106,7. Já em Itu, região de agroexportação canavieira, localizada no chamado Oeste Paulista, nos mesmos anos, as razões de sexo foram de 177,5, 164,6 e 203,1 (BACELLAR & SCOTT, *op. cit.*, p. 214).

Ainda podemos supor que os altos índices de homens na distribuição dos cativos africanos em todas as faixas (Tabela 23) podem reforçar o argumento de que, há algum tempo, desde pelo menos a criação do "Caminho Novo", os moradores daquela povoação já revertiam seus recursos principalmente em escravos africanos do sexo masculino e em idade produtiva. Àquela época, a localidade constituía-se, como foi descrito por Antonil, de "roças, ranchos e vendas circundadas pelo rio Paraibuna".[66] No que diz respeito aos cativos nacionais, crioulos e pardos, podemos perceber, pelas razões expostas na faixa dos escravos entre 40 anos ou mais, que, provavelmente, houve, num determinado momento, predileção por escravos do sexo masculino, ou maior taxa de mortalidade das cativas. No caso dos crioulos, houve até uma supremacia das mulheres em relação aos homens. Os pardos, embora tenham reduzido a disparidade entre cativos e cativas, continuavam demonstrando maior presença masculina.

Segundo Rômulo Andrade,

> É importante reter que, quase um século antes das primeiras plantações de café, projetava-se uma economia de mantimentos mercantilizada de base escravista. [...] Enfatizamos que continuava havendo o estímulo às atividades econômicas na área de Juiz de Fora, podendo-se supor que forneceriam à lavoura cafeeira em formação, nas décadas iniciais do século XIX, um certo suporte de escravos e gêneros agropecuários. Dito de outra forma, dava-se seqüência ao processo de acumulação e expansão do processo social de produção escravista.[67]

O que fica exposto na Tabela 22 é que a população cativa, recenseada no ano de 1831, era composta, em sua maioria, de escravos na faixa produtiva para o trabalho, com um percentual grande de crianças entre 1 e 14 anos e um número não desprezível de idosos. A média de idade desses escravos, aqui inclusos africanos, crioulos, cabras e pardos, era de 22 anos, demonstrando o vigor da localidade, pois a coloca como uma economia possuidora de grande percentual de cativos em idade produtiva. A análise mais apurada dessa média, no interior dos grupos de cativos, demonstra que os crioulos possuíram uma média de idade em

---

66 ANTONIL, André João. *Cultura e opulência do Brasil*. 2ª ed. São Paulo: Companhia Editora Nacional, s/d.

67 ANDRADE, Rômulo, *op. cit.*, 1998, p. 183/184.

torno de 19,7 anos; os africanos, 26,6, enquanto os pardos, descritos como escravos, 18,6 anos. Isto corrobora a hipótese de que o distrito contava com um forte grupo de escravos em idade produtiva. A média aritmética é uma boa medida da magnitude dos dados expostos, entretanto, pode ser muito influenciada por valores extremos, para mais ou para menos.

Na Tabela 22, demonstramos que o Distrito de Santo Antonio do Juiz de Fora possuía um índice não desprezível de crianças e adultos escravos. São esses indivíduos que podem, de alguma forma, influenciar nossa amostra.[68] Pois bem, vamo-nos debruçar sobre a parcela da comunidade cativa, considerada por nós como pertencente à faixa de idade produtiva (15-40), para melhor visualizar essa variável.

Dos escravos pertencentes à referida faixa, encontramos a média de 26,2 anos. Há um decréscimo na idade dos africanos, que passa para 25,2, o que se pode explicar pela falta dos cativos com mais de 41 anos; lembremo-nos de que é entre os africanos que encontramos o maior percentual de idosos. Interessante é o acréscimo que se dá nas idades de crioulos (29,9) e pardos (25,7 anos). A explicação para isso se encontra no alto índice de crioulos e pardos com até 14 anos, que elevavam as médias de idade abaixo dos vinte anos. Percebe-se, de maneira geral, um aumento nas idades dos escravos, quando comparadas a todas as faixas etárias em relação às dos jovens, exceção feita para os africanos.

Apesar das altas razões de sexo, pudemos encontrar alguns homens e mulheres, casados ou viúvos, num total de 172 pessoas. A Tabela 24 permite visualizar que, à medida em que cresciam as faixas de tamanho das posses de escravos – pequenas, médias e grandes, houve também um aumento no número de casados, o que, já há algum tempo, vem sendo comprovado pela historiografia da escravidão.[69]

68 Essa ressalva foi feita também por Ann Malone, em seu estudo sobre a Louisiana. MALONE, Ann Patton. *Sweet chariot: slave family and household structure in nineteenth-century*. Louisiana: Chapel Hill & London, 1992.

69 Estudos pioneiros a esse respeito são os de: SLENES, Robert W. "Escravidão e família: padrões de casamento e estabilidade familiar numa comunidade escrava. Campinas, século XIX". *Estudos Econômicos*, São Paulo, vol. 17, nº 2, maio/ago. 1987; COSTA, Iraci del Nero da; SLENES, Robert W.; SCHWARTZ, Stuart B. "A família escrava em Lorena (1801)". *Estudos Econômicos*, São Paulo, vol. 17, nº 2, maio/ago. 1987.

Tabela 24. Estado conjugal dos cativos, segundo origem, sexo e tamanho da posse, no Distrito de Santo Antonio do Juiz de Fora, 1831

Tamanho das posses/ estado conjugal	Pequena* (1-19 escravos)				Média (20-50 escravos)				Grande (51- + escravos)				Total	
Sexo	C	%	V	%	C	%	V	%	C	%	V	%	C/V	%
Africanos	11	50,0	-	-	31	39,7	-	-	21	30,0	-	-	63	36,6
Africanas	4	18,2	-	-	16	20,5	-	-	15	21,4	-	-	35	20,3
Crioulos	1	4,6	-	-	5	6,4	-	-	9	12,9	-	-	15	8,8
Crioulas	6	27,2	-	-	19	24,4	1	50,0	16	22,9	-	-	42	24,4
Pardo	-	-	-	-	2	2,6	-	-	5	7,1	-	-	7	4,1
Parda	-	-	-	-	4	5,1	1	50,0	4	5,7	-	-	9	5,2
Cabra	-	-	-	-	1	1,3	-	-		-	-	-	1	0,6
Total	22	100	-	-	78	100	2	100	70	100	-	-	172	100
Homens casados	12	54,5	-	-	39	50,0	-	-	35	50,0	-	-	86	50,0
Mulheres casadas e viúvas	10	45,5	-	-	39	50,0	2	100,0	35	50,0	-	-	86	50,0
Total	22	100	-	-	78	100	2	100	70	100	-	-	172	100

Fonte: Mapas de população. Distrito de Santo Antonio do Juiz de Fora, Termo da Nobre e Muito Leal Vila de Barbacena, 1831. APM. Caixa 9; Documento 4.

Pois bem, analisando um pouco mais de perto a Tabela acima, podemos conhecer quais as origens dos cativos reconhecidos como casados. Foram nove as pequenas propriedades (1–19 escravos) com 22 pessoas casadas, sendo que, dos 12 homens, 11 eram africanos e 1, crioulo. As mulheres eram 4 africanas e 6 crioulas. Na faixa dos médios proprietários, podemos encontrar outros 9 fogos, com 78 escravos casados, sendo 31 africanos, 5 crioulos, 2 pardos e 1 cabra, enquanto entre as mulheres havia 16 africanas, 19 crioulas e 4 pardas; de 2 viúvas, 1 era crioula e a outra, parda. A faixa que abrigava a maior concentração de escravos por proprietário, ou seja, a das grandes posses, tinha em suas três fazendas, 70 escravos casados, 21 eram africanos, 9, crioulos e 5, pardos. Havia ainda 15 mulheres da África, 16 crioulas e 4 pardas.

Os homens e as mulheres africanos, somados, foram os que mais se casaram, 56,9%, seguidos por crioulos, pardos e cabras, respectivamente, 33,2%, 9,3% e 0,6%. A própria demografia do tráfico da localidade, que contava com maior percentual de cativos dessa origem, explica tal fato.[70] É interessante ressaltar que as mulheres que mais se casaram eram as crioulas, mais até do que os crioulos, em todas as faixas, 24,4% *versus* 8,8%. O mesmo ocorreu com as pardas, 5,2% e 4,1%. Podemos observar que as cativas "nacionais" foram as que mais reconheceram seus relacionamentos perante a Igreja Católica. Também parecem ter dominado o mercado matrimonial, pois foram 51 (29,6%), enquanto as africanas, num total de 35 mulheres, tiveram um percentual de 20,3%.

Mais uma vez a lógica econômica do tráfico de escravos nos pode ajudar a entender esse domínio das cativas nacionais como um todo, e das crioulas em específico, já que se procurava, sobretudo naquele período, principalmente a mão de obra escrava de origem africana e masculina. Novamente parece ter sido a importação de escravos que explica a dinâmica da propriedade cativa local, naquele período. Cremos que encontrar na segunda faixa o maior número de casados e também as duas viúvas se deva ao fato de ela contar com o maior número de escravos. Esse maior percentual entre casados africanos e pertencentes a médias e grandes escravarias se assemelha aos achados de Marcondes no vale do Paraíba (Lorena), onde o pesquisador percebeu que "a incidência de relações de parentesco e a presença de africanos entre os cativos ocorreu [sic] ocorreu com maior freqüência para os mais afortunados".[71]

É importante salientar que a grande maioria dos escravos foi descrita como solteira, o que talvez se possa ter dado pelas dificuldades de se encontrar, naquela região, um companheiro para casar. Porém – vale aqui uma ressalva –, parece que os cativos descritos como casados tiveram essa designação apontada por terem tido a oportunidade de levar seu relacionamento ao sacramento do matrimônio, ou seja, a fonte nos dá a conhecer apenas aqueles com relacionamentos sancionados pela Igreja. É possível que existissem outros escravos com algum tipo de relacionamento afetivo que não podemos conhecer, por não terem contraído núpcias perante a Igreja Católica, fato que levou o recenseador a descrevê-los como solteiros. O alto índice de crianças talvez seja um indicativo de que, possivelmente, havia naqueles fogos relacionamentos fortes e duradouros, mas o recenseador não os reconheceu,

70 Embora não tenha havido, por parte do recenseador, nenhuma referência aos casais, mas apenas aos cativos casados, vamos tentar, no próximo capítulo, por meio da análise dos fogos, tecer algumas considerações, capazes de serem pensadas, no que diz respeito à endogamia/exogamia dos possíveis casais, homens e mulheres.

71 MARCONDES, *op. cit.*, p. 184.

por eles não terem recebido as bênçãos matrimoniais ou até mesmo relacionamentos entre cativos de diferentes propriedades.

Foram 21 os fogos com escravos casados, 17,7% dos recenseados. Apenas em 2 deles, houve diferença entre o número de homens e mulheres casados, mas nunca superior a um indivíduo. Assim, no fogo de número 4, temos 6 homens casados e 5 mulheres, enquanto, no de número 113 encontramos 9 homens e 10 mulheres.

Podemos notar, até aqui, a patente superioridade do número de homens sobre o de mulheres (acima de 15 anos) durante todo o período, exceção feita aos crioulos, na segunda faixa, e também a maior presença dos africanos em relação aos crioulos, até a década de 1830, certamente reflexo das opções empreendidas pelos proprietários àquela época. Esses traços conformam aquilo que, segundo João Fragoso, "a grosso modo, poderíamos chamar de demografia da *plantation*. Nestes traços, nota-se a presença do tráfico internacional/interno de escravos e a preferência maior dos senhores em possuir escravos homens do que mulheres".[72]

Isso posto, pode demonstrar um dinamismo do tráfico de africanos para o Brasil e, em seguida, para a Província mineira, na primeira metade do século XIX. Claro que, por se tratar de um período no qual a localidade vinha passando por processos de consolidação de sua economia, baseada no café, poderíamos aventar a possibilidade de que esses proprietários, listados nos 118 fogos, fossem provenientes de outras regiões, como, por exemplo, a mineradora, ou seja, chegaram ali com algum dinheiro e parte de seus cativos, situação plausível. Contudo, cabe, mais uma vez, ressaltar que alguns dos indivíduos presentes no recenseamento já estavam assentados naquele distrito, nas suas imediações, ou, então, no termo da Vila de Barbacena, como o Capitão Antonio Dias Tostes.

A análise dos dados reforça o argumento de que, em Juiz de Fora, os proprietários tinham, em suas posses, uma maioria de escravos africanos e nacionais na faixa produtiva e com média de idades em torno dos 26 anos, demonstrando uma possível predileção por esse tipo de indivíduos. A média é coerente com um quadro de taxas de fecundidade, relativamente baixas, com imigração de adultos da África. Vale sublinhar que não podemos pressupor que a função dos "casamentos" – sacramentados ou não – fosse a reprodução, visto que os cativos podiam ou

72 FRAGOSO, João Luis Ribeiro & PTIZER, Renato Rocha. "Barões, homens livres pobres e escravos: notas sobre uma fonte múltipla – inventários *post mortem*". *Revista Arrabaldes*, ano 1, nº 2, set./dez. 1988, p. 43.

não se unir para ter filhos. Dessa forma, a formação das famílias talvez ocorresse independentemente da reprodução natural.

Esses africanos, muito provavelmente, deram origem a algumas das famílias fundadoras das senzalas no Sudeste brasileiro. A marcante presença africana pode ser percebida também em outras regiões em que a cafeicultura se fez presente, como foi o caso de Vassouras oitocentista, localidade muito semelhante à juizforana, no que diz respeito à sua estrutura econômica e demográfica. Naquele lugar, assim como em Juiz de Fora,

> [...] a presença africana foi marcante pelo menos até os primeiros anos da segunda metade da década de 1850. A partir de então, iniciou-se um momento de transição, no qual os africanos ainda desempenhavam um papel muito importante nas comunidades de senzala e nas relações sociais como um todo entre senhores e escravos, mas aumentava a importância dos crioulos. Somente, quase na metade da década de 1860, houve uma clara predominância de crioulos entre os plantéis.[73]

Foi esse grande contingente de cativos africanos, provenientes do tráfico internacional, que conformou a experiência daqueles cativos, experiência essa que teve continuidade com seus filhos crioulos, repercutindo nas suas práticas de casamento, compadrio e, sobretudo, na formação de suas famílias.

REPRODUÇÃO NATURAL E/OU TRÁFICO DE ESCRAVOS?

De acordo com os Livros de Registro de Batismo, que se encontram na Catedral e na Cúria Metropolitana de Juiz de Fora, o Capitão Antonio Dias Tostes levou ao batismo, entre os anos de 1818 e 1832, 10 cativos nascidos em suas posses, sendo 6 meninos e 4 meninas. Não encontramos sua primeira esposa, Dona Anna Maria do Sacramento, fazendo o mesmo. Porém, sua segunda esposa, Dona Guilhermina Celestina da Natividade, levou 1 escravo e 5 escravas ao batismo na década de 1850.

O Capitão Tostes, todavia, parece não se ter valido muito da reprodução natural de escravos para ampliar sua posse, já que, nas Listas de 1831, a maioria dos componentes de sua posse era proveniente da África e estavam na faixa acima dos quinze anos. Havia,

73 SALLES, *op. cit.*, p. 183.

como já dissemos, um número não desprezível de crianças (1 – 14 anos), que era, no ano do recenseamento, de 35. Pois bem, o conhecimento desses 10 nascimentos deixa antever que tal propriedade contou com muitas crianças cativas naquela faixa etária (20 ao todo), oriundas talvez do continente africano, quem sabe, trazidas para cá até com algum de seus pais. Essa hipótese parece reforçar ainda mais a percepção de que Antonio Dias Tostes procurava ampliar e manter sua posse por meio da compra de indivíduos provenientes do tráfico internacional, na primeira metade do século XIX.

Entre a Lista de 1831 e a partilha dos bens de D. Anna Maria do Sacramento, em 1837, houve um acréscimo no número de crianças, o que fica perceptível com os 14 recém-nascidos (menores de 1 ano) de que pudemos ver o registro, embora não a tenhamos encontrado levando nenhum ao batismo. Entretanto, parece que ela continuou contando com a compra de escravos, provenientes do tráfico, já que sua força de trabalho entre os jovens/adultos aumentou. Mesmo se considerarmos que a faixa das crianças – que, em 1831, era de 35 cativos e, em 1837, de 30 – tenha contribuído para esse aumento, ainda assim houve crescimento, em virtude da compra de africanos. Do ponto de vista da lógica senhorial dessa família, parece claro que a mão de obra cativa se tornou maior por importação.

De acordo com os passaportes e os despachos emitidos na primeira metade do Oitocentos, pela Intendência de Polícia da Corte, Tostes levou para Minas Gerais 96 escravos.[74] Em 24 de janeiro de 1829, comprou 22; no ano de 1830, foram outras três remessas, duas em janeiro e uma em abril, respectivamente, de 20, 20 e 34, todos escravos novos, conforme consta das fontes.[75] Sem dúvida, a família Tostes utilizou, como estratégia de manutenção e/ou ampliação de suas posses, o recurso do tráfico atlântico, por meio da compra na Corte; constituindo-se, conforme demonstrou Fabio W. Pinheiro, como uma das famílias da Mata Mineira que mais se utilizou desse tipo de reposição da mão de obra cativa. São palavras suas:

> Minas Gerais entre 1809 e 1830 foi o principal destino dos escravos, onde 40% das almas despachados do Rio de Janeiro se dirigiram para

74 Para um conhecimento a respeito dessa documentação, bem como das possibilidades e das "armadilhas" oriundas dessas fontes, conferir: "Alegrias e artimanhas de uma fonte seriada: despacho de escravos e passaportes da Intendência de Polícia da Corte, 1819-1833". In: *Seminário de História Quantitativa e Serial no Brasil: um balanço*. Ouro Preto, ANPUH-MG, 2001.

75 Respectivamente, Códice 421, vol. 21, p. 255v; Códice 424, vol. 4, p. 27; Códice 424, vol. 4, p. 28; Códice 424, vol. 4, p. 114. Arquivo Nacional (disponível no bando de dados do Ipea, em CD-ROM).

> este território, enquanto na província fluminense este índice foi de 36%. Mais do que isso, verificamos também que dos escravos remetidos 97,8% eram africanos novos, se mostrando, assim, como um precioso indício da forte vinculação entre o tráfico Atlântico e a economia mineira.[76]

O Comendador Francisco de Paula Lima levou ao sacramento do batismo, entre os anos de 1841 e 1862, 7 cativos. Nove anos se passaram e só mais tarde, precisamente em 1871, sua viúva levou 1 escravo para ser batizado. Os dados disponíveis mostram um certo incremento da comunidade cativa, sobretudo enquanto o Comendador estava vivo. No entanto, entre a sua morte, em 1865, e a de sua viúva, em 1877, esse aumento, se ocorreu, foi por meio de outras estratégias de manutenção e/ou ampliação de suas posses de cativos, já que, conforme expusemos, D. Francisca Benedicta de Miranda Lima levou apenas 1 escravo ao batismo. Talvez a explicação para tal hiato tenha ocorrido por dois motivos que, diga-se de passagem, podem não ser excludentes. Primeiro, pode ter havido nascimento de crianças no interior daquela propriedade, não tendo havido tempo de tais batismos serem lavrados nos Livros de Registro, devido à morte precoce daqueles infantes. Pode também ter acontecido um outro evento, qual seja, o batismo de crianças cativas pertencentes aos herdeiros, depois da partilha dos bens do Comendador, e, a partir de então, o pároco anotava como sendo eles os proprietários de tais inocentes. Outra hipótese diz respeito aos ingênuos nascidos pós- 1871, que, segundo a Lei do Ventre Livre, eram livres e, portanto, não teriam sido batizadas como pertencentes àqueles indivíduos.

Situação completamente diferente ocorreu com a propriedade do Capitão Manoel Ignácio Barbosa Lage. Entretanto, antes de entrarmos na análise de suas estratégias, é necessário que façamos algumas ressalvas a respeito desse senhor. Quando analisávamos os Livros de Registros Paroquiais de Batismo da Freguesia de Simão Pereira, deparamo-nos com o registro de vários cativos, cujo proprietário era Manoel Ignácio Barbosa ou, às vezes, Manoel Ignácio de Barbosa. Inicialmente, acreditamos que poderia ser um filho do Capitão Manoel Ignácio Barbosa Lage ou outro indivíduo qualquer, parente ou não dele. Porém, no decorrer do levantamento dos dados, mais e mais nos convencíamos de que era a mesma pessoa.

---

76 PINHEIRO, Fabio Wilson Amaral. *O tráfico atlântico de escravos na formação dos plantéis mineiros, Zona da Mata (c. 1809 – c. 1830)*. Dissertação (mestrado em História) – UFRJ, Rio de Janeiro, 2007, p. 148-149.

Isso ocorreu por vários motivos. Primeiro, porque todas as grafias diziam respeito a um indivíduo residente na Freguesia de Simão Pereira, local de moradia do Capitão Manoel Ignácio Barbosa Lage, o que pode ser comprovado nos autos de seu inventário. Posteriormente, conseguimos encontrar Manoel Ignácio Barbosa, levando filhos à pia batismal com sua esposa, D. Florisbella Francisca de Assis Barbosa, como foi o caso de seu filho Manoel Ignácio Barbosa Junior, batizado na Matriz de Nossa Senhora de Simão Pereira, filho legítimo do casal. A esposa tinha o mesmo nome do cônjuge do Capitão Manoel Ignácio de Barbosa Lage, inventariante de seu marido, chamada Dona Florisbella Francisca de Assis Barbosa Lage.

Ao que parece, o Capitão e sua esposa, em algum momento de sua história de vida, devem ter somado a seus nomes o sobrenome Lage, ou, quem sabe, esse sempre existiu e foi "esquecido" pelos responsáveis pela feitura dos assentos paroquiais. Essa última hipótese parece-nos mais plausível, pois, voltando ao inventário desse senhor, temos a oportunidade de saber que era filho legítimo do Furriel Domingos Antonio Barbosa Lage e de Dona Rosa Maria de Jesus. Aliás, no ano de 1830, Manoel Ignácio Barbosa, juntamente com sua esposa Florisbella Barbosa, levou sua filha legítima, de nome Maria, ao batismo, e o padrinho foi registrado como Domingos Antonio Lage, provavelmente, o furriel, pai do Capitão Manoel, que também teve parte de seu nome "esquecido". Outra hipótese que pode ser levantada é a de que, na verdade, a ausência do sobrenome "Lage" nunca foi esquecida. Manoel Ignácio Barbosa, ou Barbosa Lage, era um senhor importante naquela localidade, que, futuramente, viria a obter a patente de capitão, talvez pelo fato de ser tão conhecido e importante pudesse "prescindir" de seu sobrenome. Seu poderio econômico, político e financeiro deveria dispensá-lo, pelo menos naquela região, de seu nome e sobrenome.

Outra questão importante diz respeito ao desaparecimento do Capitão Manoel Ignácio de Barbosa Lage e das outras variações onomásticas, descritas justamente nos registros, após o mês de março de 1868. Lembremo-nos de que o Capitão faleceu no dia 3 do dito mês e ano. A partir de então, encontramos escravos sendo batizados pelos herdeiros do Capitão e por sua viúva, D. Florisbella. Esses aspectos podem-se caracterizar como indícios fortes de que tais variações diziam respeito à mesma pessoa. Consideramos, então, que o Capitão Manoel Ignácio Barbosa Lage foi nomeado de três formas diferentes. Portanto, reputamos todas as variações como sendo representativas de um mesmo indivíduo.

Assim, se nosso raciocínio, baseado em tais evidências, está correto, o Capitão Manoel Ignácio Barbosa Lage levou ao sacramento do batismo um impressionante número de crianças escravas. De acordo com os registros paroquiais de batismo, foram 62 inocentes, o que corresponderia a 52,5% do total de 118 cativos, descritos em seu inventário, caso todos ainda se encontrassem vivos e naquela posse. Existiu, ainda, 1 escravo adulto que foi levado à pia batismal. Talvez essas cifras possam representar o alto número de crioulos, descritos no inventário do Capitão (Tabela 14 – Capítulo 1).

Embora houvesse um alto percentual de cativos com origem não descrita, acreditamos que deviam ser escravos nascidos no Brasil. O impacto da reprodução natural pode ser reforçado na análise da Tabela 15 (Capítulo 1), na qual podemos notar que a propriedade possuía, entre os recém-nascidos e as crianças, um total de 33 escravos, todos eles crioulos, ou seja, mais da metade do número levado ao batismo. A mesma Tabela nos mostra 1 cativo do sexo masculino sem idade conhecida. Trata-se de Andalixto crioulo, filho de Prudência e Antonio Pedreiro, ou seja, mais um nascido naquela propriedade. Não seria impossível pensar que o restante dessas crianças estivesse, agora, entre os 57 jovens/adultos daquela posse. Vale destacar que as três variações do nome do Capitão Manoel iam levando escravos ao sacramento do batismo entre os anos de 1818 e 1868.

A partir dessa última data, encontramos 3 inocentes recebendo aquele sacramento católico, entre 1868 e 1870, constando como pertencentes aos herdeiros do Capitão Manoel Ignácio de Barbosa Lage. Entre 1869 e 1878, foram 8 descritos como pertencentes à viúva, Dona Florisbella Francisca de Assis Barbosa Lage. Quatro desses nasceram depois da Lei do Ventre Livre.

Como já dissemos, é impressionante o número de cativos levados ao sacramento do batismo por essa família. Somando-se todos, temos 73 crianças sendo batizadas. Parece que os Barbosa Lage utilizaram, em suas posses, processos de reprodução natural, causando um enorme impacto na manutenção e/ou na ampliação delas.

Conseguimos conhecer os pais e/ou as mães de 37 daquelas crianças. Muitos deles possuíam filhos crioulos, que devem ter nascido dentro da propriedade. Dessa maneira, podemos encontrar Antonio pedreiro e Prudência com seus 6 filhos: Nicolao crioulo e Theodora, com 5 crianças; Matheos de Nação e Clemência, com 4; Racheo de Nação e Minelvina parda: cada uma aparece com 3 filhos. Com 2 crianças descritas como seus filhos, encontramos ainda Catharina e Bartholomeo,

Fidelis de Nação e Margarida, [ininteligível] de Nação e Roza, Silvério de Nação e Juliana, e Joaquina de Nação. Os outros cativos aparecem registrados juntos, cada um com apenas um rebento mencionado. São eles: Adão de Nação e Flora, Jerônimo crioulo e Lusia, Bernardino de Nação e Maximiana, Felippe carioca e Custódia, Heliodoro e Delphina, e Lino de Nação e Constança. Se nossas hipóteses realmente estão corretas, parece que aquela posse contou com uma comunidade escrava bem enraizada e, quem sabe, baseada em relações de afetividade, amizade e solidariedade bastante fortes, com famílias preservadas, possibilitando àqueles indivíduos certa estabilidade.

A análise dos Livros de Notas e Escrituras Públicas permitiu-nos averiguar como se deu a manutenção e/ou a ampliação dos cativos daquelas famílias, bem como qual ou quais os sentidos do tráfico, os setores da economia que demandavam aquela mão de obra, além de dados, como sexo, origem, idade, preço dos cativos etc. Esse *corpus* documental foi de vital importância para o estudo do potencial escravista de uma determinada região e época.

Nesse aspecto, é interessante salientar que os Paula Lima foram os que mais se desfizeram de seus ativos em escravos. Os filhos do Comendador ao que parece, não foram bons administradores de seus bens. Encontramo-los levando muitos cativos à venda, inclusive, sob força de hipoteca e dívida. Nem o Comendador, nem sua esposa venderam escravos; ao contrário, utilizaram o recurso da compra ou da cobrança de dívidas para o incremento de suas posses. Adquiriram, respectivamente, 17 e 13 cativos, em sua maioria homens.

O Capitão Manoel Ignácio obteve 5 escravos e não se desfez de nenhum. Talvez esse pequeno número, comprado por ele se justifique pelo fato de poder contar, em sua propriedade, com o crescimento natural de escravos. Surpreendente é a aquisição de grande número deles por parte de seu filho, Dr. Antero José Lage Barboza, que obteve um total de 97, sendo 60 homens, 35 mulheres e 2, cujo registro do sexo não encontramos.

Nos Livros de Notas e Escrituras Públicas[77] que pesquisamos, entre os anos de 1857 e 1886, foram encontrados 627 cativos comercializados por aquelas três fa-

77 Foram pesquisados os Livros de Escrituras do Primeiro Ofício de Notas (1852-1889), inclusive os dos distritos pertencentes àquele município e também os do Segundo Tabelionato de Notas de Juiz de Fora (1856-1888). Cabe ressaltar que esses livros só trazem informações a partir da segunda metade do século XIX. Todos se encontram sob a guarda do AHJF.

mílias senhoriais, por meio de compra e venda, hipotecas, penhor, dívidas, doação e procuração[78] (Tabela 25).

Tabela 25. Sexo e faixa etária dos escravos que foram parte de algum tipo de transação comercial feita pelos Dias Tostes, pelos Paula Lima e pelos Barbosa Lage, em Juiz de Fora, 1857-1886

Sexo/ Faixa etária	Masculino	%	Feminino	%	Não consta	%	Total	%
Recém-nascido	1	0,2	1	0,4	-	-	2	0,3
1-14 anos	56	14,1	32	14,0	-	-	88	14,0
15-40 anos	237	59,9	139	60,4	1	100	377	60,1
41+ anos	61	15,4	17	7,4	-	-	78	12,5
Não Consta	41	10,4	41	17,8	-	-	82	13,1
Total	396	100	230	100	1	100	627	100

Fonte: Livros de Escritura Públicas, Compra e Venda de Escravos do Primeiro Ofício de Notas do AHJF; Segundo Tabelionato de Notas de Juiz de Fora.

Esses cativos eram, em sua maioria, do sexo masculino (396). Existiram ainda 230 escravas. De 1 cativo não foi possível saber o sexo. Mais uma vez, nota-se a preferência pelos escravos do sexo masculino nas transações comerciais ocorridas em Juiz de Fora. A soma dos cativos transacionados por aquelas famílias permite perceber que, de maneira geral, se continuava a dar preferência aos escravos entre 15-40 anos, fossem eles homens ou mulheres. Encontra-se também nessa faixa o cativo cujo sexo não pudemos conhecer. Seus valores percentuais foram, respectivamente, 59,9% e 60,4%. Apesar de haver maior percentagem em relação aos homens, as mulheres negociadas naquele período foram 139, enquanto os escravos somavam 237. É interessante verificar que as mulheres com idades conhecidas tiveram, na faixa entre 1-14 anos, a segunda maior percentagem, 14,0%. Pode ser que, no momento dessas transações, os compradores tenham preferido adquirir essas "meninas" com potencial reprodutivo maior do que as que tinham acima de 41 anos. Da mesma forma, esse potencial reprodutivo, que elevava o preço da escrava, pode ter levado aqueles que delas se desfizeram, por venda, dívida etc., a negociá-las mais do que as

78 Essas são as transações comerciais mais comuns; cabe ressaltar que, na maioria das vezes, elas vêm descritas de maneiras diversas, como, por exemplo, *Escritura de dívida obrigação e hipoteca especial, ou Escritura de doação como adiantamento de legítima etc.*

da faixa das idosas. Outra explicação residiria no fato de que essas mulheres, assim como os homens, trabalhavam no eito, o que pode ser comprovado por meio do conhecimento das ocupações desempenhadas por elas (Tabela 26).

Tabela 26. Ocupação dos escravos negociados pelos Dias Tostes, pelos Paula Lima e pelos Barbosa Lage, em Juiz de Fora, 1857-1886

Ocupações	Homens	%	Mulheres	%	Total	%
Roceiro	16	30,8	11	29,0	27	30,0
Serviço da lavoura	17	32,7	6	15,7	23	25,6
Serviço da roça	11	21,1	3	7,9	14	15,5
Serviço doméstico	-	-	9	23,6	9	10,0
Alfaiate	3	5,8	-	-	3	3,4
Cozinheira	-	-	3	7,9	3	3,4
Copeiro	2	3,8	-	-	2	2,2
Costureira	-	-	2	5,3	2	2,2
Fiandeira	-	-	2	5,3	2	2,2
Lavadeira	-	-	2	5,3	2	2,2
Pedreiro	2	3,8	-	-	2	2,2
Ferreiro	1	2,0	-	-	1	1,1
Total	52	100	38	100	90	100

Fonte: Livros de Escritura Públicas, Compra e Venda de Escravos do Primeiro Ofício de Notas do AHJF; Segundo Tabelionato de Notas de Juiz de Fora.

No que diz respeito às ocupações dos escravos negociados, para a maioria não havia essa informação. Seriam escravos sem "habilidade"? Talvez sim. Todavia, deviam, na verdade, ser cativos do "trabalho da roça/lavoura" que cultivavam o café e, portanto, não era necessário ter seu ofício descrito. Entretanto, para aqueles que foi possível conhecer essa variável, a maioria foi descrita como "roceiro" e a "serviço da lavoura", seguida por aqueles designados como do "serviço da roça".

Embora a amostragem seja restrita, por essas designações podemos perceber que a localidade ainda parecia estar vinculada às atividades agrícolas. Com certeza, ligadas ao seu produto principal de exportação – café – e, para tanto, visava à aquisição de mão de obra em idade produtiva e que pudesse ser utilizada na lavoura cafeeira. Essas três categorias de ocupação incluíam 64 indivíduos, 71,1% de todos os escravos com ofício mencionado. A diferença entre roceiro e serviço de lavoura está ligada à atividade produtiva desempenhada, associada a algum produto de exportação, melhor dizendo, a alguma atividade ligada à terra, que permitia altos lucros, como, por exemplo, o café. Já o ofício de roceiro vinculava-se às atividades mais relacionadas à lavoura de alimentos, já que se tratava daquele "que faz e planta roçados, comumente de mandioca, e legumes; e difere do lavrador de canas, tabaco, algodão anil".[79]

De acordo com Rômulo Andrade, na segunda metade do século XIX, houve, naquela localidade, que, segundo ele, se expandia tanto na área urbana quanto na rural, maior utilização de cativos, oriundos do tráfico interno, nos serviços do campo. Nessas transações,

> Os cativos negociados eram, em sua maioria, jovens: 83 por cento tinha idade inferior a 35 anos. Portanto, o que se queria deles, era principalmente a plena capacidade produtiva. As ocupações que exerciam nem sempre eram determinantes na hora da efetivação dos negócios, pois 40 por cento dos registros sequer mencionam essa informação, talvez porque o direcionamento maior dessa mão-de-obra fosse a lavoura de café. De qualquer forma, o leque de atividades exercidas pelos cativos era múltiplo: lavradores/roceiros eram os mais freqüentes, seguidos pelos empregados em serviços domésticos e cozinheiros. Os restantes se dividiam entre ofícios mais especializados, havendo, mesmo aqueles destinados a "qualquer trabalho".[80]

Outra ocupação genérica muito citada foi o "serviço doméstico", com 9 cativas. Se considerarmos que alfaiate, cozinheira, copeiro, costureira, fiandeira e lavadeira eram atividades ligadas ao serviço doméstico, esse tipo de trabalho aumenta bastante, atingindo um percentual de 25,6%. Outros trabalhadores especializados, como pedreiro e ferreiro (3,3%), também foram encontrados entre os cativos. É interessante notar a divisão entre as ocupações exercidas por homens e mulheres escravos. Com exceção das ligadas à roça ou à lavoura, que abrigavam ambos, as demais eram desempenhadas por um ou outro sexo, havendo destaque para as mulheres. Dezoito delas exerceram algum tipo de ocupação que não foi descrita para os homens. O inverso ocorreu com 8 homens.

---

79 SILVA, Antonio de Moraes. *Dicionário da Língua Portuguesa*. 6ª ed. Lisboa: Typ. De Antonio Jose da Rocha, 1858, p. 264 e 745.

80 ANDRADE, Rômulo, *op. cit.*, 1995, p. 90. O autor ressaltou ainda a importância do aluguel de escravos, sobretudo pelas mulheres que exerciam tarefas relacionados aos serviços domésticos (mucamas, cozinheiras etc.), embora os cativos do serviço do eito também fossem alugados principalmente na época da colheita.

Apenas 87 escravos, que foram alvo de trocas, vendas, dívidas, penhor, tiveram seu valor descrito. Os preços variaram entre os vinte e cinco mil réis (25$000), como foi avaliado Pedro, crioulo de 2 meses de idade, vendido ao genro de Antonio Dias Tostes, o senhor Manoel Vidal Lage Barbosa. Dois contos e quinhentos mil réis (2:500$000) foram pagos por Marcelino Dias Tostes a Francisco Araújo Lopes, morador no Pará, na Província de Minas Gerais, por cada um dos seguintes cativos: Joaquim Nunes, preto, solteiro, de 40 anos, com ofício de pedreiro; Joaquim Bernardo, preto, também solteiro, de 32 anos de idade, descrito como roceiro, e por Manoel preto, solteiro de 32 anos. Embora o número de cativos com o valor descrito seja pequeno, cabe tentar uma aproximação mesmo que superficial acerca dos preços praticados pelos envolvidos nessas transações, que tiveram, como objeto de variados intercursos, a mão de obra escrava (Tabela 27).

Tabela 27. Preços médios dos escravos em geral e segundo o sexo, dos Dias Tostes, dos Paula Lima e dos Barbosa Lage, Juiz de Fora, 1857-1886

Sexo	Número de escravos	Preço médio (em réis)
Homens	51	1:376$000
Mulheres	36	1:043$000
Homens e mulheres	87	1:239$000

Fonte: Livros de Escritura Públicas, Compra e Venda de Escravos do Primeiro Ofício de Notas do AHJF; Segundo Tabelionato de Notas de Juiz de Fora.

A média dos preços dos cativos, homens e mulheres, era de um conto duzentos e trinta e nove mil réis (1:239$000). Os homens tiveram preços médios superiores ao das mulheres, respectivamente, um conto trezentos e setenta e seis mil réis (1:376$000) e um conto quarenta e três mil réis (1:043$000), cifras abaixo das encontradas por José Flavio Motta, em Constituição (Piracicaba-São Paulo), nas décadas de 1860 e 1870. Segundo o pesquisador: "Houve, pois, um comportamento distinto dos preços médios reais de homens e mulheres ao longo do tempo. De fato, as escravas sofreram contínua desvalorização".[81] Infelizmente, não foi possível proceder como Motta, e tentar acompanhar a variação na média dos preços dos escravos jovens/adultos, entre quinze e quarenta anos. A fonte, muitas vezes, não especifica o preço dos cativos e/ou suas idades, o

81 MOTTA, José Flavio. "Escravos daqui, dali e de mais além: o tráfico interno de cativos em Constituição (Piracicaba), 1861-1880". *Revista Brasileira de História*, São Paulo, vol. 26, nº 52, 2006, p. 41.

que nos impediu de perceber variações nesses preços, ao longo da segunda metade do século XIX. Se tivéssemos tido esta oportunidade, talvez pudéssemos comprovar a tese de Slenes, de que:

> [...] se os cativos, via de regra, eram já mais caros no Sudeste cafeeiro nos anos de 1858 e 1859, eles passaram a ser, na maior parte dos casos, significativamente ainda mais caros em fins do decênio de 1870 e em inícios da década de 1880. Para tanto contribuíram a dinâmica diferenciada das atividades de exportação nas distintas províncias e as secas sofridas pelo Nordeste entre 1877 e 1880.[82]

A informação sobre os escravos permitiu-nos perceber que a maioria era composta por mão de obra do sexo masculino, independente da origem que lhes era atribuída. Entre aqueles com origem conhecida sobressaíram-se os crioulos, num total de 137 (77,4%), logo em seguida vieram os descritos como africanos, com 40 cativos (22,6%). Quando visualizamos a distribuição das ascendências de acordo com o sexo, encontramos entre os homens: 90 crioulos e 47 crioulas, (respectivamente, 74,4% e 83,9%). Trinta e um homens (25,6%) e 9 mulheres (16,1%) eram africanos. Essa estrutura não causa estranheza, por se tratar de um período no qual o tráfico de cativos, provenientes da África, se havia fechado, consequentemente, alterando as feições do escravismo, no que diz respeito à origem dos indivíduos comercializados (Tabela 28).

Tabela 28. Sexo e origem dos escravos que fizeram parte de algum tipo de transação comercial, Juiz de Fora, 1857-1886

Sexo/ Origem	Masculino	%	Feminino	%	Total	%
Crioulo	90	74,4	47	83,9	137	77,4
Africano	31	25,6	9	16,1	40	22,6
Total	121	100	56	100	177	100

Fonte: Livros de Escritura Públicas, Compra e Venda de Escravos do Primeiro Ofício de Notas do AHJF; Segundo Tabelionato de Notas de Juiz de Fora.

Como foi exposto na Tabela 25 e reforçado nas Tabelas seguintes, os homens foram a maioria dos cativos comercializados naquele período. Por meio do

82 SLENES, *op. cit.*, 1976, p. 183.

conhecimento das províncias, onde foram matriculados, pudemos estabelecer quais suas procedências. Isso nos possibilitou também averiguar qual a nova "modalidade" de tráfico de que se valeram os Dias Tostes, os Paula Lima e os Barbosa Lage na manutenção/ampliação de suas posses. Embora os escravos tenham sido alvo de vários tipos de comércio, seja por compra e venda, troca, penhor etc., foi por meio do tráfico que a maioria deles passou a fazer parte da propriedade de seus senhores. Só posteriormente foram alvo das ditas transações.

Ao analisarmos a Tabela 29 abaixo, podemos averiguar que aqueles senhores envolvidos em algum tipo de comércio utilizaram principalmente o tráfico intraprovincial para a aquisição de sua mão de obra. Segundo Sidney Chalhoub, "A experiência desses escravos, arrancados de suas distantes províncias de origem e negociados no sudeste, geralmente para fazendas de café, pode ser melhor contextualizada no quadro mais amplo do tráfico interprovincial na segunda metade do século XIX".[83] Martins constatou que

> O fim do tráfico internacional desencadeou transferências interprovinciais de escravos de proporções sem precedentes. Com o fechamento da fonte africana, as diferentes condições econômicas das diversas regiões do País necessariamente provocariam a realocação do estoque existente.[84]

Foram 274 escravos oriundos da própria Província mineira; uma maioria esmagadora, que perfaz a percentagem de 83,2%, maior que a soma de todas as outras procedências conhecidas, cifras que se repetiram com relação ao sexo. Todos os homens e mulheres com procedência conhecida (respectivamente, 79,9% e 89,1%) eram oriundos de Minas Gerais. Os cativos provenientes do tráfico interprovincial perfizeram um total de 49 (15,0%). Dentre eles, com exceção dos provenientes de Pernambuco e Goiás, as outras províncias mantiveram a tendência de contribuir com mais homens do que mulheres. Havia ainda os de procedência africana. Eram 6, 5 homens e 1 mulher, que, *a priori*, provieram do tráfico intercontinental e, mais uma vez, foram alvo de algum tipo de transação comercial (1,8%). Essa supremacia masculina, uma vez mais, parece demonstrar que a localidade ainda vivenciava um período de desenvolvimento baseado na *plantation* do café, que ainda necessitava dos

83 CHALHOUB, Sidney. *Visões da liberdade: uma história das últimas décadas da escravidão na corte.* São Paulo: Companhia das Letras, 1990, p. 43.

84 MARTINS, *op. cit.*, 1983, p. 190.

trabalhadores escravos, sobretudo do sexo masculino. Como bem lembrou Motta, esses escravos "constituir-se-iam nas 'peças' preferidas no comércio de cativos, sejam os importados da África, sejam os oriundos do tráfico interno".[85]

Tabela 29. Sexo dos cativos comprados e vendidos pelos Dias Tostes, pelos Paula Lima e pelos Barbosa Lage, de acordo com a procedência e a província onde foram matriculados, Juiz de Fora, 1857-1886

Sexo/ Província-procedência		Masculino	%	Feminino	%	Total	%
Sudeste	Minas Gerais	167	79,9	107	89,1	274	83,2
	Rio de Janeiro	7	3,3	1	0,9	8	2,4
	Espírito Santo	3	1,5	-	-	3	1,0
Nordeste	Ceará	10	4,8	2	1,6	12	3,6
	Bahia	10	4,8	2	1,6	12	3,6
	Alagoas	3	1,5	1	0,9	4	1,3
	Pernambuco	1	0,5	3	2,5	4	1,3
	Piauí	-	-	1	0,9	1	0,3
	Paraíba do Norte	1	0,5	-	-	1	0,3
	Paraíba	1	0,5	-	-	1	0,3
	Maranhão	1	0,5	-	-	1	0,3
Centro-Oeste	Goiás	-	-	2	1,6	2	0,6
África	Cabinda	2	0,9	-	-	2	0,6
	Congo	2	0,9	-	-	2	0,6
	Rebolo	1	0,5	-	-	1	0,3
	Benguela	-	-	1	0,9	1	0,3
Total		209	100	120	100	329	100

Fonte: Livros de Escritura Públicas, Compra e Venda de Escravos do Primeiro Ofício de Notas do AHJF; Segundo Tabelionato de Notas de Juiz de Fora.

Os cativos, vindos de outras partes do Império, variaram entre no mínimo 1 e no máximo 12. Pois bem, se os agruparmos por regiões, excetuando-se a Província de Minas Gerais, percebemos que a maioria era proveniente do Nordeste brasileiro, 12 do Ceará, e o mesmo número da Bahia, de Alagoas e Pernambuco, cada um com 4, enquanto as Províncias do Piauí, da Paraíba do Norte, da Paraíba e do Maranhão participaram com 1 escravo cada, totalizando, então, 36. O segundo maior contingente foi proveniente da

85 MOTTA, *op. cit.*, 1999, p. 299.

região Sudeste: do Rio de Janeiro e do Espírito Santo, respectivamente, 8 e 3. Por fim, temos 2 indivíduos provenientes de Goiás, que se localiza no Centro-Oeste. Fica exposto que, embora não fossem a maioria, havia a aquisição de cativos oriundos da região Nordeste. Muito provavelmente, houve uma conjunção de fatores, como sugere Slenes. O primeiro teria sido a própria dinâmica das regiões exportadoras de café do Centro-Sul, que continuavam a demandar mão de obra em suas lavouras, e que, agora, só poderia ser adquirida por meio do tráfico nacional. O segundo teria sido a crise enfrentada pelos proprietários de cativos do Nordeste brasileiro, principalmente com a seca que assolou aquela região na segunda metade do século XIX.[86]

Cláudio Heleno Machado, em seu estudo sobre a mesma localidade, valendo-se da análise de farta documentação, afirma que

> O tráfico interprovincial [...] teve tanta significação que em Juiz de Fora encontravam-se escravos procedentes, praticamente, de todo o território nacional, pelo menos onde havia mão-de-obra cativa que pudesse ser transferida. [...] Destacam-se nas transferências para Juiz de Fora, nesta modalidade do tráfico interno, as regiões do Nordeste e o próprio Centro-Sul: 61,57 e 33,21%, respectivamente. Embora com parcelas ínfimas, as regiões Oeste e Sul do país também contribuíram com transferências de escravos para Juiz de Fora: 3,36 e 1,86% do total apurado por este estudo, também respectivamente.[87]

A análise mais detida da província/procedência permite observar quais as localidades (cidade, vila, distrito etc.) em que foram matriculados os cativos. Conseguimos

---

86 Sobre os problemas enfrentados pelo Nordeste e o aumento do fluxo de cativos daquela região com destino às de produção cafeeira, conferir, entre outros, CONRAD, Robert. *Os últimos anos da escravatura no Brasil – 1850-1888*. Rio de Janeiro: Civilização Brasileira, 1978. Segundo Peter Eisenberg, "O tráfico interprovincial chegou ao auge na década de 1870 em virtude das severas secas nordestinas que forçaram a liquidação dos ativos fixos, como os escravos. O total de escravos embarcados para o sul, após 1876, foi tão elevado que as províncias compradoras – Rio de Janeiro, São Paulo e Minas Gerais – impuseram elevados tributos à importação de escravos, em 1880 e 1881. [...] Os tributos acabaram com o tráfico interprovincial de escravos" (EISENBERG, Peter. *Modernização sem mudança: a indústria açucareira em Pernambuco, 1840-1910*. Rio de Janeiro: Paz e Terra; Campinas: Editora da Unicamp, 1977, p. 175-177).

87 MACHADO, Cláudio Heleno. *Tráfico interno de escravos estabelecidos na direção de um município da região cafeeira de Minas Gerais: Juiz de Fora, na Zona da Mata (segunda metade do século XIX)*. Monografia (Curso de especialização em História do Brasil) – UFJF, Juiz de Fora, 1998, p. 66.

conhecer esse aspecto para 321 deles (51,2%), que fizeram parte das transações comerciais envolvendo os Dias Tostes, os Paula Lima e os Barbosa Lage, entre 1857 e 1886.

Dos 49 escravos provenientes do tráfico interprovincial, foi possível saber o local de matrícula de 46. Do Nordeste vieram 32, a maioria proveniente do Ceará. Foram 12 os negociados dessa província, 3 matriculados em Maranguape e outros 2 em Ipui; para outros 4 não foi possível saber o local da matrícula.[88] Existiu ainda 1 cativo descrito apenas como matriculado no Ceará. Os 2 restantes se distribuíram igualmente entre Lavras e Sobral. O segundo maior contingente negociado por aquelas famílias era proveniente da Bahia, totalizando 9 indivíduos: Santo Antonio da Barra forneceu 3, Campo Largo, 2, e Maragogipe, Remanso, Carinhanha e Feira de Santana, 1 escravo cada; para os outros 3 não conseguimos obter essa informação. A Província de Pernambuco forneceu 2 escravos, matriculados no Recife, 1 em Limoeiro e outro em Oiricury. Quatro províncias nordestinas negociaram escravos em Juiz de Fora. Alagoas forneceu 4 cativos, divididos entre Afonso, Maceió, Paulo Affonso e Santo Antonio. O Maranhão contou com 1 indivíduo matriculado na alfândega dessa província. O Piauí contou com o mesmo número de escravos, matriculados em Valença, assim como o matriculado em Souza, na Parahyba do Norte.

O Sudeste – ou o Centro-Sul – participou com 11 escravos, distribuídos entre a Corte e as Províncias do Rio de Janeiro e do Espírito Santo. A primeira teve 7 matriculados. A segunda negociou 1 escravo oriundo de Campos e a terceira, outros 3, vindos de Serra. Por fim, encontramos 2 matriculados em Catalão, Goiás. Existiu ainda mais 1, cuja província ou local de matrícula esta ininteligível.

Robert Slenes, em estudo sobre o tráfico interno de escravos, detectou que o número de traficados para o centro-sul do Brasil, entre meados dos anos de 1850 e 1881, em transferências inter-regionais, esteve por volta de 222.500 indivíduos, uma média de 7.200 por ano, para todo aquele período.[89]

Como já pudemos observar anteriormente, a grande maioria dos cativos que foi alvo de algum tipo de transação comercial, segundo as fontes, estava matriculada na Província mineira e, nesse aspecto, algumas considerações são interessantes (Tabela 30).

---

88 Para 2 desses 4 cativos só conseguimos saber parte do nome do local (Joa?).

89 SLENES, *op. cit.*, 2005, p. 331. Richard Graham percebeu que o tráfico interno de escravos e os escravos tiveram importante papel no fim da abolição (GRAHAM, Richard. "Another middle passage? The internal slave trade in Brazil". In: JOHNSON, Walter (org.). *Domestic passages: internal slave trades in the Americas, 1808-1888*. New Haven: Yale University Press, 2005).

Tabela 30. Localidade da matrícula dos cativos dos Dias Tostes, dos Paula Lima e dos Barbosa Lage, oriundos do tráfico intraprovincial e local, Juiz de Fora, 1857-1886

Tipo de tráfico (intraprovincial/local*) Regiões/municípios	Número de cativos negociados	%
Zona da Mata		
Mar de Hespanha	6	2,2
Ponte Nova	4	1,5
Juiz de Fora	213	77,8
Subtotal	223	81,5
Jequitinhonha Mucuri-Doce		
Grão Mogol	6	2,2
Diamantina	5	1,9
Arrasuahy	4	1,5
Minas Novas	2	0,7
Subtotal	17	6,3
Metalúrgica Mantiqueira		
Abaeté	3	1.1
Queluz	3	1,1
Arassandy	1	0,3
Barbacena	2	0,8
Sete Lagoas	3	1,1
Sabará	2	0,8
Santa Luzia	1	0,3
Subtotal	15	5,5
Oeste		
Pará	10	3,6
Tamanduá	1	0,3
Subtotal	11	3,9
Alto Paranaíba		
Araxá	5	1,9
Subtotal	5	1,9
São Francisco Montes-Claros		
Januária	1	0,3
Montes Claros da Formiga	1	0,3
Subtotal	2	0,6
Sul		
Pouso Alegre	1	0,3
Subtotal	1	0,3
Total de escravos negociados	274	100%

Fonte: Livros de Escritura Públicas, Compra e Venda de Escravos do Primeiro Ofício de Notas do AHJF; Segundo Tabelionato de Notas de Juiz de Fora. *O tráfico local é aquele que ocorre dentro dos limites do município de Juiz de Fora. Optamos por deixá-lo junto à região, Zona da Mata.

Por meio da Tabela acima, podemos perceber que, dos 274 cativos provenientes da própria Província mineira, cuja procedência foi possível conhecer, 61 (22,3%) eram oriundos do tráfico intraprovincial (entre Juiz de Fora e outros municípios mineiros), os outros 213 (77,7%), do tráfico local interno, dentro dos limites do município de Juiz de Fora.

Fica patente a preferência dos envolvidos naquelas transações, em primeiro lugar, por escravos oriundos do próprio município e, em seguida, por aqueles vindos das demais regiões mineiras. Essa mesma constatação foi feita por Cláudio Heleno Machado. O pesquisador concluiu que os escravos negociados pelos senhores, na mesma localidade, eram oriundos do tráfico local, intraprovincial e, por último, do interprovincial.

Ainda de acordo com a Tabela 30 e tomando por base os modelos expostos por Roberto Martins e Douglas Libby, em que eles estabeleceram uma divisão dos distritos mineiros de acordo com a distribuição da propriedade de escravos, é possível perceber que localidades vinham perdendo cativos para a Zona da Mata Mineira e, em específico, para o município de Juiz de Fora. Essa mesma tendência foi percebida por Garavazo, em seu já citado estudo sobre Batatais. Naquela região, verificou-se o caráter local do comércio de escravos, sobretudo pelo conhecimento do lugar de moradia de compradores, vendedores e também dos procuradores, bem como por meio do conhecimento da naturalidade dos cativos e dos ingênuos transacionados.

> Verificou-se que 88,4% das pessoas que compraram cativos e ingênuos e 80,9% daquelas que venderam residam em Batatais (na cidade ou no termo). Em apenas quarenta transações (12,5% do total) o vendedor foi representado por um procurador, número que se igualou a tão somente trinta e dois (10,0%) no caso dos compradores. E, ainda mais, verificou-se que sessenta e um, destes setenta e dois procuradores, moravam em Batatais.

Os escravos negociados dentro dos limites mineiros eram de quase todas as regiões, com exceção do Triângulo e de Paracatu. Muitos deles vinham de áreas onde não havia concentração de algum produto que pudesse ser responsável pela manutenção ou, até mesmo, pela ampliação de suas posses de escravos, regiões que, em sua maioria, se caracterizavam pela pequena propriedade, mais sujeita às oscilações do mercado.

Essa parece ser a explicação para o número de cativos das regiões de Jequitinhona e Mucuri-Doce (6,3%). O mesmo raciocínio vale para São Francisco – Montes Claros contribuiu com 0,6%. As regiões Metalúrgica Mantiqueira (5,5%), Oeste (3,9%), Alto Paranaíba (1,9%) e Sul (0,3%) devem ter contribuído para o incremento da mão de obra escrava, também pelos mesmos motivos (Mapa 1).

Mapa 1. Porcentagem dos cativos pertencentes aos Dias Tostes, aos Paula Lima e aos Barbosa Lage, oriundos do tráfico intraprovincial e local, segundo a região, Juiz de Fora, 1857-1886

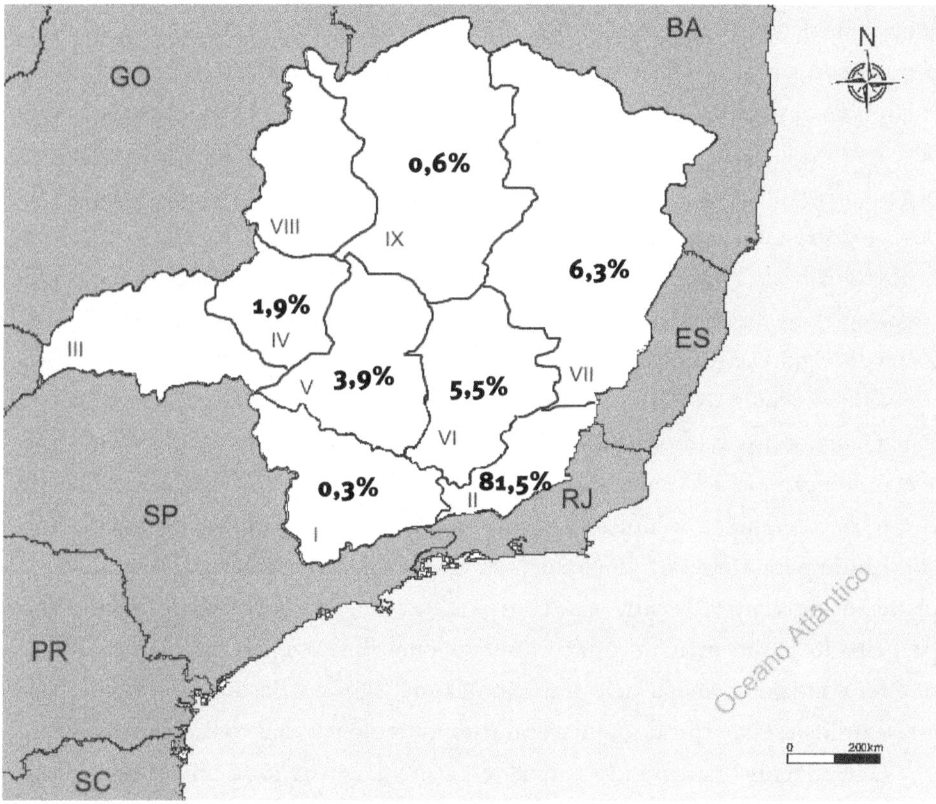

Fonte: Elaborado pelo Prof. Dr. Luiz Fernando Saraiva (UFF) a partir de LIBBY, *op. cit.*, 1988. I Sul; II Mata; III Triângulo; IV Alto Parnaíba; V Oeste; VI Metalúrgica-Mantiqueira; VII Jequitinhonha-Mucuri-Doce; VIII Paracatu e IX São Francisco-Montes Claros.

Num primeiro momento, o número de cativos negociado com a Zona da Mata causa estranheza, já que essa seria a região possuidora do maior contingente deles, devido à alta concentração das posses e também porque, àquela época, tinha um produto importante que demandava força de trabalho e, portanto, estaria sendo recebedora e não distribuidora de escravos. A Tabela 30 nos permite conhecer as duas localidades da Mata Mineira que negociaram cativos com aquelas famílias que lá habitavam. Cabe, neste momento, ressaltar que Mar de Hespanha e Ponte Nova eram muito diferentes, do ponto de vista econômico e demográfico.

Mar de Hespanha, localizada na Zona da Mata Sul, foi, durante todo o período, um importante centro cafeicultor, e seria de se esperar que estivesse ganhando e não perdendo cativos. Em uma análise mais detida a respeito dos tipos de negócios que geraram aquela transferência, podemos averiguar que, dos 6 indivíduos negociados, apenas 1 o foi por meio de compra e venda; os outros 5 eram oriundos de uma escritura pública de dívida, obrigação e hipoteca. Ou seja, quase a totalidade deles só foi comercializada porque deve ter havido, por parte de seu proprietário, quem sabe, um mau gerenciamento dos negócios. Dessa forma, a transferência se deu por motivos outros, que não a incapacidade da região em manter seus cativos.[90] Já Ponte Nova se enquadraria no que chamamos de Zona da Mata Norte, compunha a parte mais pobre daquela região, com características completamente diferentes das outras duas. Pensamos que esses contrastes, dentro da Zona da Mata, explicam esse perfil dos escravos negociados por tal área.

O que pudemos vislumbrar, até aqui, é que as famílias dos Dias Tostes, dos Paula Lima e dos Barbosa Lage se valeram de processos diferenciados em relação à manutenção e/ou à ampliação de suas posses de escravos, mesmo porque atravessaram diferentes conjunturas, com peculiaridades distintas, o que, certamente, contribuiu para a diversidade de suas estratégias. As duas primeiras fizeram uso de processos de compra de cativos no comércio interno, embora os Dias Tostes tenham participado muito mais do tráfico internacional. Entretanto, tudo indica que essa não foi a atitude tomada pelo Capitão Manoel Ignácio Barbosa Lage, que parece ter-se utilizado da reprodução natural para incrementar seu contingente cativo.

Talvez tenha contribuído para as especificidades de cada um deles o instante de formação das suas propriedades, ou seja, o momento anterior ou posterior ao fim do tráfico, que levou a um rearranjo no que diz respeito à aquisição e à relação com

---

90 Segundo Cláudio Heleno Machado, os municípios da Mata foram muito menos afetados por transferências de cativos para Juiz de Fora, pois a região concentrava os principais municípios cafeeiros da província, sendo responsáveis também por importantes concentrações de mão de obra escrava (MACHADO, Claúdio, *op. cit.*).

a mão de obra cativa. De acordo com Isabel Reis, em estudo sobre a família negra na Bahia, entre os anos de 1850 e 1888,

> Não há divergências sobre o fato de que depois da supressão do comércio transatlântico de escravizados, os proprietários brasileiros ficaram mais atentos no sentido de preservar os cativos e seus descendentes. Há uma propensão a se acreditar que principalmente a partir da lei de 1850, se verificou até mesmo um maior incentivo aos casamentos e à procriação entre eles.[91]

Cabe ressaltar que o aumento do contingente cativo desses senhores, por meio das várias modalidades de tráfico, bem como da reprodução natural, se fez presente em suas propriedades. O que acima concluímos diz respeito à principal prática utilizada por eles e, de maneira alguma, ignoram-se as possibilidades da ocorrência daqueles dois processos (reprodução natural e tráfico), que poderiam possibilitar a manutenção e/ou a ampliação do número de escravos.

Conclui-se que as duas opções para o aumento do número de cativos – reprodução natural e tráfico de escravos – parecem não ter sido excludentes na referida localidade, mas complementares. A opção por uma ou outra dependeu, sobremaneira, do período de formação das posses, da maior ou menor proximidade do tráfico transatlântico e também do raciocínio econômico empreendido pelos senhores na busca pelo melhor "modelo" para a manutenção e/ou a ampliação de suas propriedades.

De qualquer maneira, predominou muito a importação de escravos como modo de reprodução/ampliação da mão de obra. O Capitão Lage foi um exemplo entre os grandes possuidores de escravos, que parece ter utilizado a reprodução natural, e, mesmo entre eles, é caso único. Entre pequenos e médios proprietários – em que parecia haver menos estabilidade da comunidade escrava – deveria ser maior ainda a importância da importação de cativos.

---

91 REIS, Isabel Cristina Ferreira dos. *A família negra no tempo da escravidão: Bahia, 1850-1888.* Tese (doutorado em História) – Unicamp, Campinas, 2007, p. 43.

CAPÍTULO III

Famílias escravas na Zona da Mata Mineira

FAMÍLIA ESCRAVA E CASAMENTO: HERANÇA AFRICANA REELABORADA

A herança africana sem dúvida fez parte da experiência que os cativos tiveram em sua condição escrava.[1] José Roberto Góes afirmou que ninguém pode negar que a forçada imigração africana para o Brasil foi marcante na nossa formação e conformou muitas das nossas características. Argumentou que

1 O tema da cultura e das identidades africanas no além-mar é bastante controverso. Um debate que está no cerne das discussões historiográficas no Brasil e em outros países diz respeito a quanto a diáspora e as perspectivas do sistema escravista serviram como rupturas da cultura ou, para alguns, do modo de ser dos africanos. Outro aspecto diz respeito a quais foram as heranças culturais que os africanos mantiveram na formação/recriação de suas identidades no Novo Mundo. Houve uma quebra no tocante às suas experiências precedentes? Quanto essas experiências foram importantes deste e do outro lado do Atlântico? Sua cultura manteve-se intacta ou, pelo contrário, foi transformada/reelaborada por eles? Existem autores que enfatizam a noção de que os africanos vindos para a América trouxeram consigo sua cultura, que foi transplantada em terras "novas", e há ainda os que acreditam que a diáspora africana foi tão danosa que lhes destruiu qualquer resquício de cultura, se é que um dia a possuíram. Sobre essas questões conferir entre outros: MINTZ, Sidney & PRICE, Richard. *O nascimento da cultura afro-americana: uma perspectiva antropológica*. Rio de Janeiro: Pallas/Universidade Candido Mendes, 2003; THORNTON, John K. *A África e os africanos na formação do mundo atlântico, 1400-1800*. Rio de Janeiro: Elsevier, 2004; SLENES, Robert W. *Na senzala uma flor: esperanças e recordações na formação da família escrava – Brasil sudeste, século XIX*. Rio de Janeiro: Nova Fronteira, 1999.; MATTOS DE CASTRO, Hebe Maria. *Das cores do silêncio: os significados da liberdade no Sudeste escravista – Brasil, século XIX*. Rio de Janeiro: Nova Fronteira, 1998; SLENES, Robert. "*Malungu, Ngoma* vem!: África coberta e descoberta do Brasil". *Revista USP*, nº 12, dez. 1991/jan.-fev. 1992.

o estudo da escravidão não pode perder de vista tal aspecto, pois esse grande contingente populacional escravo, proveniente do tráfico internacional, nos deu "a sua cor".[2] Para ele,

> Em outras palavras, o ser escravo africano no Brasil deve ter importado na vivência de situações radicalmente (e dolorosamente) particulares por parte dos cativos. Este é um dado elementar sem cuja adequada consideração a compreensão de aspectos essenciais da escravidão estará comprometida. As alternativas que o cativeiro propunha a esses escravos bem como as soluções que puderam encontrar estiveram visceralmente marcadas por sua condição de cativos estrangeiros.[3]

Trazidos de "suas terras" de origem, compartilhando o mesmo navio negreiro que os levaria até a sua nova morada, começavam ali, senão anteriormente, a ser delineados os traços culturais que iriam levar grupos, até então "dispersos" entre si, a compor as bases da comunidade africana e afro-brasileira.[4]

De acordo com Slenes,

> Embora a maioria dos antropólogos tenham insistido, durante o século XIX e boa parte do atual, que a unidade da África Central e Austral era apenas lingüística (fato, aliás, que as diferenças institucionais e os conflitos étnicos entre os povos bantu em seu continente de origem pareciam confirmar), há razões para pensar que representantes desses povos, quando misturados e transportados ao Brasil, não demoraram muito em perceber a existência entre si de elos culturais mais profundos.[5]

---

2 GÓES, José Roberto. *O cativeiro imperfeito: um estudo sobre a escravidão no Rio de Janeiro na primeira metade do século XIX*. Vitória: Lineart, 1993, p. 34.

3 *Ibidem*, p. 34. José Roberto Góes oferece ao longo do livro, utilizando-se de viajantes, uma "visão" acerca da "enxurrada" de cativos que chegavam ao Rio de Janeiro da primeira metade do XIX.

4 Para uma análise criteriosa acerca da herança africana e uma crítica sobre o grau de distanciamento dos grupos etno-linguísticos centro-africanos, conferir SLENES, *op. cit.*, 1991-1992. Vários são os trabalhos sobre a história da África; dentre outros, podemos citar os de LOVEJOY, Paul. *Transformations in slavery: a history of slavery in Africa*. Cambridge: Cambridge University Press, 1983; THORNTON, *op. cit.* Para conhecimento a respeito de uma bibliografia sobre a África, ver SLENES, *op. cit.*, 1999.

5 SLENES, *op. cit.*, 1991-92, p. 49.

Mantendo seus padrões culturais ou reelaborando, em terras brasileiras, os traços que lhes permitiam pertencer a uma identidade africana, não há dúvidas de que a experiência dos cativos, e seu legado cultural influenciaram fortemente as comunidades escravas, seja no interior das fazendas e dos sítios, na área rural ou na urbana, no Nordeste ou no Sudeste brasileiro. Os traços de suas heranças, constantemente renovados pelo tráfico, se fizeram sentir cotidianamente. Isso ocorreu por meio do casamento, das práticas de nomeação e de apadrinhamento dos filhos, de sua religiosidade, das lutas contra a opressão senhorial e de tantas outras atitudes tomadas por eles na busca pela conquista de um espaço de autonomia, mesmo que restrito, dentro do sistema escravista. Como bem assinalou Ira Berlin em estudo sobre as gerações do cativeiro nos Estados Unidos,

> [...] os proprietários de escravos circunscreviam rigidamente as vidas das pessoas escravizadas, mas nunca as definiram plenamente. A história dos escravos – como toda a história humana – foi feita não apenas pelo que se fez a eles mas também pelo que eles próprios fizeram por si.[6]

Encontrando-se no Brasil, os vários povos de origem africana "teriam reconhecido uma gramática de parentesco em comum, centrada no conceito de linhagem, muito embora viessem alguns de povos matrilineares e outros de grupos patrilineares ou bilaterais".[7]

Baseando-se nas observações do antropólogo Igor Kopytoff, Robert Slenes demonstrou que as "raízes" africanas não eram concebidas num determinado espaço geográfico e sim em seu grupo de parentesco, nos ancestrais e em uma memória genealógica, pois "os africanos levam seus ancestrais consigo quando mudam de lugar, não importando onde esses estejam enterrados".[8] Seu livro procurou demonstrar que os africanos trazidos ao Brasil, apesar das penosas condições e da separação a que foram expostos, teriam buscado, na medida do possível, organizar suas vidas "de acordo com a gramática (profunda) da família-linhagem". Tal como nos diz Slenes,

---

6 BERLIN, Ira. *Gerações de cativeiro*. Rio de Janeiro: Record, 2006, p. 16.

7 SLENES, *op. cit.*, 1991-92, p. 58.

8 *Idem, op. cit.*, 1999, p. 147.

> [...] podemos supor que os africanos trazidos ao sudeste do Brasil, apesar da separação radical de suas sociedades de origem teriam lutado com uma determinação ferrenha para organizar suas vidas, na medida do possível, de acordo com a gramática (profunda) da família – linhagem. Encontrando, ou forjando, condições mínimas para manter grupos estáveis no tempo, sua tendência teria sido de empenhar-se na formação de novas famílias conjugais, famílias extensas e grupos de parentesco ancorados no tempo.[9]

Para o pesquisador, o encontro da cultura africana com a afro-brasileira dos escravos, que foi mediada por suas experiências no cativeiro, torna visível a "flor" que não teria sido vista, ou entendida, pelos viajantes que estiveram no Brasil do século XIX. Muito menos por seus leitores, que perpetuaram na historiografia brasileira, até pelo menos a década de 1970, o caráter anômico da família escrava. Conforme Slenes,

> [...], se os escravos não eram seres anômicos, triturados até na alma pelo engenho do cativeiro, se tinham uma herança cultural própria e instituições, mesmo que imperfeitas, para a transmissão e recriação dessa herança, então o fato de que provinham de etnias africanas específicas torna-se importante.[10]

A família escrava foi de vital importância para a vida cotidiana de seus membros. Por meio dela, tiveram a oportunidade de manter e redefinir suas raízes africanas. Puderam também contar com uma instituição forte que lhes possibilitava auferir ganhos (sociais, econômicos e políticos), constituir espaços de sociabilidade e solidariedade. Como bem apontou Sandra Graham,

> Ter parentes era importante na variante escrava dessa cultura que localizava e validava a identidade de uma pessoa dentro da família. Os que não tinham laços familiares não eram membros plenos da sociedade e permaneciam mais vulneráveis aos desgastes das dificuldades cotidianas do que aqueles cercados pela presença protetora da família.[11]

---

9 *Ibidem.*

10 *Idem, op. cit.*, 1999.

11 GRAHAM, Sandra, *op. cit.*, p. 58.

Segundo o conceito de família cunhado por Iraci Del Nero da Costa, Robert Slenes e Stuart Schwartz[12] e, posteriormente, por José Flavio Motta:

> Considera-se, pois, família, como: o casal, unido perante a igreja ou não, com sua prole, se houver; as pessoas solteiras com filhos; os viúvos ou viúvas com filhos. Nos três casos, os filhos devem ser solteiros, não ter prole e viver junto a pelo menos um de seus pais. Por fim, levam-se em conta, igualmente, atribuindo-se-lhes a classificação de "pseudo-famílias", os viúvos sem filhos presentes, e os viúvos ou solteiros vivendo junto com filho (ou filhos) que possuíam eles próprios famílias.[13]

Cabe lembrar que essa definição é muito útil para os estudos dos recenseamentos (fogos/domicílios). Neste livro, tratamos de famílias que extrapolam esses "núcleos primários", ou seja, da família intergeracional e ampliada, baseada no parentesco consanguíneo e no ritual. Portanto, a definição dos autores acima expostos servirá apenas como base, já que a família se estendia muito além dos limites de qualquer unidade domiciliar ou consanguínea. Podia atravessar as fronteiras legais da condição de escravo, por meio das relações oriundas deles mesmos e com pessoas livres e libertas. Dessa forma, nossa percepção de família aproxima-se mais da utilizada por Tarcísio Botelho:

> A família escrava passou a ter uma definição mais ampla, pensada em termos de convívio familiar e comunidade escrava. Assim, ela já não se referia apenas aquelas legitimamente constituídas. Mas também a mães e pais solteiros convivendo com seus filhos, viúvos(as) com seus filhos e outros arranjos.[14]

No capítulo anterior, verificamos que o Distrito de Santo Antonio do Juiz de Fora contou com uma maioria de cativos de origem africana desde o início do século XIX, talvez até antes, pelo grande afluxo de africanos. Essa constatação pode ser observada

12 COSTA, Iraci Del Nero da; SLENES, Robert W.; SCHWARTZ, Stuart B. "A família escrava em Lorena (1801)". *Estudos Econômicos*, São Paulo, vol. 17, nº 2, maio/ago. 1987; MOTTA, José Flavio. *Corpos escravos, vontades livres: posse de cativos e família escrava em Bananal (1801-1829)*. São Paulo: Annablume/Fapesp, 1999.

13 MOTTA, *op. cit.*, 1999, p. 229.

14 BOTELHO, *op. cit.*, 1994, p. 129.

por meio da análise das Listas Nominativas de Habitantes dessa localidade,[15] que apontam um percentual de 56,8% de escravos procedentes da África, contra 43,2% de nacionais (crioulos, pardos e cabras). A maioria dos africanos encontrava-se entre jovens/adultos e os nacionais estavam em sua maioria entre as crianças.

Acreditamos que essa maioria, seja no total dos escravos, seja entre os jovens/adultos, conformou aos padrões da comunidade cativa daquele Distrito. A análise das propriedades das três famílias da elite local possibilita o entendimento das práticas culturais africanas em períodos distintos. Vamo-nos lembrar de que, como foi exposto no primeiro capítulo, a maior parte dos africanos daqueles três proprietários, com a procedência conhecida, era proveniente da África Central ou Centro-Oeste Africano, padrão reforçado por outras pesquisas sobre Minas Gerais.

Isabel Reis chegou à conclusão de que a proximidade entre os africanos e, consequentemente, sua herança cultural, com os crioulos de primeira geração foi aspecto importante na sua vida familiar. De acordo com a pesquisadora,

> A experiência de vida familiar do crioulo de primeira geração quase sempre era diferenciada daqueles das gerações seguintes; ele comumente se dava no seio da comunidade africana de seus pais. O crioulo de primeira geração nascia, crescia, se socializava, aprendia os ensinamentos e comportamentos oriundos dos membros da comunidade africana, se afeiçoava a ela e por isto não era raro a edificação de relacionamentos afetivos e familiares entre os seus membros.[16]

Slenes está "convencido de que gente dessas origens [*kongo (bakongo) e mbundu*], junto com migrantes de grupos relacionados, formavam a matriz cultural das senzalas do Sudeste a partir da década de 1820".[17] Ainda de acordo com o historiador, o conhecimento de suas articulações comunitárias, sobretudo por meio dos "cultos de aflição", pode ajudar no conhecimento das "questões relativas à formação do poder

---

15 Capítulo II, Tabela 19.

16 REIS, Isabel Cristina Ferreira dos. *A família negra no tempo da escravidão: Bahia, 1850-1888*. Tese (doutorado em História) – Unicamp, Campinas, 2007.

17 SLENES, Robert W. "A Árvore de *Nsanda* transplantada: cultos *kongo* de aflição e identidade escrava no Sudeste brasileiro (século XIX)". In: LIBBY, Douglas Cole & FURTADO, Júnia Ferreira (orgs.). *Trabalho livre, trabalho escravo: Brasil e Europa, séculos XVII e XIX*. São Paulo: Annablume, 2006, p. 276.

nas senzalas e das estratégias familiares e identitárias dos escravos, no contexto de seu relacionamento com senhores e outras pessoas livres".[18]

O mesmo autor, enfocando a região Centro-Sul do Brasil da primeira metade do século XIX – em especial as áreas rurais do Rio de Janeiro e de São Paulo –, constatou que ela possuía condições favoráveis para o surgimento de uma identidade comum entre escravos africanos, não possuindo equivalente em outra parte do Brasil e em nenhum outro período. Diz ele:

> Entre o final do século XVIII e 1850, um enorme contingente de africanos foi introduzido no Brasil. O tráfico foi direcionado especialmente para o Rio de Janeiro, Minas Gerais e São Paulo. [...] Surpreendentemente, a mesma conclusão [qual seja, a de que existia até meados do século uma escravidão africana, no sentido mais literal da palavra] parece ser válida para Minas Gerais, ou pelo menos para suas regiões mais dinâmicas. Nesta província, as proporções de africanos entre escravos, entre negros e mulatos, e na população total, eram menores que em São Paulo e no Rio, devido a seu povoamento mais antigo e a um intenso tráfico de escravos ao longo do século XVIII, que deixou como saldo uma população crioula significativa. Mesmo assim, uma pesquisa recente indica que em 1823 40% de todos os escravos de Minas – e portanto em torno de 50% dos escravos adultos – eram africanos. Em municípios do sul de Minas, região em crescimento, voltada para o mercado interno e para a exportação, essas percentagens eram maiores, aproximando-se as de São Paulo e do Rio de Janeiro[19]

No ano de 1831, o Distrito de Santo Antonio do Juiz de Fora possuía 172 cativos descritos como casados e viúvos, 20,6% do total; a maioria composta por africanos. A maior parte dos casados encontrava-se nas faixas de tamanho de posse médias e grandes, isto é, propriedades com mais de 20 escravos (Capítulo II).

O recenseador, em geral, caracterizou cada escravo dos fogos de acordo com as variáveis que já discutimos no capítulo anterior e, quase sempre, descrevia primeiro homens e depois mulheres. Entretanto, nas Listas Nominativas não existem menções aos nomes dos cônjuges, o que não nos permitiu saber quem eram os casais. Esse limite nos impediu de traçar considerações sobre as

---

18 *Ibidem.*

19 SLENES, *op. cit.*, 1991-92, p. 55.

possíveis relações endogâmicas e exogâmicas[20] dos casais escravos. Como afirmam Costa, Slenes, e Schwartz: "Via de regra, não consta das listas nominativas concernentes aos levantamentos populacionais do passado a discriminação clara e explícita das famílias escravas".[21] Esse parece ter sido o caso das listas juizforanas de 1831. Contudo, é preciso matizar essa afirmação, visto que o "silêncio" com relação a essas famílias cativas depende da "qualidade das listas", do momento em que foram feitas, do maior ou menor comprometimento dos recenseadores com esses levantamentos populacionais etc.

As *Constituições Primeiras do Arcebispado da Bahia* determinavam que, no sacramento do casamento, "O Varão para poder contrahir Matrimônio, deve ter quatorze anos completos, e a femea doze annos também completos salvo quando antes da dita idade, constar, que tem discrição, e disposição bastante que supra a falta daquella".[22] Diziam também que o senhor não poderia impedir o casamento com ameaças ou maus-tratos e os cativos podiam contrair matrimônio com pessoas de igual situação ou livres. Aquele sínodo diocesano determinava ainda que não se deveria separar por venda os escravos casados. Entretanto, ao mesmo tempo em que lhes dava esses "direitos", assim como no caso dos batismos, a Igreja determinava que eles não sairiam de sua condição de escravizados e permaneceriam pertencendo a seus senhores. Mesmo casados com pessoas livres ou libertas, viam-se obrigados a lhe prestar serviços.[23]

---

20 Baseando-nos na historiografia, consideramos casamentos endogâmicos aqueles ocorridos entre cativos "iguais", dentro de seu próprio grupo, no que diz respeito à origem ou à cor, crioulo com crioula, pardo com parda, africano com africana; no caso destes últimos, consideramos também relações endogâmicas as ocorridas entre Mina e Mina, Rebolo e Rebolo etc. Os casamentos exogâmicos são os que ocorrem fora do grupo, entre os "desiguais" também com relação à origem e à cor, ou seja, africano com crioula, crioulo com parda; no caso dos africanos, aquelas relações ocorridas entre Mina e Cassange, Angola e Moçambique também são consideradas exogâmicas.

21 COSTA; SLENES; SCHWARTZ, *op. cit.*, p. 247.

22 *Constituições Primeiras do Arcebispado da Bahia.* Feitas, e ordenadas pelo Illustrissimo, e Reverendíssimo Senhor D. Sebastião Monteiro da Vide. 5 Arcebispo do dito Arcebispado, e do Conselho de Sua Magestade. Propostas, e Aceitas em o Synodo Diocesano, que o dito senhor celebrou em 12 de Junho do anno de 1707. Impressas em Lisboa no anno de 1719, e em Coimbra em 1720 com todas as Licenças necessárias, e ora reimpressas nesta capital. São Paulo: Typographia 2 de Dezembro de Antonio Louzada Antunes, 1853. Livro 1, Título LXIV, n. 267, p. 109.

23 *Ibidem.*

Dos escravos casados no Distrito de Santo Antonio do Paraibuna, no ano de 1831, o homem mais jovem tinha 13 anos e o mais velho, 62; a mulher mais jovem, 14 anos e a mais velha, 52. Pressupõe-se aqui que o estado conjugal atribuído pelo recenseador dizia respeito a uniões legítimas, sacramentadas pela Igreja Católica.

Sheila Faria constatou que o casamento de escravos na Igreja lhes garantia que tivessem terceiros a interceder por eles. Participar de ritos e cerimônias católicas tornava-se fundamental enquanto estratégia de preservação de espaços conquistados no cotidiano e representava também garantia de reconhecimento e de poder de barganha social.[24]

Os relatos de viajantes que passaram pela Zona da Mata durante o século XIX trazem algumas informações interessantes acerca da vida dos escravos, do trabalho, de suas habitações, do regime alimentar, além de traços a respeito da localidade e de seus moradores mais proeminentes.[25] Podemos ter uma interessante noção sobre as observações daqueles viajantes, por exemplo, com um diálogo ocorrido, em 1816, entre Saint-Hilaire e um escravo, quando ele passou pelos arredores onde se formaria o município estudado.

Chegando a uma plantação de milho, o viajante avistou uma fumaça que "anunciava uma choça qualquer de negro".[26] Dirigindo-se para aquele lado, encontrou uma barraca, que os pretos da Província de Minas tinham o costume de levantar quando eram obrigados a dormir no campo. Ainda sobre os "mesquinhos abrigos", o naturalista nos oferece uma descrição a respeito de sua arquitetura, bem como dos utensílios e do mobiliário utilizados.

Ao se aproximar da choça, Saint-Hilaire se deparou com um negro, sentado no chão, "comendo pedaços de tatu, assado sobre carvões; nesse momento, ele pôs alguns pedaços numa meia cabaça, acrescentou angu e ofereceu-me a comida de

24 FARIA, Sheila de Castro. *A colônia em movimento: fortuna e família no cotidiano colonial.* Rio de Janeiro: Nova Fronteira, 1998.

25 Sobre essa fonte, seus cuidados e possibilidades, ver SLENES, Robert W. "Lares negros, olhares brancos: histórias da família escrava no século XIX". *Revista Brasileira de Historia,* 8: 16, mar. 1988 (Reeditado em: ARANTES, Antônio Augusto *et al. Colcha de retalhos: estudos sobre a família no Brasil.* 2ª ed, Campinas: Editora da Unicamp, 1993).

26 No original: "annonçait quelque case à nègre". SAINT-HILAIRE, Auguste de. *Voyage dans les provinces de Rio de Janeiro et de Minas Geraes.* Paris: Grimbert & Dorez, 1830, p. 97. Agradeço a Claudia Bovo pela ajuda na tradução.

modo gracioso".[27] A partir daí, Saint-Hilaire travou um diálogo com o escravo, de que, disse ele, "não modifiquei uma única palavra":[28]

> **Saint-Hilaire** – Você naturalmente se aborrece vivendo muito só no meio do mato?
>
> **Escravo** – Nossa casa não é muito afastada daqui; além disso eu trabalho.
>
> **Saint-Hilaire** – Você é da costa da África; não sente algumas vezes saudade de sua terra?
>
> **Escravo** – Não: isto aqui é melhor; não tinha ainda barba quando vim para cá; habituei-me com a vida que passo.
>
> **Saint-Hilaire** – Mas aqui você é escravo; não pode jamais fazer o que quer.
>
> **Escravo** – Isso é desagradável, é verdade; mas o meu senhor é bom, me dá bastante de comer: ainda não me bateu seis vezes desde que me comprou, e me deixa tratar da minha roça. Trabalho para mim aos domingos; planto milho e mandubis (Arachis), e com isso arranjo algum dinheiro.
>
> **Saint-Hilaire** – É casado?
>
> **Escravo** – Não: mas vou me casar dentro de pouco tempo; quando se fica assim sempre só, o coração não vive satisfeito. Meu senhor me ofereceu primeiro uma crioula, mas não a quero mais: as crioulas desprezam os negros da costa. Vou me casar com outra mulher que a minha senhora acaba de comprar; essa é da minha terra e fala minha língua.
>
> **Saint-Hilaire:** Tirei uma moeda e dei-a ao negro, e ele fez questão de me oferecer alguns pequenos peixes e um pepino que foi buscar no seu campo de mandubis.[29]

---

27 *Ibidem*, p. 98. No original: "mangeait des morceaux de tatou grillés sur des charbons; dans l'instant même, il en mit quelques – uns dans une moitré de gourde; il y joignit de lángu, e til me les offrit de la meilleure grace du monde".

28 *Ibidem*, p. 99. No original: "La conversation que je viens de rapporter, et á laquelle je n'ai pás changé un seul mot".

29 *Ibidem*, p. 98-99. No original: "Vous devez bien vous ennuyer tout seul au milieu des bois? – Notre maison n'est pas éloignée d'ici; d'ailleurs je travaille. – Vous êtes de la cote d'Afrique; ne regrettez-vous pás quelquefois votre pays? – Non celui-ci vaut mieux; je n'avais pás encore de barbe, lorsque j'y suis venu; je me suis accoutumé à l avie que j'y méne. – Mais ici vous êtes esclave; vous ne pouvez jamais faire votre volonté. – Cela est désagréable, il est vrai; mais mon maître est

Logo a seguir, o naturalista francês fez declarações a nosso ver equivocadas, ou melhor, pouco convincentes a respeito da escravidão e da cultura africana. Afirmando que "os negros não são sempre tão infelizes como se diz. A escravidão não é para eles o que seria para nós, porque se preocupam pouco com o futuro, e, quando o presente é suportável, não precisam de mais".[30] Parece que ele levou ao pé da letra o que o escravo lhe disse, sem se perguntar se estava dizendo (a um branco, "amigo" dos senhores) o que realmente pensava.

Estando em uma zona de contato, o escravo já realizara uma interação cultural, da qual, mesmo não conseguindo controlar a cultura dominante, se apropriou e ressignificou alguns de seus elementos.[31] Ao dialogar sobre si com o viajante, o escravo pode ter feito uma representação daquilo que ele queria que fosse absorvido pelo estrangeiro. Nesse sentido, é interessante pensar-se em que medida os relatos de viajantes, por exemplo, foram moldados/influenciados pelos não europeus (escravos, em nosso caso).[32]

Esses equívocos, também compartilhados não só pelos observadores estrangeiros, mas também pelos nacionais, seriam, segundo Slenes, provenientes de três motivos principais:

---

bom, il me donne bien à manger; il ne m'a pás battu six fois depuis qu'il m'a acheté, e til me laisse cultiver un petit champ. Je travaille pour moi le dimanche; je plante du mais et des *mandubis (arachis)*, cela me donne un peu d'argent. – Êtes-vous marié? – Non: mais je me marierai bientôt; quando n'est ainsi toujours seul, le cour n'est pás content. Mon maître m'avait d'abord offert une créole, mais je n'en veux plus: les creoles méprisent les négres de la côte. J'aurai une autre femme que ma maîtresse vient d'acheter, qui est de mon pays et qui parle ma langue". Je tirai une piéce de monnaie, j ela donnai au négre, e til voulut absolument me faire accepter quelques petits poissons et un concombre qu'il allá chercher dans son champ de *mandubis*".

30 *Ibidem*, p. 99. No original: "les négres ne sont pás toujours aussi malheureux qu'on l'a dit. L'esclavage n'est point pour eux, ce qu'il serait pour nous, parce qu'ils s'occupent peu de l'avenir, et que, quand lê présent est supportable, ils ne demandent rien de plus".

31 Fazendo uso de conceitos etnográficos, Pratt afirmou que nas regiões de zona de contato ocorre o fenômeno da transculturação: quando o grupo subordinado seleciona o que e o modo como absorverá elementos da cultura dominante (PRATT, Mary Louis. *Os olhos do império*: relatos de viagem e transculturação. Bauru: Edusc, 1999).

32 Segundo Mary Louis Pratt, zonas de contato são "espaços sociais onde culturas díspares se encontram, se chocam, se entrelaçam uma com a outra, frequentemente em relações extremamente assimétricas de dominação e subordinação – como o colonialismo, o escravagismo, ou seus sucedâneos ora praticados em todo o mundo". Vale destacar que essas zonas de contatos congregam pessoas que estavam geográfica e historicamente separadas, caracterizando-se, portanto, como um local de interação (*Ibidem*, p. 27).

> Em primeiro lugar, haveria uma imagem deformada do próprio negro, produzida por um racismo extremado [...] Em segundo lugar, a visão dos observadores do século XIX provavelmente sofria a interferência de preconceitos culturais [...] Em terceiro lugar, além dos estereótipos negativos referentes ao caráter negro e à cultura africana, uma certa ideologia a respeito da escravidão e do trabalho livre provavelmente confundia a percepção da maioria dos observadores europeus e brasileiros, [...].[33]

Voltando ao diálogo entre Saint-Hilaire e o negro, o excerto, exposto acima, além de explicitar a expectativa do escravo africano com relação ao seu casamento, demonstra a sua preferência por uma relação endogâmica, indicando a sua possibilidade de escolha, pois tem o direito de renegar uma cativa crioula oferecida por seu senhor. A questão das "escolhas" dos cônjuges pode ser bem entendida no livro de Sandra Graham, em que podemos conhecer a história da cativa "Caetana", que lutou tão ferozmente contra a escolha de seu consorte e o consequente casamento com ele. Pediu a anulação do matrimônio, enfrentando as pressões exercidas pela autoridade de seu dono e, depois, pela de seu tio.

> Foi o senhor deles que, certo dia, sem consultá-la ou mesmo avisá-la, lhe disse simplesmente que iria casar. Apesar de seu "tom positivo", ela reuniu coragem para se recusar. Mas, no final, obedeceu, contra sua vontade e por medo das ameaças de Tolosa: afinal ele era dono dela e "faria o que quisesse". Porém, uma vez casada, ela soube o que deveria fazer: recusar o marido. Dessa vez, sua determinação atraiu a ira do outro homem com visível autoridade sobre sua vida, seu tio e padrinho, que ameaçou bater nela se não se submetesse ao marido, como era obrigação de uma esposa. Com poucas escolhas, tarde da noite Caetana correu da casa do tio para a do próprio Tolosa. Com sua aflição, ela conseguiu finalmente persuadi-lo de que jamais aceitaria de bom grado o casamento. Tolosa se compadeceu e separou o casal.[34]

Tendo como base esse diálogo e o afirmado pela historiografia sobre o tema, deve ser muito provável que os escravos listados como casados tenham tido seus cônjuges dentro da própria posse. Entretanto, não podemos nos esquecer de que

33 SLENES, *op. cit.*, 1999, p. 136, 137 e 139.

34 GRAHAM, Sandra, *op. cit.*, p. 24.

podem ter sido casados com outros escravos, agora na condição de ex-escravos, bem como com outros, que habitavam propriedades diferentes das suas.[35] Também é necessário relembrar que esses casamentos estavam muito sujeitos ao tamanho da escravaria em que se encontravam.

Carlos Bacellar e Ana Silvia Volpi Scott, baseados em listas nominativas paulistas de fins do século XVIII e início do XIX, afirmaram que, pela análise dessas fontes, os escravos casados perfizeram uma parcela muito significativa das posses estudadas. De acordo com seus dados,

> Em Itu, os escravos casados chegavam a compor 37% do total em 1808, mantendo, para o total das três datas analisadas [1798, 1808 e 1818], uma média de quase 31%. Nas vilas de economia de abastecimento, os casados, embora em percentuais um pouco menores, também compunham parte considerável do conjunto: 22% em 1798, 32% em 1808 e 28% em 1818. Se levados em conta somente os escravos de 7 anos – excluindo-se assim a faixa em que não poderia haver indivíduos casados – as porcentagens elevam-se muito, ultrapassando os 40% em Itu e os 35% nas demais vilas. Caso também sejam excluídos os escravos da faixa etária 8 a 14, os casados ultrapassariam o índice de 50% em ambas as áreas.[36]

De acordo com Slenes, em estudo sobre Campinas (SP) nos anos de 1870, o casamento entre escravos de posses diferentes não ocorreu de maneira substancial. Médias e grandes propriedades, por possuírem percentual mais elevado de cativos, propiciaram maior *pool* aos enlaces matrimoniais entre escravos, sendo as

35 Alida Metcalf encontra um percentual de 93% de escravos casados pertencentes ao mesmo senhor em Santana do Parnaíba (SP) (METCALF, Alida C. "A família escrava no Brasil Colonial: um estudo de caso em São Paulo". In: NADALIN, S. O. & MARCÍLIO, M. L. (orgs.). *Historia e População: estudos sobre a América Latina*. São Paulo: Fundação Sistema Estadual de Análise de Dados, 1990); COSTA; SLENES; SCHWARTZ, *op. cit.*; SLENES, Robert. "Escravidão e família: padrões de casamento e estabilidade familiar numa comunidade escrava (Campinas, século XIX)". *Estudos Econômicos*, São Paulo, vol. 17, nº 2, maio/ago. 1987.

36 BACELLAR, Carlos de Almeida & SCOTT, Ana Silvia Volpi. "Sobreviver na senzala: estudo da composição e continuidade das grandes escravarias paulistas, 1798-1818". In: NADALIN, Sérgio Odilon *et al* (coords.). *História e população: estudos sobre a América Latina*. São Paulo: Fundação Sistema Estadual de Análise de Dados, 1990, p. 214.

percentagens de homens e mulheres alguma vez casados extremamente sensíveis à razão de masculinidade. De acordo com Slenes,

> [...] a escolha do cônjuge era circunscrita, em grande parte, pelo limite legal do plantel. De fato, com exceção de algumas poucas pessoas que eram casadas com libertos, **todos** os escravos casados na amostra [listas de matrícula de 1872] tinham cônjuges que pertenciam ao mesmo senhor. Os assentos de casamento de escravos nos arquivos da igreja confirmam este quadro; era raro em Campinas um escravo se casar com uma mulher de outro plantel, não só nos anos 1870, mas durante todo o século XIX. [...]. Pela mesma razão [razão de masculinidade], o índice de casamento nos plantéis pequenos era muito baixo entre ambos os sexos; nestes casos, a dificuldade de se casar pela Igreja com uma pessoa de outro dono tornava a escolha de um cônjuge extremamente limitada[37] (grifo do original).

Brenda Stevenson, em trabalho sobre Loudoun, na Virgínia, sul dos Estados Unidos, região que estava perdendo cativos no tráfico interno, constatou que as famílias mais comuns naquela região foram as matrifocais. Sua explicação para tal constatação foi a de que havia naquela localidade uma maioria de casamentos entre propriedades diferentes (*abroad marriages*), tanto entre as pequenas quanto entre as maiores. Dessa forma, a autora argumentou que as crianças passavam a maior parte do tempo com suas mães e, ocasionalmente, com seus pais. Todavia, Stevenson refutou a falta de uma referência masculina na vida desses infantes, já que a sua socialização não se dava apenas no âmbito da chamada família conjugal, mas também, e principalmente, dentro da comunidade escrava, por meio dos laços de parentesco e amizade.[38]

Conclusões opostas foram feitas por Ann Patton Malone, em pesquisa sobre três propriedades na Louisiana. Em uma região que vinha ganhando escravos no tráfico interno, percebeu ela, diferentemente do trabalho de Stevenson, que a maioria das famílias encontradas eram as nucleares e os casamentos entre propriedades

---

37 SLENES, *op. cit.*, 1987, p. 218.

38 STEVENSON, Brenda E. *Life in black and white: family and community in slave south*. Nova York: Oxford University Press, 1996.

eram raros, provavelmente pelo equilíbrio entre os sexos e pela proibição dessas uniões pelos proprietários.[39]

Stuart Schwartz, em seu estudo sobre a Bahia colonial, constatou imposições estabelecidas pela escravidão aos casamentos dos seus membros. Porém, o pesquisador ressaltou que, apesar delas, os escravos encontraram alguns espaços de manobra de bastante importância para que pudessem de alguma forma ter influenciado em seus destinos. De acordo com Schwartz,

> [...] embora os proprietários detivessem o poder máximo na determinação das oportunidades de vida e das disposições familiares dos escravos, estes não eram completamente incapazes de influenciar as decisões que afetavam suas vidas. No relacionamento senhor-escravo havia espaço para manobras. Ainda que um cativo não pudesse casar-se na Igreja sem a permissão do senhor, pois sem ela o padre não publicaria os proclamas, os escravos tinham meios de tornar conhecidos seus desejos. Bajulavam, barganhavam ou simplesmente recusavam-se a cooperar, muitas vezes defrontando-se com punição severa. Os senhores às vezes achavam mais fácil ou mais prático anuir aos desejos dos escravos do que ignorá-los.[40]

Com essa ressalva e baseados na Tabela 30 do Capítulo II, onde podemos ter uma visão mais adequada sobre as origens[41] dos cativos casados e viúvos daquela localidade no início do século XIX, tentaremos, por meio do Gráfico 1, uma aproximação a respeito dos tipos de relações matrimoniais que eles podem ter tido.

Apesar do alerta que fizemos sobre o conhecimento do tipo de relações existentes àquela época, arriscamos algumas hipóteses sobre os casamentos endogâmicos e exogâmicos, tendo como base o conhecimento quantitativo das origens (os casados eram 62 africanos e 36 africanas; 15 crioulos e 41 crioulas mais 1 crioula viúva; 7 pardos e 8 pardas mais 1 parda viúva; 1 cabra).

---

39 MALONE, Ann Patton. *Sweet chariot: slave family and household structure in nineteenth-century*. Louisiana: Chapel Hill & London, 1992.

40 SCHWARTZ, Stuart B. *Segredos internos: engenhos e escravos na sociedade colonial, 1550-1835*. São Paulo: Companhia das Letras, 1988, p. 318.

41 Cabe lembrar, mais uma vez, que o recenseador denominou os escravos de africanos, crioulos, pardos e cabras na variável "Qualidade", portanto, é por esse motivo que o gráfico vem representado com o que entendemos hoje como origem e cor dos escravos.

Gráfico 1. Escravos casados ou viúvos das pequenas, médias e grandes posses do Distrito de Santo Antonio do Juiz de Fora, 1831*

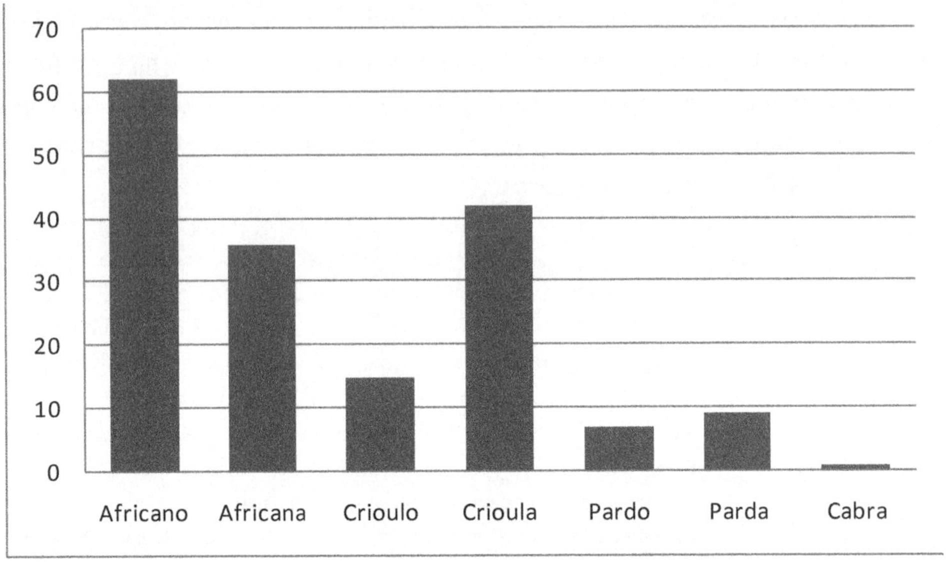

Fonte: Mapas de população. Distrito de Santo Antonio do Juiz de Fora, Termo da Nobre e Muito Leal Vila de Barbacena, 1831. APM. Caixa 9; Documento 4. *As viúvas são uma crioula e uma parda.

Podemos notar que os africanos, por razões já demonstradas no capítulo anterior, excederam em número suas parceiras de mesma origem, situação completamente oposta a dos crioulos e dos pardos, em que as mulheres eram maioria. O indivíduo descrito como cabra era um homem, não havendo entre os mencionados como casados nenhuma cativa com a mesma designação.

Pois bem, o conhecimento dos dados expostos no Gráfico 1 permite visualizar que os homens africanos, que eram a maioria, com relação às mulheres de mesma origem, não puderam casar-se exclusivamente dentro do mesmo grupo, realizando dessa forma casamentos do tipo exogâmico. Em contrapartida, os crioulos e os pardos, que eram a minoria, ambos com relação às mulheres de mesma origem que a sua, tiveram maiores possibilidades de terem se casado com mulheres do mesmo grupo. Provavelmente, se não houve naquelas propriedades muitos casamentos entre escravos de posses diferentes com ex-escravos ou livres, os cativos, principalmente africanos, tiveram que contrair matrimônio com cônjuges de um grupo de origem diferente do seu, caracterizando casamentos do tipo exogâmico.

É isso que os dados sugerem. Caso africanos, crioulos, pardos e cabras – lembremos uma vez mais – tenham contraído, em sua maioria, casamentos com cônjuges da mesma propriedade, trata-se de situação que não deve ter sido diferente para o único cativo casado descrito como cabra.

A distribuição dos escravos casados e viúvos, com relação às suas faixas etárias, demonstra que a maioria pertencia à dos jovens/adultos com 76 mulheres (sendo 2 viúvas) e 70 homens; seguida pela faixa dos idosos, com 14 homens e 6 mulheres. Temos ainda uma população bastante jovem que se estava casando, composta pelos que se encontravam na faixa das crianças (1–14 anos de idade), com 4 mulheres e 2 homens. A supremacia das mulheres no casamento pode ser observada pela baixa razão de masculinidade encontrada entre os escravos casados nas três faixas etárias, exceção feita para os idosos. De maneira geral, houve uma razão bem próxima do equilíbrio, chegando a 97,7 homens por grupo de 100 mulheres (Tabela 31).

Tabela 31. Distribuição dos escravos segundo faixas etárias, sexo e estado conjugal – Distrito de Santo Antonio do Juiz de Fora, 1831

Sexo e estado conjugal/ Faixa etária dos cativos	Casados				Viúvos				Total C+V		Razão de masculinidade dos C+V
	H	%	M	%	H	%	M	%	H+M	%	
Crianças (1-14 anos)	2	2,3	4	4,7	-	-	-	-	6	3,5	50,0
Jovens/adultos (15-40 anos)	70	81,2	74	88,2	-	-	2	100	146	84,9	89,6
Idosos (41+ anos)	14	16,5	6	7,1	-	-	-	-	20	11,6	233,3
Total	86	100	84	100	-	-	2	100	172	100	97,7

Fonte: Mapas de população. Distrito de Santo Antonio do Juiz de Fora, Termo da Nobre e Muito Leal Vila de Barbacena, 1831. APM. Caixa 9; Documento 4.

A análise dos escravos casados ou viúvos demonstra que o aumento do tamanho dos fogos é diretamente proporcional ao dos cativos casados de ambos os sexos: quanto maior o número de cativos num determinado fogo, maior o percentual de homens e mulheres casados.

No tocante aos homens e às mulheres acima dos 15 anos que contraíram matrimônio, detectamos para as mulheres o mesmo padrão, ou seja, o aumento das faixas de tamanho das posses foi acompanhado pelo aumento na percentagem de casadas. Assim como em relação aos cativos, percebemos um aumento entre a primeira e a segunda faixa de tamanho das propriedades, com um ligeiro decréscimo para os homens entre médias e grandes propriedades. Contudo, de maneira geral, quanto maior a posse, maior a possibilidade de encontrarmos escravos casados (Tabela 32).

Tabela 32. Escravos no Distrito de Santo Antonio do Juiz de Fora, 1831: distribuição, percentagem de casados/viúvos, com 15 anos ou mais, por faixa de tamanho do fogo*

Faixa de tamanho dos fogos	Número de fogos com escravos	Número total de escravos acima de 15 anos			% de casados/viúvos na população acima de 15 anos de idade					
		H	M	Total	Ambos os sexos*		Homens		Mulheres	
Pequena (1-19 escravos)	54	133	57	190	22	11,6	12	9,0	10	17,5
Média (20-50 escravos)	10	153	71	224	80	35,7	39	25,5	41	57,7
Grande (50 + escravos)	3	144	50	194	70	36,1	35	24,3	35	70,0
Total dos fogos	67	430	178	608	172	28,3	86	20,0	86	48,3

Fonte: Mapas de população. Distrito de Santo Antonio do Juiz de Fora, Termo da Nobre e Muito Leal Vila de Barbacena, 1831. APM. Caixa 9; Documento 4. *Não estão computados 6 escravos, 4 cativas e 2 cativos casados. As mulheres tinham 14 anos, sendo uma mulher nas pequenas posses; três mulheres na faixa das posses médias. Os dois homens encontravam-se entre as grandes posses, um com 13 e o outro com 14 anos.

Entre os enlaces conhecidos, homens e mulheres tiveram diferentes oportunidades de receber aquele sacramento católico. Em todas as faixas de tamanho das posses (pequenas, médias e grandes) as mulheres haviam contraído matrimônio mais frequentemente do que os homens: 17,5% x 9,0% nas pequenas posses, 57,7% x 25,5% nas médias e 70,0% x 24,3% nas grandes. Cabe destacar que pelo maior contingente de homens acima dos quinze anos, as cativas contavam com um "estoque" de cônjuges possíveis para contrair o casamento maior do que o dos homens. A razão de masculinidade (o número de homens para cada 100 mulheres) entre os escravos acima de 15 anos aponta fortemente para essa conclusão: 233,3 nas pequenas posses, 215,5 nas médias e 288 nas grandes. Em todos os fogos, a cifra era 241,6 homens para cada 100 mulheres.

José Flavio Motta percebeu que a concentração de cativos homens ou mulheres alguma vez casados (população com idade igual ou superior a quinze anos) concentrava-se em Bananal (São Paulo) na maior faixa de tamanho das posses (10 ou mais cativos) e de maneira bem mais concentrada. Nos três anos pesquisados por ele, 1801, 1817 e 1829, aproximadamente nove décimos dos escravizados casados ou viúvos pertenciam aos mais poderosos senhores. E explica essa situação da seguinte maneira:

> Essa disparidade, que se verifica entre a distribuição dos cativos em geral e a dos casados ou viúvos pelas diferentes faixas de tamanho, indica que os plantéis maiores provavelmente conformavam um ambiente mais propício à realização de casamentos entre escravos. Vale dizer, os casados ou viúvos não se faziam mais presentes nos plantéis de maior tamanho apenas pelo ato de que nesses plantéis vivia a maior parcela da população cativa.[42]

Em sua análise sobre as posses de escravos no município de Campinas, em 1872, Slenes apontou que entre as médias e grandes, respectivamente, 10 a 49 e 50 ou mais cativos, 67% das mulheres acima de 15 anos eram casadas ou viúvas. É uma cifra que não difere muito da situação em Juiz de Fora, onde 57,7% das mulheres nas posses de 20 a 50 escravos e 70,0% nas posses de mais de 50 cativos eram alguma vez casadas. As 86 mulheres casadas e viúvas acima dos quinze anos, no ano de 1831, correspondiam a 48,3% do total de todas as cativas nesse mesmo grupo etário.[43]

Utilizando a mesma classificação de Slenes, com relação à idade das cativas casadas ou viúvas, cremos que as cifras por nós encontradas são dignas de comparação. Na nossa amostra havia apenas quatro mulheres menores do que 15 anos, o que não é o suficiente para alterar demasiadamente nossos argumentos.

---

42 MOTTA, *op. cit.*, 1999, p. 307.

43 As cifras de Slenes para toda a população (61,8% C+V entre mulheres acima de 15 anos e 30,0% entre os homens [em 1872, de acordo com seu livro: *Na senzala uma flor* ...]) são "infladas" pelo fato de que 1) Campinas, uma sociedade de plantation madura, provavelmente tinha proporcionalmente menos posses pequenas que Juiz de Fora em 1831, e 2) sua amostra, que vem de inventários não de um recensamento "completo", é fortemente enviesada a favor das grandes propriedades (ou seja, muitos pequenos proprietários nem abriam inventário). Daí, a comparação entre as posses médias e grandes tem mais relevância.

De maneira geral, nossos dados parecem corroborar mais uma vez o entendimento que se tem por parte da bibliografia especializada, em que as médias e as grandes posses contavam com os maiores percentuais de homens e mulheres casados ou viúvos.

Baseando-se na pesquisa de Paiva, Libby e Grimaldi sobre o crescimento da população escrava mineira, Slenes chegou à constatação de que:

> [...] em 1823 40% de todos os escravos de Minas – e portanto em torno de 50% dos escravos adultos – eram africanos. Em municípios do sul de Minas, região em crescimento, voltada para o mercado interno e para a exportação, essas percentagens eram maiores, aproximando-se as de São Paulo e do Rio de Janeiro.[44]

O tamanho das posses de escravos foi uma variável que influiu sobremaneira nas possibilidades de uma união formal entre eles. Esse aspecto foi abordado por Slenes, que buscou entender a variação nos padrões de casamento (religioso) por tamanho de fogo ou posse (pequenas [1-9 escravos], médias e grandes, respectivamente, 10 a 49 e 50 ou mais cativos) em Campinas; percebeu na "proibição", pelos proprietários, do casamento entre cativos de diferentes posses e entre escravos e libertos um importante inibidor nos índices de casamentos formais nas faixas de tamanho de fogo/posse, não só naquela localidade mas também em outras regiões. Segundo o pesquisador,

> Em unidades com 1-9 escravos, a barreira contra casamentos religiosos entre escravos de proprietários diferentes combinado com o pequeno "pool" de potenciais cônjuges dentro do mesmo fogo/posse para pessoas em ambos os sexos, fazia com que as proporções de homens e mulheres adultos alguma vez casados ficassem relativamente baixas e não muito diferentes entre si. Nos fogos/posses de tamanho médio ou grande, os mesmos fatores restringiam severamente as possibilidades de casamento religioso para as pessoas do sexo masculino; neste caso, era o enorme excedente de homens sobre mulheres que reduzia o "pool" de possíveis esposas. Contudo, esta alta razão de masculinidade, junto com o maior tamanho do fogo/posse, fazia com que

44 SLENES, *op. cit.*, 1991-92, p. 55.

> as mulheres tivessem uma escolha bem maior de potenciais maridos, o que conduzia a maiores taxas de casamento (pela Igreja).[45]

Analisando a nupcialidade escrava em Campinas, século XIX, por meio principalmente da análise dos censos de 1801 e 1829 e da matrícula de escravos de 1872, o mesmo pesquisador encontrou as percentagens de escravos alguma vez casados (casados ou viúvos). De acordo com sua pesquisa,

> [...] a proporção de homens adultos alguma vez casados variava entre 23 e 30% (no que diz respeito a todos os fogos/posses) e mostrava pouca ou nenhuma tendência de aumentar com o tamanho da unidade doméstica ou da propriedade. Entretanto, a proporção de mulheres adultas casadas/viúvas era bem mais alta no município (variando entre 55e 62% nos três anos estudados) e crescia muito com o tamanho do fogo/posse.[46]

O conhecimento da média das idades dos escravos casados é uma questão importante. De maneira geral, os homens casaram-se, pelo menos do ponto de vista legal, com idades maiores que as das mulheres, por volta dos 32 anos, enquanto elas tinham 25,5 anos. A idade média dos casados e viúvos, acima de quinze anos, foi de 28,7 anos (Tabela 33).

Essas tendências podem ser observadas quando analisamos as médias em cada faixa de tamanho dos fogos, com os homens com idades na casa dos 30 anos e mulheres, dos 20. Cabe, porém, ressaltar que essa fonte abarcou um ano específico (1831), e não as datas e as idades em que os escravos contraíram o casamento na Igreja Católica. Certamente, essas idades que apresentamos são muito mais altas do que realmente deveriam ser. Embora essa fonte, devido a suas limitações, não seja a mais adequada para o conhecimento preciso das idades médias, reflete uma tendência anterior ao ano de 1831, que as fontes paroquiais muito provavelmente confirmariam, qual seja a de que as mulheres se casavam com idades inferiores às dos homens, em todas as faixas de tamanho dos fogos.

45 *Idem, op. cit.*, 1999, p. 75-76.

46 *Ibidem*, p. 74.

Tabela 33. Idade média dos escravos casados e viúvos no Distrito de Santo Antonio do Juiz de Fora, 1831

Faixa de tamanho dos fogos	Número de fogos com casados/viúvos	Número total de escravos casados/viúvos	Idade média dos casados e viúvos		
			Ambos os sexos	Homens	Mulheres
Pequena (1-19 escravos)	9	22	30,7	32,9	28,1
Média (20-50 escravos)	9	80	27,2	30,4	24,1
Grande (51 + escravos)	3	70	29,8	33,3	26,2
Total	21	172	28,7	32	25,5

Fonte: Mapas de população. Distrito de Santo Antonio do Juiz de Fora, Termo da Nobre e Muito Leal Vila de Barbacena, 1831. APM. Caixa 9; Documento 4.

Rômulo Andrade, em seu estudo sobre Juiz de Fora, durante o século XIX, encontrou uma exogamia praticada em maior número por homens africanos, casados com mulheres crioulas. Segundo esse pesquisador, o que ocorreu não foi uma preferência por parte dos cativos, a demografia desequilibrada da *plantation* desfavoreceu o africano, que não encontrou dentro das posses um possível cônjuge da mesma origem. Demonstrou ainda que os africanos eram de idade mais avançada que as crioulas "praticamente todas já casadas (com os de mesmo grupo, em quase sua totalidade) ou enviuvadas". Outra observação feita por Andrade para explicar os casamentos entre escravos de origem diferente está nas limitações impostas pelo sistema escravista, que levava africanos e crioulos "a recorrer às 'sobras' do sexo".[47]

O Capitão Tostes, maior proprietário de escravos, recenseado em Juiz de Fora no ano de 1831, possuía uma maioria esmagadora de cativos africanos do sexo masculino e em idade produtiva, entre 15 e 40 anos. O fato de não contarmos com designações menos genéricas do termo africano, bem como a ausência da referência aos nomes dos casais não nos permitiram inferir um pouco mais acerca das escolhas no tocante ao casamento, ou seja, sobre a endogamia ou a exogamia nos casamentos

47 ANDRADE, Rômulo. *Limites impostos pela escravidão à comunidade escrava e seus vínculos de parentesco: Zona da Mata de Minas Gerais, século XIX*. 2 vols. Tese (doutorado em História) – FFLCH-USP, São Paulo, 1995, p. 276.

daquela posse. Entretanto, parece ter ocorrido a mesma tendência esboçada para a localidade como um todo.

O número de escravos descritos como casados era de 20, sendo 10 homens e 10 mulheres. A maioria dos casados, homens ou mulheres, era africana, respectivamente, 15 e 14; seguidos por 5 crioulos e 6 crioulas. Se os descritos como casados naquele fogo o eram entre si, podemos perceber a possibilidade de casamentos exogâmicos e endogâmicos. Caso os africanos casassem apenas com africanas e o mesmo ocorresse entre os crioulos, mesmo assim haveria um déficit. Os africanos, tanto homens quanto mulheres, podem ter tido a oportunidade de se casar apenas entre os de mesma origem, contudo, um dos homens teria de recorrer ao casamento com escrava crioula (Gráfico 2).

Gráfico 2. Escravos casados na posse do Capitão Antonio Dias Tostes, 1831

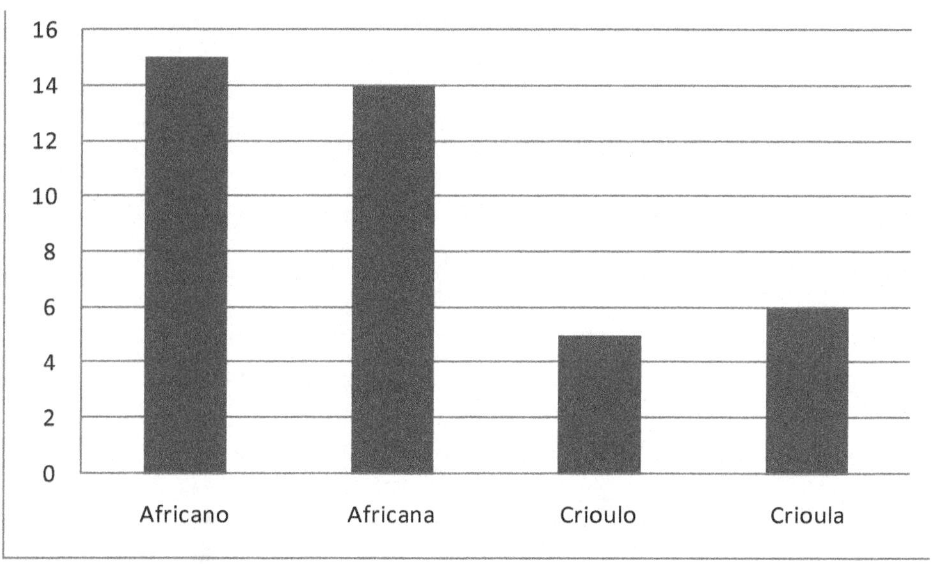

Fonte: Mapas de população. Distrito de Santo Antonio do Juiz de Fora, Termo da Nobre e Muito Leal Vila de Barbacena, 1831. APM. Caixa 9; Documento 4.

Da mesma forma, pode ter havido a possibilidade de que os crioulos se tenham casado apenas com crioulas, porém, como havia uma a mais do que o número de cativos de mesma origem, certamente, se seu cônjuge pertencia àquela propriedade era um escravo africano. Talvez aquele africano a que nos referimos acima, caso tivesse se casado no interior da posse, tenha recorrido a um casamento do tipo exogâmico, possivelmente com a crioula "em excesso". O único casal efetivamente descrito dizia respeito a uma relação do tipo exogâmico e ocorreu entre Roque, escravo africano de cinquenta anos, casado com a crioula liberta Antonia, com a mesma idade.

A endogamia por origem foi bastante comum na Bahia, segundo constatou Isabel Reis, e não só nas cerimônias sacramentadas pela Igreja. De maneira geral, a pesquisadora detectou que os africanos se uniram na maior parte das vezes com cônjuges de mesma origem.

> Parece que mesmo aqueles africanos que faziam parte de etnias minoritárias no contexto afro-baiano, e por isso não contavam com facilidade para conseguir um companheiro da mesma origem étnica que a sua, fizeram a opção por africanos de outras etnias, a exemplo de dois entre três africanos identificados como "haussá", que desposaram um gêge e outro mina, enquanto o terceiro casou-se com um cônjuge nascido no Brasil. Ainda, angola casou-se com gêge e gêge com tapa; mina com são Thomé, e por aí vai.[48]

A partilha de 1837 nos possibilitou conhecer 44 cativos descritos como casados, 25,7%, num total de 22 casais descritos. Havia, ainda, outros 3 homens na condição de casados, entretanto, sem menção alguma a suas esposas, e ainda um escravo viúvo. Dos casados, dos quais foi possível se saber a origem, encontramos 22 africanos e 4 crioulos. Dos primeiros, 17 eram da "África Central", 9 oriundos de Cabinda, 7 do Congo e 1 Monjolo. De "Angola", eram 2 de Benguela, havia ainda 2 Cassange e 1 Rebolo. Dos 3 cativos descritos como casados sem a nomeação de seu cônjuge, 2 eram de origem africana, um Cabinda e outro Benguela. De "Paulo Caxoeira" não conhecemos a origem nem a procedência.

Ainda em relação aos casais, notamos um equilíbrio entre exogâmicos e endogâmicos. Quatro deles se casaram com cônjuges de mesma procedência, Marcos Cabinda e Francisca Cabinda; Vicente Congo e Esmeria Conga; Leandro Congo e Izabel Conga e Leandro e Ignacia crioulos. Os casais exogâmicos perfizeram o mesmo número com os seguintes casais: Baptista Cabinda e Maria Cassange; Martina Monjolo e Francelina Cabinda, Fernando Congo e Antonia Cabinda, e Elias Cassange com Anna Cabinda. Para os outros casais não foi possível saber-se a

48 REIS, Isabel, *op. cit.*, 2007, p. 100.

origem dos dois cônjuges. Quando essa aparece, abarca em sua maioria os homens de procedência africana. Na Tabela 34, temos a oportunidade de visualizar o perfil dos casamentos ocorridos entre esses 22 casais descritos.

Tabela 34. Perfil dos casais da posse de Dona Anna Maria do Sacramento, 1837

Sexo/Origem	H. Af	H. Cr	Origem do H. não consta
M. Af	7	-	1
M. Cr	-	1	2
Origem da M. não consta	6	1	4

Fonte: Partilha dos bens de D. Anna Maria do Sacramento, 1837. AHJF. (H= homens; M= mulheres; Af. = africanos/as; Cr.= crioulos/as).

Todavia, com relação aos filhos desses casais, conseguimos saber da existência de apenas cinco crianças, todas contando no máximo um ano de vida. São elas: Sebastião crioulo, filho de João José e Thereza; Lourença, filha de Fernando Congo e Antonia Cabinda; Martinho, filho de Elias Cassange e Anna Cabinda; Ludovino, filho de Matheus Congo e Marianna, e Herculano, filho de Lourenço Rebolo e Catharina. Muito provavelmente esses cativos devem ter tido outros filhos que não sobreviveram até o momento dessa partilha.

Para alguns desses casais não foi possível conhecer a idade, mas para a maioria deles observamos que o homem tinha idade superior à da mulher. A Tabela 35 nos demonstra os vínculos familiares presentes naquela posse no ano de 1837. A princípio, ela contou com famílias do tipo nuclear, com e sem filhos.

Tabela 35. Vínculos familiares na posse de D. Anna Maria do Sacramento, em 1837

Vínculos	Nº de escravos
Casais com filhos -cônjuges -filhos	5 10 5
Casais sem filhos -cônjuges	17 34

Fonte: Partilha dos bens de D. Anna Maria do Sacramento, 1837. AHJF.

Com relação à distribuição do sexo daquelas comunidades cativas em relação ao seu estado conjugal, verificamos que os homens eram em sua maioria solteiros, tanto para o ano de 1831 quanto para o de 1837. As mulheres chegaram a 30,0% no primeiro período e, no segundo, tiveram uma pequena queda, chegando a 26,7% das solteiras. Diferente do ocorrido com as solteiras, as cativas casadas, que já eram a maioria no ano de 1831, elevaram um pouco sua percentagem, quando da partilha ocorrida no ano de 1837, o que leva a crer que o casamento deve ter sido bastante procurado e, quem sabe, incentivado pelos Dias Tostes, mesmo com a aquisição de escravos no tráfico atlântico (Tabela 36).

Tabela 36. Distribuição percentual da população escrava com 15 anos ou mais, segundo sexo e estado conjugal, na posse da família Dias Tostes, 1831-1837

Estado conjugal	Lista de 1831*		Partilha de 1837	
	Homens	Mulheres	Homens	Mulheres
Solteiros	76,2%	30,0%	75,8%	26,7%
Casados	23,8%	70,0%	23,1%	73,3%
Viúvos	-	-	1,1%	-
Total	100,0%	100,0%	100,0%	100,0%

Fonte: Mapas de população. Distrito de Santo Antonio do Juiz de Fora, termo de Barbacena, 1831. APM. Partilha dos bens de D. Anna Maria do Sacramento, 1837. AHJF. *Cabe ressaltar que, no ano de 1831, havia dois escravos casados, respectivamente com 13 e 14 anos, e que estão excluídos desta tabela.

Havia outros casais com filhos entre os escravos inventariados, assim como há registros de casamentos e de batizados dos cativos de Paula Lima nos livros próprios da paróquia de Santo Antonio do Juiz de Fora.[49]

Nessa posse também encontramos uma maior percentagem de mulheres casadas em relação aos homens. Aqui vale a mesma ressalva feita para os cativos de Antonio Dias Tostes. Certamente, essas cifras representam também a razão entre o número de homens e mulheres que se encontravam no interior da propriedade. Estando os primeiros em maioria, o *pool* de mulheres em idade de se casar deve ter sido um tanto ou quanto restrito àqueles homens.

49 Arquivo da Catedral Metropolitana.

Tabela 37. Distribuição percentual da população escrava com 15 anos ou mais, segundo sexo e estado conjugal, na posse do Comendador Francisco de Paula Lima, 1866

Estado conjugal	Homens	Mulheres
Solteiros	67,2%	25,5%
Casados	32,8%	74,5%
Total	100%	100%

Fonte: Inventário *post mortem* do Comendador Francisco de Paula Lima, 1866. AHUFJF. Cartório do 1º Ofício Cível. Para um cativo não conseguimos saber o sexo.

Mesmo assim, conseguimos encontrar, listados nessa fonte, 38 homens/mulheres casados, abarcando, portanto, 76 daqueles indivíduos, o que equivalia a 37,2% do total da posse. Eram 87 escravos, entre filhos, pais e mães – 42,1% do total dos cativos, que pertenceram a algum tipo de família. Pudemos localizar ainda 3 famílias com mães e seus filhos e uma com o pai e o filho. Com relação aos vínculos familiares, essa posse se assemelha à dos Dias Tostes, no ano de 1837 (Tabela 38).

Tabela 38. Distribuição da população escrava segundo vínculos familiares do Comendador Francisco de Paula Lima, 1866

Vínculos	Nº de escravos
Casais com filhos -cônjuges -filhos	11 22 11
Casais sem filhos -cônjuges	27 54
Mães com filhos	3
Pai com filhos	1

Fonte: Inventário *post mortem* do Comendador Francisco de Paula Lima, 1866. AHUFJF. Cartório do 1º Ofício Cível.

Na maioria das vezes, não havia referência à origem dos cônjuges; quando aparecia, apenas um deles era designado, como pode ser visto na Tabela 39. A maioria dos cativos casados, no momento do inventário, não tinha sua origem descrita, totalizando 31.

Tabela 39. Perfil dos casais cativos em números absolutos, segundo sexo e origem, do Comendador Francisco de Paula Lima, 1866

Sexo/Origem	H. Af	H. Cr	Origem do H. não consta
M. Af	-	-	2
M. Cr	-	-	2
Origem da M. não consta	2	1	31

Fonte: Inventário *post mortem* do Comendador Francisco de Paula Lima, 1866. AHUFJF. Cartório do 1º Ofício Cível (H= homens; M= mulheres; Af. = africanos/as; Cr.= crioulos/as).

A comunidade cativa encontrada na propriedade do Capitão Manoel Ignacio de Barbosa Lage era composta por 18 casais, constituindo famílias, e que foram descritos como casados, provavelmente reconhecidos pela Igreja Católica, totalizando 36 indivíduos, ou seja, 30,5% do total de cativos encontravam-se unidos pelo casamento. Deparamo-nos com três mães solteiras, com seus filhos sem indicação alguma dos nomes dos pais.[50] Nessa posse também o número percentual de mulheres casadas excedeu o dos homens (Tabela 40).

Tabela 40. Distribuição percentual da população escrava com 15 anos ou mais, segundo sexo e estado conjugal, na posse do Capitão Manoel Ignácio Barbosa Lage, 1868

Estado conjugal	Homens	Mulheres
Solteiros	67,3	35,7
Casados	32,7	64,3
Total	100,0	100,0

Fonte: Inventário *post mortem* do Capitão Manoel Ignácio Barbosa Lage, 1868. AHUFJF. Cartório do 1º Ofício Cível.

Dentre os cativos que contraíram casamento católico, localizamos apenas um casal entre os escravos que moravam na cidade, Bonifácio pardo, carpinteiro, de 45 anos, casado com Cândida, parda, de 50 anos, aparentemente sem filhos. Os outros 17 casais encontravam-se na fazenda da Boa Esperança. A Tabela 41 nos dá um panorama do perfil dos casais encontrados naquela propriedade, no tocante à variável origem.

50 Inventário *post mortem* do Capitão Manoel Ignácio Barbosa Lage, 1868. AHUFJF. Cartório do 1º Ofício Cível.

Tabela 41. Perfil dos casais cativos em números absolutos, segundo sexo e origem, do Capitão Manoel Ignácio Barbosa Lage, 1868

Sexo/Origem	H. Af	H. Cr	Origem do H. não consta
M. Af	-	-	-
M. Cr	2	1	-
Origem da M. não consta	10	4	1

Fonte: Inventário *post mortem* do Capitão Manoel Ignácio Barbosa Lage, 1868. AHUFJF. Cartório do 1º Ofício Cível. (H= homens; M= mulheres; Af. = africanos/as; Cr.= crioulos/as).

Notamos aí um predomínio de casais em que os homens eram, em sua maioria, africanos (de nação), casados com mulheres que aparentemente não compartilhavam com eles da mesma origem. Em dois desses casos podemos ter alguma evidência sobre a esposa – André de Nação, casado com Joanna crioula, e Silvério de Nação, casado com Julianna. As mulheres designadas como africanas perfizeram um número pequeno e, aparentemente, não foram desposadas por nenhum dos cativos oriundos do continente africano e nem por crioulos. Em todos os casais, o esposo, de origem africana ou não, era mais velho que sua esposa, exceção feita à escrava Theodora, de 35 anos, casada com Nicolau crioulo, à época com 26 anos de idade.

Dos casais listados acima, a maioria possuía, no momento do inventário, filhos designados. Com exceção de Bonifácio pardo e Cândida parda, André de Nação e Joanna crioula, Calixto de Nação e Brígida, Seraphim de Nação e Rita, e Joaquim de Nação e Luiza, que não tiveram listados na avaliação nenhum filho, os demais casais tiveram seus filhos mencionados, no total de 29, entre crianças e jovens. Tivemos ainda a oportunidade de conhecer as relações familiares de 3 escravas, a princípio mães solteiras. Minelvina parda deu à luz três filhos, Rachel de Nação, outros 3 e Joaquina de Nação, 2, ou seja, havia um total de trinta e sete escravos com alguma referência imediata forte, seja com seus pais casados e/ou com as mães. As idades variavam dos 26 anos de Hilário, filho de Fidelis de Nação e Margarida, a um mês, idade de Maria, filha de Antonio pedreiro e Prudência – apenas para um desses filhos não foi possível saber a idade. Essa posse teve, então, famílias do tipo nuclear, casais com ou sem filhos, e grupos matrifocais – mães e seus filhos presentes (Tabela 42).

Tabela 42. Distribuição da população escrava segundo alguns vínculos familiares, na posse do Capitão Manoel Ignácio de Barbosa Lage, 1868

Vínculos	Nº de escravos
Casais com filhos	13
-cônjuges	26
-filhos	29
Casais sem filhos	5
-cônjuges	10
Mães solteiras com filhos	3
- mães	3
- filhos	8

Fonte: Inventário *post mortem* do Capitão Manoel Ignácio Barbosa Lage, 1868. AHUFJF. Cartório do 1º Ofício Cível.

Parece que a propriedade do Capitão Manoel Ignácio contou com o nascimento de cativos no incremento de sua posse. Se somarmos os escravos detentores de algum vínculo familiar, podemos concluir que 76 daquela propriedade, isto é, cerca de 64,4% fizeram parte de algum grupo de parentesco. Esse aspecto pode corroborar então o que foi exposto no capítulo anterior sobre as estratégias desse proprietário no que diz respeito à manutenção/ampliação de sua posse de cativos.

Poucos foram os descritos como portadores de algum tipo de ofício especializado, apenas três: um pedreiro, um carpinteiro e um tropeiro. Diferentemente de José tropeiro, de 38 anos, os outros dois possuíam laços afetivos e familiares. O carpinteiro Bonifácio pardo, de 45 anos, casado com Cândida parda, de 50 anos, residentes na cidade, e ainda Antonio pedreiro, casado com Prudência, moradores na fazenda da Boa Esperança.

Acima, pudemos ter acesso aos vínculos familiares e aos perfis dos casais nas posses de Antonio Dias Tostes, do Comendador Francisco de Paula Lima e do Capitão Manoel Ignácio Barbosa Lage. Isso nos permitiu vislumbrar as possibilidades de laços familiares dos cativos na primeira e na segunda metade do século XIX. O Gráfico 3 (abaixo) apresenta a percentagem dos escravos com algum tipo de vínculo familiar, segundo o total de cativos das propriedades. Podemos notar que ele demonstra uma curva ascendente entre os anos de 1831 e 1868. Ao que parece, à medida que os anos se passaram, as possibilidades da existência de algum tipo de laço familiar aumentaram. Porém, talvez o que esse gráfico esteja refletindo seja as estratégias distintas dos ditos proprietários.

Gráfico 3. Percentagem de vínculos familiares nas propriedades dos Dias Tostes, Paula Lima e Barbosa Lage, em Juiz de Fora, durante o século XIX

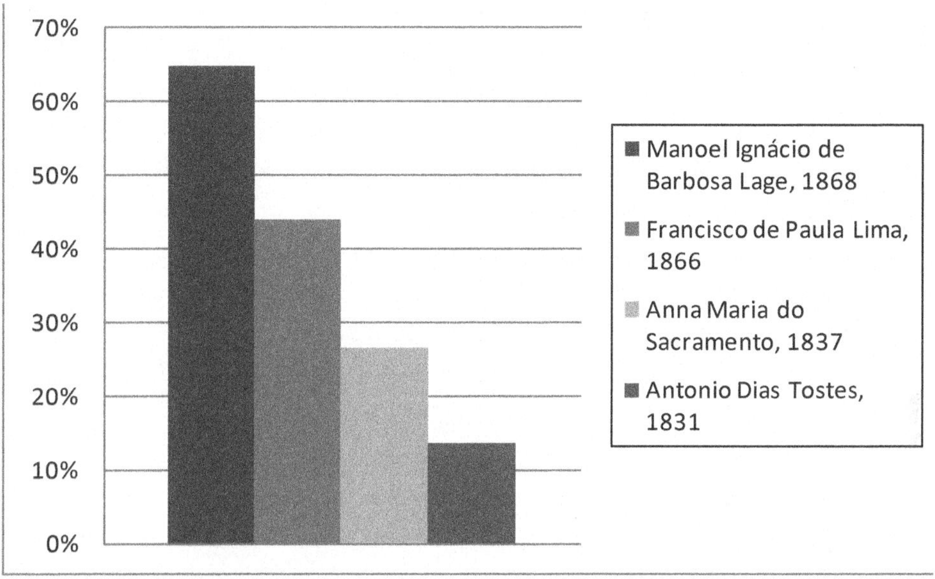

Fonte: Mapas de população. Distrito de Santo Antonio do Juiz de Fora, termo de Barbacena, 1831. APM. Partilha dos bens de D. Anna Maria do Sacramento, 1837. AHJF. Inventário *post mortem* do Comendador Francisco de Paula Lima, 1866. AHUFJF. Cartório do 1º Ofício Cível. Inventário *post mortem* do Capitão Manoel Ignácio Barbosa Lage, 1868. AHUFJF. Cartório do 1º Ofício Cível.

A família de Antonio Dias Tostes possuía, em 1831, 13,6%, de cativos com relações familiares em sua propriedade, percentagem que sobe para 26,7% na partilha de sua esposa, Dona Anna Maria do Sacramento, em 1837. No ano de 1866, encontramos entre as posses do Comendador Paula Lima, 43,9% delas com algum tipo de vínculo familiar. Na propriedade do Capitão Manoel Ignácio de Barbosa Lage existia um percentual de 64,9% com tais laços.

Os Tostes tiveram suas posses no período anterior ao fim do tráfico efetivo (1850). Apesar de todas as dificuldades na aquisição de cativos àquela época, causada, por exemplo, pelo aumento do seu preço, eles devem ter investido ainda mais na sua compra. No caso, homens em idade produtiva, o que certamente elevou a percentagem deles, dificultando a consecução de laços familiares, legítimos ou ilegítimos. Outra hipótese a ser levantada é a de que, em 1831, a posse era mais nova, constituída por escravos (adultos) comprados, que só depois vieram a ter filhos.

Entretanto, cabe a ressalva de que entre 1831 e 1837 houve um aumento desses vínculos, talvez consequência de uma nova estratégia na manutenção/ampliação de suas posses, com o incentivo de relações familiares.

Tal situação deve ter sido diferente para Francisco de Paula Lima e Manoel Ignácio Barbosa Lage, que já possuíam escravarias mais equilibradas. Com a impossibilidade de uma farta oferta de cativos, pelo menos como as do período anterior ao ano de 1850, devem ter, quem sabe, incentivado as relações entre os seus. Isso fica patente diante da superioridade dos vínculos familiares encontrados em suas propriedades comparados com os encontrados para os Dias Tostes, em 1831 e 1837.

Provavelmente, reduziram o ritmo de compra e, com isso, o grupo de escravos passou cada vez mais a se aproximar de uma população "normal" com mais casados/viúvos e mais crianças – isto é, não houve necessariamente uma mudança de intenções por parte dos senhores – embora a hipótese faça sentido.

Verifica-se que as propriedades estudadas possibilitaram aos cativos, até certo ponto, um convívio familiar, assim como a constituição da família em suas "múltiplas formas". A análise das relações de parentesco espiritual nos pode ajudar a conhecer um pouco mais como se estruturaram as redes de solidariedade e reciprocidade daqueles indivíduos.

O PARENTESCO ESPIRITUAL: EM BUSCA DE SOLIDARIEDADES

O batismo cristão se mostrou, no âmbito da sociedade brasileira, uma instituição forte e almejada por todos os estratos da população. Significava a entrada do pagão no seio da Igreja Católica e para os cativos não foi diferente. Eles buscaram esse sacramento e estabeleceram, a partir daquele momento, relações de solidariedade e reciprocidade que se consubstanciaram por meio do compadrio (parentesco espiritual/ritual). Para além de seu significado católico, os laços entre afilhados e seus padrinhos, perante a Igreja, extrapolaram o espaço desta e mostraram-se presentes em toda a sociedade.[51] De acordo com Stuart Schwartz,

51 KJFERVE, Tânia Maria G. & BRUGGER, Silvia Maria. "Compadrio: relação social e libertação espiritual em sociedades escravistas (Campos, 1754-1766)". *Estudos Afro-Asiáticos*, Rio de Janeiro, nº 20, 1991. O sacramento do batismo interessava muito aos proprietários de escravos, pois em virtude da instituição do padroado, o Estado português delegou à máquina eclesiástica inúmeras funções, levando as esferas religiosa e civil da vida das populações a estarem pouco diferenciadas. Dentre

> [...] no ato ritual do batismo e no parentesco religiosamente sancionado do compadrio, que acompanha esse sacramento, temos uma oportunidade de ver a definição mais ampla de parentesco no contexto dessa sociedade católica escravocrata e de testemunhar as estratégias de escravos e senhores dentro das fronteiras culturais determinadas por esse relacionamento espiritual.[52]

Tais laços também tinham uma dimensão social fora da estrutura da Igreja. Podiam ser usados para reforçar laços de parentesco já existentes, solidificar relações com pessoas de classe social semelhante ou estabelecer laços verticais entre indivíduos socialmente desiguais. Construído na Igreja e projetado para dentro do ambiente social, "o compadrio significava mais que tudo, a consecução de um laço de aliança que atava, à beira da pia batismal, os pais de uma criança e seus padrinhos".[53]

> As alianças familiares estabelecidas por sangue e casamento ampliavam-se ainda mais com a prática da cultura católica dos laços voluntários do apadrinhamento ritual. A escolha de um padrinho e uma madrinha para batizar uma criança ligava as famílias a redes mais amplas de clientelismo, com trocas constantes de favores ou deferências. Os padrinhos tinham o dever sério e sancionado pela Igreja de guiar o bem-estar espiritual de uma criança; podiam ser chamados para corrigir pais irresponsáveis, ou substituir aqueles que, por morte, doença ou ausência, não podiam cumprir com seus deveres. [...] Uma vez que os padrinhos poderiam ser chamados a substituir os pais verdadeiros, sua escolha era um assunto delicado e produzia um intrincado padrão de parentesco ritual que escorava e espelhava a compreensão da ordem entrelaçada da hierarquia sagrada e secular.[54]

Vários estudos acerca desse tema, embora com métodos, perguntas e inquietações diferentes, indicam alguns padrões que caracterizavam o batismo de escravos no Brasil

essas funções, a que mais interessava aos senhores de escravos dizia respeito à declaração, feita no Registro de Batismo dos inocentes, do nome do seu proprietário, o que lhe garantia a posse efetiva dos mesmos. Cf.: NEVES, M. de F. R. das. "Ampliando a família escrava: o compadrio de escravos em São Paulo no século XIX". In: NADALIN, S. O. & MARCÍLIO, M. L. (orgs.). *História e população: estudos sobre a América Latina*. São Paulo: Abep/IUSSP/Celade/Fundação Seade, 1990.

52 SCHWARTZ, *op. cit.*, 1989.

53 GÓES, *op. cit.*, p. 105.

54 GRAHAM, Sandra, *op. cit.*, p. 69-70.

e a formação de laços de parentesco espiritual (compadrio). De acordo com a condição social a que estavam submetidos, estabeleceram várias opções de compadrio.[55]

Stanley Stein percebeu o ato do compadrio como um dos momentos de reforço das relações familiares entre os cativos e seus parentes e amigos. Aquele rito cristão foi bastante importante e, ao que parece, muito respeitado por pais, padrinhos e afilhados. De acordo com o pesquisador,

> Em reforço das relações familiares existiam os laços de compadrio. Esses formavam um triângulo com os filhos, os pais, e os padrinhos. Parentes ou amigos íntimos podiam tornar-se padrinhos. Sua responsabilidade pelos afilhados e sua autoridade sobre eles eram comparáveis às dos pais; em conseqüência, na época do batismo, os pais escolhiam os padrinhos de seus filhos com cuidadosa deliberação. A proteção dos padrinhos se estendia aos afilhados quando os pais não estavam em condições de cuidar dos filhos. Além disso, sendo comuns os casamentos na mesma família, as relações de compadrio freqüentemente se acrescentavam aos laços familiares. O padrinho, fosse ele parente ou amigo, não somente se achava ligado ao afilhado, mas formava simultaneamente novos laços com os pais da criança, que ficavam sendo seus compadres.[56]

As percentagens de crianças legítimas e naturais foram bastante equilibradas entre as escravarias dos Dias Tostes e dos Paula Lima, no entanto, os Barbosa Lage possuíram uma maioria de cativos legítimos. As três famílias senhoriais levaram ao batismo muitos cativos. Nesse aspecto, sobressaíram-se os Dias Tostes, com 194 escravos batizados, seguidos pelos Paula Lima e pelos Barbosa Lage, que levaram quase que o mesmo número de batizandos à pia, respectivamente, 128 e 126. Em números absolutos, os Dias Tostes e os Barbosa Lage também foram os que mais

55 Cf. COSTA, Emilia, *op. cit.*; GUDEMAN, S. & SCHWARTZ, S. "Purgando o pecado original: compadrio e batismo de escravos na Bahia no século XVIII". In: REIS, João José (org.). *Escravidão e invenção da liberdade: estudos sobre o negro no Brasil*. São Paulo: Brasiliense; Brasília: CNPq, 1988, p. 41; GUEDES, Roberto. "O parentesco ritual na freguesia de São José do Rio de Janeiro". *Sesmaria – Revista do NEHPS*, Campo Grande, ano 1, nº 1, 2001; BOTELHO, *op. cit.*, 1994; NEVES, *op. cit.*; KJFERVE & BRUGGER, *op. cit.*; RIOS, Ana Lugão. *Família e transição*. Dissertação (mestrado em História) – UFF, Niterói, 1990; GÓES, *op. cit.*

56 STEIN, Stanley. *Grandeza e decadência do café no Vale do Paraíba, com referência especial ao município de Vassouras*. São Paulo: Brasiliense, 1961, p. 178.

levaram crianças escravas legítimas, ou seja, filhos de uma união sancionada pela Igreja, àquele sacramento cristão. Os Paula Lima tiveram pouco mais da metade de escravos legítimos em suas posses, totalizando 65 (50,8%). O Capitão Manoel Ignácio Barbosa Lage e seus descendentes, ao que parece, continuaram incentivando o nascimento de crianças em suas posses e, por conseguinte, o casamento legalmente formalizado de seus cativos, o que pode ser percebido pela alta percentagem de legítimos (101), equivalendo a 80,2% dos batizandos. A única família em que a maioria dos escravos foi fruto de relações ilegítimas, consequentemente naturais, foi a dos Dias Tostes, que, de acordo com os registros paroquiais de batismo, contou, durante aquele período, com 114 cativos, 58,8% descritos como naturais (Tabela 43).

Tabela 43. Percentagem de legítimos e naturais, batizados pelos Dias Tostes, Paula Lima e Barbosa Lage, entre fins do século XVIII e XIX*

Famílias/ Legitimidade	Dias Tostes	%	Paula Lima	%	Barbosa Lage	%	Total	%
Legítimo	78	40,2	65	50,8	101	80,2	244	54,5
Natural	114	58,8	58	45,3	23	18,3	195	43,5
Não consta	2	1,0	5	3,9	2	1,6	9	2,0
Total	194	100	128	100	126	100	448	100

Fonte: Livros de Registro de Batismo da Catedral e da Cúria Metropolitana do Juiz de Fora. *Este índice contempla todas as crianças batizadas, inclusive as filhas de escravos das ditas famílias que, a partir de 1871, eram de condição social livre e também algumas libertas na pia batismal.

A família Tostes levou ao sacramento do batismo 194 crianças (cativas e livres/libertas). A maioria foi descrita como natural (ilegítimo), ou seja, fruto de uma relação não sacramentada pela Igreja Católica, o que não quer dizer que os escravos não tivessem seus pais presentes – eram 114 crianças (58,8%). Sobre a ausência dos pais dos batizandos, Botelho atentou para o seguinte:

> [...] a possível ausência do pai escravo deve ser posta em dúvida, já que pode estar sendo influenciada pela documentação utilizada. Apenas os laços conjugais legalmente sancionados eram levados em consideração. Assim muitos núcleos familiares que apareciam constituídos apenas de mãe e filhos poderiam na verdade contar com a

> presença de um parceiro masculino fixo, que também dividiria atribuições e encargos.[57]

Os padrinhos e as madrinhas dos escravos da família Dias Tostes encontravam-se em todas as camadas da sociedade daquela época. Como se pode observar na Tabela abaixo, as madrinhas escravas estiveram, na celebração daquele sacramento, na maior parte das vezes com padrinhos de mesma condição que a sua, o mesmo acontecendo com os padrinhos, 25 (12,9%). Elas também estiveram amadrinhando três crianças, porém, nesse caso, não foi possível conhecer a condição de seus parceiros. Entre aqueles de que foi possível detectar o *status* jurídico, os livres, com parceiros de condição diversa, perfizeram o segundo maior contingente com os padrinhos, participando de 7,7% dos batismos e as madrinhas, de 11,9 (Tabela 44).

Tabela 44. Condição social dos padrinhos dos batizandos, filhos de mulher escrava, da família Dias Tostes, fins do século XVIII e XIX

Condição social		Madrinhas							
		Escrava	%	Livre	%	Não consta	%	Total	%
Padrinhos	Escravo	25	12,9	1	0,5	3	1,5	29	14,9
	Forro	-	-	-	-	2	1,0	2	1,0
	Livre	-	-	6	3,1	9	4,6	15	7,7
	Não consta	3	1,5	16	8,2	129	66,5	148	76,3
	Total	28	14,4	23	11,9	143	73,7	194	100

Fonte: Livros de Registro de Batismo da Catedral e da Cúria Metropolitana do Juiz de Fora.

Salta aos olhos o grande número de padrinhos e madrinhas que não tiveram suas condições descritas pelos párocos responsáveis por ministrar aquele sacramento, situação que também ocorreu com os Barbosa Lage e os Paula Lima. Pela análise dos nomes, acreditamos que muitos daqueles homens e mulheres se encontravam distribuídos entre indivíduos de condição escrava ou livre/liberta.

Os registros apontam várias pessoas descritas pelo pároco com apenas um nome, indicativo, quem sabe, de sua condição cativa, visto que, se fossem livres, mesmo que pobres, possivelmente teriam seu sobrenome indicado. Todavia, como é sabido, era costume dos libertos e até mesmo dos livres pobres a adição ao seu nome do sobrenome

57 BOTELHO, *op. cit.*, 1994, p. 164. Slenes também discutiu esse aspecto e tem hipóteses interessantes sobre essa situação. Ver SLENES, *op. cit.*, 1999.

de seus ex-proprietários, senhores ou "patrões".[58] Contudo, nem no caso dos possíveis cativos ou dos livres houve a possibilidade de designação da condição, o que elevou as cifras dos padrinhos e das madrinhas com *status* jurídico desconhecido. Talvez esses números possam demonstrar que houve a preferência, por parte dos pais daqueles batizandos, de tecer relações de parentesco social com indivíduos de condição superior à sua. Se essa gama de padrinhos e madrinhas fosse cativa, certamente sua situação não nos escaparia, pois, junto à sua indicação, viria o nome de seu proprietário. Não houve nenhum caso de apadrinhamento em que o padrinho fosse de origem divina (Nossa Senhora etc.), e dos batizandos somente quatro não possuíram padrinhos, e, no caso das madrinhas, esse número sobe para doze.

Na posse dos Barbosa Lage, apesar do alto percentual dos padrinhos e das madrinhas de que foi possível saber a condição, a maioria deles era escrava, 65 (51,6% do total). Acerca da preferência pelos padrinhos e pelas madrinhas escravos(as), em seu estudo sobre a escrava Caetana e sua luta em não aceitar o casamento que lhe foi imposto por seu senhor, Graham apontou para um aspecto interessante nas relações de compadrio entre os escravos. De acordo com ela,

> Em vez de competir por padrinhos livres, esses escravos se apadrinhavam mutuamente. Ao servir de padrinho, o cativo ganhava seus próprios dependentes e seguidores fiéis, reproduzindo na senzala os padrões de clientelismo que, em geral, se pensa que incluíam os cativos apenas como recebedores de favores, não como protetores. Os laços que ligavam alguns escravos excluíam outros, marcando ainda mais uma hierarquia entre eles. [...] Os escravos não se enganavam ao ver vantagens em padrinhos cativos. Consideremos o significado das relações de Caetana. Sem dúvida, faltam os laços com padrinhos livres, com os benefícios tangíveis que poderiam oferecer: intervenção protetora ou de apoio junto ao senhor, talvez até a alforria. Não obstante, outro escravo, especialmente um da mesma fazenda, podia ser mais acessível e confiável, alguém inclinado a ter em alta consideração o afilhado e os pais e responder com mais rapidez ou generosidade a alguma necessidade. Cativos de consideração, como Alexandre e Luísa Jacinta, poderiam ser

58 Com relação à incorporação do nome/sobrenome do senhor por parte dos libertos, os autores se dividem entre aqueles que não vislumbram esta hipótese e entre os que apoiam outra, a de que eles associem nomes e sobrenomes. No primeiro caso, ver MATTOS DE CASTRO, *op. cit.*, 1998. Para o segundo, conferir HEBRARD, Jean. "Esclavage et dénomination: imposition et appropriation d'um nom chez lês esclaves de la Bahia au XIX[a] siecle". *Cahiers du Brésil Contemporain*, nº 53/54, 2003, p. 85-89.

> mais eficazes do que padrinhos livres, mas pobres, que mal conseguiam sobreviver nas margens da sociedade branca respeitável.[59]

Logo a seguir vêm os "não consta", que, como tentamos expor acima, podiam ser – e certamente o eram – de condições diversas. Contudo, não foi possível saber seu *status* jurídico. Ao que parece, a comunidade cativa daquelas posses se apoiava fortemente em seus "iguais", no que diz respeito ao apadrinhamento das crianças filhas de mulher escrava. Houve também, embora de maneira menos intensa, o apadrinhamento por indivíduos de condição superior à dos pais daquelas crianças. Nesse caso, percebemos um cativo sendo apadrinhado por uma madrinha forra e um padrinho escravo. Houve ainda o batismo de uma criança, tendo ambos os padrinhos libertos, e outra, cujos padrinhos eram forros (Tabela 45).

Tabela 45. Condição social dos padrinhos dos batizandos, filhos de mulher escrava, da família Barbosa Lage, século XIX

Condição social		Madrinhas									
		Escrava	%	Liberta	%	Forra	%	Não consta	%	Total	%
Padrinhos	Escravo	65	51,6	-	-	1	0,8	5	4	71	56,3
	Liberto	-	-	1	0,8	-	-	-	-	1	0,8
	Forro	-	-	-	-	1	0,8	-	-	1	0,8
	Não consta	1	0,8	-	-	-	-	52	41,3	53	42,1
	Total	66	52,4	1	0,8	2	1,6	57	45,3	126	100

Fonte: Livros de Registro de Batismo da Catedral e da Cúria Metropolitana do Juiz de Fora.

O apadrinhamento entre os escravos da Família Paula Lima aproxima-se mais dos padrões encontrados para os Dias Tostes. Percebe-se nesse aspecto um alto índice de padrinhos e madrinhas sem indicação de sua condição. Notamos que as madrinhas escravas possuíram, como padrinhos, apenas cativos de mesma condição que a sua. Já os homens dessa condição apadrinharam ainda com uma forra e de duas não constam dados. Entretanto, nessas posses parece que houve uma maior predileção na busca por padrinhos de condição social superior à dos pais dos batizando. Notamos que 23 madrinhas livres estiveram presentes à celebração do sacramento com padrinhos de condições diversas, cinco deles livres, havendo ainda um outro padrinho livre com

59 GRAHAM, Sandra, *op. cit.*, p. 73-75.

uma madrinha de que não constam informações. Como já dissemos, a única forra que encontramos teve como parceiro um escravo (Tabela 46).

Tabela 46. Condição social dos padrinhos dos batizandos, filhos de mulher escrava, da família Paula Lima, século XIX

Condição social		Madrinhas									
		Escrava	%	Livre	%	Forra	%	Não consta	%	Total	%
Padrinhos	Escravo	14	10,9	-	-	1	0,8	3	2,3	18	14,1
	Livre	-	-	5	3,9	-	-	1	0,8	6	4,7
	Não consta	-	-	18	14,1	-	-	86	67,2	104	81,3
	Total	14	10,9	23	18,0	1	0,8	90	70,3	128	100

Fonte: Livros de Registro de Batismo da Catedral e da Cúria Metropolitana do Juiz de Fora.

Na Tabela abaixo, encontramos os percentuais dos batizandos nascidos antes da Lei do Ventre Livre. Excluímos, portanto, os filhos de mulher escrava, batizados por aquelas famílias a partir de 1871. Os Barbosa Lage, que sempre levaram muitos cativos ao sacramento do batismo, tinham uma percentagem de 84,5% de crianças legítimas, corroborando talvez sua aparente preferência pelo aumento de suas posses de cativos por meio do nascimento de crianças. Apesar de termos apontado que Antonio Dias Tostes se utilizou do tráfico para a manutenção/ampliação de sua posse, parece que, sobretudo a partir da segunda metade do século XIX, seus herdeiros conseguiram incrementar suas propriedades por meio também do nascimento de crianças. Foram 64 escravos legítimos ou 50,8%. Os Paula Lima tiveram um total de 52 crianças legítimas (50,1%), dos 102 cativos nascidos anteriormente à lei de 28 de setembro de 1871, levados por aquela família ao sacramento do batismo.

Tabela 47. Índice de legitimidade entre crianças escravas das famílias Barbosa Lage, Dias Tostes e Paula Lima, fins do século XVIII e XIX

Famílias	Número de crianças	% legítimo
Barbosa Lage	78	84,5
Dias Tostes	64	50,8
Paula Lima	52	50,1

Fonte: Livros de Registro de Batismo da Catedral e da Cúria Metropolitana do Juiz de Fora. Esta tabela corresponde às crianças cativas, ou seja, contempla aquelas nascidas antes da Lei do Ventre Livre.

Os percentuais de nascimento de crianças legítimas, consequentemente fruto de uma união sacramentada pela Igreja, não são tão baixos, se comparados com outras regiões.[60] Eni de Mesquita Samara destacou que, "embora predominassem entre os escravos os solteiros, as porcentagens de famílias constituídas legitimamente ou através de uniões consensuais são representativas e talvez comparáveis aos dados referentes à população livre e pobre".[61]

É preciso ressaltar que a ilegitimidade foi um fato comum na vida brasileira, tanto entre as de ascendência africana quanto as de origem europeia. Entretanto, as populações com ilegitimidade elevada não viviam desprovidas de laços familiares. Por meio dos registros de batistério, na São Paulo urbana do século XIX, Kuznesof encontrou "a presença de pais e, mais especialmente, de avós, nas cerimônias de bebês ilegítimos".[62]

Ainda a esse respeito, Eliane Cristina Lopes apontou que os costumes africanos muitas vezes contribuíram para a resistência às uniões sacramentadas. Segundo ela, os cativos possuíam pontos de vista diferentes dos europeus em relação, por exemplo, ao adultério, ao casamento e à bastardia. Para essa pesquisadora: "O ilegítimo, então, não se tornou problema entre as nações africanas, uma vez que o sangue se transmitia pela mãe e o papel do pai era pouco solicitado, cabendo ao tio, 'irmão da mãe', muitas das tarefas paternas de educação e manutenção das crianças seus sobrinhos".[63]

Segundo Roberto Guedes Ferreira,

---

60 Em Vila Rica, em 1804, Ramos constata a presença de 2% de filhos de escravas casadas legalmente perante a Igreja; na Freguesia de São José da Cidade do Rio de Janeiro, entre 1802 e 1821, Ferreira encontra 6,8%; Brugger, analisando São João Del-Rey, entre 1730 e 1850, encontra um máximo de 19,72% de crianças escravas. Cf.: RAMOS, Donald. "City and country: the family en Minas Gerais, 1804-1838". *Journal of Family History*, vol. 3, nº 4, 1986; GUEDES, Roberto. *Na pia batismal: família e compadrio entre escravos na freguesia de São José do Rio de Janeiro (primeira metade do século XIX)*. Dissertação (mestrado em História) – UFF, Niterói, 2000; BRÜGGER, S. M. J. "Legitimidade, casamento e relações ditas ilícitas em São João del Rei (1730-1850)". In: *Anais do IX Seminário sobre Economia Mineira*. Belo Horizonte: Cedeplar, 2000.

61 SAMARA, Eni de Mesquita. "A família negra no Brasil: escravos e libertos". In: *Anais do VI Encontro Nacional de Estudos Populacionais*. Olinda: Abep, 1988, p. 15.

62 KUZNESOF, *op. cit.*, p. 173.

63 LOPES, Eliane Cristina. *O revelar do pecado: os filhos ilegítimos na São Paulo do século XVIII*. São Paulo: Annablume/Fapesp, 1999, p. 205.

> [...] não se pode afirmar que não houvesse uniões sexuais entre os cativos, mas apenas que elas surgiram fora da norma católica. Deste modo, o que se está a afirmar aqui é que a família, entre os cativos não passava, necessariamente, pelo reconhecimento social dos padres que fizeram os assentos de batismo.[64]

Sobre essa questão, o estudo de Lamur para a fazenda Vossenburg, localizada no Suriname, durante o século XIX, parece-nos interessante. Esse autor concluiu que naquela localidade havia uma grande variedade de uniões conjugais que incluíam a monogamia, a poligamia, domicílios para homem e mulher e, finalmente, domicílios chefiados por mulher. Mesmo havendo a poligamia, a promiscuidade atribuída aos escravos não se sustentava, existindo aspectos diferentes, quais sejam os laços sociais e emocionais entre marido e mulher, caracterizando muitas famílias. Os escravos, segundo ele, "se consideravam casados, apesar de não haverem contraído um casamento legal".[65]

Os filhos escravos legítimos pertencentes à família Dias Tostes eram 78 (40,2%) do total daquelas crianças. Dois cativos (1,0%) que lhe pertenciam não possuíam indicação sobre sua legitimidade, pois eram escravos adultos. Cabe ressaltar que, de todos os cativos batizados por essa família, havia uma maioria escrava 131 (67,5%), logo em seguida vêm os filhos de mulher escrava, que, em virtude da Lei do Ventre Livre, de 28 de setembro de 1871, eram livres, 62 (32,0%), e por último 1 liberto (0,5%).

Essas 78 crianças legítimas eram filhas de pais que tiveram suas relações afetivas sacramentadas pelo rito do casamento católico. Desses casais, 73 (96,0%) eram escravos, ou seja, casais endogâmicos, no que diz respeito à sua condição social. Outros dois casais (2,6%) eram compostos por 2 libertos e 2 escravas, havia ainda 1 cativa casada com um homem (1,4%) cuja condição não pudemos saber. Os outros dois enlaces matrimoniais naquela família tiveram pais sem a designação de sua condição por parte do pároco (Tabela 48).

---

64 GUEDES, *op. cit.*, 2000, p. 146.

65 LAMUR, H. E. "A família escrava no Suriname colonial do século XIX". *Estudos Afro-Asiáticos*, Rio de Janeiro, nº 29, mar. 1996, p. 109.

Tabela 48. Condição social dos pais dos batizandos legítimos da família Dias Tostes, séculos XVIII e XIX

Condição social	Escrava	%	Não consta	%	Total	%
Escravo	73	96,0	-	-	73	93,6
Liberto	2	2,6	-	-	2	2,6
Não consta	1	1,4	2	100	3	3,8
Total	76	100	2	100	78	100

Fonte: Livros de Registro de Batismo da Catedral e da Cúria Metropolitana do Juiz de Fora.

Entre os Paula Lima também houve uma maioria de casais com a condição social escrava, 60 (96,8%), seguidos por três casais de que não houve menção a seu *status* jurídico. Pudemos conhecer também dois casais em que um cônjuge era cativa e do marido não consta a condição. Por último, havia um casal composto por uma mulher de condição livre e um homem escravo (Tabela 49).

Tabela 49. Condição social dos pais dos batizandos da família Paula Lima, século XIX

Condição social	Escrava	%	Livre	%	Não consta	%	Total	%
Escravo	60	96,8	1	100	-	-	61	92,4
Livre	-	-	-	-	1	33,3	1	1,5
Não consta	2	3,2	-	-	2	66,7	4	6,1
Total	62	100	1	100	3	100	66	100

Fonte: Livros de Registro de Batismo da Catedral e da Cúria Metropolitana do Juiz de Fora.

Nas posses da família Barbosa Lage, todos os pais e mães com *status* jurídico conhecido eram escravos. Parece que os casamentos ocorridos entre os cativos daquela família foram fortemente concentrados entre indivíduos de mesma condição social, diferente dos casais da escravaria dos Dias Tostes e Paula Lima, que sacramentaram seu matrimônio com libertos e livres. Havia ainda aqueles pais que não tiveram essa condição anotada pelo pároco, mas cujos filhos eram escravos de algum membro daquela família. Acreditamos que a condição desses "não consta" não fosse livre ou liberta, pois, se assim fosse, provavelmente o pároco a descreveria; a hipótese mais provável e que talvez possa valer também para as outras duas famílias é a de que tenham sido cativos, que o cura não descreveu ou tenha simplesmente feito um registro falho (Tabela 50).

Tabela 50. Condição social dos pais dos batizandos da família Barbosa Lage, século XIX

Condição social	Escrava	%	Não consta	%	Total	%
Escravo	95	100	-	-	95	94,0
Não consta		-	6	100	6	6,0
Total	95	100	6	100	101	100

Fonte: Livros de Registro de Batismo da Catedral e da Cúria Metropolitana do Juiz de Fora.

Sheila de Castro Faria, em estudo sobre Campos dos Goytacases (Rio de Janeiro), século XVIII, considerou fácil entender o casamento entre homens escravos e mulheres livres, já que o *partus sequitur ventrem* (o parto segue o ventre), ou seja, seus filhos seriam livres, pois seguiam a condição social da mãe. Talvez tenha sido esse o raciocínio empreendido pelos cativos dos Dias Tostes e também pelos da família Paula Lima. Sobre os relacionamentos de pais livres e mães escravas, mais difíceis de entender, já que, nesse caso, os filhos seriam escravos, a autora aponta algumas hipóteses:

> [...] a primeira seria a presença do amor ou de preferências sexuais fortes; a segunda, e talvez a mais provável para a maioria dos casos seria o interesse de alguns homens, despossuídos, em ter acesso a terras dos donos das escravas; uma terceira poderia ser a existência de um mercado matrimonial, com uma menor proporção de mulheres livres/forras e disponíveis para o casamento. [66]

Sobre este último aspecto (casamento entre livres e escravos), Francisco Vidal Luna e Iraci Del Nero da Costa puderam perceber que, em Vila Rica, entre os anos de 1727-1826, houve um número significativo desses enlaces matrimonias. De um total de 1.591 casamentos, 200 deles envolveram um indivíduo livre e outro escravo, o que equivale a 12% do total.[67]

Em Santana de Parnaíba (1775-1820), Metcalf encontrou 20% de casamentos envolvendo escravos e pessoas livres. Segundo a autora, esses enlaces possibilitaram aos contraentes a possibilidade de uma vida familiar estável.

66 FARIA, 1998, *op. cit.*, p. 317.

67 COSTA, Iraci Del Nero da & LUNA, Francisco Vidal. "Vila Rica: nota sobre casamentos de escravos (1727-1826)". *África* – Revista do Centro de Estudos Africanos da USP, nº 4, 1981.

> No registro matrimonial é comum encontrar-se uma declaração feita pelo cônjuge livre de que ele ou ela acompanharia o cônjuge cativo. Em geral isso significava que o cônjuge livre viveria na mesma propriedade que o escravo, tornando-se de fato um agregado do proprietário.[68]

Os escravos dos Paula Lima contraíram núpcias em sua maioria com parceiros pertencentes a essa mesma família. Dos 38 casais encontrados nos registros paroquiais de casamento, 35 eram oriundos dela, em apenas dois casos houve a união entre cativos de outros proprietários e cativos dos Paula Lima. Houve, ainda, o casamento entre Emilio, africano livre, e a escrava Ignacia, pertencente à Viscondessa de Uberaba, e filha de Custódio e Mathildes (Tabela 51).

Tabela 51. Enlaces matrimoniais entre os cativos da família Paula Lima, de acordo com a propriedade a que pertenciam os cônjuges escravos e a condição social, séc. XIX

Casais	Escravos da família Paula Lima	%	Escravos de outros proprietários	%	Livres	%	Total	%
Escravos da família Paula Lima	35	92,1	2	5,2	1	2,7	38	100

Fonte: Livros de Registro de Casamento da Catedral e da Cúria Metropolitana do Juiz de Fora.

Localizamos ainda outros cinco casais. Segundo as anotações feitas pelo pároco naqueles registros de casamento, eram todos ex-escravos de algum indivíduo pertencente àquela família senhorial. Todos se casaram na Paróquia do Rio Novo, após a promulgação da Lei Áurea. Provavelmente, esses cinco casais já possuíam um relacionamento afetivo anterior, e que veio a ser legitimado somente nos idos de 1888.

Raquel Pereira Francisco percebeu que, após o 13 de maio de 1888, nos registros de casamento (paroquiais e civis) da cidade do Juiz de Fora, a condição de liberto, ex-escravo, pertenceu ao senhor tal, ex-ingênuo etc. foi mais constante que a cor, nos anos logo após a abolição.[69]

---

68 METCALF, *op. cit.*, 1987, p. 237.

69 FRANCISCO, Raquel Pereira. *Laços da senzala, arranjos da flor de maio: relações familiares e de parentesco entre a população escava e liberta – Juiz de Fora (1870-1900)*. Dissertação (mestrado em História) – UFF, Niterói, 2007, p. 177.

O mesmo ocorreu com os mancípios dos Barbosa Lage (Tabela 52). Foram 20 os casados que tiveram seu relacionamento legalizado por aquela família, de acordo com os registros que conseguimos localizar. Dezesseis desses casais escravos pertenciam ao Capitão Manoel Ignácio Barbosa Lage, à sua esposa ou a seus herdeiros. Os outros quatro não tiveram o nome dos proprietários descritos, entretanto, tiveram como padrinho/madrinha indivíduos pertencentes àquela família.

Tabela 52. Enlaces matrimoniais entre os cativos da família Barbosa Lage, de acordo com a propriedade a que pertenciam os cônjuges escravos e a condição social, século XIX

Casais	Escravos da família Barbosa Lage	%	Não consta	%	Total	%
Escravos da família Barbosa Lage	16	80	4	20	20	100

Fonte: Livros de Registro de Batismo da Catedral e da Cúria Metropolitana do Juiz de Fora.

O mesmo padrão encontrado para as duas famílias acima descritas pode ser encontrado para os 49 casais pertencentes à família dos Dias Tostes, detectados nos registros paroquiais de casamento. Esses proprietários também tiveram uma maioria de escravos (37) casando-se no interior de suas posses. Havia ainda dois casais, dos quais não foi possível conhecer ambos os proprietários, no entanto, o outro senhor era um Dias Tostes, e outros quatro casamentos entre cativos dos Dias Tostes e de outros proprietários (Tabela 53). Esses altos percentuais de cativos casados, com parceiros oriundos da mesma posse, vinculavam-se, como já foi ressaltado pela historiografia, embora não exclusivamente, ao tamanho das propriedades senhoriais. Como bem salientou Motta,

> Claro está que, em um dado plantel, um número maior de escravos poderia significar maior facilidade de escolha do cônjuge, isto é, maior facilidade para a formação interna de casais. Neste sentido, a distribuição dos casados ou viúvos segundo as faixas de tamanho dos plantéis consideradas sugere também que, aparentemente, as uniões envolvendo cônjuges cativos em geral não extrapolavam os limites de cada plantel.[70]

70 MOTTA, *op. cit.*, 1999, p. 307.

Tabela 53. Enlaces matrimoniais entre os cativos da família Dias Tostes, de acordo com a propriedade a que pertenciam os cônjuges escravos e a condição social, século XIX

Casais	Escravos da família Dias Tostes	%	Escravos de outros proprietários	%	Livres	%	Liberto	%	Não consta	%	Total	%
Escravos da família Dias Tostes	37	75,5	4	8,2	3	6,12	3	6,12	2	4,1	49	100

Fonte: Livros de Registro de Batismo da Catedral e da Cúria Metropolitana do Juiz de Fora.

Como já tivemos oportunidade de demonstrar, entre os Tostes houve maiores possibilidades para que os cativos se casassem com indivíduos de outra condição social que não a escrava. Foi possível saber da existência de três casais em que um dos cônjuges era livre e, dos outros três, um deles era liberta. Foi esse sacramento que uniu em matrimônio, no dia 26 de fevereiro de 1884, o viúvo livre, Rufino Elias da Silva, e a cativa Francisca, pertencente à Dona Ritta de Cassia Tostes, viúva de Antonio Dias Tostes, filho de pai homônimo e de Dona Anna Maria do Sacramento. Os outros dois casamentos foram realizados no dia 28 de agosto de 1887, unindo a livre Antonia Maria da Conceição com o escravo Marcelino, e a também livre Deolinda Anna de Jesus e o cativo Ananias, ambos pertencentes à mesma Dona Ritta.

Foi possível ainda conhecer os enlaces matrimoniais de três cativas libertas com seus cônjuges escravos. O primeiro se deu entre Joanna, africana liberta, e Manoel, também africano, escravo do Comendador Henrique Guilherme Fernando Halfeld, genro de Antonio Dias Tostes, e foi celebrado no dia 17 de novembro de 1872. Entre os anos de 1887 e 1888, aconteceu o casamento do escravo Generoso, propriedade de Generoso Dias Tostes, com a liberta Cassiana Maria de Jesus. Já no ano de 1882, aos 31 dias do mês de maio, casaram-se na Igreja Evaristo crioulo, escravo de Dona Ritta de Cassia Tostes, e Philomena Maria de Jesus, liberta. Esse assento de casamento é muito interessante. Nele, o pároco descreveu informações a respeito dos noivos. Sabemos por meio desse assento que Evaristo era natural da Bahia e foi comprado pelo esposo de Dona Ritta, o

Capitão Antonio Dias Tostes, em dezembro de 1873, do senhor Francisco Albino da Costa Freiras; e que Philomena era ex-escrava do casal, nascida e batizada em Juiz de Fora, tendo sido liberta em testamento pelo capitão Tostes.

ESTABILIDADE DAS FAMÍLIAS: DIVISÃO/MANUTENÇÃO NO DECORRER DO SÉCULO XIX

O ato da partilha dos bens de um proprietário foi sem dúvida um dos momentos que mais causou expectativas e tensões para os escravos e suas famílias. A possibilidade de esfacelamento dos laços consanguíneos e espirituais, sempre presentes, chegava ao seu ápice no momento da morte de seus senhores, quando os cativos se deparavam "com aquilo que todos eles temiam muito: a venda para um dono novo e desconhecido".[71] A divisão dos bens de uma pessoa, inclusive os escravos, é alvo de estudo da historiografia e nesse aspecto algumas considerações têm sido feitas.

Segundo Sidney Chalhoub,

> [...] a situação do testamento, e posterior inventário, apresenta sempre um potencial de tensão e conflito: os herdeiros defendem seus interesses, e freqüentemente se desentendem, no processo de partilha dos bens; os agregados e dependentes em geral vivem a incerteza da permanência de arranjos passados; e os escravos, via de regra o elo mais frágil, enfrentam o risco de ver suas famílias e comunidades divididas entre os herdeiros ou bruscamente destruídas por transações de compra e venda.[72]

O tamanho das posses cativas foi fator importante para a estabilidade da família escrava.[73] No ato da divisão dos bens de um indivíduo, esse aspecto fez toda a diferença para as relações familiares dos cativos, pois, não nos esqueçamos, o escravo era um bem, uma mercadoria e, portanto, poderia ser alvo de venda, troca, pagamento de dívidas etc. O "fazer parte" de uma propriedade pequena, média ou grande podia influir não só nessa estabilidade, mas também nas possibilidades de

71 GRAHAM, Sandra, *op. cit.*, p. 153.

72 CHALHOUB, Sidney. *Machado de Assis: historiador*. São Paulo: Companhia das Letras, 2003, p. 20.

73 SLENES, *op. cit.*, 1999; COSTA; SLENES; SCHWARTZ, *op. cit.*

convívio dos membros da família, e na consecução de relações de parentesco, fossem elas consanguíneas ou espirituais/rituais. "[Era nas] unidades médias e grandes que os escravos normalmente conseguiam casar-se com mais frequência e formar famílias conjugais relativamente estáveis".[74] Sem dúvida, os cativos que pertenceram às pequenas propriedades, quando da divisão dos bens de seu senhor, tiveram maiores possibilidades de esfacelamento de suas relações familiares e afetivas, *vis-à-vis* as médias e as grandes propriedades. Para Slenes,

> [...] era possível, nos plantéis com dez escravos ou mais [médias e grandes posses], para a grande maioria das mulheres, se não dos homens, formar uniões sexuais, e criar famílias relativamente estáveis no tempo. O fato de a grande maioria dos escravos casados pela Igreja terem cônjuges pertencentes ao mesmo senhor indica, indiretamente, que não era prática comum nesses plantéis a separação de esposos por venda ou pela partilha de heranças. Também os dados sobre a presença ou ausência dos pais (tabela 4) indicam, que, nos plantéis médios e grandes era possível para os escravos manterem a unidade da família nuclear na grande maioria dos casos, pelo menos até que as crianças chegassem aos 15 anos de idade. [...] Com isto, não quero contestar que a escravidão teve um impacto negativo sobre a família, mesmo nos plantéis médios e grandes. Contudo, o que é importante aqui, em vista da historiografia sobre o assunto, é que a maioria das crianças nestes plantéis passava boa parte de seus anos formativos na companhia de seus dois pais. Foi neste contexto, e não em famílias "quebradas", sem pai presente ou nem mesmo conhecido, que essas crianças foram socializadas.[75]

É necessário ressaltar que, assim como demonstrou Ann Malone em seu estudo para os Estados Unidos, o número dos herdeiros tornou-se uma variável muito importante na manutenção das relações familiares entre os cativos, quanto maior esse número, maior a possibilidade de destruição desses laços.[76]

Herbert Gutman destacou o ciclo de vida dos proprietários como um aspecto a ser considerado no entendimento das possibilidades de organização familiar. Argumentou

---

74 SLENES, *op. cit.*, 1999, p. 72.

75 *Idem, op. cit.*, 1987, p. 221.

76 MALONE, *op. cit.*

que os senhores de escravos atravessavam três fases básicas durante sua vida que influenciariam sobremaneira na socialização e na criação de uma comunidade escrava. Em um primeiro momento, na juventude, haveria a montagem dos empreendimentos, na maioria das vezes com a participação de poucos cativos; a segunda fase se faria presente com a maturidade e a estabilidade "empresarial" desses senhores; a última e derradeira fase chegaria ao fim com a morte do proprietário e a consequente divisão de seu patrimônio, por doações e heranças, o que poderia também acarretar o momento mais crítico para a comunidade cativa.[77] Entretanto, vale ressaltar, mais uma vez, que muitas das famílias senhoriais procuraram não somente por meio do casamento entre seus "pares" manter e/ou aumentar suas posses, essa prática também se deu nos momentos da morte; mesmo com a partilha efetuada perante a lei, muitos deles permaneceram unidos na tentativa de não fragmentar suas propriedades.

Manolo Florentino e José Roberto Góes, em estudo sobre a Província do Rio de Janeiro para o período entre 1790 e 1830, utilizando-se de inventários *post mortem*, tiveram a possibilidade de encontrar 138 famílias cativas, congregando 377 parentes. Afirmaram que a família escrava permanecia unida mesmo depois da partilha dos bens do proprietário e que a maior parte dos parentes ultrapassou essa delicada etapa de suas vidas. Segundo seus dados, três em cada quatro famílias permaneceram unidas após a divisão dos bens. Além de ser uma instituição estável, a família conseguia de maneira bem razoável ultrapassar as barreiras da alta mortalidade de seus membros, em especial das crianças, e em todas as conjunturas do mercado de mão de obra africana. As famílias escravas constituíam-se como o pilar da sua comunidade. De acordo com Florentino e Góes,

> A maior parte dos parentes ultrapassava incólume, pois esta delicada etapa da vida escrava, continuando juntos e, deste modo, preservando o lugar social da criação, recriação e transmissão dos valores escravos, e seu espaço maior de solidariedade e proteção.[78]

A família escrava, na partilha dos inventários, foi um dos temas que mereceu atenção por parte de Cristiany Miranda Rocha, em seu estudo sobre Campinas,

77 GUTMAN, Herbert. *The black family in slavery and freedom*. Nova York: Pantheon, 1976.

78 FLORENTINO, Manolo & GÓES, José Roberto. *Paz nas senzalas: famílias escravas e tráfico atlântico, Rio de Janeiro, c. 1790-1850*. Rio de Janeiro: Civilização Brasileira, 1997, p. 116.

século XIX.[79] Analisando três famílias de proprietários dessa região, chegou à conclusão de que havia a manutenção de famílias escravas e dos filhos menores de 12 anos, não ocorrendo entre as escravarias das famílias senhoriais estudadas por ela nenhum caso de separação de casais. Em pesquisa anterior, ela havia chamado a atenção para o impacto da partilha sobre as famílias escravas:

> Desta forma, consideramos que a avaliação do impacto da morte do senhor sobre a vida familiar dos escravos deve ser feita através de abordagens mais qualitativa, que permita o cruzamento de várias fontes além dos inventários. [...] a simples comparação entre lista de avaliação e partilha do inventário pode produzir imagens distorcidas do cotidiano dos escravos. O acompanhamento das famílias ao longo do tempo e das gerações de proprietários pode nos ajudar a compreender melhor os efeitos causados pelas mudanças na vida dos senhores sobre as famílias de escravos.[80]

Em sua tese de doutorado, utilizando-se do método de intercruzamento de diversas fontes, a pesquisadora ainda pôde perceber que, mesmo quando houve a separação entre pais, mães e filhos, podia ela não ser efetiva. Esses familiares, supostamente separados, eram legados a herdeiros que ainda compartilhavam a mesma posse, como no caso de herdeiros menores, ou, mesmo que assim não fosse, tinham, além da proximidade afetiva, a geográfica, isto é, na prática, aqueles escravos continuavam vivendo com suas famílias ou muito próximos delas.

Uma das questões interessantes, levantadas por Cristiany Rocha, diz respeito à quebra dos laços de famílias antes e após a Lei de 28 de Setembro de 1871, que proibiu a separação de casais ou de pais e seus filhos menores de 12 anos.[81] Estudando as partilhas realizadas em momentos diversos, no decorrer do século XIX, a autora concluiu que,

> Portanto, ao que parece, muito antes da lei de 1871 proibir a separação de casais e de pais e filhos menores de 12 anos (em qualquer tipo de transmissão de propriedade) [Lei de 15 de setembro de 1869], a prática entre os senhores de escravos de Campinas já era a de

---

79 ROCHA, Cristiany Miranda. *Gerações da senzala: famílias e estratégias escravas no contexto dos tráficos africano e interno*. Tese (doutorado em História) – Unicamp, Campinas, 2004.

80 *Ibidem*, p. 107.

81 *Idem*. *Histórias de famílias escravas: Campinas, século XIX*. Campinas: Editora da Unicamp, 2004.

> preservar esses núcleos familiares nas partilhas, sobretudo os casais. Assim, podemos considerar que aquela lei veio formalizar uma prática já existente desde a primeira metade dos Oitocentos.[82]

Rômulo Andrade Garcia, em estudo sobre a comunidade escrava em Juiz de Fora e Muriaé, século XIX, preocupou-se com várias questões. Dentre elas se havia um mercado de famílias escravas naquelas localidades. Utilizando-se, sobretudo, das Escrituras de Compra e Venda de Escravos, o pesquisador demonstrou que,

> [...] a comercialização envolvendo famílias era pouco expressiva no conjunto e atendia quase que exclusivamente, o interesse dos senhores, não havendo respeito aos laços familiares dos cativos. No momento em que a lei favorecia a unidade familiar, ainda assim o que vimos foi um número significativo de casais negociados sem os filhos e de filhos negociados sem os pais.[83]

O falecimento do senhor sem dúvida trouxe expectativas e tensões aos cativos. Segundo Chalhoub,

> [...] o falecimento do senhor era para os escravos o início de um período de incerteza, talvez semelhante em alguns aspectos à experiência de ser comprado ou vendido. Eles percebiam a ameaça de se verem separados de familiares e de companheiros de cativeiro, havendo ainda a ansiedade da adaptação ao jugo de um novo senhor, com todo um cortejo desconhecido de caprichos e vontades.[84]

Em Batatais, a "maioria das famílias arroladas permaneceu totalmente ou parcialmente unida após a partilha".[85] Todavia, como bem atentou Garavazo, essa constatação está longe de significar que a partilha não punha à prova a estabilidade das famílias escravas. Atenta às leis que impunham a manutenção da famí-

---

82 *Ibidem*, p. 57. Esta hipótese já havia sido levantada por Slenes (*op. cit.*, 1999).

83 ANDRADE, Rômulo. *Limites impostos pela escravidão à comunidade escrava e seus vínculos de parentesco: Zona da Mata de Minas Gerais, século XIX*. 2 vols. Tese (doutorado em História) – FFLCH-USP, São Paulo, 1995, p. 365/366.

84 CHALHOUB, Sidney. *Visões da liberdade: uma história das últimas décadas da escravidão na corte*. São Paulo: Companhia das Letras, 1990, p. 111.

85 GARAVAZO, *op. cit.*, p. 240.

lia cativa a partir de 1869 e, posteriormente, pelas de 1871 e 1885, a pesquisadora estabeleceu dois períodos de estudo: o primeiro de 1851/1869 e o segundo de 1871/1887, o que lhe permitiu observar que,

> [...] avaliadas nas duas primeiras décadas iniciais do período [as unidades familiares] foram menos prejudicadas no momento da partilha, já que a proporção de famílias que permaneceu total ou parcialmente unida após a efetivação das partilhas realizadas nesses lustros chegou a 72,0% contra 67,1% verificados nas duas décadas posteriores. Tal resultado não deveria ser esperado, uma vez que a nova legislação imposta ao sistema escravista pós 1869 tinha como objetivo final evitar a separação das famílias.[86]

Não podemos perder de vista que as esperanças dos escravos pesavam no momento da morte do senhor e de sua consequente partilha. Sem dúvida, as relações tecidas por esses cativos com seus senhores devem ter sido levadas em consideração no momento da divisão daqueles mancípios. Os laços engendrados possivelmente foram respeitados pelos senhores, seja pelas relações estabelecidas entre senhores e cativos, seja pelo medo de alguma atitude de revolta diante das expectativas de quebra em suas relações afetivas. Segundo Slenes,

> [...] a família era, de fato, importante para a experiência dos escravos nas fazendas do Sudeste – a tal ponto que a maioria de mulheres e crianças cativas nessas propriedades viviam numa família conjugal "estável" (dentro dos limites definidos por uma alta taxa de mortalidade).[87]

Por meio do conhecimento das famílias que habitavam aquelas posses e, posteriormente, com a análise das partilhas dos bens dos três proprietários, no caso de Antonio Dias Tostes, o de sua esposa, notamos que houve a possibilidade de manutenção dos laços afetivos de pais, mães e/ou filhos. Embora, como podemos observar na Tabela abaixo, a posse do Comendador tenha tido uma maioria de famílias unidas após a divisão dos bens, houve também um número alto de outras, que se esfacelaram (Tabela 54).

---

86 *Ibidem*, p. 241.

87 SLENES, *op. cit.*, 2006, p. 277.

Tabela 54. Estabilidade das famílias escravas dos Dias Tostes, Paula Lima e Barbosa Lage, século XIX

Proprietários	Número de escravos partilhados	Número de famílias partilhadas	Famílias separadas	Famílias unidas
Dona Anna Maria do Sacramento (1837)	185	22	-	22
Comendador Francisco de Paula Lima (1866)	204	42	13	29
Capitão Manoel Ignácio Barbosa Lage (1868)	118	21	-	21

Fonte: Partilha dos bens de D. Anna Maria do Sacramento, 1837. AHJF. Inventário *post mortem* do Comendador Francisco de Paula Lima, 1866. AHUFJF. Cartório do 1º Ofício Cível. Inventário *post mortem* do Capitão Manoel Ignácio Barbosa Lage, 1868. AHUFJF. Cartório do 1º Ofício Cível.

Uma incursão mais aprofundada na fontes permite conhecer os destinos das famílias partilhadas. Na divisão dos bens de Dona Anna Maria do Sacramento, primeira esposa de Antonio Dias Tostes, ocorrida em 1837, havia 185 cativos. Trinta deles foram utilizados para pagar as dívidas do casal, e o restante foi dividido entre os 12 herdeiros e o viúvo. Notamos que houve manutenção de todos os 22 pares – homem/mulher – indicados como casados. Para o pagamento das dívidas, foram escolhidas 2 famílias, uma delas composta por João José, sua mulher Theresa e o filho deles, o crioulo Sebastião, de um ano, que permaneceram juntos. A outra era a de Martins Monjollo, de 24 anos, e sua consorte Francelina Cambinda, de 16 anos.

O viúvo Antonio Dias Tostes recebeu como herança a posse de 12 casais escravos, 8 deles sem filhos e outros 4 com filhos, e ainda Bazílio, viúvo, e os escravos Ricardo Cabinda, 28 anos, e João Benguela, 30 e poucos anos, ambos casados, entretanto, sem a indicação de quem eram suas esposas. Outros seis herdeiros de Dona Ana receberam como legado 8 casais escravos, a maioria deles sem filhos, exceção feita à família de Matheus Gomes, 40 anos, sua esposa Joaquina Benguela, e a filha do casal, Dorothea, crioula de 1 ano e meio. O herdeiro, Manoel José Pires, recebeu o escravo Paulo Caxoeira, casado, com 40 anos, sem a esposa mencionada (Tabela 55).

Tabela 55. Destino das famílias escravas, após a partilha dos bens de D. Anna Maria do Sacramento, 1837

Famílias	Pagamento de dívidas	%	Viúvo	%	Demais herdeiros	%
Nuclear com filhos	1	50,0	4	26,7	1	11,1
Nuclear sem filhos	1	50,0	8	53,3	7	77,8
Homens casados	-	-	2	13,3	1	11,1
Viúvo	-	-	1	6,7	-	-
Total	2	100	15	100	9	100

Fonte: Partilha dos bens de D. Anna Maria do Sacramento, 1837. AHJF.

Apesar dessa aparente estabilidade encontrada na separação dos casais, parece que nem tudo "foi flor" naquela propriedade. Uma análise mais pormenorizada da partilha nos permitiu perceber que várias crianças (faixa etária 1–14 anos) crioulas e africanas foram partilhadas entre os herdeiros, com idades a partir dos cinco meses. A princípio, a partilha dos bens daquela senhora foi extremamente penosa para a estabilidade das famílias escravas. Todavia, é preciso ressaltar que essa talvez tenha sido uma realidade apenas aparente, já que não conseguimos identificar as relações consanguíneas dessas crianças.

Na propriedade do Capitão Manoel Ignácio de Barbosa Lage, segundo seu inventário, houve 21 famílias partilhadas. Independente do tipo de arranjo familiar (18 conjugais com ou sem filho e 3 matrifocais), elas permaneceram unidas. A viúva do Capitão Lage herdou 7 dessas famílias, sendo 3 conjugais sem filhos; 3 conjugais com filhos e uma matrifocal, abrangendo 29 cativos.

Os demais 14 núcleos familiares foram partilhados entre os outros quatro herdeiros, onde havia 48 escravos com algum tipo de vínculo familiar. O Dr. Francisco de Assis Barbosa Lage recebeu, como pagamento de sua legítima, uma família matrifocal que abarcava 4 cativos. A filha do Capitão Manoel, Dona Marianna Cândida Lage Nunes e seu esposo, José Ribeiro Nunes, receberam quatro famílias, todas conjugais e com filhos, totalizando 16 escravos. Dr. Antero José Lage Barbosa herdou 15 cativos, distribuídos em cinco daquelas famílias escravas, três delas com pai, mãe e filhos; recebeu ainda um casal sem filhos, Joaquina de nação, de 22 anos, e seus filhos Benedicta, 7 anos e Daniel, 3 anos. Finalmente, os herdeiros do finado Antonio Augusto Barbosa Lage, filho do inventariante, receberam três casais com seus filhos e um casal sem, totalizando 12 indivíduos escravizados (Tabela 56).

Tabela 56. Destino das famílias escravas, após a partilha dos bens do Capitão Manoel Ignácio Barbosa Lage

Famílias	Viúva	%	Demais herdeiros	%
Nuclear com filhos	3	42,9	10	71,4
Nuclear sem filhos	3	42,9	2	14,3
Matrifocais	1	14,2	2	14,3
Total	7	100	14	100

Fonte: Inventário *post mortem* do Capitão Manoel Ignácio Barbosa Lage, 1868. AHUFJF. Cartório do 1º Ofício Cível.

Essa partilha dos bens foi concluída em 7 de outubro de 1868, ou seja, anterior à Lei de 1869, que proibia a separação de casais. A análise da partilha permite concluir que nenhum casal foi separado de seus filhos menores de 12 anos, aliás, é interessante destacar que até mesmo filhos com idades bem maiores do que essa permaneceram unidos a seus pais. Com exceção de Sebastião pardo, de 14 anos, nenhum outro cativo com idade abaixo desta foi descrito sem seu pai e/ou mãe.

Foi isto o que aconteceu com a família de Antonio, pedreiro, de 45 anos, e sua mulher Prudência, herdados pela viúva inventariante, e que, na partilha dos bens, mantiveram seus vínculos com os filhos Andalixto, de 22 anos, Basílio, de 14, Sérgio, de 11, Anna, de 6, Alexandrina, de 2 anos, e Maria, com 1 mês de vida. Situação semelhante ocorreu com as famílias de Lino de Nação, e Constança, ambos com 50 anos de idade e seu filho Ludovico, então com 22; e a de Matheos de Nação e Clemência, respectivamente, 60 e 35 anos, seus filhos Anselmo (20 anos), Thereza (12 anos); Paulina, adoentada (5 anos), Justino (3 anos), que foram herdados pela filha do Capitão Barbosa Lage. O Dr. Antero José recebeu ainda a família de Fidelis Nação e Margarida, 60 e 50 anos, que tiveram a companhia de seus dois filhos, Hilário, com 26, e Jeronymo, com 22 anos.

Esses exemplos são bastante interessantes, pois nos dão uma amostra do grau de estabilidade das famílias escravas. Ora, ter perto de si um filho com 20 e poucos anos sem dúvida é um indicativo de relações afetivas fortes e duradouras, e é o tipo de relacionamento que esses cativos possuíram. Ainda mais, se esses jovens não eram os primogênitos, pois, como sabemos, os escravos efetivamente descritos nos inventários são somente aqueles que conseguiram sobreviver, os vínculos entre eles podem ter sido ainda mais duradouros. O que podemos notar é que os laços de parentesco e a família foram buscados e preservados pelos escravos, sendo que alguns deles conseguiram manter junto a si seus filhos que vieram a formar suas próprias famílias.

Ao contrário das duas posses acima descritas, na partilha dos bens do Comendador Francisco de Paula Lima, que tinha 42 núcleos familiares em sua escravaria, houve a separação de laços afetivos de 13 famílias, que só aparecem na descrição dos bens e posteriormente não são mais mencionadas. Entretanto, algumas dessas separações parecem não ter se efetivado. A Tabela 57 mostra os destinos desses cativos.

Tabela 57. Destino das famílias escravas, após a partilha dos bens do Comendador Francisco de Paula Lima

Famílias	Viúva	%	Demais herdeiros	%
Nuclear com filhos	4	18,2	-	-
Nuclear sem filhos	17	77,3	4	57,1
Matrifocal	1	4,5	2	28,6
Patrifocal	-	-	1	14,3
Total	22	100	7	100

Fonte: Inventário *post mortem* do Comendador Francisco de Paula Lima, 1866. AHUFJF. Cartório do 1º Ofício Cível.

Na divisão dos bens, coube à viúva Dona Francisca Benedicta de Miranda Lima 108 cativos. Dentre estes, havia 22 núcleos familiares, sendo que 4 deles contavam com pais e seus filhos, outros 17 somente com os casais, sem filhos mencionados, e somente uma com a mãe e seu filho. Dentre esses dezessete, havia três cativas casadas com a nomeação de seus maridos. No entanto, eles não se encontravam na parte que caberia à viúva.

Percorrendo os bens destinados aos outros herdeiros, e de posse dos nomes dos maridos dessas cativas, conseguimos localizá-los entre os bens de três filhos da viúva, todos menores de idade. Eram eles: Marcos, 10 anos, José Rodrigues, 16, e Benjamin, 7. Parece-nos que nesses casos a suposta separação dos laços afetivos entre aquelas famílias não deve ter efetivamente acontecido, pelo menos não nessa partilha, pois provavelmente os filhos menores de Dona Francisca ainda deviam estar compartilhando com ela a mesma posse, o que deve ter permitido àquelas famílias a manutenção de seus vínculos e, quem sabe, espirituais.

A família constituída pelos escravos Caetana e seu filho Justo, de 6 anos, não teve, ao que parece, a mesma sorte, pois o escravinho veio a fazer parte dos bens adquiridos pela viúva. Todavia, sua mãe não foi partilhada com nenhum dos herdeiros, e desaparece em meio à feitura do inventário, sem deixar pistas. Fato semelhante ocorreu com o casal José Rebolo e Victória. Ela também passou a pertencer à inventariante, mas seu marido desapareceu, assim com a mãe do escravinho Justo.

Ocorreu a separação também de dois outros casais: Ana, 50 anos, mulher de Calixto, e Rosa, mulher de Joaquim Antonio. Porém pensamos que, na verdade, tal fato não tenha ocorrido. Dizemos isso, pois os escravos Calixto e Joaquim Antonio receberam do Comendador Francisco de Paula Lima, de acordo com o seu testamento de última vontade, a tão sonhada carta de alforria, com a condição de residirem em companhia de sua mulher "dando ela uma gratificação anual segundo o serviço que prestarem", ou seja, os casais certamente continuaram a manter sua união e com a possibilidade, quem sabe, da alforria das mulheres. Não é difícil imaginar os forros Calixto e Joaquim Antonio poupando o pecúlio anual que receberiam da viúva do Comendador, bem como as gratificações provenientes de outros serviços, com o intuito de libertarem suas amadas e, no caso, também da filha, Maria Joaquina.

Os herdeiros do Comendador partilharam as outras sete famílias descritas, sendo quatro nucleares, duas matrifocais e uma patrifocal. Essa posse também partilhou muitas crianças. A análise dessa propriedade permite visualizar vários meninos e meninas distribuídos entre os herdeiros. Quem sabe seriam os descendentes das 21 famílias nucleares sem filhos que a Tabela acima nos mostra?

Pela análise das fontes consultadas, parece que os cativos daquelas três posses tiveram a oportunidade de manter certa estabilidade de seus laços afetivos e espirituais, criando vínculos espirituais e consanguíneos, até mesmo com indivíduos de *status* social diferente do seu. Outrossim, "o fato de os escravos terem sido destinados a herdeiros distintos não significa necessariamente que a ruptura dos laços parentais estabelecidos realmente ocorreu".[88] As diferenças e as semelhanças entre os grupos conjugais de escravos pertencentes às três famílias senhoriais certamente foram conformadas tanto pelas esperanças dos cativos quanto pelas determinações de seus senhores.

Mas a família, para além do afeto, dos cuidados, das relações engendradas tanto com a comunidade cativa quanto com seus senhores, foi esteio e arrimo para a conquista da liberdade. Aproveitando-se de todas as "brechas" na relação

---

88 GARAVAZO, *op. cit.*, p. 243.

senhor-escravo, sempre com muita astúcia e estratégia, e utilizando-se das experiências conformadas em suas vidas na sociedade escravista de outrora, aqueles escravizados buscaram a liberdade que, para eles, era um projeto coletivo. Negociando, adquirindo pecúlio, revoltando-se, recorrendo à justiça, os cativos e suas famílias conseguiram resgatar do jugo do cativeiro, seus pais, mães, filhos...

CAPÍTULO IV

As alforrias em Juiz de Fora: o caso dos Paula Lima, dos Dias Tostes e dos Barbosa Lage

AS ALFORRIAS NA HISTORIOGRAFIA

"A liberdade", disse um pastor negro, "queimava no coração do negro muito antes que a liberdade tivesse nascido". Foi utilizando-se dessa e de outras aspirações expressas pelos cativos, em período posterior à Guerra Civil americana, que Eric Foner[1] procurou tecer algumas considerações sobre o significado da liberdade para escravos e libertos nos Estados Unidos.

Embora esse excerto diga respeito às expectativas de um afro-americano, o desejo latente de liberdade, quase vital, foi algo esperado pelos escravizados em todas as regiões em que estiveram presentes, e no Brasil não foi diferente. Certamente, os cativos tiveram possibilidades de obter para si e suas famílias, por meio de sua atuação, ganhos dentro do sistema escravista, sempre oscilando entre a autonomia e a dependência. Nesse aspecto, a manumissão constituiu-se numa das possibilidades mais almejadas pelos cativos e seus familiares. Segundo Schwartz, com a alforria, "o ex-escravo assumia nova personalidade e responsabilidades jurídicas".[2] Nos dizeres de Peter Eisenberg, era com a alforria que se dava a "passagem de um indivíduo de uma condição legal de escravo para uma condição legal de livre".[3]

---

1 FONER, Eric. "O significado da liberdade". *Revista Brasileira de História*, São Paulo, vol. 8, nº 16, mar./ago. 1988, p. 10.

2 SCHWARTZ, Stuart B. *Escravos, roceiros e rebeldes*. Bauru: Edusc, 2001, p. 173.

3 EISENBERG, Peter. *Homens esquecidos: escravos e trabalhadores livres no Brasil, séculos XVIII e XIX*. Campinas: Editora da Unicamp, 1989, p. 245.

Em 1857, na província do Rio de Janeiro, uma importante senhora, Dona Inácia Werneck, moradora em Pati do Alferes, solteira e sem filhos, tomou providências para assegurar um futuro melhor à escrava Bernardina e a seus familiares, instituindo-os como herdeiros e dando-lhes liberdade. Essa história, cheia de detalhes e recheada de consequências, levou Sandra Graham a questionar se era muito incomum alforriar escravos, registrando o seguinte:

> Nessa economia moral de troca de favores entre pessoas ligadas por laços íntimos em relações quase sempre marcadamente desiguais, não era raro que os senhores de escravos libertassem um escravo favorito ao morrerem ou na comemoração de um aniversário ou casamento, como remuneração pelos "bons serviços que me prestou".[4]

Muito se tem dito sobre as alforrias como estratégias senhoriais, principalmente com o intuito de inibir ou mesmo engessar possíveis ações coletivas ou individuais daqueles escravos.[5] As manumissões foram um meio, fundamental e eficaz, para o controle social, tanto na Colônia quanto no Império do Brasil. Todavia, como bem assinalou Eduardo França Paiva, do ponto de vista dos cativos as alforrias representavam outra coisa:

> [...] para os escravos as alforrias eram, acima de tudo, o meio mais descomplicado de abandonar o cativeiro em definitivo. Eram, também, a concretização de seu mais premente anseio. Pela manumissão, tudo valia a pena, até mesmo fazer da vida uma representação. Neste caso, os recursos de resistência adotados diferenciam-se bastante dos quilombos, fugas e rebeliões, e, na maioria das vezes, não buscavam romper com o sistema. Nem por isso podem ser classificados como alienação. Na verdade o alvo a ser alcançado, pelo menos de imediato, não era a supressão do escravismo ou a transformação do Estado, mas o abandono da condição de submetido. Nesta perspectiva tornar-se ou fazer-se passar por passivo, amável e

4 GRAHAM, Sandra Lauderdale. *Caetana diz não: histórias de mulheres da sociedade escravista brasileira*. São Paulo: Companhia das Letras, 2005, p. 147.

5 Para uma análise sobre as estratégias senhoriais de manutenção do poder, bem como da construção de uma ideologia da dependência dos cativos para com seus senhores, conferir PEDRO, Alessandra. *As alforrias e o poder senhorial em Campinas (1865-1875)*. Monografia (conclusão de curso) – Unicamp, Campinas, 2006.

> fiel resultou em muitas cartas de alforria justificadas nos "bons serviços prestados", na "lealdade e sujeição", expressões recorrentes nos testamentos [e cartas de alforria] e empregadas mesmo quando se tratava de manumissões pagas. Nesse momento, as estratégias engendradas no dia-a-dia obtinham sucesso. A partir daí, nova fase de adaptações iniciava-se como maneira de garantir a sociabilidade e a sobrevivência dos libertos.[6]

Reforçando essa argumentação, Maria Beatriz Nizza da Silva chamou a atenção para os estudos das alforrias que, faz algum tempo, enfatizavam apenas a perspectiva senhorial em conceder a liberdade a seus escravos, em detrimento das estratégias empreendidas por estes. Sem perder de vista a vontade senhorial, a autora chamou a atenção para o fato de que "A iniciativa de todo o processo foi tomada às vezes pelos escravos e o estudo desses casos revela uma complexidade maior do que aquela que se encontra nos testamentos ou nas cartas de alforria [e – porque não dizer – em outras fontes] passadas pelos senhores em tabelião".[7]

A obtenção da alforria podia acontecer de formas e em momentos diversos na vida de um escravo. O ato do batismo cristão, a morte de seu senhor, as diversas leis sobre a manumissão, que se somaram no decorrer do Oitocentos brasileiro, e as coartações ou quartações são alguns exemplos de como se podia ter acesso à liberdade.[8] Em seu livro *A escravidão no Brasil*, Perdigão Malheiro expôs os "modos

6 PAIVA, Eduardo França. *Escravos e libertos nas Minas Gerais do século XVIII: estratégias de resistência através dos testamentos*. São Paulo: Annablume, 1995, p. 107. Sobre os direitos dos libertos, dos crioulos e dos africanos: "A constituição do Império distinguia os libertos nascidos no Brasil – os crioulos – elevados à condição de cidadãos, dos nascidos na África, que permaneciam como estrangeiros, podendo requerer a naturalização" (OLIVEIRA, Maria Inês Côrtes de. *O liberto: o seu mundo e os outros*. São Paulo: Corrupio; [Brasília, DF]: CNPq, 1988, p. 30). Porém, é importante ressaltar que, mesmo para os crioulos, havia as limitações impostas ao exercício de sua cidadania, o que pode ser percebido nos trabalhos de OLIVEIRA, Maria Inês C. de, *op. cit.*, e KARASCH, Mary C. *A vida dos escravos no Rio de Janeiro (1808-1850)*. São Paulo: Companhia das Letras, 2000.

7 SILVA, Maria Beatriz Nizza da. "A luta pela alforria". In: SILVA, Maria Beatriz Nizza da (org.). *Brasil: colonização e escravidão*. Rio de Janeiro: Nova Fronteira, 2000, p. 297.

8 Quartado ou Coartado era aquele escravo que tinha a obrigação de pagar um valor previamente acordado com o seu proprietário, em um prazo determinado, por meio de prestações para, então, obter sua carta de alforria. De acordo com Maria Inês Côrtes de Oliveira: "Concediam-se as alforrias gratuitas [não só] às 'crias-da-casa' (com frequência filhos ilegítimos dos proprietários), às amas que criaram os senhores e, às vezes, também a seus filhos, a recém-nascidos, no dia do batismo (os 'forros de pia'), a escravos que já tivessem 'tempo de serviço' etc. Muitas vezes, estas

de findar o cativeiro". Segundo ele, a escravidão poderia terminar, primeiro pela morte natural do escravo, segundo, pela manumissão ou alforria, e terceiro, por disposição da lei.[9]

A historiadora Kátia Mattoso definiu, muito bem, as maneiras e as formas pelas quais o ato de alforriar poderia ocorrer:

> [...] ser concedida solenemente ou não, direta ou indiretamente, tacitamente ou de maneira presumida, por ato entre vivos, ou como última vontade, em ato particular ou na presença de um notário, com ou sem documento escrito. Mas, se não há uma ata, faz-se necessário que haja testemunhas comprovantes da alforria. Em geral, esta é concedida em documento escrito, assinado pelo senhor ou por um terceiro, a seu pedido, se ele é analfabeto. Para evitar contestação, tornou-se hábito que o documento seja registrado no cartório em presença de testemunhas. Com muita freqüência ocorre, porém, que se passem anos entre a concessão da alforria e seu registro em cartório.[10]

O certo é que a obtenção das manumissões contou com as estratégias dos cativos, seja por meio da busca por sua liberdade nos tribunais ou estabelecendo-se relações mais próximas com seus senhores. As vontades, as expectativas e as estratégias dos cativos foram de fundamental importância para sua liberdade e a de seus familiares. Tarcísio Botelho ressaltou que, no caso do Brasil, "é imprescindível compreender o processo como se dava à concessão de alforrias e o papel dos alforriados em nossa sociedade, caso queiramos compreendê-la adequadamente".[11]

A alforria, enquanto mobilidade social ascendente, foi questionada por Mary Karasch, para quem esse aspecto das manumissões deve ser relativizado, visto que, muitas vezes, a separação entre senhores e escravos levou estes a uma piora nas suas condições de vida. "Os escravos que pediam alforria, no entanto, faziam-no com freqüência por motivos outros que não a mobilidade social ascendente. Eles

---

alforrias eram concedidas nas datas de importância do calendário senhorial, como batizados, casamentos e formaturas" (OLIVEIRA, Maria Inês Côrtes de, *op. cit.*, p. 24).

9 MALHEIRO, Agostinho Perdigão. *A escravidão no Brasil: ensaio histórico, jurídico, social.* 2ª ed. 2 vols. Petrópolis: Vozes/INL, 1976, p. 82.

10 MATTOSO, Kátia de Queirós. *Ser escravo no Brasil.* São Paulo: Brasiliense, 1982, p. 177-178.

11 BOTELHO, Tarcísio Rodrigues. As alforrias em Minas Gerais no século XIX". *Varia História,* Belo Horizonte, nº 23, jul. 2000, p. 62.

achavam que a liberdade valia as incertezas e desvantagens que muitas vezes a acompanhavam".[12] Ainda sobre essa questão, mais recentemente, Roberto Guedes assinalou que a mobilidade não passava somente pelo pecúlio, mas também e, principalmente, pelo estabelecimento de relações familiares e rituais, como o compadrio e o casamento, muitas vezes mais importantes na hierarquia social do que a obtenção de pecúlio. Diz ele:

> Ademais, havia relativos espaços de mobilidade social, até em termos econômicos, sem perder de vista que, numa sociedade profundamente hierarquizada, a mobilidade social para os de antepassado escravo não implicava obrigatoriamente ser membro da elite econômica, já que, sendo-lhes restrito este tipo de ascensão (como para a maior parte da população), a mobilidade social preferencialmente se dava em meio a grupos subalternos e não deve ser confundida com enriquecimento apenas. Antes, o crucial era a diferenciação social em meio a iguais.[13]

Manuela Carneiro da Cunha, em artigo sobre os "silêncios da lei" com relação às alforrias no Brasil do século XIX, imputou como errados aqueles viam o Estado com papel central no que diz respeito ao direito à liberdade. "Engano histórico" que, segundo ela, se perpetuou por meio das leituras de alguns contemporâneos do Brasil oitocentista, como o inglês Henry Koster. Havia a lei costumeira, entretanto, não havia a positiva. Nas palavras da autora,

> [...] o costume de se alforriarem escravos que apresentassem seu valor era largamente praticado, mas à revelia do Estado; não, porém, que o Estado se opusesse, mas porque não lhe era permitido sancioná-lo em lei, pela oposição daqueles mesmos que praticavam essa regra costumeira.[14]

---

12 KARASCH, *op. cit.*, p. 474.

13 GUEDES, Roberto. *Egressos do cativeiro: trabalho, família, aliança e mobilidade social (Porto Feliz, São Paulo, c. 1798-c. 1850)*. Rio de Janeiro: Mauad X/Faperj, 2008, p. 315.

14 CARNEIRO DA CUNHA, Manuela. "Sobre os silêncios da lei. Lei costumeira e positiva nas alforrias de escravos no Brasil do século XIX". In: *Antropologia do Brasil: mito, história, etnicidade*. São Paulo: Brasiliense/Edusp, 1986, p. 124. Para uma problematização sobre esse trabalho de Manuela Carneiro, conferir DAMÁSIO, Adauto. *Alforrias e ações de liberdade em Campinas na primeira metade do século XIX*. Dissertação (mestrado em História) – Unicamp, Campinas, 1995, cap. II.

E concluiu que esse direito à alforria não existia até antes da Lei de 28 de setembro de 1871, ou Lei do Ventre Livre, que começou a interferir de maneira mais direta na autoridade dos senhores, pois, a partir daquele momento, ficavam livres todos os filhos nascidos de mulheres escravas. Foi somente a partir de então que o Estado, efetivamente, chamou para si a "responsabilidade" de mediar as relações entre senhores e escravos, inclusive no tocante às alforrias. Cunha não negou ações anteriores por parte do Estado, contudo, eram apenas esporádicas, "circunstanciais, excepcionais".[15]

Baseando-se em várias pesquisas sobre o tema, procurou analisar as alforrias e demonstrou, por meio de indícios estatísticos, que grande parte das manumissões obtidas no século XIX foram pagas, algumas delas em dinheiro, e outras em bens móveis, escravos ou bens imóveis. Para ela, "O que vem subentendido nestas práticas é a existência, também silenciada na lei até 1871, mas plenamente vigente no direito costumeiro, do pecúlio do escravo".[16]

"Por que não há nenhuma regulamentação, antes de 1871, de uma prática tão largamente difundida?", perguntou a autora, afirmando, logo a seguir, que não era por esquecimento.[17] Por meio da análise de vários projetos antiescravistas da primeira metade do século XIX, ela apontou algumas tentativas de se legislar sobre as práticas de alforria, procurando tornar lei a inclusão do direito à manumissão, propostas que, entretanto, não se transformaram em realidade.

Na base dessa política de não intervenção do Estado nas práticas de alforria, estava a ingerência no direito de propriedade privada dos senhores sobre seus escravos. Lembremo-nos de que o cativo era um bem como outro qualquer.[18] Os seus proprietá-

---

15 *Ibidem*, p. 125. Carneiro cita algumas dessas situações esporádicas. Silvia Lara apontou algumas normas legais sobre as alforrias no século XVIII. Segundo a pesquisadora, para "a imposição da liberdade por via legal, havia dispositivos herdados da tradição romana que parecem ter tido pouca ou nenhuma aplicação na Colônia" (LARA, Silvia Hunold. *Campos da violência: escravos se senhores na Capitania do Rio de Janeiro, 1750-1808*. Rio de Janeiro: Paz e Terra, 1988).

16 CARNEIRO DA CUNHA, *op. cit.*, p. 127.

17 *Ibidem*.

18 O escravo era uma mercadoria, objeto das mais variadas transações mercantis: venda, compra, empréstimo, doação, transmissão por herança, penhor, sequestro, embargo, depósito, arremate e adjudicação. Era uma propriedade. O ordenamento jurídico da sociedade o constituía como tal, exceto no que concerne à transgressão da lei. Gorender 1985 tem razão, aliás, ao considerar que "o primeiro ato humano do escravo é o crime" (FLORENTINO, Manolo & GÓES, José Roberto. *Paz nas senzalas: famílias escravas e tráfico atlântico, Rio de Janeiro, c. 1790-1850*. Rio de Janeiro: Civilização Brasileira, 1997, p. 31).

rios se ressentiam com as tentativas de se legislar sobre aspecto tão importante quanto o que dava aos cativos a possibilidade de liberdade. Afinal de contas, a prerrogativa de tal "concessão" deveria ser única e exclusivamente atributo do senhor. Em síntese:

> No campo jurídico, o argumento que se opunha a estas propostas era o direito de propriedade, garantido "em toda a sua plenitude" na Constituição de 1824 (art. 179, § 22). Plenitude que supunha o direito exclusivo de o senhor alforriar ou não seu escravo, segundo sua exclusiva vontade.[19]

Esse debate sobre o direito à propriedade privada, um dos eixos fundamentais dos encaminhamentos da chamada "questão servil", também esteve presente na Corte, e de maneira bastante incisiva nas duas últimas décadas da escravidão. Sidney Chalhoub, por meio do estudo de uma crônica de Machado de Assis, datada de maio de 1888, conseguiu perceber, nas "entrelinhas" do autor, essa questão como uma das que permearam os processos históricos das duas décadas precedentes ao fim do escravismo. Para o pesquisador.

> [...] discutir a liberdade de escravos significava interferir no pacto liberal de defesa da propriedade privada e, além disso, era a própria organização das relações de trabalho que parecia estar em jogo. Ou seja, o assunto era delicado porque nele cintilava o perigo de desavenças ou rachas mais sérios no interior da própria classe dos proprietários e governantes.[20]

Apesar de a lei escrita não se pronunciar ou se posicionar sobre as práticas da alforria, a lei costumeira continuava seu ritmo. Entre uma e outra, de acordo com Manuela Carneiro, não há dúvidas de que era o costume que ditava a norma até pelo menos 1871. Contrariamente ao que acontecia com a lei escrita, a lei costumeira contava com uma "opinião pública" que lhe proporcionava um conhecimento e, muitas vezes, servia como instrumento de pressão por parte dos cativos, para que obtivessem a "costumeira alforria" que, apesar da falta de norma escrita, já era uma regra em vigor. Silvia Lara, analisando as *Ordenações Filipinas*, concluiu que "não havia dispositivos

19 CARNEIRO DA CUNHA, *op. cit.*, p. 128.

20 CHALHOUB, Sidney. *Visões da liberdade: uma história das últimas décadas da escravidão na corte.* São Paulo: Companhia das Letras, 1990, p. 99.

específicos relativos à concessão de liberdade aos escravos, embora se reconhecesse que 'em favor da liberdade são muitas coisas outorgadas contra as regras gerais'".[21]

A dependência pessoal e a subordinação eram o que se procurava preservar. A obediência e o direito de propriedade foram as principais justificativas para a não legalização daquele costume. Segundo um parecer de 1854, da seção de Justiça do Conselho de Estado,

> [...] era duro, reconhecia, negar ao escravo o direito à alforria paga, mas razões de Estado o exigiam para que a escravidão não se tornasse mais perigosa do que era. Se, ao contrário, o escravo só pudesse receber sua liberdade das mãos de seu senhor, não só se ressalvava o direito de propriedade, mas não se prejudicaria o sentimento de obediência e subordinação do escravo para com seu senhor, e a dependência em que dele devia ser conservado.[22]

Enfim, esse direito de alforriar, único e exclusivo do senhor, tinha como alvo principal as expectativas de dependência/sujeição dos futuros libertos com relação a seus ex-senhores. Era uma "doação" que podia ocorrer de acordo com critérios dos mais variados (fidelidade, generosidade), que sempre poderia ser revogada por ingratidão do liberto perante seu antigo proprietário, norma estabelecida inclusive em lei.[23]

> A verdadeira sociedade brasileira oitocentista é esse conjunto do escrito e do não-escrito, que não se cruzam, um afirmando relações sem privilégios entre cidadãos equivalentes, outro lidando com relações particulares de dependência e de poder. Coexistem sem embaraços porque, sendo aliados, recortam para si campos de aplicação basicamente distintos: aos livres pobres, essencialmente, a lei; aos poderosos, seus escravos e seus clientes, o direito costumeiro.[24]

---

21 LARA, *op. cit.*, 1988, p. 250.

22 CARNEIRO DA CUNHA, *op. cit.*, p. 132-133.

23 As disposições sobre a revogação das alforrias por ingratidão encontram-se no Título LXIII do Livro IV das *Ordenações Filipinas*. A ingratidão se consubstanciava caso o liberto cometesse "contra quem o forrou alguma ingratidão pessoal, em sua presença ou em ausência, quer seja verbal quer de feito e real". *Ordenações*, Livro IV, Título LXIII, p. 866.

24 *Ibidem*, p. 141-142.

Com relação à América Latina, o caso cubano é interessante. De acordo com Rafael Duharte Jiménez, a história jurídica da manumissão no país foi muito extensa, o que pode explicar as diferenças entre essa ilha e outras áreas do Caribe, em relação à "facilidade" dos cativos em conseguir as alforrias. Essa história jurídica se iniciou com a "Real Cédula del 9 de noviembre de 1526", que tratava do direito de o escravo comprar sua liberdade. Posteriormente, houve diversas outras disposições com o mesmo caráter, finalizando com a Ley Moret ou Lei do Ventre Livre em 1870, que declarava libertos todos os nascidos depois de 17 de setembro de 1868 e os acima de sessenta anos, terminando, finalmente, com a própria abolição em 1880. Ainda segundo Jiménez, o reconhecimento por parte da Espanha do direito de liberdade dos cativos por meio da compra não encontrou resistência entre os senhores escravistas, quando comparado às medidas tomadas pela Coroa com o intuito de liquidar o sistema de *encomiendas*. O autor ainda apontou que, no século XIX, ocorreu um grande desenvolvimento da manumissão, que pode ser percebido pelas análises das diversas fontes, como censos, registros notariais, testamentos e os registros de jornais.[25]

No Brasil, Peter Eisenberg, pesquisando cartas de alforria registradas entre 1798 e 1888 nos cartórios de Campinas (São Paulo), analisou alguns aspectos desse instrumento legal que documentava a passagem dos indivíduos da condição de escravo para a de livre, sugerindo questões que poderiam ser verificadas por meio de pesquisas sobre as alforrias. Naquele momento, o pesquisador já se preocupava e questionava se "a carta de alforria é uma fonte suficiente para estudar o ato de alforriar, e se não existe outra documentação também importante".[26]

Esse questionamento decorreu, dentre outros motivos, pela preocupação de Eisenberg em saber até que ponto era obrigatório o reconhecimento dessa prática:

> [...] uma questão importante é saber se as cartas são completas como fonte para retratar a importância do ato da alforria. A legalidade do ato no Brasil remonta, pelo menos, às ordenações Filipinas (1603), e sobrevivem cartas de alforria com data de 1684. Mas até que ponto era obrigatório registrar a carta de alforria? Somente em 1860, apenas duas décadas antes da abolição, foi aprovada uma lei que obrigou os senhores a registrar em escritura pública a compra e a venda de escravos, cujo

25 JIMÉNEZ, Rafael Duharte. "Apuntes para la manumisión de esclavos en Santiago de Cuba". *Revista de historia y ciencias sociales*, México, Secuencia, 13, 106, 1989.

26 EISENBERG, *op. cit.*, 1989, p. 246.

> valor excedesse 200$000, mas não há menção de registro obrigatório de alforrias. Conforme a Lei do Ventre Livre, Artigo 4, foram garantidos os direitos do escravo de acumular um pecúlio, transferível por herança a seus filhos, e de ter seu valor de alforria estabelecido pela justiça. Essa lei também limitava o tempo de prestação de serviços – que, antes, muitas vezes, ia até a morte do senhor – a sete anos e isentava as alforrias de "quaisquer direitos, emolumentos ou despesas".[27]

A questão da não obrigação legal de se proceder ao registro da carta de alforria também chamou a atenção de Kátia Mattoso, Herbert Klein e Stanley Engerman. Os autores esclareceram que, "embora o registro da carta de alforria não fosse uma obrigação legal, era essencial para garantir a liberdade e os direitos dos alforriados".[28]

Eisenberg destacou outros tipos de fontes que deveriam ser consultadas, com o intuito de melhor conhecer as práticas de manumissão, bem como o número das mesmas. "Que outro tipo de documentação existe para estudar a alforria?"[29]

Respondendo a seu próprio questionamento, apontou uma série de documentos para o estudo das alforrias. Dentre eles, os registros paroquiais de batismos de escravos para o período no qual a criança ainda seguia a condição da sua mãe (*partus sequitur ventrem*); os testamentos e os inventários, que dispunham sobre os bens deixados por um indivíduo após sua morte; a imprensa, que deu destaque ao ato da alforria, sobretudo nos anos finais do escravismo; e os documentos das estações fiscais de Coletorias de Rendas, que realizaram as matrículas entre 1871 e 1887. Havia ainda as situações nas quais, segundo Eisenberg, os escravos podiam ser libertados contra a vontade do senhor, como no caso de guerras, ou quando eram enjeitados ou ainda quando denunciavam os senhores por crimes cometidos. No entanto, diz o autor em destaque, esta é uma documentação que se encontra bastante espalhada em fontes diversas. Atentou

---

27 *Ibidem*, p. 248. "O escravo que, por meio de seu pecúlio, obtiver meios para indenização de seu valor tem direito à alforria. Se a indenização não for fixada por acordo, o será por arbitramento". Lei n. 2.040, art. 4°, § 2°. Colleção das Leis do Império do Brasil de 1871, tomo 1, parte 1. Rio de Janeiro, 1871, p. 147-151.

28 MATTOSO, Kátia Queiroz; KLEIN, Herbert; ENGERMAN, Stanley L. "Notas sobre as tendências e padrões dos preços de alforria na Bahia, 1819-1888". In: REIS, João José (org.). *Escravidão e invenção da liberdade: estudos sobre o negro no Brasil*. São Paulo: Brasiliense, 1988, p. 62.

29 EISENBERG, *op. cit.*, 1989, p. 248.

ainda para a necessidade de uma pesquisa meticulosa, por meio do cruzamento dessas fontes, objetivando evitar as possíveis repetições nelas registradas.[30]

A controvérsia a respeito das "motivações", da sua "complexidade" e das "funções" da manumissão no regime escravista foram alvo das preocupações do pesquisador Stuart Schwartz. Em trabalho sobre as alforrias na Bahia, entre os anos de 1684-1745, procurou tecer algumas considerações a respeito dessa questão. De acordo com ele, o entendimento das alforrias, "como qualquer outro aspecto do regime escravocrata" deve passar pelo conhecimento dos fatores sociais, políticos e econômicos predominantes em um determinado local de estudo.[31] Tarcísio Botelho também chamou a atenção para a mesma questão, alertando que "devemos estar atentos às transformações sofridas por esta instituição ao longo dos tempos e nas diversas regiões da Colônia e Império brasileiros, para que não comparemos fenômenos diferentes".[32]

Tendo como base discussões sobre as diferenças e as semelhanças entre o acesso à liberdade e aos direitos de cidadania na América Latina e na América do Norte, o historiador apontou para o fato de que os pesquisadores "concordam que o acesso à liberdade era mais fácil na América Latina e que a libertação dos escravos era fenômeno praticado em grande escala".[33] Todavia, Schwartz não concorda com a tese de que o alto número de alforrias da América Latina, sobretudo no Brasil, seja um indicativo da benevolência dos senhores com relação a seus escravos, visto que "O mesmo senhor podia tratar muito mal um escravo e libertar outro".[34]

Procurando sintetizar a "figura" do alforriado padrão, com base nas características apontadas por vários estudos sobre o tema, Jacob Gorender indicou qual seria o perfil do alforriado:

30 *Ibidem*. Sheila de Castro Faria, recentemente destacou que "a alforria cartorária, a das cartas de alforria, não era a única forma de um escravo ter sua liberdade legalizada. Havia também as alforrias nos testamentos ou codicilos, na pia batismal, essa última quase sempre de crianças, e as cartas, ou papéis particulares, não registradas em cartório. Todos eram meios legais de se obter e provar a liberdade" (FARIA, Sheila de Castro. "A riqueza dos libertos: os alforriados no Brasil escravista". In: CHAVES, Claudia Maria das Graças & SILVEIRA, Marco Antonio (orgs.). *Território, conflito e identidade*. Belo Horizonte: Argvmentvm; Brasília: Capes, 2007, p. 16).

31 SCHWARTZ, *op. cit.*, 2001, p. 176.

32 BOTELHO, *op. cit.*, 2000, p. 62.

33 SCHWARTZ, *op. cit.*, 2001, p. 172.

34 *Ibidem*, p. 217

> a) maioria de alforrias onerosas e gratuitas condicionais, tomadas em conjunto; b) proporção relevante de alforrias gratuitas incondicionais; c) maior incidência das alforrias na escravidão urbana do que na escravidão rural; d) alforrias mais freqüentes nas fases de depressão e menos freqüentes nas fases de prosperidade; e) maioria de mulheres entre os alforriados, embora fossem minoria entre os escravos; f) elevado percentual de domésticos entre os alforriados; g) maior incidência proporcional entre os pardos do que entre os pretos; h) elevado percentual e velhos e inválidos em geral entre os alforriados.[35]

Esse "modelo" foi testado por vários pesquisadores, em contextos diversos, possibilitando um maior conhecimento das complexidades envolvidas no ato da manumissão. Permitiu também determinar alguns dos padrões comuns, no que diz respeito aos cativos manumitidos e conhecer as singularidades proporcionadas por recortes cronológicos e regionais distintos.

Em 1987, Peter Eisenberg, em outro trabalho fundamental sobre as práticas de manumissão em Campinas, no século XIX, procurou acompanhar as transformações da alforria naquele contexto. Preocupou-se com o conhecimento dos "tipos" de escravos que obtinham a carta de liberdade, bem como quais foram as condições por elas impostas para a obtenção da sonhada liberdade. Nesse sentido, conseguiu demonstrar como, ao longo do XIX, as motivações foram se modificando, repercutindo consequentemente no perfil dos libertados.[36]

Também enfatizou as diferentes experiências vivenciadas por escravos libertos ou alforriados. "Os escravos libertos, ou alforriados, tiveram experiências diferentes de outros escravos, na medida em que eles experimentaram em suas próprias vidas transições do trabalho escravo para o trabalho livre".[37] Sobre o "padrão" das alforrias, exposto por Gorender, Eisenberg salientou que os mesmos variavam segundo "determinações históricas específicas no tempo e no espaço", não existindo um padrão único para o Brasil.[38] E confrontou algumas das conclusões de Gorender. De acordo Eisenberg

35 GORENDER, Jacob. *O escravismo colonial*. 4ª ed. São Paulo: Ática, 1985, p. 354-355.

36 EISENBERG, Peter. "Ficando livre: as alforrias em Campinas no século XIX". *Estudos Econômicos*, São Paulo, 17(2), maio/ago. 1987.

37 *Ibidem*, p. 175-176.

38 *Ibidem*, p. 177.

> Enquanto a maioria da população escrava era masculina, negra, crioula, nas idades produtivas, e empregada como mão-de-obra não qualificada, as alforrias registradas foram desproporcionalmente distribuídas entre escravas mulatas, crioulas, muito jovens ou, em grau menor, muito velhas, empregadas no serviço doméstico.
>
> Nas últimas décadas da escravidão, entretanto, e sobretudo nos últimos anos, este perfil passou por transformações. Embora a economia local tenha experimentado uma prosperidade baseada no café, o número de alforrias aumentou bem mais rapidamente do que a população escrava, e o indivíduo alforriado foi majoritariamente um escravo homem, negro e, por força das leis de 1850, 1871 e 1885, um crioulo na faixa etária mais produtiva de 11 a 49 anos. Estas transformações fizeram com que o alforriado parecesse muito mais com a maioria dos escravos do que antes, o que nos induz a pensar que a prática da alforria, antes bastante seletiva, operou de maneira mais aleatória na década de 1880.[39]

Com relação às características dos alforriados estudados pelo autor em questão, chamam a atenção as hipóteses levantadas por ele sobre a primazia da mulher escrava na obtenção da alforria. Essa superioridade também foi destacada por Schwartz, em estudo já mencionado sobre o período colonial, no qual os registros de manumissão consultados por ele demonstraram uma proporção constante de duas mulheres para cada homem liberto.[40]

Eisenberg expôs duas hipóteses levantadas pela historiografia sobre o tema para explicar essa primazia. A primeira estaria na desproporção entre homens e mulheres, tendo o homem um preço maior do que a mulher em virtude de sua força física. A segunda enfatiza ter a mulher escrava mais oportunidade para estabelecer laços afetivos e/ou sexuais com seus donos, proporcionando-lhe maiores possibilidades de alforria. Todavia, sugeriu ainda uma terceira hipótese para a compreensão desse aspecto e que estaria ancorada nas "circunstâncias especiais da família escrava".[41] Já que o filho seguia a condição legal da mãe, estipulada pelo *partus sequitur ventrem*,

39 *Ibidem*, p. 212.

40 SCHWARTZ, *op. cit.*, 2001.

41 EISENBERG, *op. cit.*, 1987, p. 183.

> [...] a própria família escrava deveria ponderar sobre a importância de salvar da escravidão os futuros irmãos, filhos e netos, através da alforria das escravas. [...]. Assim, fosse a família escrava solidária, fosse ela fragmentada, de qualquer maneira a mulher escrava seria preferida para alforria.[42]

Ligia Bellini, por meio da análise de 356 cartas de liberdade, em que foram alforriados 400 cativos na Bahia Colonial, interessou-se em "explorar os lugares de negociação, cumplicidade, e também esperteza, criatividade e sorte por parte dos escravos".[43] Em seu estudo, chamou a atenção para o alto percentual de alforriados pelos seus senhores por relações de afeição (71%), seja por tê-los criado ou ainda os estar criando, porque "o amavam como se fosse filho"; ou "o haviam criado como filho".[44]

Dos 116 casos que sugerem alguma relação de afeto entre senhores e escravos, em 64 (55%) os manumitidos eram menores. Tal situação a levou a inferir que o fato de ser criança deve ter pesado a favor daqueles infantes na consecução de laços de afetividade com seus senhores. Entre esses 116 escravos, havia uma maioria de mulatos (64%), seguida por crioulos (21%) e africanos (15%). A autora apontou maiores privilégios dos mulatos e dos crioulos na obtenção da alforria como possíveis explicações pela ausência deles nas revoltas escravas que contaram, sobretudo, com cativos africanos, o que pode demonstrar estratégias diferenciadas por parte deles na sua relação cotidiana com seus senhores.[45]

Apesar do afeto e da cumplicidade atribuídos a senhores e escravos, e que podiam possibilitar a estes últimos a liberdade, Bellini ressaltou que "o escravo não deixava de ser também alvo do olhar vigilante e da violência do mesmo senhor, tendo sua vida limitada por ser propriedade de alguém".[46]

---

42 *Ibidem*, p. 184.

43 BELLINI, Ligia. "Por amor e por interesse: a relação senhor-escravo em cartas de alforria". In: REIS, João José (org.). *Escravidão e invenção da liberdade: estudos sobre o negro no Brasil*. São Paulo: Brasiliense, 1988, p. 75.

44 *Ibidem*, p. 80.

45 *Ibidem*. O estudo de Ricardo Pirola lançou novas argumentações acerca deste e de outros sobre a ausência de escravos em revoltas (PIROLA, Ricardo Figueiredo. *A conspiração escrava em Campinas, 1832: rebelião, etnicidade e família*. Dissertação (mestrado em História) – IFCH/Unicamp, Campinas, 2005).

46 *Ibidem*, p. 86.

Alforrias urbanas ou rurais? Esse foi outro aspecto que chamou a atenção dos pesquisadores. Num primeiro momento, enfatizou-se que as residências urbanas seriam o local privilegiado para a obtenção das cartas de liberdade, pois possibilitariam uma gama de oportunidades maior, aberta aos cativos, com a consequente oportunidade de adquirir pecúlio.[47] A esse respeito, Robert Slenes, em sua tese de doutorado, lançou algumas hipóteses para explicar a supremacia das alforrias urbanas *vis-à-vis* as rurais. Além da proximidade entre senhores e escravos, que permitiria maior negociação entre eles, destacou também a maior proporção de escravos domésticos e com qualificação, que podiam alugar-se, arrecadando assim o dinheiro necessário para comprar sua liberdade. Outros dois aspectos são importantes na sua análise: um estaria no elevado custo de vida nas cidades, o que tenderia a tornar mais onerosos os gastos com os cativos, e o outro estaria no maior impacto dos movimentos abolicionistas nos centros urbanos.[48]

Em trabalho sobre as manumissões de cativos em Santiago de Cuba, no período entre os anos de 1815 e 1840, Rafael Duharte Jiménez estudou 1.201 cartas registradas em cartório, em um momento no qual a região passava por um grande florescimento da cafeicultura. Por meio da análise de algumas ordens passadas ao governo colonial de Cuba, no que diz respeito ao reconhecimento do direito às alforrias, concluiu que ela muitas vezes foi entendida como forma de neutralizar a rebeldia e a resistência passiva dos cativos, resistência essa que os levava a serem improdutivos em suas tarefas.[49]

Em Cuba, o autor chegou à constatação de que, em geral, o cativo do meio rural tinha oportunidades muito limitadas para obter sua manumissão, pelo menos antes da velhice, já que para eles as possibilidades de conseguir os valores necessários à compra da carta de liberdade eram muito remotas, pois "En general se tratava de un

47 Segundo Perdigão Malheiro, o pecúlio é "tudo aquilo que ao escravo era permitido, de consentimento expresso ou tácito do senhor, administrar, usufruir e ganhar, ainda que sobre parte do patrimônio do próprio senhor" (MALHEIRO, *op. cit.*, p. 62).

48 SLENES, Robert W. *The demography and economics of Brazilian slavery: 1850-1888*. Tese (doutorado) – Stanford University, Stanford, 1976. Essa ajuda dos movimentos abolicionistas ocorreu, sobretudo a partir da segunda metade do século XIX. Segundo Mary Karasch: "os escravos ambiciosos que quisessem a liberdade antes da metade do século teriam de consegui-la diretamente com seus donos, de instituições de caridade ou de terceiros bondosos e solidários" (KARASCH, *op. cit.*, p. 441).

49 JIMÉNEZ, *op. cit.*

microuniverso económico, tan estrecho que hacía improbable la manumisión antes de la vejez".[50]

Distinta foi a situação dos cativos do meio urbano, para quem foi bem menos difícil conseguir as liberdades ainda jovens, pelo fato de possuírem uma maior mobilidade e "autonomia", o que lhes possibilitou, por meio de variados tipos de trabalho, obter o valor necessário à sua manumissão. Jiménez apontou ainda o auxílio de associações e irmandades de negros livres como financiadoras de ajuda econômica para os pobres das cidades obterem a liberdade.[51]

Outra fonte de explicações para a diferença entre as alforrias nos meios urbano e rural estava relacionada com as necessidades de mão de obra rural, em virtude do *boom* cafeeiro, o que dava vantagem aos escravos urbanos. De acordo com o autor, no campo os senhores gozavam de certa impunidade frente às leis que garantiam os direitos dos cativos, fato mais complicado nas cidades, em virtude da presença do *síndico* que protegia os escravos, levando senhores a um maior respeito à legislação.[52]

Em 14,35% das manumissões estudadas por Jiménez, os mulatos foram os beneficiados; em 3,5%, havia alguma condição, geralmente a de servir até o falecimento do senhor; 27,2% (72) de indivíduos receberam sua alforria sem condição, devido a seus "buenos servicios". Embora poucas vezes as cartas tenham especificado o ofício dos cativos em Santiago de Cuba, há elementos para apontar que a maior parte das manumissões se deu no meio urbano. Esses fatores ajudam a entender por que as cartas de liberdade tiveram altas proporções entre mulheres e crianças, respectivamente, 590 e 203, já os homens que a obtiveram foram 408.[53]

De acordo com Adauto Damásio, em estudo sobre as alforrias em Campinas, na primeira metade do século XIX, as cartas que a concediam, registradas em cartório, não foram as mais utilizadas para libertar os cativos, e sim os testamentos/inventários. Em sua pesquisa, desenvolveu um diálogo constante com o trabalho de Eisenberg, que estudou a mesma localidade. Para Damásio, as preocupações de

---

50 "Em geral se tratava de um microuniverso econômico, tão estreito que era improvável a manumissão antes da velhice." *Ibidem*.

51 *Ibidem*.

52 Um importante trabalho sobre Cuba bem como sobre o papel do *síndico* nas relações de *patronato* pode ser encontrado em SCOTT, Rebecca J. *Emancipação escrava em Cuba: a transição para o trabalho livre – 1860-1899*. Rio de Janeiro: Paz e Terra; Campinas: Editora da Unicamp, 1991.

53 JIMÉNEZ, *op. cit.*

Peter Eisenberg em relação às fontes relativas ao estudo das alforrias são inteiramente pertinentes. Junto às cartas, os testamentos e os registros paroquiais de batismos são fontes importantes, senão essenciais, para o seu estudo no Brasil.[54]

No cruzamento entre as cartas registradas em cartório e os testamentos, o pesquisador percebeu que o número de alforrias constantes dos testamentos e não registradas em cartório, entre os anos de 1829-1838, foi de 86, enquanto Eisenberg encontrou, para o mesmo decênio, 56 cartas de alforria em cartório. Damásio então concluiu que

> O número de alforriados em Campinas neste decênio foi, portanto, 153,57% maior do que as apontadas por Eisenberg, somando assim 142 alforrias (56 + 86). Assim [...] a carta de alforria não foi o instrumento mais utilizado para libertar o cativo, pelo menos em Campinas na primeira metade deste século.[55]

Conclusão que vai de encontro com às alegações de Schwartz, segundo as quais

> Os *libertos* (escravos emancipados) normalmente guardavam em seu poder a carta original, visto que a escravização ilegal de pessoas de cor era sempre um risco, mas para se protegerem e legalizarem plenamente a mudança de "status", o documento era levado ao cartório mais próximo e registrado em livro.[56]

Para Damásio, a explicação para tal diferença residia no fato de que tanto o inventário quanto o testamento eram atos judiciais, portanto, de caráter legal, não sendo preciso qualquer outro documento para o seu reconhecimento. Segundo ele, os escravos que foram alforriados em testamentos/inventários e que registraram suas alforrias em cartório, fizeram isso muito provavelmente pensando em sua mobilidade geográfica, visto que, para tanto, necessitavam de suas cartas para as apresentarem em caso de dúvida quanto à sua nova condição social.

> Nos testamentos, observamos uma porcentagem altamente significativa de alforrias incondicionais (63,85%), o que vimos ser um índice inversamente proporcional aos obtidos por Eisenberg para a

54 DAMÁSIO, *op. cit.*

55 *Ibidem*, p. 10.

56 SCHWARTZ, *op. cit.*, 2001, p. 174 (grifo no original).

> primeira metade do século XIX, também em Campinas, nas cartas de alforrias registradas em cartório.[57]

Em síntese, "as alforrias concedidas em testamento mostraram um perfil de alforriados bastante diverso dos descritos nas cartas de alforria registradas em cartório. [...] dado que talvez seja o mais significativo".[58]

Em sua investigação, o autor percebeu ainda que as mulheres foram proporcionalmente mais alforriadas do que os homens, e o número de alforriados em idade produtiva se mostrou maior do que o apontado para outras regiões. As taxas de alforria acompanharam o crescimento da população campineira de escravos em um período de vigor econômico pelo qual passava a localidade, o que levou o autor a não aceitar a hipótese que correlacionava o crescimento do número de manumissões ao das recessões econômicas. Da mesma forma, essa ascensão econômica teve "pouca conexão ou nenhuma" com as alforrias testamentais, já que apenas duas delas foram compradas e uma outra teve a sua aquisição "recomendada".[59]

Roberto Guedes chegou às mesmas conclusões de Damásio no que concerne às proporções das alforrias em testamentos/inventários e nas cartas de liberdade. Em seu trabalho sobre a localidade de Porto Feliz (São Paulo), em fins do século XVIII e na primeira metade do XIX, por meio da análise de variados tipos de fonte, Guedes também encontrou mais escravos alforriados em testamento/inventário do que nas cartas registradas em cartório. Além das hipóteses já levantadas por outros autores para explicar essa situação, como a da confirmada legalidade dos testamentos e de outros documentos, o autor destacou o reconhecimento social como legitimador daquelas alforrias.[60]

De acordo com Ferreira: "Mais importante, pode ser que bastasse declarar *perante muita gente*: era o reconhecimento social da alforria".[61] Entre 1806 e 1868, o autor encontrou 130 cartas de alforria que diziam respeito a 147 cativos. Porém, no exame feito nos testamentos, nos inventários e nas verbas testamentárias, Guedes

57 DAMÁSIO, *op. cit.*, p. 25.

58 *Ibidem*, p. 31.

59 *Ibidem*, p. 29.

60 GUEDES, Roberto. *Egressos do cativeiro: trabalho, família, aliança e mobilidade social (Porto Feliz, São Paulo, c. 1798-c. 1850)*. Rio de Janeiro: Mauad X/Faperj, 2008.

61 *Ibidem*, p. 187 (grifos do original).

Ferreira verificou um total de 495 libertos, 11,6% da população daquela localidade que era de 1.506 cativos, ou seja, "em quase 90 anos foram libertados 495 escravos, 5,5 ao ano, mais do que o dobro das lançadas em notas".[62]

Recentemente, Lizandra Meyer Ferraz estudou as alforrias em Campinas, nos períodos de 1836-1845 e 1860-1871. Utilizando-se de quatro fontes principais (testamentos, inventários *post mortem*, autos de prestação de contas testamentárias e escrituras notariais de carta de alforria), estabeleceu um diálogo constante com os trabalhos de Eisenberg e Damásio sobre a mesma localidade. E chegou à constatação de que houve um grande número de alforriados nos testamentos/inventários maior que no cartório, corroborando as conclusões de Damásio.[63]

A autora reforçou a necessidade de se realizar um cruzamento entre alforrias, inscritas em testamentos, inventários, cartórios e registros paroquiais – sugestão levantada por Peter Eisenberg. Fazendo uso desse procedimento metodológico, destacou que a população forra do município campineiro foi maior do que a exposta no trabalho de Eisenberg. Ainda de acordo com esse trabalho, a procura dos escravos pelo cartório só aumentou na segunda metade do século XIX, em virtude de maior utilização, por parte da sociedade, de tal comprovante.

Lizandra Ferraz destacou também que houve maior índice de formalização nos inventários em cartório entre os alforriados, do que entre os libertos no testamento. Como explicação para esse padrão, argumentou que ele se deu em virtude de ser o testamento um instrumento público, assim como a prestação de contas testamentária. Existiu, nos dois períodos estudados, um perfil diverso dos alforriados em testamento e no inventário, em virtude do caráter filantrópico que esses documentos apresentavam, pois atestavam as últimas vontades de senhores e senhoras escravistas. A autora sugere que,

> [...] para certos grupos de escravos alforriados nos processos de herança, a formalização do registro no cartório era desnecessária enquanto que [sic] para outros grupos – possivelmente os menos agraciados com a prática de concessão das alforrias – esta formalização era essencial. Da mesma maneira, apontamos que a apresentação dos comprovantes de liberdade nos processos de prestação de verbas

62 *Ibidem*, p. 190.

63 FERRAZ, Lizandra Meyer. *Testamentos, alforrias e liberdade: Campinas, século XIX*. Monografia (Conclusão de Curso) – Unicamp, Campinas, 2006, p. 87.

> testamentárias que reconheciam os escravos como forros, influenciou no registro em cartório, i. é., para a maioria dos libertos, cujos comprovantes de liberdade foram apresentados nas verbas testamentárias, a formalização de sua liberdade no cartório não foi realizada.[64]

A pesquisadora constatou ainda que, após a extinção do tráfico internacional de escravos, houve um aumento das alforrias em Campinas, sobretudo entre os cativos pertencentes a grandes proprietários. Todavia, mesmo assim, as taxas eram baixas em comparação com as das pequenas propriedades. Foi, no período entre os anos de 1860 e 1871, que ocorreu a maioria das alforrias condicionais. Para a pesquisadora,

> [...] o aumento desta freqüência deve estar ligado à adoção de uma política senhorial de controle tanto da população cativa (através da expectativa de liberdade) quanto da população liberta (através do recurso da gratidão) numa época em que os primeiros sinais do fim da escravidão já estavam sendo soados.[65]

Os mecanismos de manumissão em Santiago de Cuba, em 1780-1803, foram alvo do estudo de José Luis Belmonte Postigo, que recolheu para o trabalho em questão um total de 536 cartas de liberdade. Belmonte destacou o fato de que, nas sociedades escravistas da América Espanhola, a legitimação da alforria era um processo "natural", uma vez que, na lógica da relação entre senhores e cativos, deveria ser uma oportunidade aberta para eles. Todavia, o pesquisador ressaltou que, por mais amplas que fossem, as alforrias tiveram variações regionais importantes, que levaram à formação de estratos de populações diversas.[66]

Para Belmonte, o ato da manumissão representava o nascimento de um indivíduo. Era a "porta de entrada" do ex-escravo dentro do mundo dos livres, já que, a princípio, dirimia, total ou parcialmente, as relações de subordinação entre senhores e cativos. Porém, a nova condição de liberto não propiciou àquelas pessoas as mesmas condições dadas aos livres, impondo sérias dificuldades em sua nova condição. Para o autor,

---

64 *Ibidem*, p. 87.

65 *Ibidem*, p. 88.

66 POSTIGO, José Luis Belmonte. "Con la plata ganada y su próprio esfuerzo. Los mecanismos de manumisión em Santiago de Cuba, 1780-1803". *Revisto Del Grupo de Estúdios Afroamericanos*, Universidad de Barcelona, nº 3, 2005.

> [...] la manumisión era un acto de creación, de integración del individuo manumitido en la esfera pública, ya que hasta entonces sus actuaciones estuvieron seriamente constreñidas al ámbito de lo privado, a la particular relación que este tuviera con su propietario. Obviamente, la consecución de la libertad por parte de un individuo no significaba su integración dentro de la sociedad de libres en las mismas condiciones que el resto de individuos que conformaban la sociedad de libres. La losa social que significaba su reciente pasado como esclavos junto al prejuicio racial propio de una sociedad antillana con un gran número de pobladores con ancestros africanos, dificultaba de manera extraordinaria las oportunidades de progreso social del liberto.[67]

Ligia Bellini também percebeu essa vinculação entre o ato da alforria e o "renascimento" do liberto na Bahia, explicitando que,

> Apesar das dificuldades que a maioria encontrava para libertar-se do estigma de ter sido escravo, chegar à condição de liberto parecia estar simbolicamente associado a um renascimento, pois nas cartas aparecem alegações do tipo "como se nascera de ventre livre" ou "como se nascesse de pais e avós absolutos senhores de suas vontades".[68]

José Luis Postigo Belmonte, dialogando com a historiografia que teve como foco de estudos Santiago de Cuba, apontou para o fato de ter sido "consenso" pensar-se o período anterior a 1803, no qual ainda não havia um vigoroso sistema de *plantation*, como sendo configurado pelo "paternalismo". Se isso fosse verdade, raciocinou o pesquisador, nesse período deveriam ser encontradas as maiores taxas de alforria gratuitas dadas pelos senhores. Porém, os dados de que ele dispõe indicam outra realidade, totalmente diferente. Em Santiago de Cuba, entre 1780 e 1803, 67% das alforrias foram compradas pelos cativos, outras 14%, por um familiar (geralmente, os progenitores), 9%, gratuitas, 7% gratuitas/condicionais e apenas 1%, comprada por um particular.[69]

Na maioria das vezes, dava-se a carta de liberdade gratuita, mas sob condições, visando aumentar o tempo de dominação sobre o novo liberto, sendo que as "condiciones

67 *Ibidem*, p. 1-2.

68 BELLINI, *op. cit.*, p. 84.

69 POSTIGO, *op. cit.*

variaban desde aspectos morales, religiosos, económicos o utilitarios", porém não era impossível encontrar senhores alforriando seus cativos por uma questão de justiça para com os que consideravam leais.[70] No que concerne ao tamanho das posses, Belmonte sugeriu que os pequenos proprietários procuraram dificultar a liberdade de seus cativos, pois eram sua única fonte de renda, e o faziam dando mais alforrias condicionais do que os grandes. Em Santiago de Cuba, como no Brasil, foram os preços do mercado que influíram no valor das alforrias pagas, havendo uma simetria muito grande entre essas duas variáveis. Com relação ao Brasil, Klein, Mattoso e Engerman argumentaram que:

> [...] a carta de alforria era um ato privado feito entre o senhor e o escravo, segundo o qual se acordava um preço contratual e tradicionalmente se declarava um "justo preço", significando um preço segundo valores correntes no mercado [pelo menos isso era verdade até 1830, quando o preço pago pelo escravo era seu preço de mercado no momento em que foi comprado pelo senhor]. Quando as duas partes não concordavam quanto ao "justo preço", as autoridades legais eram chamadas a estabelecê-lo.[71]

Belmonte Postigo argumentou veementemente contra o que chamou de pseudopaternalismo nas relações entre senhores e escravos. De acordo com ele, os 84% de alforrias compradas (pelo escravo e por familiares) são prova inequívoca dos esforços dos cativos em obterem sua manumissão, transformando-se nos principais agentes de sua liberdade. Ainda de acordo com ele,

> El liberto que había comprado su libertad, se había desvinculado de un grado mayor de relación de subordinación que aquel esclavo que tuviera que estar "agradecido" a la buena voluntad del propietario. Había, por tanto, conquistado su libertad gracias a su esfuerzo y, como consecuencia, el margen de independencia respecto a su antiguo propietario debía ser mayor.[72]

A fim de obterem o valor necessário para a compra de sua manumissão, os escravos santiagueros contaram com suas poupanças, oriundas, na maioria das

---

70 *Ibidem*, p. 5.

71 MATTOSO; KLEIN; ENGERMAN, *op. cit.*, p. 63.

72 POSTIGO, *op. cit.*, p. 14-15.

vezes, dos mais diversos tipos de trabalho. Entretanto, muitas vezes, esses penosos sacrifícios não eram suficientes, e os cativos de Santiago de Cuba recorreram, frequentemente, a empréstimos, sobretudo, de pardos e morenos livres, para completar o valor que deveria ser pago, o que, segundo Belmonte, "explica en buena medida como la población libre de color fue tejiendo, lentamente, redes clientelares entre los esclavos que aspiraban conseguir la manumisión".[73]

Não houve, de acordo com os dados do pesquisador, diferenças significativas na forma como homens e mulheres conseguiram suas alforrias, ambos, na maior parte das vezes, pagaram por sua liberdade. A maioria deles obteve sua manumissão por meio do trabalho pessoal, de sua capacidade de acumular pecúlio e de negociar. Fato surpreendente foi a idade em que se alforriavam homens e mulheres, majoritariamente entre os 26 e 30 anos, ou seja, do ponto de vista econômico, em sua idade mais produtiva. Para o autor, essa "flexibilidade" para outorgar manumissões a esses escravos ocorreu em virtude do abundante mercado de cativos naquela região.

Em Santiago de Cuba, 51,59% dos homens e 58,82% das mulheres alforriados tinham entre 16 e 35 anos,

> [...] edades no sólo en las que se podía obtener mayor trabajo del esclavo, sino también, edades que propiciaba, junto a la paridad porcentual en género, la creación de unidades familiares, lo que favorecía, con el tiempo, el crecimiento porcentual de la población libre de color.[74]

A média de idades das mulheres era menor, ficando em torno dos 27,05 anos, e a dos homens, em 29,69 ou mais. A maioria das que compraram sua liberdade tinha entre 16 e 20 anos, e os homens, entre 26 e 30. Grande parte das alforrias, condicionais ou não, foi dada aos crioulos, provavelmente pela sua maior proximidade com seu senhor e também em virtude do tipo de trabalho que desempenhavam, já que os escravos boçais (africanos) iam para as tarefas rurais, em que havia maiores dificuldades para adquirir pecúlio necessário para a libertação.

A maior parte das alforrias gratuitas não foi dada às crianças ou aos anciãos, apenas 44,3% delas beneficiaram os cativos que se encontravam em idades cuja rentabilidade e produtividade não eram as mais elevadas. O restante foi dado àquela

73 *Ibidem*, p. 17.

74 *Ibidem*, p. 25.

população que se poderia, segundo as argumentações do pesquisador, manumitir em pouco tempo. Isso se deu como uma tentativa, por parte dos senhores, de perpetuar a dominação e a subordinação dos cativos.

As alforrias em Rio de Contas – Bahia, durante o século XIX, localidade que chegou a possuir, na primeira metade do Oitocentos, 70% de população de origem crioula, foram objeto de estudo de Kátia Lorena Novais Almeida. Baseando-se em fontes diversas, tais como cartas de alforria, testamentos, registros de batismos, inventários *post mortem*, ações de liberdade, correspondências da Câmara Municipal e de juízes da Comarca de Rio de Contas, a autora empreendeu pesquisa a respeito dessa área. Rio de Contas tinha como características a pequena vinculação ao mercado externo e produção voltada para os mercados locais e regionais, distantes dos grandes centros urbanos e agrícolas, em que havia uma proximidade maior entre senhores e escravos, e as ocupações se concentravam em atividades agrícolas, particularidades que não impossibilitaram a obtenção das alforrias. Entre 1800 e 1888, foi registrado um total de 1.655 cartas de liberdade, que resultaram na alforria de 1.777 cativos.[75]

Em sua análise sobre os tipos de alforria encontrados em Rio de Contas, Kátia Lorena Almeida percebeu que a maioria delas foi paga, incondicionais (36,7%), seguida pelas não pagas condicionais (31,3%) e pelas gratuitas, que vêm logo a seguir (26,1%). Havia ainda as alforrias pagas condicionais (5,7%), e as não identificadas corresponderam a 0,2%. Segundo a autora, as alforrias onerosas (pagas condicionais e não pagas condicionais) foram quitadas pelos cativos, principalmente com dinheiro, sendo que, na primeira metade do XIX, embora pouco utilizado, se tenham concentrado os pagamentos com mercadoria (ouro, algodão etc.), que variaram conforme o período.[76]

Kátia Lorena Almeida contestou a generosidade dos senhores no ato de alforriar; segundo ela, fica claro que, em Rio de Contas, tal fato não foi o preponderante. A pesquisadora constatou ainda que as alforrias com algum tipo de ônus foram constantes.

> A análise por período indica que as alforrias que envolveram ônus ou condição ao cativo foram constantes durante todo o século, sendo que, no primeiro período [1800-1850], o percentual foi de 71,8%; no segundo [1850-1871], ficou em 79,2%; e no terceiro [1871-1888] em 72,5%. [...] ao longo de todo o século, as proporções são

75 ALMEIDA, Kátia Lorena Novais. *Alforrias em Rio de Contas – Bahia, século XIX*. Dissertação (mestrado em História) – UFBA, Salvador, 2006.

76 *Ibidem*.

> significativas e corroboram o que a historiografia vem apontando em outras regiões do país: a alforria não foi fruto da benevolência senhorial, e sim uma conquista do escravo.[77]

As alforrias em que cativos se utilizavam de outro escravo para a obtenção de sua liberdade corresponderam a 4,4% (33) das cartas que envolveram pagamento, sendo que 87,9% dessas ocorreram no período em que ainda havia, apesar das limitações impostas pela lei, o tráfico internacional aberto, o que, para a autora, explicaria a capacidade de esses escravos adquirirem outros. Bastante comum foi o pagamento das manumissões por meio da prestação de serviços, enquanto o senhor ainda estivesse vivo. Um aspecto interessante levantado pelo estudo diz respeito às alforrias gratuitas entre 1800 e 1850, que contemplaram, segundo os dados da autora, 67,3% de escravos com idades até 12 anos. No período entre 1850 e 1871, diminuíram, contudo, ainda perfaziam um índice nada desprezível de 48,5%. Já entre os anos de 1871 e 1888, 63,4% das alforrias gratuitas contemplaram cativos entre 13 e 46 anos, em sua maioria do sexo feminino.[78]

O alto percentual de crioulos na população daquela localidade fez-se sentir nos percentuais de alforria, de modo geral, e nas gratuitas, de modo específico, ou seja, durante todo o período, foram eles os que mais conseguiram seus papéis de liberdade, representando 77,3%, 79,2% e 62,6% nos três períodos analisados. Dentre os africanos, os mais privilegiados foram os Mina e os Angola. Em Rio de Contas, tanto proprietários quanto proprietárias alforriaram mais as mulheres, entretanto, assim como na Comarca de Ouro Preto, os homens manumitiam mais seus cativos.[79]

Com relação às alforrias na pia batismal, Kátia Lorena Almeida se surpreendeu com o baixo número de registros nos livros paroquiais (8). Da mesma forma, apontou para um grande número desse tipo de alforria registrado nos Livros de Notas, "sob a alegação de que poderiam não constar nos assentos de batismos", o que poderia gerar dúvidas sobre seus registros.[80]

---

77 *Ibidem*, p. 62.

78 *Ibidem*.

79 *Ibidem*.

80 *Ibidem*, p. 131. Kátia Lorena Almeida encontrou nove cartas de manumissão registradas em cartório, para a confirmação de 16 alforrias de pia. Enidelce Bertin também encontrou, para São Paulo,

Já as alforrias testamentais, confirmadas em cartório, corresponderam a 24,8% das 250 manumissões testamentárias, em virtude dos mesmos motivos levantados por Damásio. A distribuição das que constavam dos 118 testamentos pesquisados, nos períodos analisados por Kátia Lorena Almeida, ficou em 52,4%, 42% e 5,6%. A maioria foi obtida de forma gratuita (66%), seguida pelas que envolveram pagamento e condições, sobretudo coartações (22%), logo depois vieram aquelas com alguma condição, porém não envolveram ônus financeiro (10,8%). Por fim, vieram aquelas em que o testador manifestou sua vontade de que o escravo comprasse sua própria liberdade (1,2%). A alta percentagem de alforrias gratuitas, em testamento, foi uma peculiaridade, já que esse tipo não ultrapassou 26,1% no período estudado.[81]

As alforrias permitem conhecer algumas características tanto de senhores quanto de escravos e alguns dos meandros daqueles processos de emancipação. Além das estratégias utilizadas pelos senhores, na tentativa de marcar naquele ato sua "força e generosidade" perante seus cativos, havia as dos escravos, com suas "artimanhas" e suas negociações possíveis, utilizadas para conseguir para eles e seus familiares a tão sonhada liberdade. "Embora não se possa compreender, totalmente complexa interação de considerações culturais e econômicas [...] as declarações contidas nas cartas esclarecem um pouco os aspectos mais controversos da emancipação".[82]

Os senhores e as senhoras escravistas costumavam legar vários de seus bens, quando faziam seus testamentos de última vontade, podendo "trazer mudanças significativas na vida de um escravo, incluindo a possibilidade da alforria".[83] Esses registros, estando eles diante da morte, mas em seu perfeito juízo, são fontes inestimáveis para o estudo da escravidão e para o conhecimento dos estratagemas daqueles indivíduos, que, em última instância, demonstravam quais eram suas visões de mundo, de poder, de força em relação a seus herdeiros, agregados e cativos, estabelecendo as instruções que deveriam ser cumpridas e respeitadas após a sua morte. Sandra Graham sintetizou, de forma exemplar, as "funções" dessa prática:

---

esse tipo de alforrias ratificadas em cartório (BERTIN, Enidelce. *Alforrias na São Paulo do século XIX: liberdade e dominação*. São Paulo: Humanitas/FFLCH-USP, 2004).

81 *Ibidem*.

82 SCHWARTZ, *op. cit.*, 2001, p. 196.

83 CHALHOUB, *op. cit.*, 1990, p. 111.

> Um testamento é, antes de tudo, um documento legal que dispõe de bens e os distribui. Para o historiador que quer recuperar a forma e o sentido de vidas do passado, é também um documento cultural complexo de grande utilidade que revela como pessoas, mesmo que não pudessem ou não soubessem escrever sobre suas vidas, se apresentavam em relação a Deus, à morte, a suas famílias e a seus bens.[84]

Nesse momento muitos cativos tiveram a possibilidade e a expectativa de obterem a tão sonhada liberdade, muitas vezes, proveniente de solidariedades e engenhosas estratégias, tecidas, durante anos, nas relações entre senhores/escravos. Foi nesse tipo de documentação, mas não só, que se encontravam as liberdades de alguns dos cativos pertencentes àquelas famílias juizforanas, que passam a ser nossos personagens neste capítulo.

Sidney Chalhoub, em livro sobre as últimas décadas da escravidão na Corte carioca, analisando as decisões pessoais de Perdigão Malheiro em alforriar uma "leva" de seus cativos, concluiu que o ato solene praticado por aquele ilustre cidadão e sua esposa sugere "que alforriar escravos era uma decisão complexa para os contemporâneos, envolvendo tanto questões de consciência individual quanto percepções e avaliações críticas da sociedade na qual participavam".[85]

Percebeu ele a "exclusividade" do ato de alforriar nas mãos dos senhores como uma política de domínio, uma das estratégias senhoriais para a produção de cativos e ex-escravos dependentes, embora essa tenha sofrido certa "falência" nos derradeiros anos da instituição escravista. Tratava-se de uma política de dominação e subordinação, em que os senhores buscaram garantir para si negros escravos e libertos, "fiéis e submissos a seus antigos proprietários".[86] É importante ressaltar que, para Chalhoub, a "falência" pela qual passava essa política de domínio senhorial foi parte decisiva no processo histórico da abolição da escravidão, que culminaria em maio de 1888.

Um dos pontos altos do trabalho do autor reside na discussão sobre as lutas dos cativos na busca por sua liberdade. Utilizando como interlocutora a obra de

84 GRAHAM, Sandra, *op. cit.*, p. 117. É importante observar que muitas vezes os herdeiros não respeitaram as disposições testamentárias, o que causou várias "brigas" nos tribunais.

85 CHALHOUB, *op. cit.*, 1990, p. 98. Segundo o autor, o ato solene de Malheiro (1976) está apontado em seu livro *A escravidão no Brasil...* e em cartas de alforria deixadas por ele, registradas no cartório do 2º Ofício da Corte.

86 *Ibidem*, p. 100.

Machado de Assis, percebeu ele que "os negros haviam assumido atitudes mais firmes no sentido de obter sua liberdade", sobretudo a partir do advento da lei de 28 de setembro de 1871 – a Lei do Ventre Livre, que significou um momento de crise e inflexão nas discussões sobre a escravidão no Brasil.

A vontade senhorial, exposta principalmente nos testamentos de última vontade, era algo que deveria ser respeitado e cumprido. As alforrias constituíram-se em uma das "vontades" mais expressivas naqueles documentos. Contudo, não era sempre isso o que ocorria, e várias foram as "demandas" judiciais que nelas se apoiavam.

Chalhoub percebeu que essas disposições senhoriais eram o "mote" dessas questões e que se apoiavam em interpretações diferenciadas. O que se procurava não era contestá-las, ao contrário, elas tinham de prevalecer na decisão final, pelo menos era o que os discursos pregavam. Entretanto, as alegações utilizavam essas "últimas vontades" de acordo com as estratégias empreendidas por escravos e herdeiros.

> É difícil sabermos se as alegações dos escravos [e herdeiros] eram verdadeiras, e tudo se complica ainda mais porque a luta dos cativos pela alforria aparece geralmente num tecido mais amplo de relações e conflitos que, como temos visto, pode incluir desde histórias de amor até brigas entre herdeiros.[87]

As alforrias na cidade de São Paulo do século XIX foram tema de pesquisa de Enidelce Bertin. Em seu trabalho, ela apontou as possibilidades de estudo, oriundas dessa documentação. As manumissões reconhecidas como instrumento paternalista desconsideram as conquistas escravas, entretanto, por meio de uma análise mais cuidadosa mostram os cativos como agentes históricos naquele processo, revelando suas resistências e suas lutas visando obter a liberdade. Bertin procurou analisar "a alforria pela função ideológica que representava na relação senhor/escravo".[88] O alto número do tipo onerosas, pagas ou condicionais, levou a pesquisadora a questionar a ideia da manumissão como concessão/prêmio. De acordo com ela,

> A alforria adquiriu diferentes significados para senhores e escravos, cujas atuações, no sentido de abrir espaços ou de evitá-los, deram

87 *Ibidem*, p. 111.

88 BERTIN, *op. cit.*, p. 22.

> margem a pressões e acordos entre as partes. Embora na carta de liberdade os senhores tenham tentado normalizar essas tensões, eles acabaram apontando para a condição de sujeito dos escravos nesse processo.[89]

Manolo Florentino, baseando-se em estatísticas de população, destacou que, no Rio de Janeiro, em fins do século XVIII, cerca de 20% dos habitantes das freguesias urbanas daquela localidade eram compostos por indivíduos alforriados. Uma entre cada três pessoas libertas, em algum momento, experimentou as dificuldades da vida em cativeiro. Nas palavras do autor,

> [...] alforriava-se tanto a ponto de os libertos equivalerem a 60% da população escrava – somados aos cativos, eles representavam maioria da população urbana. Óbvio, os baixos índices de migração européia e de africanos, além da intensa crioulização, muito contribuíam para semelhante configuração.[90]

Já no século XIX, sobretudo na primeira metade, houve, de acordo com Florentino, uma retração das alforrias. Por volta de 1849, a população forra das áreas urbanas e rurais da Corte representava apenas 10%. A alta imigração de europeus e africanos que, em meados do Setecentos, representava "ínfima" proporção na primeira metade do Oitocentos aumentou, o que influiu, sobremaneira, na exiguidade de libertos. "Ao contrário do panorama vigente na cidade em fins do século XVIII, cinqüenta anos depois apenas uma entre cada dez pessoas livres havia sido posta à prova pelo cativeiro".[91]

As alforrias pagas pelos próprios escravos, por seus parentes ou por terceiros foram as formas mais comuns de se tornarem livres, no Rio de Janeiro de fins do século XVIII e nas primeiras décadas do XIX. Para tanto, além da perspicácia dos cativos em adquirir pecúlios para si e para os seus, segundo Florentino, a baixa dos preços daqueles escravizados foi bastante importante para que tivessem a possibilidade de comprar sua liberdade. Em segundo lugar, vinham as alforrias gratuitas, seguidas pelas que estipulavam prestações de serviços. Com o aumento do preço

89 *Ibidem*, p. 20.

90 FLORENTINO, Manolo. "Alforrias e etnicidade no Rio de Janeiro oitocentista: notas de pesquisa". *Topoi*, Rio de Janeiro, set. 2002, p. 13.

91 *Ibidem*, p. 13.

dos escravos, a partir de 1830, a situação se inverteu. Houve uma diminuição nas alforrias compradas e um aumento nas gratuitas. Segundo o autor,

> Tratar-se-ia do ápice de um longo processo em que, esquematicamente, a conquista da liberdade deslocou-se da esfera da formação do pecúlio (i.e., do mercado) para a órbita intrínseca da negociação entre o escravo e o seu senhor, sem, contudo, esterilizar por completo a possibilidade de que alguns pudessem comprá-la.[92]

Entretanto, é importante ressaltar que as alforrias pagas não foram desprovidas de negociações e estratégias por parte dos cativos. A virada no ato de alforriar no Rio de Janeiro ou, nos dizeres de Florentino, o "auge da 'politização' na busca da liberdade" não quer dizer que aqueles indivíduos e seus familiares não se tenham valido das mais diversas atitudes, políticas ou não, para a consecução de seu sonho de liberdade.[93]

Os crioulos foram destacados como os mais capazes de obter a alforria *vis-à-vis* os africanos e, para tanto, foi fundamental terem nascido no Brasil – o que lhes possibilitou maior proximidade de seus senhores e de suas famílias, bem como o domínio da língua nacional. Esses elementos o tornariam muito mais integrado à sociedade brasileira da época da escravidão. Fato bem mais difícil para o africano estrangeiro, que precisou de muito tempo para se integrar à sua nova realidade.[94]

A supremacia nas alforrias dos crioulos em relação às dos africanos foi recentemente matizada por Sheila de Castro Faria. Em estudo sobre o Rio de Janeiro e São João Del Rei (MG), entre o século XVIII e primeira metade do XIX, com cerca de 10 mil cartas de manumissão, a pesquisadora concluiu que

> Sempre se imaginou que a alforria privilegiava majoritariamente os escravos nascidos no Brasil – crioulos, pardos, mulatos ou cabras. Não é verdade para todas as regiões. Em São João Del Rei, realmente, tanto no século XVIII quanto no XIX, eles representavam cerca de 64%. Mas, no Rio de Janeiro, foi diferente: no século XVIII, 62% dos alforriados eram nascidos no Brasil, mas, no XIX, eles representavam somente 42%. Os demais 58% eram nascidos na África.[95]

92 *Ibidem*, p. 21.

93 *Ibidem*, p. 20.

94 Essa discussão pode ser encontrada em EISENBERG, *op. cit.*, 1989.

95 FARIA, *op. cit.*, 2007, p. 16.

O estudo de Florentino para o Rio de Janeiro (naquele período com tabulação ainda provisória dos dados) demonstrou uma situação diferente com relação à proporção das alforrias de crioulos e africanos. No caso carioca, os africanos, de maneira inusitada, tiveram a supremacia na luta pela liberdade. Os aspectos apontados por Eisenberg (1989) (aculturação e maiores possibilidades de solidariedades) para a supremacia dos crioulos, no ato de serem alforriados, parecem não lhes ter propiciado a preponderância da liberdade no Rio de Janeiro imperial.

> [...] a dominância da negociação na luta pela liberdade deveria exacerbar o peso dos elementos que todos juram afiançar a primazia dos crioulos nas alforrias brasileiras. Ao remeterem à relação entre o grau de aculturação e a probabilidade de alcançar a liberdade, com maior razão esses elementos deveriam tornar os nascidos no Brasil mais aptos à conquista de alforrias.
>
> Não foi o que ocorreu. Os africanos representavam de 52% a 55% dos escravos que conseguiam ultrapassar o cativeiro nos anos 40 e 50. Foram necessários mais de dez anos após o final do comércio negreiro para que eles se vissem definitivamente suplantados pelos crioulos na corrida rumo à liberdade. E mesmo assim continuaram a alcançar a expressiva cifra de 45% de todos os que lograram obter cartas de alforria no período 1860-1864.[96]

No Brasil, assim como nos Estados Unidos e em Cuba, os estudos têm buscado, nos últimos anos, apreender um pouco mais sobre os significados da liberdade para aqueles sujeitos egressos do cativeiro. Sheila de Castro Faria, em sua pesquisa sobre a localidade de Campos dos Goytacases (Rio de Janeiro), no século XVIII, procurou demonstrar os significados da conquista da liberdade para os cativos em sua nova inserção no mundo dos livres, e também as dificuldades interpostas por seu passado na escravidão. Diz ela:

> Conquistar a alforria significava, sem dúvida, um ganho não desprezível para homens e mulheres cativos. Resultado, muitas vezes, de anos de trabalho duro para poupar o equivalente a seu preço ou tempos de "dedicação ao senhor" e de "bons serviços prestados"; na realidade, o ganho mais evidente era o exercício da liberdade de

96 FLORENTINO, *op. cit.*, 2002, p. 22.

> movimento. As condições materiais de vida, em geral, não se modificavam, assim como a constante referência social a seu passado escravo. O movimento de integração ao mundo livre demandava tempo, no mais das vezes só atingido nas gerações seguintes, quase sempre a dos netos alforriados.[97]

As incertezas encontradas por aqueles recém-libertos, logo após terem alcançado a sua manumissão, foram inúmeras, sem dúvida. Porém, para muitos deles foi preferível enfrentar as inúmeras dificuldades junto com suas famílias. Como bem sublinhou Mary Karasch:

> Da perspectiva dos escravos, na medida em que podemos defini-la, a alforria era raramente um presente, nem era "facilmente" ganha. Era claramente comprada. A longa batalha para conquistar a alforria, apesar do baixo *status* social das pessoas libertas, sugere muito sobre as condições terríveis da escravidão. Muitos ex-escravos não escolhiam ficar sob o controle de senhores "benevolentes"; preferiam a vida difícil e precária de um liberto numa sociedade escravista.[98]

Para Eric Foner, os ex-escravos norte-americanos possuíam aspirações específicas na demarcação de espaços frente à sua nova condição, que passavam por "um desejo de independência em relação ao controle branco, de autonomia como indivíduos e como membros de uma comunidade que se transformava em conseqüência da emancipação".[99]

Segundo Hebe Mattos,

> Na ausência de uma fronteira racial absoluta entre escravidão e liberdade, os fatos jurídicos, que conformavam a condição livre ou cativa, decorriam de relações costumeiras, as quais eram sempre tributárias das relações de poder pessoal e de seu equilíbrio. Para que

97 FARIA, Sheila de Castro. *A colônia em movimento: fortuna e família no cotidiano colonial (sudeste, século XIX)*. Rio de Janeiro: Nova Fronteira, 1998, p. 135. Karasch apontou para o que, segundo ela, se constituiu como "um quadro deprimente do que aguardava os ex-escravos, em especial depois de 1850" (KARASCH, *op. cit.*, p. 470). Conferir, sobretudo, a parte II de *A carta de alforria*.

98 KARASCH, *op. cit.*, p. 470.

99 FONER, *op. cit.*, p. 11.

> um descendente de africano fosse escravo ou livre era preciso que ele assim se reconhecesse e fosse reconhecido como tal.[100]

O distanciamento entre deixar de ser senhor ou escravo não se dava de maneira imediata. A dependência dos libertos de seus ex-senhores muitas vezes ultrapassou a alforria obtida. Esses últimos procuraram manter seu "poder" frente aos seus herdeiros, legatários e ex-escravos, o que podemos perceber principalmente nos testamentos de última vontade, com os quais se tentava estender os mecanismos de poder senhorial, inclusive no que diz respeito às alforrias. Por parte dos ex-cativos, agora libertos, objetivava-se a negação do passado escravista por meio da ascensão social e econômica. O distanciamento de seus "antigos" parceiros de cativeiro, a tentativa de se tornarem senhores de escravos e as "novas" relações de casamento e compadrio são alguns dos aspectos apontados pela historiografia como soluções encontradas pelos libertos no intuito de se distanciarem de sua condição pretérita e, em contrapartida, se aproximarem, principalmente, do mundo dos brancos livres.[101]

Conforme Hebe Mattos, o segredo do código paternalista estava em transformar em concessões quaisquer espaços para a autonomia dos cativos, inclusive as alforrias por eles pagas. Desde o tempo necessário para adquirir o seu valor até a concordância do senhor em receber a indenização devida, tudo era transformado em concessão senhorial: mais do que direitos, eram privilégios outorgados pelos senhores.[102]

Sidney Chalhoub demonstrou, por meio da análise do romance *Helena*, de Machado de Assis, como a ideologia senhorial determinou um poder "inviolável" em meados do século XIX – "uma política de domínio assentada na inviolabilidade da vontade senhorial e na ideologia da produção de dependentes garante uma unidade de sentido à totalidade das relações sociais, que parecem então seguir o seu curso natural e inabalável".[103]

---

100 MATTOS DE CASTRO, Hebe Maria. "Laços de família e direitos no final da escravidão". In: ALENCASTRO, Luiz Felipe de (org.). *História da vida privada no Brasil: Império*. 7ª reimpressão. São Paulo: Companhia da Letras, 2004, p. 343.

101 *Idem*. *Das cores do silêncio: os significados da liberdade no Sudeste escravista – Brasil, século XIX*. Rio de Janeiro: Nova Fronteira, 1998.

102 *Idem*, *op. cit.*, 2004.

103 CHALHOUB, Sidney. *Machado de Assis: historiador*. São Paulo: Companhia das Letras, 2003, p. 19.

O testamento do conselheiro Vale é o ponto de partida, utilizado por Chalhoub, para apresentar a extensão desse poder senhorial, mesmo após a morte de senhores e senhoras escravistas.

> [...] a vontade do chefe de família, do senhor-proprietário, é inviolável, e é essa vontade que organiza e dá sentido às relações sociais que a circundam. Um dos momentos mais cruciais e ritualísticos desse ideal de dominação/subordinação é o da morte seguida da abertura de testamento; de fato, o que fica expresso em tal contexto é que a vontade senhorial carrega tamanha inércia que continua a governar os vivos postumamente.[104]

Mattos chamou a atenção para a avalanche de ações de liberdade na Corte de Apelação do Rio, entre os anos de 1850 (fim do tráfico internacional) e 1871 (Lei do Ventre Livre), que estaria ligada a uma alta participação dos cativos que se encontravam no meio rural. Totalizaram 68,97% esses processos nas Províncias fluminense, mineira e paulista. "As ações familiares passaram a predominar no mundo rural, mostrando um novo contexto".[105] Ainda sobre essas ações de liberdade, a pesquisadora destacou as modificações ocorridas durante o Oitocentos nas discussões jurídicas que as embasavam.

> [...] no contexto das Ordenações Filipinas, a arbitragem estatal procurava repor o equilíbrio entre as relações de poder, enquanto estas não se mostravam em harmonia para definir costumeiramente se alguém era livre ou escravo. [...] Na fase de consolidação política do novo Estado, baseado num arcabouço jurídico liberal, a liberdade e a propriedade, entendidas como direitos naturais, tornar-se-iam de forma definitiva o substrato teórico que embasaria, daí por diante, a resolução jurídica da questão.[106]

O estudo das alforrias sem dúvida constitui-se como um dos aspectos importantes para o entendimento das sociedades escravistas e claro do cotidiano dos escravos. Neste sentido, Minas Gerais tem papel de destaque.

---

104 *Ibidem*, p. 19-20.

105 MATTOS DE CASTRO, *op. cit.*, 2004, p. 355.

106 *Idem*, *op. cit.*, 1998, p. 174 e 180.

MINAS GERAIS E AS PRÁTICAS DE ALFORRIA

As manumissões mineiras do período setecentista foram estudadas por diversos pesquisadores e teriam sido um traço marcante daquela sociedade. Alguns trabalhos clássicos apontaram duas posições para explicar as alforrias daquele período. Para alguns, elas teriam sua maior incidência vinculada ao auge da mineração, para outros, tratava-se no momento de arrefecimento da economia mineradora.[107] Em estudo sobre a economia mineira do século XIX, Roberto Martins acabou acompanhando a segunda perspectiva, concluindo que

> A explosão das manumissões não durou muito tempo. À medida que a economia regional se afastava da mineração, a taxa de crescimento do grupo livre de cor caiu verticalmente. Entre 1786 e 1821, a taxa caiu a um décimo do nível atingido no período anterior. De 1821 a 1873, a população livre de cor cresceu num ritmo muito inferior ao da população branca. O sistema escravista provincial estava reestruturado e no pleno vigor de sua força.[108]

As cartas de liberdade na Comarca de Ouro Preto, entre os anos de 1808 e 1870, foram tema de análise empreendida por Andréa Lisly Gonçalves. Um primeiro aspecto apontado por ela diz respeito à forma como eram feitos os registros das alforrias naquela Comarca. Com relação às transcritas em testamento, afirmou que era prática corrente, naquela região, o registro em cartório daqueles papéis de liberdade, feitos geralmente pelos testamenteiros, visando dirimir pendências futuras.[109]

A etnia dos alforriados foi outro tema abordado por esse estudo e possibilitou à pesquisadora perceber que, durante aquele período, os homens alforriados com etnias conhecidas suplantavam as mulheres, ou seja, entre os provenientes do tráfico

---

107 Entre os primeiros, podemos destacar COSTA, Iraci Del Nero da & LUNA, Francisco Vidal. *Minas colonial: economia e sociedade*. São Paulo: Pioneira, 1982; HIGGINS, Kathleen J. *The slave society in eighteenth-century Sabará: a community study in colonial Brazil*. New Haven: Yale University, 1987. Já entre os adeptos da segunda hipótese, podemos destacar: CANO, Wilson. "A economia do ouro em Minas Gerais (século XVIII)". *Contexto*, São Paulo, nº 3, 1977; GORENDER, *op. cit.*, 1985; e GOULART, Maurício. *A escravidão africana no Brasil: das origens à extinção do tráfico*. São Paulo: Alfa-Ômega, 1975.

108 MARTINS, Roberto Borges. *A economia mineira do século XIX*. Belo Horizonte: Cedeplar, 1980, p. 23.

109 GONÇALVES, Andréa Lisly. "Alforrias na Comarca de Ouro Preto (1808-1870)". *População e Família*, São Paulo: Cedhal/FFLCH-USP, 2000.

transatlântico havia uma maioria masculina. Entretanto, as mulheres constituíram a maior parte dos alforriados, já que as crioulas tiveram, significativamente, maior presença do que os crioulos, elevando o número de mulheres libertadas: 1.040, havendo apenas 840 homens.

No Rio de Janeiro oitocentista, existiu, pelo menos em meados do século, uma maioria de afro-ocidentais (Mina) entre os alforriados principalmente por meio da compra. Esses negros Mina contribuíram, "substancialmente, para tornar os africanos majoritários entre os alforriados de meados do século XIX".[110]

Retomando o estudo de Gonçalves, como já dissemos, o caso dos escravos africanos alforriados lhe chamou a atenção. Eram 284 africanos (52,80%) e 254 africanas (47,20%) libertos, o que corresponde a uma proporção de 111,8 homens para cada 100 mulheres. "Pois bem, seria essa proporção representativa da população cativa importada por Minas Gerais ou pelo Brasil?"[111] Esse foi o questionamento feito pela própria autora, que responde negativamente a essa pergunta. No caso dos escravos importados pelo Brasil, Gonçalves se valeu da historiografia sobre o tema, que apontava as proporções entre homens e mulheres que da África chegaram aos portos brasileiros, como sendo de 3 para 1, ou seja, 75% contra 25%. Diz ela:

> Se os mecanismos que conduzissem à libertação fossem aleatórios, esta última proporção se refletiria nas cartas de alforrias registradas. Não é este o caso e a diferença parece significativa em favor das mulheres, razão pela qual pode-se afirmar que o predomínio feminino era inequívoco no conjunto dos escravos alforriados.[112]

Essa preponderância feminina nas manumissões se fez presente durante todo o período estudado. Mesmo a abolição do tráfico, em 1850, não alterou a situação. Entre 1808 e 1850, os homens alforriados eram 44,7% e, entre 1851 e 1870, 44,4%. Na Comarca de Ouro Preto, as condicionais (70,29%) foram muito maiores do que as incondicionais, e os crioulos se manumitiram mais do que os não crioulos. Naquela localidade, tanto os proprietários quanto as proprietárias libertavam mais as mulheres, não se constatando qualquer diferença de comportamento entre senhores e

110 FLORENTINO, *op. cit.*, 2002, p. 28.

111 GONÇALVES, *op. cit.*, p. 166.

112 *Ibidem.*

senhoras em relação a esse aspecto e também quanto ao tipo de alforria (condicionais ou incondicionais). Gonçalves verificou que o número total diminui ao longo do tempo, sendo esse arrefecimento mais marcante entre as condicionais.[113]

Concluindo seu estudo, Gonçalves traçou um paralelo entre Ouro Preto e os resultados encontrados no trabalho de Peter Eisenberg para a região de Campinas. Citando Eisenberg, Gonçalves enfatizou que "o sexo e a idade do alforriado fizeram pouca diferença no tipo de alforria recebida, onerosa ou gratuita. Quanto ao primeiro, até a década de 1870, ambos os sexos receberam mais do que a metade de suas alforrias com qualificação onerosa."[114]

No que diz respeito aos "tipos" de manumissão praticados em Minas Gerais desde o setecentos, Eduardo França Paiva afirmou que

> Alforrias "gratuitas", como eram chamadas as que nenhum ouro ou dinheiro eram dados em troca, as condicionais e as pagas foram, todas elas, comuns durante o século XVIII mineiro. Mas é o grande número de manumissões pagas em parcelas o que certifica a concreta e corriqueiramente praticada possibilidade dos escravos acumularem pecúlio nas vilas e arraiais da Capitania.[115]

O norte de Minas Gerais, mais especificamente a localidade de Montes Claros, em dois períodos, 1833-1842 e 1878-1887, área com uma economia pouco dinâmica e voltada para o abastecimento de mercados internos, foi o alvo dos estudos empreendidos por Tarcísio Botelho, que encontrou um perfil de alforriados que reforçava as argumentações de outros pesquisadores. Em Montes Claros, também as mulheres dominaram as alforrias e nos dois períodos. No caso dos brasileiros e dos africanos, os primeiros foram os que mais obtiveram seus papéis de liberdade, o que se explica, segundo Botelho, em virtude do "equilíbrio entre sexos progressivamente alcançado pela população de Montes Claros após o fim do tráfico".[116]

Quanto ao tipo de alforria, encontrou uma grande maioria delas concedidas a título gratuito. Entretanto, ressaltou que, dentre essas, havia o maior número que

113 *Ibidem.*

114 *Ibidem*, p. 177.

115 PAIVA, Eduardo França. *Escravidão e universo cultural na colônia: Minas Gerais, 1716-1789*. Belo Horizonte: Editora da UFMG, 2001, p. 170.

116 BOTELHO, *op. cit.*, 2000, p. 66.

condicionava sua efetivação à prestação de algum tipo de serviço pelo beneficiado. "Assim, em verdade, a grande maioria dos cativos alcançou sua liberdade em troca de remuneração, em dinheiro ou em serviços aos seus ex-senhores".[117]

Uma lista nominativa eclesiástica de 1795, que arrolava a população com sete anos ou mais, foi a base da investigação de Clotilde Paiva e Douglas Libby sobre as alforrias e os forros da Freguesia de São José del Rey (Minas Gerais). Os pesquisadores indicaram que, apesar das elevadas proporções de homens em relação às mulheres, encontradas em Minas Gerais, em virtude das altas taxas do tráfico negreiro, as cativas eram mais bem sucedidas na obtenção de suas cartas de liberdade.[118]

Os autores mencionados contestaram a vinculação direta entre o alto percentual de alforrias e a benevolência dos senhores de escravos brasileiros. Para eles, o certo é: "as práticas de manumissão claramente encontravam-se na raiz do enorme crescimento do segmento livre de cor da população ao longo do período colonial e durante o Império".[119]

Ainda segundo a pesquisa, quando os africanos conseguiram obter suas alforrias, elas ocorreram em idade muito avançada. De acordo com Paiva e Libby, "Parece-nos razoável a hipótese de que a autocompra, via pagamentos anuais e de várias outras maneiras, fosse a forma mais comum de obtenção de cartas de alforria para os escravos brasileiros durante o período colonial."[120]

Minas Gerais, além de ter contado com uma grande população cativa durante a Colônia e o Império, também possuiu, segundo algumas pesquisas, a maior população forra do Brasil, sobretudo nas áreas urbanas, como a Comarca de Sabará e a de São José del Rey.[121] Laura de Mello e Souza considerou essa uma questão-chave para se repensar a problemática do escravismo mineiro, visto que

> Desde muito cedo, foi grande o número de forros na capitania. Em vez de relativizar o papel da escravidão, tal presença conviveu com este regime até o final do século XIX – época em que, no dizer de

117 *Ibidem*, p. 67.

118 LIBBY, Douglas Cole & PAIVA, Clotilde Andrade. "Alforrias e forros em uma freguesia mineira: São José d'El Rey em 1795". *Revista Brasileira de Estudos da População*, vol. 17, nº 1/2, jan./dez. 2000.

119 *Ibidem*, p. 17.

120 *Ibidem*, p. 39.

121 PAIVA & LIBBY, *op. cit.*, 2000; PAIVA, Eduardo F., *op. cit.*, 1995.

> Roberto Borges Martins, a região se havia tornado "o maior sistema escravista das Américas".[122]

A explicação para tal evento, segundo França Paiva, se encontrava na prática das alforrias mineiras. De acordo com ele,

> O mais importante é o fato de cada proprietário de escravos nessas duas regiões, durante boa parte do século XVIII, alforriar ou coartar pelo menos um escravo antes de morrer. Claro, em média. Isso explica, em boa parte, por que a população forra em Minas era tão expressiva, desde as primeiras décadas do século XVIII.[123]

Para o autor, o enorme contingente mancípio mineiro forçou a adaptação de forma que pudessem garantir a sua sustentação e o controle daquela população. Observou ele, na prática das alforrias, uma estratégia eficaz de dominação senhorial, que objetivava incutir naquela população a possibilidade sempre presente de liberdade. Entretanto, essa era uma relação de "mão dupla", pois os cativos também desenvolveram estratégias a partir de experiências das mais variadas, com o intuito de obter suas manumissões. Portanto, a alforria não pode ser simplesmente vista como concessão senhorial, mas, também, como conquista daqueles indivíduos escravizados.

> As alforrias fazem parte dessa estratégia de dominação social, uma vez que representavam, para os submetidos, a oportunidade legal de abandonarem essa condição. Neste sentido, elas tornaram-se eficazes instrumentos de manutenção da ordem, porque, pelo simples fato de existirem virtualmente, acabavam inibindo rebeliões, revoltas e outros movimentos contestatórios, nos planos coletivo e individual. Contudo, as alforrias simultaneamente incentivavam, entre os escravos, o desenvolvimento de estratégias que proporcionassem obtê-las. Por isso, não podem ser vistas apenas como concessões, mas, também como conquistas de uma massa anônima de agentes históricos.[124]

---

122 SOUZA, Laura de Mello e. "Coartação – Problemática e episódios referentes a Minas Gerais no século XVIII". In: SILVA, Maria Beatriz Nizza da (org.). *Brasil: colonização e escravidão*. Rio de Janeiro: Nova Fronteira, 2000, p. 278.

123 PAIVA, Eduardo F., *op. cit.*, 2001, p. 190.

124 *Idem*, 1995, p. 101.

Dentre as várias "modalidades" de alforria, destaca-se a coartação[125] como um importante meio para a obtenção da liberdade. Nessa modalidade, o cativo encontrava-se no meio termo, entre a condição de escravo e a de forro. O coartado podia-se ausentar do jugo do seu senhor, inserindo-se no mercado de trabalho, com o intuito de conseguir os recursos necessários para o pagamento de sua alforria. Para tanto, era comum receber a *Carta de Corte*, documento que lhe dava direito a certa mobilidade geográfica, assim como de procurar os meios para saldar a sua dívida. Era esse aspecto peculiar que diferenciava as coartações dos pagamentos a prestação. A quartação, portanto, foi um tipo de alforria em que o escravo pagava, em prestações, um valor acordado com seu senhor.

Para a antiga Comarca de Sabará (Minas Gerais), França Paiva apontou a importância das mães cativas nas alforrias e nas coartações familiares. Apesar de chamar a atenção para o risco de se fazer uma abordagem matrifocal totalizante, o pesquisador apontou essas mulheres como as principais responsáveis. Diz ele da mulher/mãe: "pela reprodução cultural e pela consolidação e transformação das formas de se adaptar ao sistema escravista [...]. Também era ela que parecia estar à frente dos processos de alforrias e coartações do grupo familiar".[126]

Clotilde Paiva e Douglas Libby reconheceram que a maioria daqueles que procuraram esse tipo de estratégia era composta por mulheres. Na maior parte das vezes, os cativos, homens e mulheres, que foram coartados tinham idade avançada. No que tange à participação dos crioulos e dos africanos nessa modalidade de alforria, os estudiosos se surpreendem com a sua sub-representação no grupo de coartados, embora tivessem um peso significativo na freguesia de São José d' El Rey.

> A participação mínima de mulatos na prática da autocompra parece sinalizar que a quartação não foi o caminho costumeiro deste grupo rumo à liberdade. Para os crioulos, a quartação deve ter figurado como apenas uma dentre uma diversidade de estratégias utilizadas na busca da alforria. Por outro lado, a grande predominância de africanos entre os quartados sugere fortemente que eles tinham poucas opções além da compra de suas cartas de alforria na base de pagamentos anuais.[127]

---

125 Sobre a importância dessa prática nas Minas Gerais, ver SOUZA, Laura de Mello e, *op. cit.*

126 PAIVA, Eduardo F., *op. cit.*, 1995, p. 131.

127 PAIVA & LIBBY, *op. cit.*, 2000, p. 38.

Em trabalho sobre a escravidão e o universo cultural em Minas Gerais no período colonial, sobretudo nas Comarcas do Rio das Mortes (1716-1789) e do Rio das Velhas (1720-1784), Eduardo França Paiva buscou conhecer melhor os processos ocorridos na obtenção das cartas de liberdade dos cativos mineiros. Chegou à conclusão de que as alforrias por autocompra seriam a maioria das manumissões na Minas colonial.

> Desta forma, as concessões senhoriais cedem sua posição às conquistas dos escravos. A perspectiva senhorial da doação é, então, substituída pela perspectiva dos submetidos, isto é, a alforria como resultado de um processo repleto de investimentos individuais e coletivos.[128]

Paiva observou ainda que, nas duas comarcas, embora bastante urbanizadas, havia uma diferença no tocante às posses: na comarca localizada mais ao norte (Rio das Velhas/Sabará), a posse média de cativos era da ordem de 9,8, enquanto, na mais ao sul (Rio das Mortes/São João Del Rei), se elevava a 11,1. Outro aspecto importante foi que, em Sabará, havia maior número de pequenos proprietários, característica, segundo ele, do caráter mais urbano daquela localidade. O maior número de senhores de médias e grandes propriedades, na região de São João Del Rei, se refletiu no menor percentual de testadores e inventariados sem escravos. Por outro lado, esse perfil permitiu à localidade contar com menor número de livres e libertos, que não possuíam pelo menos um escravo. O perfil dos testadores e dos inventariados daquelas comarcas seria, segundo Paiva, muito semelhante ao do resto da Capitania, conforme ele registra:

> [...] o alargamento do grupo de proprietários e isso é característica das áreas mais urbanizadas e da existência aí de uma camada média urbana posicionada entre os escravos e os despossuídos de um lado e os mais ricos de outro. Trata-se dos senhores de 1 a 10 escravos, grupo composto majoritariamente por homens livres, mas que abrigava um número significativo de ex-escravos e, principalmente, ex-escravas. Forros e forras representavam, no mínimo algo em torno de 23,5% desse agrupamento e detinham, pelo menos, 22% dos cativos possuídos no total.[129]

---

128 PAIVA, Eduardo F., *op. cit.*, 2001, p. 167-168.

129 *Ibidem*, p. 142.

As manumissões na Zona da Mata Mineira foram o objeto de pesquisa de Henrique Duarte Lacerda, que estudou os padrões das alforrias em Juiz de Fora, entre 1844 e 1888, onde levantou 744 registros de manumissões (1.093 cativos). Ainda "como fontes complementares para qualificar alguns apontamentos", levantou 8 registros de contratos de prestação de serviços e 4 testamentos, que diziam respeito a escravos que deveriam ser alforriados, bem como alguns inventários *post mortem*. Além das variáveis obtidas por meio das análises quantitativas, preocupou-se em perceber os motivos da concessão das cartas de liberdade. Outro cuidado seu foi observar se as cartas de alforria eram oriundas de uma estratégia dos senhores em manter sua mão de obra naquele município cafeeiro, ou se, em contrapartida, foram os escravos que utilizaram estratégias para obter suas manumissões no momento de maior ascensão da cultura cafeeira daquele município, "portanto, em uma conjuntura desfavorável à concessão das mesmas".[130]

Tabela 58. Tipologia das Alforrias em Juiz de Fora (MG) – 1844-88

Décadas/ Tipos	Onerosas e Gratuitas Condicionais	Incondicionais	Parciais	Verba Testamentária	Total por década
1844-50	15	3	-	2	20
1851-60	61	56	-	16	133
1861-70	74	99	4	10	187
1871-80	122	130	13	12	277
Total Parcial	272	288	17	40	617
1881-88	293	138	30	15	476
Total Geral	565	426	47	55	1093

Fonte: LACERDA, *op. cit.*, p. 63.

Baseando-se na historiografia, que apontou a década de oitenta do século XIX como o momento no qual ocorreram mais alforrias coletivas, em virtude das campanhas abolicionistas, Lacerda dividiu o seu recorte cronológico em dois momentos. O primeiro, entre 1844 e 1880, período que abarcou 56,71% das manumissões, e o segundo, entre 1881 e 1888, com 43,49%. As cartas de liberdade foram classificadas

130 LACERDA, Antonio Henrique Duarte. *Os padrões das alforrias em um município cafeeiro em expansão: Juiz de Fora, zona da mata de Minas Gerais, 1844-88*. São Paulo: Fapeb/Annablume, 2006, p. 15-16.

como gratuitas e onerosas condicionais (coartadas, compradas, dependentes de prestação de serviços) ou incondicionais (sem nenhum tipo de condição explícita), parciais (aquelas em que o proprietário libertou a(s) parte(s) que possuía sobre um cativo, de maneira condicional ou não) e verba testamentária. As duas primeiras, somadas, abarcaram a maioria, num total de 991 (90,6%), sendo que as gratuitas e as onerosas condicionais tiveram uma porcentagem de 57,01% e as incondicionais, 42,99%.[131] De acordo com o autor,

> [...] notamos que entre 1844 e 1860 as cartas Onerosas e Gratuitas Condicionais e as Incondicionais possuíram, praticamente, a mesma proporção. Na década final do escravismo, as alforrias incondicionais mantiveram uma porcentagem proporcional às décadas anteriores, enquanto que [sic] as alforrias Onerosas e Gratuitas condicionais aumentaram significativamente.[132]

No que diz respeito às cartas compradas em Juiz de Fora, o autor conseguiu encontrar 10 aquisições feitas por famílias, envolvendo diversas relações de parentesco. Segundo Lacerda:

> As cartas compradas por familiares do alforriado somaram dez registros. Em quatro delas os maridos compraram as alforrias de suas esposas; em duas, os filhos compraram a alforria das mães; em uma, a mãe comprou a alforria da filha; em uma, a irmã comprou a alforria do irmão; em uma, um pai comprou a alforria de sua filha; em uma o noivo (livre) comprou a alforria de sua noiva.[133]

Outras constatações foram feitas pelo autor. Dentre elas a de que, no município de Juiz de Fora, houve uma percentagem de 68,8% (44) de cartas de alforria, que mencionaram o afeto como motivo da manumissão de forma gratuita e sem restrições aparentes. Naquele município, diz ainda, o número de alforrias parece não ter sido ditado pelo fator econômico, pelo menos não como queria Gorender, que argumentou serem elas mais frequentes nos momentos de depressão econômica. Em Juiz de Fora, foi no período de maior expansão do

131 *Ibidem*.

132 *Ibidem*, p. 65.

133 *Ibidem*, p. 71.

café, entre 1850 e 1870 – quando a localidade se caracterizou como uma das suas maiores produtoras – que a evolução das manumissões continuou a crescer. As mulheres, tidas como as que mais obtiveram cartas de liberdade, foram a maioria no período em estudo. Dos registros em que se pode saber o sexo, elas eram 53,15%, e eles, 46,56% dos alforriados. No tocante à cor das crianças libertadas, Lacerda concluiu, apoiando-se em Schwartz (2001), que, também em Juiz de Fora, os senhores manifestaram preferência pelas manumissões de crianças mulatas, num total de 47 (77,05%) pardos/mulatos, 12 (19,67%) pretos e crioulos e ainda 3 (3,28%) cabras.[134]

Como já dissemos, a alforria constituiu-se em um dos principais motivos de luta por parte dos escravos. Por meio de sua astúcia e de estratégias diversas, os cativos buscaram obter sua liberdade e, nesse aspecto, as famílias escravas muitas vezes se constituíram em fator importante para a consecução de seus sonhos de liberdade.

A IMPORTÂNCIA DAS RELAÇÕES FAMILIARES PARA OS PROJETOS DE LIBERDADE

Nas Minas Gerais setecentistas a família se fez presente de maneira bastante forte – tanto entre os pequenos, quanto entre os médios e os grandes proprietários de cativos – pelo menos em duas regiões bastante urbanizadas e com um equilíbrio entre o sexo e a idade, sobretudo entre os crioulos. Para Eduardo França Paiva,

> Os núcleos familiares existiram com freqüência nas pequenas, médias e grandes posses, e vale a pena insistir, os parentes cativos assim identificados na documentação representaram uma percentagem acima de 20% do total da escravaria possuída por testadores e inventariados.[135]

Segundo a historiadora Isabel Cristina Ferreira dos Reis, na Bahia do século XIX, a família escrava foi de importância fundamental na consecução do projeto de liberdade dos escravizados, pois, "para o escravo que tinha laços familiares, não bastava a liberdade individual. Ele buscava, persistentemente e das

134 *Ibidem.*

135 PAIVA, Eduardo F., *op. cit.*, 2001, p. 181.

formas mais variadas, por meios legais, ilícitos ou até desesperados, livrar a si e aos seus do cativeiro".[136]

Tarcísio Botelho, em pesquisa sobre as alforrias em Minas Gerais no século XIX, percebeu a família escrava como um fator de extrema importância no que concerne aos significados da liberdade no mundo dos cativos.

> Estas lutas pela liberdade reforçavam ainda mais os laços familiares. Vemos escravos que lutam não apenas por si, mas também por seus irmãos e outros parentes, reafirmando a importância da família para o cativo. O apoio mútuo permitido por ela reanimava o empenho em sobreviver dentro da escravidão e abria esperanças por um futuro de liberdade.[137]

Reforçando essa argumentação, Schwartz chamou a atenção para o fato de que "os laços de afeição, amor, parentesco por afinidade ou consangüíneo tinham papel fundamental no processo de emancipação".[138]

> [...] qualquer que fosse a condição constitucional da família escrava, os laços entre mães e filhos eram evidentemente fortes e proporcionavam aos escravos crioulos e mulatos uma relativa vantagem no processo de emancipação. Naturalmente, os laços de parentescos ultrapassavam os limites da escravidão, e os pais nascidos livres e libertos pagaram pela liberdade dos filhos [...].[139]

Paiva e Libby, em consonância com o estudo de Eduardo França Paiva (2001), concluíram "que o casamento e a constituição de famílias parecem ter aumentado a possibilidade de alforria para escravos de todas as cores e origens".[140] Na Freguesia de São José, 54% da população forra contraiu matrimônio. Contudo, os autores atentam para o fato de que não se sabe se esses casamentos aconteceram antes ou depois da manumissão. As gratuitas eram muito raras e dadas geralmente a filhos ilícitos.

---

136 REIS, Isabel Cristina Ferreira dos. *Histórias de vida familiar e afetiva de escravos na Bahia do século XIX*. Salvador: Centro de Estudos Baianos, 2001, p. 111.

137 BOTELHO, Tarcísio R. "As alforrias em Minas Gerais no século XIX". LPH – *Revista de História*, Ouro Preto, Ufop, vol. 6, 1996, p. 191-199 e 196.

138 SCHWARTZ, *op. cit.*, 2001, p. 197.

139 *Ibidem*, p. 204.

140 PAIVA & LIBBY, *op. cit.*, 2000, p. 31. Essa consonância é com o estudo de Eduardo França Paiva, de 1995.

Ainda com relação aos vínculos familiares e afetivos dos escravizados, Eduardo França Paiva percebeu a família cativa como uma das principais formas de resistência. Na análise de seus dados sobre a Comarca do Rio das Velhas, ele encontrou um total de 250 papéis de liberdade, em que os testadores fizeram menção a laços de parentesco com escravos, o que representa uma percentagem de 56,17% das 445 alforrias analisadas por ele. Entre os coartados, a proporção é menor, entretanto, não menos importante: as 103 coartações, envolvendo escravos em família, perfizeram um total de 37,05% das 378 estudadas. Em síntese, o autor concluiu que "Somadas, as alforrias e coartações de escravos com laços de parentesco representam 48,82% de todos os casos existentes nos testamentos".[141] E mais, diz ele:

> Seja por vínculos de parentesco com o proprietário ou pelas possibilidades econômicas aproveitadas em grupo, seja por atrair preferencialmente os legados pios dos testadores ou simplesmente por existir em grande quantidade, a família escrava aparece como mais um elemento das estratégias de resistência cotidiana. Como instituição, ela conseguiu forçar alforrias e coartações, canalizando-as para seus membros. Para tanto, ainda foram necessários os "bons serviços prestados" ao senhor e isto incluiu, freqüentemente, a renda diária auferida pelo trabalho realizado fora do domínio senhorial; o cumprimento adequado de tarefas domésticas; dengues e manhas lascivas; tratamento de achaques; atenção dispensada na agonia; "submissão" e "fidelidade".[142]

A maior parte das alforrias em Santiago de Cuba foi comprada pelos próprios cativos ou por algum familiar. De acordo com Jiménez,

> En setecientos veintiséis de los casos examinados en Santiago de Cuba, la libertad fue comprada por el esclavo o por una persona a la cual le unían en la maioria de los casos vínculos sanguíneos. [...] Los casos de compra de la libertad del esclavo por otras personas son abundantes. Se trata de madres, padres, hermanas, etc., así como de personas sin vínculos consanguíneos.[143]

---

141 PAIVA, Eduardo F., *op. cit.*, 1995, p. 133.

142 *Ibidem*, p. 135.

143 "Em setecentos e vinte seis dos casos examinados em Santiago de Cuba, a liberdade foi comprada pelo escravo ou por uma pessoa à qual ounia na maioria dos casos vínculos sanguíneos. [...] Os

Hebe Mattos constatou, em dados empíricos, que, apesar da escassez de mão de obra pós 1850, as alforrias cresceram na segunda metade do século XIX no sudeste. Dentre outras argumentações, apontou o perigo que se tornou frustrar as expectativas dos cativos que almejavam a sua liberdade. Nesse contexto, chamam atenção as estratégias da família escrava:

> [...] pelo menos no meio rural, a família quase sempre foi pressuposto básico desta possibilidade [da alforria]. Neste sentido, raramente o objetivo da alforria aparecia como um projeto individual. Na verdade, o trânsito só se fazia completo quando todo o grupo perdia os elos de ligação com o cativeiro. [...] a reescravização não chegava a ser incomum. [...] porém, frustrar as expectativas deste trânsito, na sua dimensão familiar, podia tornar-se surpreendentemente perigoso.[144]

As estratégias de liberdade dos cativos legaram, assim como em outras áreas das Américas, papel de destaque às mulheres, pelos motivos já expostos. Foram 51% de mulheres manumitidas contra 49% de homens. Uma razão, que se encontrava no centro dessa política de manumissão das cativas, estaria, de acordo com Belmonte Postigo, na perpetuação da condição seguida pelos filhos das escravas. Entretanto, para além dessa motivação, ele agregou outra, de ordem econômica, que residiria na "diminuição dos custos", ou seja, com a alforria das mães escravas, consequentemente, os filhos nasceriam livres e, portanto, os pais ou outros familiares poderiam "livrar-se" dos custos com a manumissão daquelas crianças, que não mais nasciam cativas, podendo utilizar aqueles recursos para a libertação de outro ente como o pai, por exemplo.

Outra questão aberta pela família consistia na possibilidade de um crescimento no número de pessoas livres, alforriadas, quanto mais, maiores as possibilidades de capitalização e consequente remissão de parentes da condição de escravos. Para Postigo,

> Esta elección [alforrias para as mulheres] no respondía exclusivamente a motivaciones morales, sino que también poseía un trasfondo económico. No había que desviar un solo peso del capital

casos de compra da liberdade do escravo por outras pessoas são abundantes. Se trata de mães, pais, irmãs, etc., assim como de pessoas sem vínculos consanguíneos." JIMÉNEZ, *op. cit.*, p. 6.

144 MATTOS DE CASTRO, *op. cit.*, 1998, p. 193-194.

> ahorrado por la familia en la compra de la carta de libertad de los hijos, sólo del padre.
>
> La unidad familiar compuesta por un creciente número de personas libres tenía mayor capacidad de capitalización, lo que reducía considerablemente el tiempo necesario para la compra de la libertad del padre y podía servir para conseguir mejores condiciones de vida en un plazo de tiempo relativamente corto. Debemos manifestar que el concepto de familia no se ajustaba necesariamente a lazos sanguíneos, si no que en ocasiones los hijos ilegítimos en introducidos con total normalidad dentro del núcleo familiar esclavo.[145]

Em Rio de Contas (Bahia), as relações familiares e com terceiros foram importantes para o acesso à alforria, principalmente para os crioulos. O pagamento pela família foi uma das justificativas apontadas na documentação como sua motivadora – embora se tenha constituído como a menor das justificativas, demonstra a importância das relações de afetividade. Foram 30 alforriados entre 1800-1850, 11 nos anos de 1850-1871, e apenas 1, no período de 1871-1888. A estudiosa argumentou que,

> Ainda que o autopagamento fosse a mais importante via de acesso à liberdade, os cativos nascidos no Brasil contavam mais freqüentemente com a ajuda de suas mães, de seus pais, filhos, maridos, avós, madrinhas/padrinhos, e também de terceiros. Isto porque eles tinham, mais do que os africanos, laços familiares e de compadrio com os livres [...].[146]

Ainda no que concerne às relações familiares, Kátia Lorena Almeida percebeu que as mães escravas foram as mais beneficiadas com a alforria, provavelmente em virtude da condição que seu ventre poderia gerar.

---

145 "Esta eleição [alforrias para as mulheres] não respondia exclusivamente a motivações morais, mas que também possuía um fundo econômico. Não havia que desviar um só peso do capital economizado pela família na compra da carta de liberdade dos filhos, somente do pai.
A unidade familiar composta por um crescente número de pessoas libres tinha maior capacidade de capitalização, o que reduzia consideravelmente o tempo necessário para a compra da liberdade do pai e podia servir para conseguir melhores condições de vida em um prazo de tempo relativamente curto. Devemos manifestar que o conceito de família não se ajustava necessariamente a laços consanguíneos, mas que em ocasiões os filhos ilegítimos eram introduzidos com total normalidade dentro do núcleo familiar escravo." POSTIGO, *op. cit.*, p. 20.

146 ALMEIDA, *op. cit.*, p. 105.

> No conjunto das cartas em que o pagamento foi feito por familiares, as mulheres foram largamente beneficiadas, à razão de 82,9%, ou seja, foi contando com a solidariedade dos seus parentes que [...] conseguiram conquistar a liberdade. Enfim, os bons serviços e as relações afetivas e de parentesco constituíram elementos importantes para o predomínio das mulheres e de crianças no conjunto dos escravos alforriados como ficou demonstrado no desempenho que tiveram nas alforrias gratuitas, com mais de 65%, considerando todo o período analisado.[147]

A luta pela alforria contou com o empenho das pessoas envolvidas em relações familiares. Hebe Mattos constatou que, em

> [...] áreas rurais de Minas Gerais, de São Paulo e do Rio Grande do Sul, estes processos [ações de liberdade] contam também incríveis sagas familiares, algumas por várias gerações, onde se mantém a memória do cativeiro ilegítimo de uma mãe, avó ou mesmo bisavó.[148]

Os estudos sobre a alforria têm abordado essa temática de "forma independente". Pretendemos proceder a uma pesquisa que possa permitir maior conhecimento das vinculações entre ela e a família escrava, que, sem dúvida, tiveram forte importância nas estratégias que lhe possibilitaram a manumissão.[149]

Como bem assinalou Robert Slenes, a família foi fundamental também para a liberdade dos escravos, na medida que

> [...] estava associada ao sistema de incentivos senhoriais, [incentivos que ficavam entre a força e o favor dos senhores com relação a suas mercadorias inteligentes. Da mesma forma as ocupações desempenhadas pelos cativos e sua "antiguidade" junto a seus proprietários

147 *Ibidem*, p. 111.

148 MATTOS DE CASTRO, *op. cit.*, 1998, p. 176. A importância dessas ações de liberdade pode ser verificada neste trabalho e, pioneiramente, no trabalho de Chalhoub (*op. cit.*, 1990).

149 Para o conhecimento das vinculações entre a família escrava e as práticas de manumissão, enquanto resultado das relações econômicas, sociais e políticas, engendradas no seio daqueles núcleos familiares, que foram de fundamental importância para a consecução das liberdades, conferir, entre outros, LIMA, Adriano Bernardo Moraes. *Trajetórias de crioulos: um estudo das relações comunitárias de escravos e forros no Termo da Vila de Curitiba (c. 1760-c. 1830)*. Dissertação (mestrado em História) – UFPR, Curitiba, 2001; VILLA, Carlos Eduardo Valencia. *Produzindo alforrias no Rio de Janeiro no século XIX*. Dissertação (mestrado em História) – UFRJ, Rio de Janeiro, 2008.

> possibilitaram a eles a obtenção de certas benesses. Tanto melhor se todas essas características se integrassem junto a uma história de vida familiar.] [...] a possibilidade de alforria para uma ou mais pessoas de sua família ou mediante a autocompra (com o montante das poupanças dos membros da família e com empréstimos de compadres escravos), algum arranjo com compadres livres (empréstimo seguido de contrato de locação de serviços), ou a concessão "gratuita" ou condicional pelo senhor. [...] Para os escravos mais bem sucedidos na formação de pecúlios familiares e laços de dependência com pessoas de recursos, a liberdade, ao menos para uma pessoa da família, não deve ter sido uma meta irrealista. Mesmo que ainda estivesse fora do alcance da maioria.[150]

Pois bem, como pudemos perceber, as alforrias não tiveram um padrão único. Os diversos trabalhos sobre o tema, com "novos" métodos, fontes e abordagens, demonstraram e vêm demonstrando que a liberdade, para além da concessão senhorial, foi uma conquista dos escravos, que, por meio de muita estratégia, perspicácia, astúcia e engenhosidade, conseguiram a liberdade para si e para os seus.

Eisenberg problematizou se as cartas de alforria seriam a única fonte para se estudarem as manumissões, e se não havia outras que pudessem ajudar na compreensão daquele ato. Procuramos seguir as "dicas" desse historiador no que diz respeito à indicação de outros documentos possíveis para o estudo das alforrias, bem como o intercruzamento entre fontes variadas. Essa abordagem já empreendida em outros trabalhos, como os de Slenes, Damásio, Guedes e Lizandra Ferraz, vem-se mostrando bastante produtiva para o entendimento das práticas de manumissão no Brasil escravista.[151] O cruzamento de diversas fontes possibilita ainda alargar e, até mesmo, desmistificar algumas hipóteses sobre as práticas de alforria. Um exemplo disto diz respeito às explicações sobre o "perfil" do alforriado, padrão feito a partir de apenas um tipo de documentação ou das que atribuem estar em um tipo específico de registro a quase totalidade das alforrias. Todavia, cabe ressaltar que não estamos aqui descartando os trabalhos sobre as alforrias, baseados em um tipo de fonte, visto

150 SLENES, Robert W. "Senhores e subalternos no Oeste paulista". In: ALENCASTRO, Luiz Felipe de (org.). *História da vida privada no Brasil: Império*. 7ª reimpressão. São Paulo: Companhia das Letras, 2004, p. 276-277.

151 SLENES, Robert; VOGT, Carlos; FRY, Peter. *Cafundó: a África no Brasil – linguagem e sociedade*. São Paulo: Companhia das Letras, 1996; DAMÁSIO, *op. cit.*; GUEDES, *op. cit.*, 2008; FERRAZ, *op. cit.*

que eles permitem, como a pesquisa empreendida por Enidelce Bertin, ampliar as análises sobre essa temática.[152]

A partir de agora, vamos procurar adentrar o "mundo" daquelas três famílias e também o dos escravos, para conhecer um pouco mais sobre como se deu o trânsito entre a escravidão e a liberdade naquelas propriedades. Nossas fontes principais são os inventários, os testamentos, as alforrias em cartório, as alforrias na pia batismal e as prestações de contas testamentárias. Nosso método foi o de cruzar essas fontes, relativas às escravarias dos Dias Tostes, dos Paula Lima e dos Barbosa Lage, com o intuito de conhecer um pouco mais sobre a política das alforrias, que se deram entre os senhores e seus escravos, e que foram fundamentais para esses indivíduos.

AS POSSIBILIDADES DE LIBERDADE EM GRANDES ESCRAVARIAS MINEIRAS

As famílias senhorias dos Paula Lima, dos Barbosa Lage e dos Dias Tostes também não deixaram de manumitir seus cativos. Algumas das alforrias tendem a corroborar hipóteses expostas pela historiografia, já outras destoam um pouco. A análise das alforrias, distribuídas por essas famílias da elite, permitiu também vislumbrar situações "incomuns" no ato da manumissão, que possibilitaram o trânsito da escravidão para a liberdade.

Nesse aspecto, a família escrava foi de fundamental importância. Para França Paiva:

> [...] o alto índice de alforrias e de coartações que vigorou nas Minas, durante todo o século XVIII e, também, durante o século XIX, esteve diretamente ligado às formações parentais e de solidariedade no seio das posses mancípias. Os resultados [...] comprovam a grande importância alcançada pelas famílias escravas na sociedade mineira colonial, o que ficou refletido, ainda que sem atingir a real dimensão, nos registros deixados por testadores e inventariados.[153]

A análise das manumissões "dadas" pelos membros daquelas três famílias senhoriais permite perceber a importância e as estratégias dos escravos e de suas famílias para a obtenção da liberdade.

---

152 BERTIN, *op. cit.*

153 PAIVA, Eduardo F., *op. cit.*, 2001, p. 158.

Os Paula Lima

Em seu testamento de última vontade, o Comendador Francisco de Paula Lima (1866) deixou vários legados e não se absteve de dar liberdade, condicional ou não, a alguns de seus cativos. No total, foram 13 os agraciados em seu testamento. 4 deles eram escravos pardos, 2 africanos designados como Benguela e de Nação, 1, descrito como crioulo, e dos outros 6 sabemos apenas os seus nomes, sem qualquer outra indicação sobre suas origens, sua procedência, sua cor etc.[154]

Os cativos Francisca Rosa, Maria José parda, Calixto crioulo, Lino Benguela, Joaquim Antonio, Ventura e José Antonio foram alforriados condicionalmente, com a condição de residirem em companhia da mulher do Comendador Paula Lima, que lhes daria uma gratificação anual, segundo os serviços prestados enquanto vivessem. A liberdade desses sete indivíduos teve de ser adiada por algum tempo, já que tiveram de permanecer servindo a Dona Francisca Benedicta, que veio a falecer cerca de doze anos depois de seu esposo. Foi sua vontade ainda que seus escravos Balbino feitor, pardo, Albino de Nação e Antonio arrieiro "servissem a sua mulher por tempo de oito anos, e comportando-se cada um deles bem e a contento de sua mulher, essa lhe passaria carta de liberdade ao fim desse tempo".[155]

A outros dois cativos foi dada a possibilidade da alforria, caso aparecesse alguém que quisesse pagar por ela. Quis o testador que o pardo Américo, filho de sua escrava Emília cabra, caso aparecesse alguém que o quisesse libertar pagando o seu valor, que nenhum dos seus parentes se opusesse, dando-lhe a liberdade. Igual favor ele fez ao filho de sua escrava Francisca. No testamento, o responsável por sua feitura diz ignorar o nome do cativo que deveria obter aquele "igual favor". Encontramos, entre os escravos inventariados, quatro "Franciscas", três delas casadas, entretanto, não há nessa fonte qualquer menção ao filho das mesmas, talvez esse possa ser Albério preto, único cativo que não aparece no testamento, mas figura no inventário como "quartado".

Um detalhe interessante é que os únicos cativos que puderam adquirir a sua liberdade por compra, Américo e Albério, não tinham o compromisso de cumprir, depois de sua compra, qualquer tipo de condição. Talvez esses dois cativos tenham mesmo conseguido a sua alforria entre os anos que separavam o inventário do senhor Paula Lima e o de sua esposa, Dona Francisca Benedicta de Miranda Lima.

154 Inventário *post mortem* do Comendador Francisco de Paula Lima, 1866. AHUFJF, ID:83, Cx. 4A

155 *Ibidem*, f. 4.

Para tanto, podem ter contado com o auxílio de suas mães, seus pais ou de outro ente querido, ou ainda com a ajuda de terceiros na compra de sua liberdade. "Libertar as suas famílias da autoridade dos brancos era para os negros um elemento indispensável da liberdade".[156] O fato de ter dado essa possibilidade àqueles cativos pode ser um indício de que havia a pretensão de compra de suas liberdades, que era, inclusive, do conhecimento do Comendador Paula Lima.

O único cativo que obteve a carta de liberdade sem qualquer condição foi Virginia parda, filha da parda Maria José, que também estava sendo alforriada, porém sob condição, sendo que, no mesmo testamento, o testador ainda ressalvou que "*caso tenha desaparecido a carta esta verba servirá de carta*" [grifos meus]. O Comendador rogou ainda à sua mulher que "lhe dê uma educação conveniente, e estado quando tiver idade".[157] Os dizeres do Comendador parecem estar de acordo com os estudos recentes sobre a alforria em testamento, que constatam ter sido bastante comum que grande parte dos forros, nesse documento, não tenha buscado lavrar sua manumissão em cartório, pois os próprios senhores, como veremos em outros testamentos, julgavam a sua vontade expressa neste documento suficiente para servir como comprovante legal da nova condição social dos libertos. A menção ao nome dos pais ou parentes de um cativo, como os acima descritos, permitem, além do conhecimento de suas redes familiares, vislumbrar a participação desses pais e/ou mães e seus familiares na luta pela liberdade de seus filhos.

Aos nove de março de 1862, encontramos a mesma Virginia sendo batizada solenemente como filha natural de Maria José, escrava do Comendador Francisco de Paula Lima. Seus padrinhos foram, respectivamente, o filho e a nora do Comendador, José Ayres Monteiro de Miranda Lima e Dona Amélia Josefina de Miranda Lima. Virginia foi a única a receber como padrinhos espirituais indivíduos de condição social livre, que faziam parte da elite daquela localidade.[158]

A história da parda Maria José e de sua filha Virginia é bastante interessante. Não foi possível saber se tinha outros filhos ou com quem mantinha relações

---

156 FONER, *op. cit.*, p. 20. "[...] os homens e mulheres negras compartilhavam de um ardente desejo de obter a estabilidade da vida familiar como um signo de liberdade e uma sólida base sobre a qual poderia florescer uma nova comunidade negra" (p. 22).

157 Inventário *post mortem* do Comendador Francisco de Paula Lima, 1866. AHUFJF, ID:83, Cx. 4A, p. 4-5.

158 Catedral Metropolitana de Juiz de Fora. Livro de Batismos da Freguesia de Santo Antonio do Parahybuna, 1862, f. 213.

conjugais. No entanto, essa cativa parece ter-se beneficiado de uma relação muito próxima dos Paula Lima. Além de ter sido agraciada com a alforria, mesmo que condicional, ainda teve a possibilidade de obter uma remuneração, assim como os outros seis cativos libertos, sob a condição de residirem em companhia da viúva do inventariante. A parda Maria José ainda pôde estabelecer relações de parentesco espiritual, por meio do compadrio advindo do batismo de sua filha Virginia, com um dos filhos e a nora do falecido Comendador, ou seja, Maria José, caso ainda tivesse algum laço afetivo com algum dos cativos que pertenciam àquela família, deve ter-se valido de sua proximidade com os Paula Lima, com o intuito de obter outros benefícios para e si e para os seus. Não é difícil imaginá-la continuando a tecer estratégias para alforriar seus entes queridos de maneira incondicional, como a sua filha Virginia ou, ainda, sob condição de servir por certo tempo a algum dos integrantes daquela família senhorial. Ainda assim, se não obtivesse sucesso nessas duas modalidades de alforria, sem uma contrapartida pecuniária imediata, talvez pudesse remir algum de seus familiares, pagando por sua liberdade, utilizando-se da remuneração que deveria receber da inventariante. O certo é que aquela cativa teve sucesso em seus empreendimentos junto aos Paula Lima, o que lhe possibilitou obter a liberdade para si e para sua filha.

> A recorrência da alforria entre as escravas e seus filhos é um dos melhores exemplos do emprego de artimanhas e estratagemas, do estabelecimento de acordos com os senhores e de uma autonomia que elas conquistaram no cativeiro e que levaram para a vida pós-manumissão.[159]

A hipótese que levantamos sobre os escravos Albério e Américo pode ter algum fundamento. Américo não consta no inventário do Comendador, talvez tenha aparecido alguém para libertá-lo, quem sabe seu pai. Todavia, analisando as alforrias lavradas em cartório, pudemos encontrar um documento passado por Romualdo César de Miranda Ribeiro, que permite conhecer como se deu a passagem da condição de cativo para a de liberto daquele escravo. Américo conseguiu sua alforria graças às relações e aos bons serviços prestados por sua avó, a cativa Mariana, ao Dr. Romualdo:

---

159 PAIVA, Eduardo F., *op. cit.*, 2001, p. 212.

> [...] aos bons serviços que me tem prestado a Mariana que veio como minha enfermeira dou a liberdade ao meu escravo sendo filho da Emilia e neto da referida Mariana de nome Américo de idade de seis anos pouco mais ou menos cuja liberdade passara quando esta lhe for entregue [...].[160]

Os "bons serviços" prestados pelos cativos aos seus senhores e familiares figuram como algumas das principais motivações para a liberdade dos escravizados. Muitas vezes, essas alegações têm um sentido "genérico". Todavia, no caso da família de Américo, podemos visualizar a efetividade desses "bons serviços", que residiam no trato e no zelo com que sua avó, a "enfermeira" Mariana, devotou ao Dr. Romualdo César de Miranda Ribeiro. Como pudemos observar no testamento do Comendador, a possibilidade de alforria aberta a Américo residia no fato de que ele deveria ser manumitido, caso aparecesse alguém para pagar o seu valor. Com toda certeza, essa pessoa deve ter sido o Dr. Romualdo. Esse senhor teria pago o valor e, posteriormente, ou, até quem sabe, imediatamente, passado a carta de liberdade daquele escravo. Não acreditamos na hipótese de que o mesmo tenha herdado Américo, mesmo porque a promessa de liberdade expressa em testamento deve tê-lo tirado da partilha dos bens. Esse caso ilustra bem as conclusões de Karasch, que argumentou: "a fim de 'merecer' a recompensa da alforria, os cativos tinham primeiro de prestar serviço obediente e depois compensar seus donos por perderem esse serviço".[161]

Fundamentais para a manumissão desse cativo foram suas relações familiares, o que pode ser percebido no excerto da carta de alforria, passada pelo Dr. Romualdo. As relações, advindas do relacionamento entre a sua avó, a escrava Mariana, e aquele senhor, lhes possibilitaram o acesso à liberdade. Talvez a própria Mariana tenha intercedido junto a Romualdo, pedindo-lhe que lhe fizesse a "caridade" de legar a seu neto aquela carta de liberdade. Essa alforria demonstra como os grupos familiares eram importantes para a consecução da liberdade.

---

160 Segundo Tabelionato de Notas de Juiz de Fora. Escrituras de Compra e Venda e Notas Públicas (1856-1875). Cx. 1, livro 9, 1865, f. 22.

161 KARASCH, *op. cit.*, p. 463. Para Schwartz, os "'bons serviços' não eram o motivo da alforria, senão sua pré-condição, mormente quando se tratava de alforria gratuita" (SCHWARTZ, Stuart. "A manumissão dos escravos no Brasil Colonial – Bahia, 1684-1745". In: *Anais de História*, Assis, nº 6, 1974, p. 95).

Todavia, cabe um questionamento: por que a manumissão não beneficiou a escrava Emilia, mãe de Américo e filha de Mariana? Algumas hipóteses podem ser levantadas. No entanto, vamos imaginar a cativa Mariana. Provavelmente já velha e não vislumbrando muito tempo para usufruir sua liberdade, ou melhor, querendo legar ao seu netinho de 6 anos "toda uma vida" afastado de uma relação de sujeição e subordinação extrema. Talvez tenha sido esse o raciocínio daquela escrava para obter a alforria de Américo, que, a partir de então, teria todo um leque de opções abertas. Embora não deva ter sido fácil afirmar-se enquanto livre naquela sociedade, Américo teria mais condições de dar aos futuros bisnetos e tetranetos de sua avó outras possibilidades, num futuro que começava a se abrir para aquele pequeno liberto. Esse caso ilustra as estratégias coletivas e individuais, principalmente às relativas aos relacionamentos entre mães, filhos e proprietários.

> Os que mais souberam explorar esses laços e deles extrair ganhos individuais e coletivos foram as mães e seus respectivos filhos. Elas quase sempre controlando, lapidando e construindo as situações de maneira cotidiana e quase invisível, e eles executando, com semelhante eficácia, as instruções maternas. Juntos, buscavam tocar a sensibilidade dos senhores, sua consciência cristã e, também o bom-senso e a lógica do bom convívio desses proprietários escravistas. Para tanto, não hesitaram em usar de variados subterfúgios, práticas e estratégias para alcançarem o objetivo. Dispensaram atenção redobrada aos senhores quando esses caíram doentes e quando, convalescentes, mostraram-se mais susceptíveis a pedidos, mais dispostos a promessas e muito mais dependentes dos cuidados alheios.[162]

O pai do Comendador Paula Lima, Capitão José Rodrigues de Lima, falecido em 1832, alforriou em testamento 2 de seus cativos. A escrava Dionísia crioula, ao que parece, pela leitura das fontes, foi libertada sem condição; já para José pardo a alforria foi um pouco mais difícil. Avaliado em 300 mil réis, ele deveria pagar esse valor para, de acordo com o testador, "se lhe der logo essa quantia meu testamenteiro lhe dê carta para gozar dela, e quando não der a dita quantia logo, lhe será dado o tempo de cinco anos para a dar e caso não satisfaça meu testamenteiro, herdeiros o tornem a passar ao cativeiro".[163]

---

162 PAIVA, Eduardo F., *op. cit.*, 2001, p. 205.

163 Inventário *post mortem* do Capitão José Rodrigues de Lima, 1833. AHMPAJS (Barbacena), Cx.: 54, Doc./ordem: 2, p. 3.

Aquele cativo teve que trabalhar, sempre com a possibilidade de voltar à escravidão, caso não conseguisse saldar sua "dívida".

A atuação de terceiros também se fez importante nos "negócios", que tinham na alforria seu objetivo principal. Côrtes de Oliveira concluiu que a ajuda desses indivíduos se fazia por meio de laços bastante estreitos entre cativos e seus "benfeitores". Eram, segundo ela,

> Mães que poupavam para libertar os filhos; pais que alforriavam seus filhos ilegítimos; amásios que livravam suas companheiras; padrinhos que ofereciam a liberdade de pia a seus afilhados, e toda uma série de relações cujo caráter de intimidade entre as partes engendrava um interesse pessoal mais profundo.[164]

Foi um desses acordos que culminou na alforria de um cativo pertencente aos Paula Lima. A análise dos registros de manumissão, feitos em cartório, permitiu descobrir uma carta de liberdade que foi passada por Francisco de Paula Lima Junior, testamenteiro de seu pai, ao escravo Fabianno crioulo, que foi reconhecida em 20 de julho de 1868. A manumissão, segundo a carta lavrada em cartório, se deu em virtude de um acordo entre o Comendador Paula Lima e Dona Ignacia dos Prazeres.

Outros cativos pertencentes ao casal Paula Lima, que, após a morte do Comendador, foram partilhados entre seus herdeiros, também tiveram a carta de alforria devido à gratidão e a um relacionamento mais próximo com seus donos. Foi o que ocorreu com a escrava Isabel parda, então com 55 anos, por ocasião de sua alforria. De acordo com o inventário do Comendador Paula Lima, no ano de 1866, ela era mulher de Ancelmo, de 48 anos, avaliado em 1:000$000, e foi herdada por seu filho, João Evangelista de Miranda Lima, que a libertou em cartório, "em consideração a dita escrava ter sido minha ama".[165] A relação de afeto se expressava nessa carta de maneira inconteste. A escrava Isabel, que nutriu com seu leite João Evangelista, o acompanhou durante seus primeiros passos, e, pelo convívio próximo, deve ter-lhe legado alguns ensinamentos, e lhe devotado um cuidado maternal, utilizou estratégias afetivas e foi agraciada, anos depois, e de maneira afetuosa, por seu filho de leite.

164 OLIVEIRA, Maria Inês C. de, *op. cit.*, p. 28.

165 Segundo o Tabelionato de Notas de Juiz de Fora. Escrituras de Compra e Venda e Notas Públicas (1856-1875). Cx. 2, livro 30, 1875, f. 22.

"Attendendo aos bons serviços prestados pelo meu escravo Ananias, resolvi-me a remunerar-lhe, concedendo a liberdade".[166] Com essas palavras, em 27 de fevereiro de 1866, Dona Francisca Benedicta de Miranda Lima libertou o cativo Ananias. Ele era, de acordo com o inventário de seu falecido marido, o Comendador Paula Lima, oficial de carpinteiro, com 38 anos, avaliado em 2:000$000, casado com a cativa Camilla, de 30 anos, no valor de 1:000$000, que coube à meação da viúva inventariante. Devem ter sido muitos os "bons serviços" prestados por Ananias. Um escravo jovem, em idade produtiva e oficial de carpinteiro, ao que parece, pela análise da fonte, foi manumitido sem qualquer contrapartida pecuniária ou que lhe condicionasse o serviço por um tempo determinado.

Porém, essa aparente liberdade diante da família Paula Lima não deve ter ocorrido. Ananias mantinha um dos vínculos mais fortes que se poderia ter, o afetivo. Sua esposa, Camilla, ainda permaneceu sob o domínio daquela família e, provavelmente, Ananias, mesmo forro, permaneceu subordinado à Dona Francisca, prestando-lhe serviços, esperando que sua esposa também fosse agraciada com "igual favor". Sua nova condição de liberto certamente lhe possibilitou também adquirir um pecúlio, por meio de seu ofício, em trabalhos prestados àquela senhora e a outras pessoas da localidade, que poderiam ser revertidos na compra da liberdade de Camilla e de seus filhos, caso os tenha tido.

Dona Francisca Benedicta de Miranda Lima, segunda esposa do Comendador Paula Lima, também alforriou alguns de seus cativos. No dia 26 de maio de 1879, Antonio José Simões levou ao conhecimento do Juiz de Órfãos o caso de Eva e seus filhos, Nicolao e Antonio, que pertenceram à dita senhora e a "quem conserva e dedica afeição".[167] Os escravos foram avaliados em 5:000$000 (cinco contos de reis).

Antonio José Simões já havia entregue à sua ex-senhora, quando ela ainda era viva, a quantia de 3:000$000 para a liberdade de Eva e de seus filhos, o que se podia verificar pelos recibos juntados ao inventário. O suplicante seguiu dizendo que, mesmo não lhes tendo passado em vida a carta de liberdade, vinha requerer a alforria dos mesmos, "usando do favor da lei do [elemento?] servil, libertá-los pela avaliação".[168] Antonio Simões argumentava ainda que, como já havia entregue

166 Registros de Compra e Venda. AHJF.

167 Inventário *post mortem* de Dona Francisca Benedicta de Miranda Lima, 1877. AHUFJF, ID: 684, Cx.: 89B, f. 128.

168 *Ibidem*.

3:000$000 à inventariada Dona Francisca, deviam-se acrescer a esse valor os juros, à razão de 6%, elevando o valor para 4:075$000.

O suplicante se dizia pronto a entrar com o restante, a fim de lhes passar suas cartas de liberdade. Concluindo sua petição, pediu que fossem ouvidos os herdeiros e o Doutor Curador,[169] que não se opuseram, levando o Juiz a determinar que se passasse a carta de liberdade a Eva e a seus filhos, Nicolao e Antonio, mediante o pagamento dos 925$00 que restavam. Após a entrega do valor remanescente, Antonio José Simões passou procuração a Dr. Marcellino de Assis Tostes, para requerer, no inventário de Dona Francisca, a liberdade dos três.

Os cativos Eva e seus filhos, Nicolau e Antonio, já se encontravam na posse dos Paula Lima há algum tempo. No ato da sobrepartilha, ocorrida no inventário do Comendador Francisco de Paula Lima (1866/1867), localizamos Eva parda, de 30 anos, Nicolau de 6 e Antoninho de 7, avaliados, respectivamente, em 1:400$000, 800$000 e 1:100$000 (quantias que couberam à meação da viúva inventariante, Dona Francisca Benedicta).[170]

Dez anos mais tarde, encontramos a escrava Eva parda, com 45 anos, avaliada em 1:000$000, mãe dos cativos Nicolau pardo, de 17 anos, estimado em 1:800$000, e Antonio pardo, de 16 anos, no valor de 2:200$000, todos matriculados na Coletoria do Juiz de Fora, em 3 de setembro de 1872. Apesar da diferença entre as idades de Eva, entre 1866/1867 e 1877, creio que era a mesma pessoa. Não nos esqueçamos de que o conhecimento das idades podia, muitas vezes, ser arbitrário, ou, como era corriqueiro, pode ter havido um erro por parte do escrivão, quando transcreveu os autos. Entretanto, a idade dos jovens Antonio e Nicolau parece reforçar a noção de que se tratava dos mesmos cativos, que foram alvo das tentativas de liberdade efetuadas por Antonio José Simões.[171]

Ao que parece, Antonio Simões era marido de Eva parda e pai de Antonio pardo e de Nicolau pardo. O fato de ter sido ex-escravo e afilhado de Dona Francisca Benedicta lhe possibilitou as estratégias necessárias para a consecução de seu intento.

169 Os curadores eram protetores legais que representavam os indivíduos perante o tribunal. A sua designação "era usual nos casos que envolviam pessoas não consideradas legalmente adultas – filhos menores, deficientes mentais e escravos" (GRAHAM, Sandra, *op. cit.*, p. 24).

170 Inventário *post mortem* do Comendador Francisco de Paula Lima, 1866. AHUFJF, ID:83, Cx. 4A.

171 Inventário *post mortem* de Dona Francisca Benedicta de Miranda Lima, 1877. AHUFJF, ID: 684, Cx.: 89B.

No auto de inventário do Comendador Paula Lima, há menção a um escravo avaliado em 1:500$000, cujo nome era Antonio José, então com 35 anos de idade. Não podemos afirmar que seja a mesma pessoa, embora essa possa ser uma hipótese plausível, inclusive pelo fato de não haver menção a nenhum outro escravo homônimo.

Talvez o fato de Antonio José Simões ter podido, pelo menos aparentemente, obter a liberdade de Eva e de seus filhos, sem qualquer oposição por parte dos herdeiros ou de outrem, assim como conseguir que o valor dos juros pudesse ter sido agregado à quantia já entregue por ele, é explicado porque era afilhado de Dona Francisca Benedicta de Miranda Lima. Pudemos ter acesso a essa informação no primeiro recibo passado pela senhora, no qual ela diz: "Ficam em meu poder dois contos de reis que meu afilhado Simões entregou-me para eu poder libertar os escravos Eva, Nicolau e Antoninho. Cachoeira, 25 de janeiro de 73".[172] Aproximadamente um ano mais tarde, foi-lhe entregue uma quantia de mais 1:000$000, no dia 25 de fevereiro de 1874.

Como já expusemos, a historiografia vem demonstrando o quanto foi difícil para os libertos sua inserção naquela sociedade. Difícil, mas não impossível. Em seu trabalho sobre o mundo dos libertos em Salvador, entre os anos de 1790/1890, Maria Inês Côrtes de Oliveira atentou para as oportunidades dos libertos, saídos da escravidão rumo à liberdade. Segundo ela,

> Tornar-se liberto não era o mesmo que tornar-se livre. Desta distinção encarregava-se a sociedade escravista de modo a perpetuar no ex-escravo as marcas de sua antiga condição servil. Mas os estigmas do cativeiro iam muito além do aspecto jurídico, determinando mesmo as próprias condições de vida do liberto. Ultrapassar os limites da sobrevivência e se integrar no mercado de trabalho livre, variavam na razão direta das oportunidades que lhe fossem oferecidas durante o período da escravidão.[173]

Antonio José Simões, ao que tudo indica, agarrou-se a essas oportunidades e foi hábil em adquirir pecúlio, o que pode ser demonstrado pelas avultadas somas que pagou a sua madrinha e ex-senhora. As solidariedades estabelecidas por esse ex-escravo com os Paula Lima, sem dúvida, têm relação com o sucesso nas negociações que levaram à liberdade de Eva, Antonio (ou Antoninho) e Nicolau. Isto

172 *Ibidem*, f. 132.

173 OLIVEIRA, Maria Inês C. de, *op. cit.*, p. 11.

é notório, inclusive pela não oposição por parte dos herdeiros quando da petição encaminhada por ele, objetivando libertar seus entes queridos.

Se, realmente, se tratava de uma família, os esforços empreendidos por Simões demonstram, cabalmente, a vitalidade dos laços afetivos entre os cativos e, também, a obstinada tentativa de retirar do jugo do cativeiro seus parentes. Ao mesmo tempo, cabe destacar as estratégias que devem ter feito parte dessa negociação, sempre tão melindrosa, entre escravos, ex-escravos e aqueles senhores que detinham o monopólio da posse de Eva e de seus entes mais amados. De acordo com Hebe Mattos,

> [...] emerge, com clareza, que o acesso a relações familiares (mais acessíveis aos crioulos, de uma maneira geral, e às mulheres, em particular) constituía variável tão fundamental quanto a proximidade com a família senhorial para o acesso à alforria e, freqüentemente, se revelava precondição daquela.[174]

A unidade familiar e as estratégias para a obtenção da alforria foram sempre buscadas por aqueles escravizados. Foner observou que a migração e a mobilidade geográfica estiveram entre as atitudes que conformavam, por parte dos escravos, o que entendiam ser quinhão da liberdade. Segundo ele, dentre todas as motivações para essa mobilidade, a mais sensível tinha como objetivo a reunificação das famílias escravas. Nos dizeres de um funcionário do Departamento dos Libertos (EUA), "a emancipação permanecia incompleta até que as famílias que haviam sido dispersadas pela escravidão estivessem reunidas de novo".[175] Foner conclui, argumentando que

> [...] Está claro que fortes laços familiares existiram durante a escravidão, mas sempre foram vulneráveis às rupturas. A emancipação permitiu que os negros reafirmassem e solidificassem suas limitações familiares, e a maioria dos libertos colocou grande empenho nisso.[176]

174 MATTOS DE CASTRO, *op. cit.*, 1998, p. 175

175 FONER, *op. cit.*, p. 16.

176 *Ibidem*, p. 17. "Mas além de possibilitar a estabilidade e o fortalecimento da família negra pré-existente, a emancipação também modificou os papéis familiares e a relação entre eles. Uma mudança comum e significativa era que as famílias de escravos que, antes, viviam separadas a maior parte do tempo porque seus membros pertenciam a donos diferentes, podiam agora viver juntas."

A senhora Viscondessa de Uberaba, sogra do Comendador Francisco de Paula Lima, mãe de Dona Francisca Benedicta de Miranda Lima, lançou em notas, em 10 de agosto de 1872, a carta de alforria do escravo Calixto Congo, de 50 anos, pouco mais ou menos, casado com sua escrava Vicência, para que ele pudesse gozar da liberdade como se de ventre livre fosse. Fez isso:

> [...] pelos bons serviços que me tem prestado como por ter recebido do mesmo Calixto por diversas vezes duzentos e sessenta e três mil e seiscentos reis e mais quinhentos mil reis do Doutor João Nogueira Penido que os adiantou para facilitar a liberdade deste escravo ficando o mesmo Calixto, digo, o meu libertado Calixto obrigado a pagar ao referido senhor Doutor João Nogueira Penido a dita quantia de quinhentos mil reis com o produto do seu trabalho e outros bens que possa adquirir, e por assim haver deliberado e contractado com o liberto Calixto o Senhor Doutor João Nogueira Penido [...].[177]

Ao que tudo indica, Calixto já fazia parte da propriedade do Visconde e da Viscondessa de Uberaba havia algum tempo. No inventário do Visconde, realizado no ano de 1856, encontramos Calixto, com 35 anos, casado, avaliado em 1:600$000, entretanto, não encontramos sua esposa Vicência.[178] Não seria inverossímil pensar que Calixto e sua esposa Vicência tenham feito parte das "famílias fundadoras" daquela senzala (famílias que se estabeleceram quase que concomitantemente à formação da própria posse de seus senhores), o que entre outras benefícios pode ter se refletido na carta sua carta de liberdade.

Teria sido essa longevidade no cativeiro do Visconde e da Viscondessa de Uberaba a responsável pela alforria de Calixto? A carta de liberdade desse cativo aponta várias estratégias com que ele pôde contar, talvez por ter sido um escravo antigo e de confiança e até com algum lugar privilegiado dentro da comunidade mancípia. Calixto, além dos bons serviços prestados, obteve pecúlio com o qual pagou, por diversas vezes, à sua senhora, com a ajuda do compadre da Viscondessa, que lhe emprestou dinheiro para facilitar sua manumissão. Contou ainda com certa mobilidade para ele mesmo tratar com o Dr. João Penido as bases do empréstimo obtido junto àquele senhor. Ao que tudo indica, ele teve a possibilidade de trabalhar

177 Carta de liberdade. Primeiro Ofício de Notas. Livros de Escrituras, 1867-1877. AHJF.

178 Inventário *post mortem* do Visconde de Uberaba, 1856. AHUFJF, ID: 584, Cx.: 72B.

para si, o que fica comprovado quando se diz que iria pagar o empréstimo "com o produto do seu trabalho e outros bens que possa adquirir".[179]

Outro cativo liberto pela Excelentíssima Viscondessa de Uberaba foi o preto da Costa de nome Manoel, no dia 8 de julho de 1857. A esse ela concedeu plena e inteira liberdade, o que, na verdade, só se deu após o pagamento, por parte do cativo, de 800$000 (oitocentos mil réis), tido, a partir de então, como "forro, liberto, isento de toda a escravidão".[180]

A Viscondessa de Uberaba foi a única pertencente à família dos "Paula Lima" que alforriou um cativo na pia batismal. Era José, batizado no dia 20 de fevereiro de 1870, filho legítimo do casal José Leandro e Rosenda, também seus escravos. Além da liberdade na pia batismal, o liberto José ganhou também dois padrinhos livres, o senhor Eugenio Miranda Ribeiro e Dona Gabriela Frederia Ribeiro de Andrada, que lhe devem ter valido nessa sua nova condição social.[181] Lembremos que

> O apadrinhamento abrangia não apenas a relação entre padrinhos e afilhados, mas também o laço importante entre os padrinhos e os pais da criança, que se tornavam compadres. O compadrio, compreendido na troca, como em todas as relações de clientelismo, não era somente a concessão de favores de cima para baixo, mas também uma promessa recíproca de serviço, deferência, obediência e lealdade.[182]

Como procuramos expor no decorrer deste texto, os herdeiros do Comendador Francisco de Paula Lima não foram bons negociantes, assim como parece ter sido o patriarca da família, pois tiveram de proceder a um edital de praça para que pudessem pagar suas dívidas. Nesse aspecto, além de vários bens móveis e imóveis,

179 Carta de Liberdade. Primeiro Ofício de Notas. Livros de Escrituras, 1867-1877. AHJF.

180 Carta de Liberdade. Segundo Tabelionato de Notas de Juiz de Fora, Cx.: 1, livro 1, 1856. AHJF.

181 Catedral Metropolitana de Juiz de Fora. Livro de Registro de Batismos da Freguesia de Santo Antonio do Juiz de Fora, 1870, f. 490. Rômulo Andrade, pesquisando a mesma documentação da Catedral, encontrou entre os anos de 1851 e 1887, 1.531 batismos com 13 alforrias ou 0,8%, 11 delas antes da Lei do Ventre Livre e as outras 2 após 1871. A maioria dos batizandos alforriados na pia batismal eram filhos naturais (8), enquanto os legítimos foram 5 pessoas (ANDRADE, Rômulo. "Ampliando estudos sobre famílias escravas no século XIX (crianças cativas em Minas Gerais: legitimidade, alforria e estabilidade familial)". *Revista Universidade Rural, Série Ciências Humanas*, vol. 24 (1-2), jan/jun. 2002, p. 107-108).

182 GRAHAM, Sandra, *op. cit.*, p. 75.

deveriam ser vendidos todos os escravos mencionados na partilha, após serem feitos os pedidos dos herdeiros.

No entanto, o Tenente Coronel Manoel Vidal Barbosa Lage, como cabeça de sua mulher, Dona Constança Barbosa Lage, herdeira de Dona Francisca Benedicta, ponderou que "os diversos escravos, pedidos por herdeiros, para sua liberdade, não devem mais figurar no edital de praça, devendo ser considerados livres, visto que o pedido he inferior a suas legítimas."[183] Esse foi o caso das cativas Guilhermina, viúva, de 55 anos, avaliada em 250$000 à época da matrícula, ; e também o de Maria da Gloria, solteira, de 21 anos, com o valor de 1:800$000, que, mais tarde, foi avaliada em 50$000, devido a uma doença.

O pedido teve o apoio do Dr. Curador, Luiz Eugenio Horta Barbosa. Após as suas argumentações, pediu que fossem eliminadas do edital as ditas escravas, cujas liberdades haviam sido requeridas. Na análise que fez a respeito da ponderação do Tenente Coronel Manoel Vidal, ele se perguntou se o esboço da partilha estava de acordo com o requerido. E chegou à conclusão de que não, considerando que alguns dos cativos, declarados como livres, encontravam-se no montante que deveria ir a leilão público, e seguiu, concluindo que, para tanto,

> [...] basta atentar-se a que no edital são compreendidas as escravas Guilhermina – requerida a f. 158 pelo herdeiro Vidal para ser declarada livre por conta de sua legítima, e – Maria da Gloria requerida pelo próprio inventariante a f. 139 (?), em face da lei tais escravas não podem ser recusadas aqueles herdeiros, não se lhes pode tolher a aquisição da liberdade, recebendo-as como *escravas* em hasta pública, porque são *de direito* livre, [...]. Porque razão, pois não se há de respeitar os legais requerimentos desses herdeiros e os direitos das libertandas?[184]

"São de direito livres". Essa foi a principal alegação do Curador na defesa da liberdade das cativas, que não podiam ser vendidas como escravas no edital de praça. Ao que parece, tudo indica tratar-se de uma liberdade "por palavras", mas que, mesmo assim, e quem sabe por isso mesmo, tivesse de ser respeitada, pois a "promessa"

183 Inventário *post mortem* de Dona Francisca Benedicta de Miranda Lima, 1877. AHUFJF, ID: 684, Cx.: 89B, p. 171.

184 *Ibidem*, p. 172, (grifos no original).

daqueles herdeiros era do conhecimento de todos, inclusive dos escravos. "Em muitos casos, os escravos provavelmente sabem da promessa. [...] a promessa constitui claramente um incentivo ao 'bom comportamento'".[185] De acordo com Graham: "A liberdade era algo aguardado com ansiedade; viria com a morte em algum momento incerto, e mesmo assim só se os outros soubessem e honrassem a promessa".[186]

Entretanto, cremos que não foi somente essa a motivação para as alegações do Curador, ou, pelo menos, não a principal. Tratava-se de defender o direito de propriedade dos herdeiros, de respeitar as regras jurídicas que garantiam "os legais requerimentos desses herdeiros", e que, no caso da sua legítima posse das escravas, "não podem ser recusados".[187] Novamente, deparamo-nos com a questão do direito à propriedade privada, só que, nesse caso, ao invés de uma contenda entre senhores e Estado, recorreu-se à justiça para mediar uma "briga" entre herdeiros. A inclusão das escravas Maria da Gloria e Guilhermina para venda no edital de praça aconteceu no âmbito das relações familiares, com o desrespeito ao direito sobre os bens que cabiam à legítima dos herdeiros Vidal e do inventariante Francisco de Paula Lima Junior.

O Tenente-Coronel Manoel Vidal Barbosa Lage, que foi reclamar contra uma possível venda de escravos, que teriam recebido sua manumissão, vinha de uma tradição de alforria entre os avós, com os quais teve sempre estado em companhia. Era primo em segundo grau de sua esposa, Dona Constança, e era filho de Maria Perpétua, que se casou com o Capitão Leandro Barbosa Teixeira, primo dela. Sua mãe era filha de Manoel Vidal Lage e Dona Maria Carlota de Lima, irmã do Comendador Francisco de Paula Lima.

No testamento de última vontade de seu avô, Capitão Leandro, o dito senhor deixou forras as escravas Laura e Anna, pardas, com a cláusula de sua mulher, antes de lhes passar carta de liberdade, as casar primeiro, o que, talvez, não deva ter sido difícil, pois o capitão legou-lhes ainda meio quarto de terras pelo amor de Deus.[188] Dar "bom estado" às cativas foi outra das intenções de muitos testadores. Existiram várias Lauras, Annas e Virginias que tiveram essa condição. Na verdade, a condição era dos testamenteiros. Nesses casos, a interferência do senhor no casamento católi-

185 SLENES; VOGT; FRY, *op. cit.*, p. 87-88.

186 GRAHAM, Sandra, *op. cit.*, p. 153.

187 Inventário *post mortem* de Dona Francisca Benedicta de Miranda Lima, 1877. AHUFJF, ID: 684, Cx.: 89B, p. 172.

188 Registro de testamentos. Segundo Ofício, livro 1-A (1834-1836), Arquivo Histórico Municipal Professor Altair José Savassi (Barbacena/MG). AHMPAJS.

co se fez presente, é bem verdade, porém, as preferências daquelas moças devem ter influenciado as escolhas dos senhores e, no final das contas, a "vontade" das cativas provavelmente prevaleceria.

Já no testamento de Dona Maria Carlota de Lima, feito aos 11 de agosto de 1866, a avó de Manoel Vidal declarou que, após a sua morte, deixava livre, desde que tivesse procedido bem até aquele tempo, a sua escrava Felicidade parda, procurando seu testamenteiro, o neto Manoel Vidal, para lhe dar estado. Deixou forro liberto o escravo Candido, pardo de 2 anos, pedindo a seu primeiro testamenteiro que lhe desse educação, mandando ensiná-lo a ler e escrever. O mesmo aconteceu à sua escrava Januaria crioula, que seria forra liberta após a sua morte, servindo a verba de carta de liberdade. Por último, deixou forros e libertos os seus escravos Elviro africano e Esequiel pardo, da mesma forma que os outros: servindo a verba como carta de liberdade.[189] As alforrias de Candido pardo, Elviro africano e Januaria crioula foram lavradas em cartório no dia 12 de agosto de 1866, pelo Tenente-Coronel Lage.[190] O registro em cartório da alforria de Candido e Elviro talvez tenha refletido a intenção desses dois cativos de se afastarem daquela localidade, migrando para outra região, já que, como foi dito por sua antiga senhora, a sua vontade expressa no testamento lhes serviria como documento de liberdade. Contudo, como o escravo Candido tinha, à época, apenas 2 anos, essa hipótese só teria sentido caso Elviro fosse pai de Candido.

Outros herdeiros da finada Dona Francisca Benedicta também passaram carta de liberdade.[191] Foi esse o caso do Dr. Romualdo César de Miranda Lima, que levou o valor de 60$000, pelo qual foi avaliada a escrava Victoria, casada, 65 anos, requerendo a autoridade competente que se dignasse mandar passar incontinente a carta de liberdade, entregando ao inventariante, ou a quem o representasse, o valor da cativa. Também o Dr. Theotonio de Miranda Lima desejou conferir a liberdade ao escravo Romualdo, que, segundo a matrícula de 1872, tinha 43 anos de idade e estava avaliado em 2:400$000. Romualdo era marido de Calista parda, de 45 anos, estimada em 1:400$000, requerendo que, na partilha, fosse o escravo importado no seu quinhão. Esse caso parece muito similar ao do cativo Ananias, ou mesmo ao de

189 Registro de testamentos, Livro 4 (1862-1868). AHJF.

190 Segundo Ofício de Notas. AHJF.

191 Inventário *post mortem* de Dona Francisca Benedicta de Miranda Lima, 1877. AHUFJF, ID: 684, Cx.: 89B.

José Simões, pelo menos no que diz respeito a uma possível permanência com os indivíduos que os haviam libertado, visto que esses cativos tinham ainda alguns de seus familiares na condição de cativos. Nas perspectivas do senhor, a possibilidade da alforria podia legar certa "paz" aos embates cotidianos.

Alforriar cativos com laços de família poderia servir ao propósito de manter junto a si, agora como dependentes, ex-escravos. A manumissão serviria, então, como perpetuadora do sistema escravista, reiterando-o a cada dia. Novamente, a questão central é a análise da alforria de um viés estritamente senhorial.[192]

Todavia, para aqueles que obtiveram suas alforrias por meio de muita astúcia e artimanhas, aproveitando as possibilidades surgidas e, muitas vezes, inteligentemente "inventadas", a história foi outra. A alforria legada a algum membro da família, além de gerar a liberdade desse indivíduo, abria uma real possibilidade de que outros dos seus obtivessem "igual favor". Podia-se adquirir mais pecúlio para a alforria das mulheres ou dos filhos menores, ao mesmo tempo a mobilidade do liberto seria também utilizada para buscar ajuda de terceiros, caso precisassem interceder junto à justiça. Enfim, mais do que manter o sistema escravista, as alforrias de mãe, pai, filho, avô... eram, na verdade, um "palco" das estratégias inventadas por aqueles sujeitos, além de servirem como passagem para a liberdade. Isto não era pouco, e foi, muitas vezes, fruto da "guerra" cotidiana entre senhores e escravos, junto com a estratégica "submissão", muitas vezes erroneamente confundida como anomia.

Julio Cesar Pinto Coelho arrematou alguns escravos pertencentes à posse dos Paula Lima em 1883.[193] Acharam-se mais vantajosos os lances desse senhor, em relação a Manoel Besta, 40 anos, e sua mulher Michaela, parda, 36 anos, Esequiel, 50 anos, marido de Francisca Antonia, que também estava incluída na arrematação, porém foi libertada por haver uma proposta imediata para sua manumissão. Havia ainda Francisco Caburé pardo, solteiro, de 34 anos. Interessante notar que, no ato da arrematação dos ditos cativos, a coisa se inverteu. Ao invés de passarem ou prometerem a liberdade àqueles cativos, sob a condição de prestação de serviços, a mesma foi estipulada ao comprador Julio César, que lhes passaria a carta de liberdade, depois que lhe prestassem serviços por cinco anos. A noção de poder sobre os

192 Sobre esse assunto, ver: SOARES, Márcio de Sousa. *A remissão do cativeiro: alforrias e liberdades nos Campos dos Goitacases, c. 1750-c. 1830*. Tese (doutorado em História) – UFF, Niterói, 2006.

193 Inventário *post mortem* de Dona Francisca Benedicta de Miranda Lima, 1877. AHUFJF, ID: 684, Cx.: 89B.

cativos chegava a ponto de estipular tal condição a um novo dono? Teriam os Paula Lima estabelecido essa condição, visando à gratidão desses indivíduos, que, após cinco anos, retornariam, para servir a seus antigos donos? Lembremos que, a princípio, os mesmos só foram vendidos porque era preciso sanar uma dívida enorme. Difícil dizer, já que não sabemos muito mais sobre esses indivíduos, ou, pelo menos, como veremos a seguir, sobre a maioria deles. Feitas as negociações, procedeu-se ao pagamento dos valores atribuídos aos cativos, em depósito público, onerados pela condição de liberdade da qual deveria o comprador estar ciente.

Em 16 de julho de 1883, Julio César Pinto Coelho levou ao conhecimento do Juiz de Órfãos um fato no mínimo curioso. Relembrou ao senhor juiz a arrematação que fez de alguns escravos do espólio da finada Dona Francisca Benedicta, na qual ele se comprometeu a conceder liberdade aos cativos que arrematou, no prazo de cinco anos.

> Aconteceu, porém, que entre os referidos escravos, logo após a aceitação da proposta, o de nome Francisco Caburé declarou ao suplicante em presença de Vossa Senhoria e de diversas pessoas presentes não aceitar o favor a que o suplicante se comprometera, preferindo permanecer no captiveiro a gosar dos benefício prometido.
>
> Nestes termos não desejando o suplicante contrariar o referido escravo, que obstinadamente se recusa acompanhar o suplicante, requer a Vossa Senhoria se digne declarar sem efeito a arrematação do mesmo, sustentando o suplicante a sua proposta e oferta com relação aos demais escravos compreendidos na referida proposta que apresentou para arrematação [...].[194]

Percebemos, então, que Julio César realmente arrematou os cativos sob a condição de libertá-los no prazo estipulado de cinco anos, e mais, tudo indica que era sua intenção cumprir o benefício prometido. Todavia, o pardo Francisco Caburé, de 34 anos, espantosamente, diante de várias pessoas, inclusive do Juiz, preferiu "permanecer em captiveiro" e, "obstinadamente", não usufruir o "benefício prometido". Julio Cesar não se opôs à vontade de Francisco Caburé, preferindo não contrariá-lo – talvez por medo de ter junto a si um cativo insatisfeito, o que lhe podia trazer muitos aborrecimentos – e mostrou-se firme na manutenção do prometido aos

194 *Ibidem*, f. 171-171v.

outros cativos. Agora, o mais importante: por que Francisco Caburé, ainda jovem, não queria sair de sua condição de cativo rumo à liberdade? Difícil dizer qual foi o raciocínio daquele escravo. Arriscamos aqui algumas hipóteses.

Seria o novo senhor um indivíduo extremamente violento, a ponto de incutir um medo mortal no cativo? Mas, se assim o fosse, esse era um aspecto desconhecido dos outros cativos, que não se opuseram a aceitar a alforria oferecida pelo senhor Julio César?

É possível que, ao contrário de seu estado de solteiro, Francisco possuísse um relacionamento com alguma cativa. Pensamos que a condição de solteiro atribuída a ele, e não a de casado, possa dizer algo a respeito de um enlace matrimonial não sacramentado perante a Igreja Católica. Muitas vezes, mesmo os cativos com relacionamentos duradouros, não sacramentados, eram descritos como solteiros. Se isso aconteceu, é uma demonstração inequívoca do quanto eram fortes as relações familiares cativas, ou seja, valia tudo para manter junto a si os entes queridos e, no caso de Francisco Caburé, até mesmo se sujeitar a manter a condição de cativo, mas permanecer com seus familiares.

Outra hipótese que podemos apontar é a de que Francisco estivesse à espera de um senhor "específico". Podia ser um dos herdeiros, com quem tinha um relacionamento um pouco mais próximo, que o fosse presentear com uma carta de liberdade, com alguma condição que lhe interessava mais, ou, ainda, esperava ser libertado pelo fundo de emancipação ou por uma entidade abolicionista. Entretanto, isso se podia dar mesmo que ele pertencesse a um novo dono. Francisco Caburé podia, também, não querer apartar-se daquela comunidade escrava, que lhe serviu de sustentáculo em grande parte de sua vida. Todavia, se essa última foi sua intenção, o êxito deve ter sido difícil, pois conseguimos perceber que o edital de praça contou com muitos compradores, como o senhor Julio César.

A história de Caburé é bastante inusitada e, talvez, nenhuma das hipóteses que procuramos levantar seja plausível, ou podem ser complementares. Quem sabe? No entanto, cabe ressaltar que Francisco Caburé conseguiu ter sua vontade respeitada, não era só o senhor escravista o detentor dessa prerrogativa. Os cativos também tinham suas vontades, e, muitas vezes, delas se utilizaram com êxito. Outra hipótese, que pode ser pensada, diz respeito à futura liberdade daquele indivíduo. Talvez Francisco Caburé tenha achado mais seguro manter-se escravo, diante das incertezas e dos temores de uma vida difícil no mundo da liberdade. A passagem da escravidão para a liberdade era algo difícil, e tão difícil quanto se tornar livre era o trânsito nesse "novo mundo" da liberdade, fato que, certamente, era do conhecimento de muitos daqueles escravizados. Como bem ressaltou a historiadora Raquel Pereira Francisco,

> A emancipação do cativeiro trouxe para os ex-escravos a tão desejada liberdade, o direito de ir e vir, de possuir objetos que lhes eram vetados, de formarem famílias sem o medo de serem separados. O mundo da liberdade só estava se iniciando para esses homens e mulheres egressos do cativeiro, entretanto, a caminhada por essa nova estrada lhes reservaria várias surpresas, nem sempre agradáveis.[195]

Nos últimos meses do ano de 1882, os senhores Dr. Francisco Leite Ribeiro Guimarães, Custodio Ferreira Leite Guimarães e Dona Francisca Carolina Leite Guimarães passaram procurações à Leite & Companhia, negociantes estabelecidos no Rio de Janeiro, para entregar à sua sobrinha, Dona Marianna Carlota Guimarães Lima, a título de doação, valores que pudessem ajudar a arrematar ou remir cativos do espólio de Dona Francisca Benedicta – "para ajudar a remissão dos escravos Floriano e sua mulher Joanna, Pedro Rodrigues e sua mulher Maria do Carmo do espólio de sua sogra [Dona Francisca Benedicta de Miranda Lima]".[196] A única condição imposta por eles era que os escravos, remidos com as quantias distribuídas pelos tios e pela tia de Dona Maria Carlota, fossem unicamente para o inalienável usufruto de sua sobrinha e, em caso de falecimento dela, deveriam passá-lo a seus filhos.

Remissão um tanto quanto "ilusória", os escravos teriam sua liberdade, porém com uma condição das mais cruéis. Ficavam livres, tendo de servir primeiro a Dona Maria Carlota e, após a morte dela, a seus filhos. As condições impostas aos libertos para a consecução definitiva de sua liberdade foram, muitas vezes, estabelecidas para manter os ex-escravos vinculados a seus ex-senhores, conservando com eles a mesma subordinação e obediência esperadas, para que continuassem a servi-los. Esse é um

195 FRANCISCO, Raquel Pereira. *Laços da senzala, arranjos da flor de maio: relações familiares e de parentesco entre a população escava e liberta – Juiz de Fora (1870-1900)*. Dissertação (mestrado em História) – UFF, Niterói, 2007, p. 123.

196 Inventário *post mortem* de Dona Francisca Benedicta de Miranda Lima, 1877. AHUFJF, ID: 684, Cx.: 89B, p. 56.

caso bastante emblemático do quanto uma alforria, que não envolvia por parte do cativo o desembolso de um valor estipulado, mas sim uma condição, podia prolongar o uso da força de trabalho daqueles homens e mulheres. A ameaça da reescravização por meio da revogação da alforria não estava explicitamente descrita. Entretanto, é possível que aqueles senhores se tenham utilizado de seu sentido ideológico e pedagógico com o intuito de manter Floriano e sua mulher, Joanna, Pedro Rodrigues e sua mulher, Maria do Carmo, sujeitos àquela penosa condição de servir, por tempo indeterminado, primeiramente a Dona Maria Carlota e, depois, aos filhos dela. Mais uma vez o estudo de Karasch nos ajuda a entender essa questão, ao escrever:

> [...] algumas cartas de alforria esclarecem como a manumissão podia servir aos interesses dos senhores e ser um instrumento de exploração daqueles que tinham de pagar pela liberdade, bem como obrigar a anos de serviço obediente. Em vez de ser um símbolo da benevolência dos senhores, a alforria, tal como praticada no Rio, funcionava amiúde como mais uma forma poderosa de controle dos escravos.[197]

Houve menção a apenas um cativo, que fora liberto pelo fundo de emancipação. Tratava-se de Eleutério, no ano de 1885, avaliado em 600$000. O único Eleutério que encontramos, avaliado entre os bens da finada, foi descrito como crioulo de 34 anos, no valor de 2:400$000, casado com Rita crioula, de 36 anos, estimada em 1:200$000.[198]

Os Barbosa Lage

O Capitão Manoel Ignácio Barbosa Lage foi, dos três proprietários que estudamos, o que teve maior zelo com seus escravos. Isto se percebe pelas altas proporções de nascimentos de crianças em sua posse e também pela manutenção de famílias escravas no ato da partilha, como já expusemos em páginas precedentes. Em seu testamento de última vontade, deixou liberto, logo que falecesse, apenas o cativo Antonio Moçambique, "servindo esta verba de carta".[199]

Porém, o cruzamento de fontes permitiu conhecer outro escravo que foi libertado no ano de 1865, e que teve o registro de sua carta de liberdade lavrado em

---

197 KARASCH, *op. cit.*, p. 469.

198 *Ibidem*, p. 205.

199 Registro de testamento. Livro 5 (1868-1876). AHJF.

cartório. Em 18 de novembro daquele ano, Manoel Ignácio Barbosa Lage libertou seu escravo Francisco africano, com mais de 50 anos, ofício de carpinteiro, por lhe haver prestado bons serviços.[200] Apesar da "gratidão" do senhor Barbosa Lage, Francisco africano teve de indenizá-lo com quantia não declarada na carta de liberdade, passando, a partir de então, a gozar de todos os direitos que ela lhe outorgava. Ao que parece, Antonio Moçambique foi privilegiado no ato da alforria, já que não teve de desembolsar um valor para remunerar sua liberdade, nem de cumprir qualquer tipo de condição. Já Francisco africano, com ofício de carpinteiro, teve de pagar ao seu antigo senhor; talvez tenha pesado, nesse caso, o raciocínio do Capitão Manoel de se ressarcir do valor de um escravo por meio de seu ofício, que lhe deve ter sido de extrema utilidade.

O filho do Capitão Manoel Ignácio Barbosa Lage e Dona Florisbella Francisca de Assis Barbosa Lage, Antonio Augusto de Barbosa Lage, faleceu em 1868, deixando testamento de última vontade. Nesse documento, declarou que daria a liberdade ao escravo Heliodoro, caso o dito cativo lhe fosse entregue na partilha que se sucedia no inventário de seu pai. No pagamento feito à meação da viúva e às legítimas dos filhos do finado Antonio Augusto Barbosa Lage, encontramos o escravo Heliodoro crioulo, então com 60 anos, avaliado em 400$000, junto com sua mulher, Delphina, de 35 anos, estimada em 1:000$000, e sua filha Ângela, com 5 anos, com o valor de 400$000.[201]

Na prestação de contas testamentária, ocorrida em 1870, Heliodoro declarou que estava "de posse de minha carta de liberdade que me foi entregue pelo senhor Doutor Antero José Lage Barbosa, primeiro testamenteiro do finado senhor Antonio Augusto Barbosa Lage, a cuja generosidade devo eu a mesma liberdade de que estou gosando".[202] O sentimento de gratidão expresso pelo liberto para com o falecido senhor é ressaltado por aquele idoso manumisso. Nesse caso, cremos ser difícil pensar que Heliodoro se tenha afastado do círculo de domínio daquela família; primeiro, por seus laços familiares, e, depois, por sua já avançada idade. Sem dúvida, para ele, além de se manter próximo de sua esposa e sua filha, era fundamental o apoio delas no que diz respeito aos cuidados para com ele, além do amor e da ajuda em caso de doença.

---

200 Primeiro Ofício de Notas. AHJF.

201 Inventário *post mortem* de Antonio Augusto Barbosa Lage, 1868. AHUFJF, ID: 409, Cx.: 45B.

202 Prestação de testamentária de Antonio Augusto Barbosa Lage, 1870. AHUFJF, ID: 107, Cx.: 05A.

A sobrinha do Capitão Manoel, Dona Mariana Luiza Lage, faleceu solteira em 1870, e alforriou, em 23 de março de 1865, o escravo Procópio, que havia recebido por herança de seu irmão Luiz Martins Lage. Entretanto, havia uma condição que deveria ser cumprida por Procópio para que pudesse ter acesso à sua liberdade: era preciso "servir como voluntário da pátria em quanto [sic] durar a guerra entre o Brasil e o Paraguai gozando de todas as vantagens que o governo imperial tem concedido aos voluntários".[203] Não é difícil imaginar a situação enfrentada por Procópio, considerando a grande condição imposta para usufruir tal liberdade – sobreviver aos combates no campo de batalha. A Guerra do Paraguai seria, segundo Manuela Carneiro, uma daquelas poucas exceções em que o Estado intervinha, concedendo a alforria.[204] Durante os anos em que durou a guerra, 1864-1870, era comum apresentarem-se escravos para participar daquela campanha militar. De acordo com Maria Inês Cortes de Oliveira, "tornou-se comum indivíduos de posses e apadrinhados oferecerem escravos para substituí-los na guerra. Esses escravos, para satisfazerem às condições de recrutamento, tinham de receber alforria".[205] Certamente, Procópio não substituiu Dona Mariana nos campos de batalha. Pode ser que tenha ido servir em lugar de outrem, talvez um irmão ou afilhado de sua ex-senhora, ou, quem sabe, a condição de servir como "voluntário" na Guerra do Paraguai, imposta por Dona Mariana Lage, expressasse o espírito patriota de sua senhora, que foi levado a cabo quando do seu engajamento nas tropas brasileiras.

Mary Karasch, em seu estudo sobre o Rio de Janeiro da primeira metade do século XIX, percebeu que os cativos libertados pelo governo, por serviços militares prestados, constituíam um número significativo. Muitos deles eram forçados a servir nos campos de batalha, ou, ainda, procuravam abrigo nas tropas. Nenhum desses casos parece ter sido o de Procópio, pois, pela análise da carta passada por Dona Mariana, foi a própria senhora quem decidiu "alistá-lo" nas tropas imperiais, não se opondo à sua posterior manumissão. Mesmo não tendo sido forçado a integrar o exército, pode ser que aquela senhora tenha vindo a receber, por parte do governo, "uma compensação justa por ele".[206]

---

203 Segundo Ofício de Notas, AHJF.

204 CARNEIRO DA CUNHA, *op. cit.*

205 OLIVEIRA, Maria Inês C. de, *op. cit.*, p. 23. Para Karasch, pelo menos para o Rio de Janeiro, os cativos levados ao serviço militar constituíam, depois dos africanos livres, o maior grupo de escravos libertos, graças ao serviço militar prestado ao governo (KARASCH, *op. cit.*, p. 441).

206 KARASCH, *op. cit.*, p. 441-442.

O crioulo Paulo Jose de Oliveira foi outro ex-escravo de Dona Mariana Luiza Lage que teve sua carta de alforria registrada em cartório. No caso dele, a carta de liberdade só foi lavrada em 18 de agosto de 1881, pois, segundo a décima verba do testamento de Dona Mariana, o dito crioulo deveria prestar serviços após a morte de sua senhora, para que pudesse usufruir sua liberdade. Dizia o responsável pelo lançamento da carta que,

> [...] completando-se hoje doze anos de bons serviços prestados pelo crioulo Paulo Jose de Oliveira, a contar do fallecimento da testadora, o dei por exonerado da obrigação com que a mesma testadora o libertou, podendo de hoje em diante gosar de inteira liberdade como se de ventre livre tivesse nascido [...].[207]

O primeiro testamenteiro de Dona Marianna Luisa Lage, cumprindo as verbas testamentárias daquela senhora, declarou livres do cativeiro, em 23 de setembro de 1869, os escravos Adriano, carpinteiro, de 37 anos, e sua mulher, Rosa crioula, de 38, desde o dia em que ela faleceu.[208] A alforria para essa família foi muito valiosa; o casal ainda estava em pleno gozo de suas atividades e Adriano, com ofício de carpinteiro, deve ter tido a possibilidade de sustentar a si e à sua esposa, o que, sem dúvida, não era pouca coisa.

O Dr. Francisco de Assis Barbosa Lage decidiu alforriar seu cativo João pardo, menor, de onze anos, em 2 de setembro de 1869. Porém, desejando dar-lhe ofício e educação adequados, sua plena liberdade só viria a partir dos 25 anos de idade. Contudo, se o seu senhor morresse antes que isso se desse, deveria o cativo acompanhar a sua esposa, Dona Theresa Mayer da Fonseca Lage, podendo ficar livre antecipadamente, caso ela também falecesse.[209] De fato, a condição parece ter sido cumprida, pois o Doutor Francisco veio a falecer no ano de 1880, ou seja, três anos antes do cumprimento da condição imposta ao pardo João.

Pois bem, como vimos, o Dr. Francisco veio a falecer em abril de 1880, segundo a viúva testamenteira, sem deixar herdeiros descendentes, mas com uma ascendente, sua mãe, Dona Florisbella Francisca de Assis Barbosa Lage. Na descrição de bens do

207 Segundo Ofício de Notas. AHJF.

208 Prestação de testamentária de Dona Mariana Luiza Lage, 1870, AHUFJF, ID: 104, Cx.: 05A.

209 Segundo Ofício de Notas. AHJF.

falecido doutor, foi possível encontrar a coartação de 8 dos 10 cativos pertencentes a ele. João carapina, de 38 anos, pouco robusto, foi "coartado" por nove anos, pela quantia de 1:600$000, João pardo, de 24 anos, "coartado" por quatro anos, por 1:000$000; Antonio, de 28 anos, "coartado" por quatorze anos, pela quantia de 1:6000$000; Conrado, de 18 anos, "coartado por quatorze anos e avaliado em 1:500$000; Lucio, com 12 anos, foi "coartado" por dez anos, pela quantia de 1:000$000; Maria valetudinária (próprio das pessoas doentias, enfermiças), de 39 anos, "coartada" por três anos, por 200$000; Ângela, de 16 anos, "coartada" por seis anos, pelo valor de 1:2000$000; e Juliana, 23 anos, "coartada" por nove anos, por 1:000$000.[210]

Como já dissemos, a coartação foi uma forma usual pela qual os cativos tinham a oportunidade de pagar, parceladamente, sua manumissão. Todos os "coartados" pelo Dr. Francisco de Assis Barbosa Lage, fizeram parte da meação de sua esposa, Dona Thereza Mayer da Fonseca, ou seja, seria essa viúva, sem filhos, quem iria receber as quantias acordadas, o que certamente lhe possibilitou uma renda durante os anos de sua vida. Como se pode perceber, o tempo para o pagamento variou de quatro a quatorze anos.

Eduardo França Paiva constatou, em seu estudo sobre duas Comarcas das Minas Gerais setecentista, que

> A intensidade de acordos para a coartação diminui percentualmente entre os mais ricos e mantém-se acentuada, quase como a das alforrias passadas, nos testamentos dos mais pobres. Isso indica que entre os senhores mais abastados, sobretudo os grandes agropecuaristas, a coartação não representou a mesma importância, tanto financeira, quanto política, que teve para seus congêneres menos afortunados.[211]

A coartação foi um instituto utilizado tanto na América espanhola quanto na portuguesa. Entretanto, existiram algumas peculiaridades que as distinguiram. Segundo Maria Inês Côrtes de Oliveira, baseando-se nos estudos de Schwartz, na América espanhola a *coartación* era um estatuto legal que possibilitava ao escravo exigir que seu preço "justo" fosse fixado e, a partir de então, poderia trabalhar para comprar sua liberdade. Ao que parece, diferentemente do caso brasileiro, como

---

210 Inventário *post mortem* do Dr. Francisco de Assis Barbosa Lage, 1880. AHUFJF, ID: 193, Cx.: 12A.

211 PAIVA, Eduardo F., *op. cit.*, 2001, p. 178.

podemos perceber pelas coartações feitas pelo Dr. Francisco, na América espanhola não existia um prazo fixo para o pagamento do valor dos cativos, ao contrário do caso brasileiro, no qual, ao fim do prazo, se a quantia não fosse paga, o cativo poderia perder a possibilidade de se forrar, pelo menos pelo preço previamente acordado. Nos dizeres da pesquisadora,

> Aparentemente, no Brasil, a fixação de um prazo de validade para o pagamento do preço estabelecido e a inexistência, pelo menos que se saiba, de legislação que denotasse ser a coarctação um direito do escravo, foram os traços distintivos desse instituto de seu homônimo espanhol.[212]

Segundo Mary Karasch, sobre alguns traços das manumissões dos cativos cariocas, que podem ser alargados para os escravizados de uma maneira geral,

> A maioria dos ex-escravos devia sua alforria aos esforços próprios ou de determinados senhores. As cartas sugerem também os valores e as idéias dos escravos sobre as condições da escravidão, que os levavam a labutar até quarenta anos em busca da liberdade. Sobretudo, elas iluminam a força do espírito humano na superação de todo o trauma da escravização, da doença e do sofrimento para obter a liberdade para si e seus entes queridos. Diríamos, portanto, que os escravos cariocas entravam para a categoria dos livres não porque senhores "benevolentes" concediam gentilmente a liberdade, mas porque eles a *compravam*[213] (grifos do original).

Essas compras da liberdade, efetuadas pelos cativos daquele senhor, demonstram que o sistema não era benevolente e, ao mesmo tempo, que os escravos tiveram a possibilidade de adquirir pecúlio necessário para sua manumissão, o que deve ter sido do conhecimento de seus proprietários.

Os Dias Tostes

Foi impossível saber, num primeiro momento, se houve, por parte do senhor Antonio Dias Tostes ou de sua esposa, Dona Anna Maria do Sacramento, a alforria

212 OLIVEIRA, Maria Inês C. de, *op. cit.*, p. 28.

213 KARASCH, *op. cit.*, p. 440.

de algum de seus cativos, pois não temos o inventário do primeiro e, da sua esposa, dispomos apenas da partilha, que não menciona nenhum escravo alforriado.

Entretanto, em 1º de abril de 1852, Marcelino Dias Tostes, um de seus filhos, apresentou, na cidade de Barbacena, contas de testamento de seu pai, o finado Tenente Antonio Dias Tostes, natural da Freguesia de Santa Rita do Ibitipoca. Junto a essa prestação de contas, aparece o testamento do tenente.[214]

Em seu testamento, ele deixa forros Silvério pardo e sua mulher Domingas, a outros tantos cativos deixa legados em dinheiro, que deveriam ser retirados de sua terça.

> Deixo a cada um dos meus escravos que existirem ao tempo do meu falecimento seis mil reis, aos que forem menores se dará a seus pais ou mães, [...]. Deixo mais a cada um dos escravos que eu vendi a Antonio Lopes Coelho de Souza Bastos e a Joaquim Lucio de Figueiredo quatro mil reis, que serão dados a cada um daqueles que existirem vivos ao tempo do meu falecimento [...].[215]

De acordo com a declaração feita por Marcelino Dias Tostes ao promotor do juízo daquela cidade, todos os legados deixados por seu pai foram cumpridos e, portanto, vinha pedir para se julgarem as contas, dando conclusão ao processo. A prestação de contas efetuada por Marcelino nos permitiu conhecer um pouco mais sobre aqueles cativos que receberam a alforria e algum tipo de ajuda financeira. Segundo o testamenteiro, os alforriados Silvério e sua mulher Domingas gozavam de inteira liberdade. Da mesma forma, pudemos saber o número de cativos pertencentes àquele senhor. Naquela fonte, havia o recibo de pagamento da renda provincial. Esse imposto foi pago pelo testamenteiro, no valor de 344$000 mil réis, que o finado deixou a seus escravos e aos que havia vendido, "sendo 44 o legado de 6$000 e a 20 o legado de 4$000 cada um".

Dessa fonte, então se depreende que a posse do Tenente Tostes contava com 44 cativos, quando da prestação de contas de seu testamento, agraciados cada um com a quantia de 6$000. E ainda que, no período de supressão do tráfico de escravos oriundos do continente africano e do consequente aumento no preço dos cativos, aquele proprietário se valeu da venda de parte de sua mão de obra escrava, possibilitando-lhe auferir lucro nessas transações comerciais, feitas, ao que parece, com apenas outros dois indivíduos.

214 Contas de testamento. Cx. 22, Doct. 14, 1852. AHMPAJS (Barbacena-MG).

215 *Ibidem*.

Mas o que levou o Tenente Tostes – maior possuidor de cativos na primeira metade do século XIX, em Juiz de Fora – àquela atitude "filantrópica" com seus escravos e com aqueles que havia vendido? Uma primeira hipótese que pode ser considerada reside na peculiaridade encontrada nos testamentos de última vontade. Além de ser um documento oficial, possuía características bastante singulares com relação às disposições de um indivíduo que se encontrava, ou pelo menos se sentia, à beira da morte e queria, então, "livrar-se" de todos os seus pecados, com o intuito de "partir" desse mundo com sua consciência limpa, garantindo seu lugar no céu. Foi nesse momento que os indivíduos daquela época procuraram obter a salvação de suas almas. Para tanto, reconheciam filhos concebidos fora do casamento, dívidas com terceiros, distribuíam missas em favor de sua alma e das dos entes que já se foram, e, até mesmo, de seus escravos já falecidos. Talvez, a distribuição daqueles legados pecuniários àqueles 64 cativos tenha sido uma forma encontrada por Antonio Dias Tostes para aliviar sua consciência e, ao mesmo tempo, buscar junto à "Justiça Divina" o perdão e a salvação de sua alma.

Porém, há outras hipóteses a serem levantadas, como a de que pode ter havido algum laço afetivo entre o proprietário e os cativos. Todavia, essa hipótese é mais difícil de ser comprovada. Uma suposição – que, cremos, não cabe aqui – é a de que aquele senhor havia deixado legados a seus cativos, por não possuir herdeiros necessários. Em seu estudo sobre a comunidade do Cafundó, localizada em Sorocaba (São Paulo), Robert Slenes, Carlos Vogt e Peter Fry perceberam, por meio da análise de documentos cartoriais, "vários casos na região de doações de liberdade e terra a escravos nos testamentos de senhores que faleceram sem cônjuge ou filhos".[216] Segundo Kátia Lorena Almeida, "o que distinguia os senhores que alforriavam um maior número de escravos e faziam doações dos seus pares era o fato de não possuírem herdeiros forçados".[217] No caso de Antonio Dias Tostes, aliás, o que não lhe faltava eram herdeiros. De acordo com seu testamento, eram doze do primeiro enlace matrimonial e mais um do segundo, todos com igual parte nos remanescentes de sua terça.

O que chama a atenção no testamento é a distribuição de certa quantia em dinheiro aos escravos, que o Tenente Tostes havia vendido aos senhores Souza Bastos e Joaquim de Figueiredo. De qualquer forma, os legados dados àqueles cativos lhes

216 SLENES; VOGT; FRY, *op. cit.*, p. 47.

217 ALMEIDA, *op. cit.*, p. 128.

possibilitaram a obtenção de um pecúlio, que poderia, até mesmo, ajudar na compra de sua alforria ou na de algum familiar.

Antonio Dias Tostes alforriou, em seu testamento, ainda os seus escravos Silvério pardo e sua mulher Domingas, que, segundo as contas testamentárias, estavam gozando de plena liberdade. A segunda esposa de Antonio Dias Tostes, Dona Guilhermina Celestina da Natividade, com quem teve um filho de nome José, alforriou, em seu testamento, o escravo Izaias, com idade de 3 para 4 anos, pelo amor que lhe tinha.[218]

Já o Capitão Antonio Dias Tostes, homônimo de seu pai e também do avô, que foi casado com Dona Rita de Cássia Tostes, com quem não teve filhos, aproxima-se mais das constatações feitas por Kátia Lorena Almeida em relação à distribuição de legados: "Estando doente de cama, mas em seu perfeito juízo e temendo a morte a que todos estamos sujeitos", distribuiu vários legados entre seus sobrinhos e amigos, inclusive escravos. Deixou-os forros, sem condição alguma. Quanto aos escravos Rofino e Philomena, Perciliana, Alexandrina e Matheus, Vicente e Maria Antonia e também Zeferino, segundo a última vontade do testador, sua esposa e testamenteira deveria, logo que ele falecesse, passar-lhes as cartas de manumissão.[219] Duas de suas escravas, Maria e Francisca, ganhariam a liberdade, com a condição de servirem à sua mulher, enquanto fosse viva, e, após sua morte, ficariam livres. Ainda segundo o Capitão Tostes, os escravos Manoel Pedro e Venâncio também seriam libertados. Como não estavam expressas, no documento, outras considerações além das que diziam que "também serão libertos", pensamos que se tratava de uma alforria incondicional.

Aquele proprietário deixou ainda, para alguns de seus escravos bens, que os poderiam ajudar na sua nova condição de libertos, provendo-os de algum pecúlio. Ao escravo Rofino, forro sem condição, além da sonhada liberdade, coube uma besta vermelha e um cavalo russo. Para com Oscar, filho de Perciliana, que também deveria ser libertado após a sua morte, Tostes foi ainda mais generoso, legando ao dito um burro de sela e quinhentos mil réis em dinheiro, que deveriam servir para a compra de uma apólice, à qual o cativo teria direito, após emancipar-se. Em caso de morte do menor, a apólice

---

218 Contas de testamento. Cx. 22, Doct. 14, 1852. AHMPAJS (Barbacena- MG).

219 Testamento do Capitão Antonio Dias Tostes. Livro 7 (1883-1889). AHJF. Esse senhor foi descrito no *Almanack Administrativo, Civil e Industrial de Minas Gerais*, para o ano de 1870, como capitalista e fazendeiro.

deveria beneficiar Perciliana, mãe do dito Oscar. A carta de liberdade de Oscar, de mais ou menos 9 anos, filho de Perciliana parda, foi lavrada em 7 de novembro de 1879.[220]

As doações feitas a escravos em Sorocaba – semelhante às legadas por Antonio Dias Tostes, pai e filho, e outros personagens das três famílias juizforanas estudadas – levaram os autores do livro *Cafundó*[221] a analisar, mais detidamente, esse aspecto das relações entre senhores e escravos. Para os pesquisadores, num primeiro momento, essas doações pareceram ser um paradoxo, já que a propriedade da terra, por parte dos senhores brancos, deveria ser um dos elos fundamentais na perpetuação do sistema, baseado na compulsão da mão de obra escrava. Dessa forma, as doações "representariam a negação das premissas de um sistema desse tipo. Mais concretamente, elas pareciam ressuscitar a imagem do 'bom' senhor ou a 'branda' escravidão brasileira de uma historiografia mais antiga".[222] Todavia, Slenes, Vogt e Fry concluem que esse paradoxo podia ser apenas aparente e que as doações feitas pelos senhores para seus escravos eram portadoras de uma lógica. A solução para essa contradição era resolvida "com explicações centradas no caráter ou nos caprichos dos senhores. As doações expressariam a bondade de alguns fazendeiros, que contrastaria com a maldade de outros [...], ou até com a maldade dos mesmos fazendeiros em tempos anteriores".[223]

Um aspecto interessante, apontado pelos autores, diz respeito ao número de alforrias legadas pelos testadores, com ou sem herdeiros necessários. Para os estudiosos,

> Quase como um corolário – já que se trata de outra doação de propriedade – a concessão de alforria tende a ser mais generosa entre os herdeiros sem cônjuge e filhos do que entre os que têm esses herdeiros. Aqueles, quando conferem a liberdade, beneficiam mais escravos, em média, do que estes (6,2 por testamento contra 2,3 para todos os tipos de alforria). Os testadores sem cônjuge e filhos também são mais dispostos do que os outros a dar a liberdade (depois de sua morte) sem condições, isto é, sem exigências de serviços e

220 Escrituras de Compra e Venda. AHJF. Legados de terras, escravos, animais e outros também já foram encontrados por diversos pesquisadores, como no já referido estudo de SLENES; VOGT; FRY, *op. cit.* No caso de Juiz de Fora, esse aspecto foi muito bem analisado por Elione Guimarães (*Múltiplos viveres de afrodescendentes na escravidão e no pós-emancipação: família, trabalho, terra e conflito (Juiz de Fora-MG, 1828-1928)*. São Paulo: Annablume/Juiz de Fora: Funalfa, 2006.

221 SLENES; VOGT; FRY, *op. cit.*, p. 67.

222 *Ibidem.*

223 *Ibidem.*

> pagamentos posteriores a herdeiros ou legatários, ou de outras restrições sobre o comportamento futuro do liberto.[224]

Situações como a dos cativos dos Dias Tostes (pai e filho) permitem vislumbrar, assim como argumentaram Slenes, Vogt e Fry, que a alforria estabelecia uma hierarquia entre os escravos. Isso pode demonstrar, para além das "preferências senhoriais", maiores possibilidades de alguns cativos conseguirem "seduzir" seus proprietários por meio de estratégias muitas vezes díspares, conseguindo locomover-se, taticamente, com o objetivo de conseguir sua tão sonhada liberdade.[225] Para Sandra Graham,

> Apesar do afeto, consideração e dependência que os ligava, uma linha intransponível os separa de modo irrevogável. As diferenças de raça, condição legal e status eram barreiras poderosas; a distancia social que separava senhor e escravo não era derrubada com tanta facilidade ou completamente. Cada lado conhecia o seu lugar. E o testamento reconhecia suas diferenças.[226]

No inventário da finada Dona Cândida Maria Carlota, esposa do Comendador Henrique Guilherme Fernando Halfeld, falecida em 1867, filha de Antonio Dias Tostes e Dona Anna Maria do Sacramento, podemos encontrar alguns escravos libertos por ela ou seus herdeiros no ato das partilhas.[227] Dona Maria Luisa da Cunha Halfeld, uma das herdeiras, manifestou, naquele inventário, o pio desejo de libertar o escravinho recém-nascido, com 3 meses, Benjamin, avaliado em 80$000 (filho da escrava Benedicta crioula, de 18 anos, neto de Rosa Cabinda, aleijada, 38 anos, avaliada em 400$000) para, segundo ela, satisfazer um pedido da mãe da criança. Em agosto de 1868, ocorreu o termo de declaração de liberdade de Benjamin, tendo comparecido ao ato o Comendador Halfeld, que dava a liberdade ao escravinho na forma requerida. Benedicta teve seu pedido aceito e o infante Benjamin pode começar sua vida como liberto, junto à sua mãe e à sua avó.[228] Como bem salientou Metcalf, libertações como esta "demonstram que os cativos podiam e de fato obtiveram muitos benefícios de

224 *Ibidem*, p. 82.

225 *Ibidem*.

226 GRAHAM, Sandra, *op. cit.*, p. 155.

227 Inventário *post mortem* de Dona Cândida Maria Carlota, 1867. AHUFJF, Id: 375, Cx.: 39B.

228 *Ibidem*, f. 273.

seus senhores. Tais benefícios podiam não melhorar a vida de todos os escravos, mas permitiram a alguns obter a liberdade e manter laços familiares".[229]

O papel das mães na libertação de seus filhos foi fundamental para o futuro daqueles pequenos, como Benjamin. A habilidade das mães escravas em adquirir pecúlio para alforriar a si e a seus filhos, bem como as artimanhas por elas empreendidas em suas relações com os seus senhores, chamou a atenção da pesquisadora Mary Karasch. De acordo com ela, as fontes demonstram que, muitas vezes, as mães permaneciam escravizadas, objetivando alforriar primeiro seus filhos, dessa forma, era comum aparecer nos documentos menção a mães cativas e filhos libertos. Para a historiadora,

> Embora a literatura sobre a alforria mitifique a compra de filhos por pais-senhores brancos, muitas crianças, até mesmo mulatas, eram, na verdade, libertadas por suas mães, que as compravam com suas economias suadas ou obtinham sua liberdade graças ao serviço obediente. Senhores que alforriavam crianças declaravam muitas vezes que o faziam por causa dos bons serviços das mães delas.[230]

Outro dos herdeiros da finada Dona Cândida, seu genro Prudente Augusto de Resende, decidiu conferir a liberdade à escrava Maria Benguela, de 45 anos, avaliada em quatrocentos e cinquenta mil réis (450$000). Fazia isso em virtude de seu estado valetudinário e de velhice, sendo a mesma adjudicada para o pagamento do quinhão que lhe caberia na partilha. Outrossim, Prudente Augusto evoca, como outro motivo para a manumissão da escrava, o fato de ter a

> [...] referida escrava procurado a gratidão do suplicante para ser tratada dos incômodos que sofre, requer o suplicante em seja ela conservada em seu poder desde já, pois receia ser castigada se por ventura voltar ao poder do inventariante e nem os descendentes deste podem obstar ao justo pedido do suplicante em favor da referida escrava, por quanto é sabido que em favor da liberdade muitas coisas são outorgadas contra as regras gerais de Direito segundo (?) disposição das Ord. L.4° T 11 §4°.[231]

229 METCALF, *op. cit.*, 1987, p. 239.

230 KARASCH, *op. cit.*, p. 455.

231 *Ibidem*, f. 275/76.

Pelo exposto por Prudente, parece que não devia ser muito fácil o convívio com o inventariante, Comendador Henrique Halfeld. Uma vez mais, notamos o recurso às *Ordenações* para que colaborassem em favor da liberdade de algum cativo.

No dia 4 de setembro de 1868, o procurador do herdeiro compareceu ao cartório e deu liberdade à escrava Maria Benguela, pela quantia de 450$000, como fora avaliada, "sem ônus algum não podendo reclamar esta liberdade em tempo algum".[232] Avançando um pouco na leitura do inventário de Dona Cândida Maria Carlota, podemos conhecer mais sobre a liberdade conseguida por Maria Benguela. Ao que tudo indica, além da tão sonhada manumissão, essa cativa pôde manter os laços familiares com seus filhos, já que o herdeiro Prudente Augusto de Resende, "tendo dado liberdade a escrava Maria Benguela, que ficou em sua companhia, pede para pagamento de seu quinhão os filhos desta liberta, a saber Paulino e Luisa, crioulos, desistindo para isso do pedido da escrava Francisca e seu filho".[233]

A escrava Ritta Conga, avaliada em 600$000, pertencente ao inventário dos bens da falecida Dona Cândida Maria Carlota, que caberia ao herdeiro Henrique Guilherme Fernando Halfeld Junior, foi alforriada pelo dito herdeiro, no dia 15 de setembro de 1868, no cartório da cidade de Juiz de Fora. Ritta Conga também foi alforriada, de acordo com os autos do inventário, "sem ônus algum como se de ventre livre nascesse".[234] Apesar de ter sido alforriada, para ser adjudicada ao quinhão hereditário, permanecia a "dita liberta em poder do inventariante", o que fez com que o herdeiro requeresse a intimação do inventariante, a fim de colocá-la imediatamente em liberdade.

A justificativa para tal intimação era a de que o inventariante, o Comendador Henrique Guilherme Fernando Halfeld, "pretende impedir que ela se retire de sua casa onde, entretanto não encontra os recursos de que necessita para tratar-se dos incômodos de saúde que vem sofrendo".[235] O herdeiro pedia, então, que o Comendador não se opusesse à "retirada da escrava libertada retirar-se para onde lhe convier sob as penas da lei".[236] A crueldade do inventariante, em não deixar aquela escrava cuidar de sua saúde, foi utilizada pelo querelante como um dos motivos para que a mesma fosse posta em liberdade. Segundo Silvia

232 *Ibidem*, f. 276.

233 *Ibidem*, f. 295.

234 *Ibidem*.

235 Inventário *post mortem* de Dona Cândida Maria Carlota, 1867. AHUFJF, Id: 375, Cx.: 39B, f. 285.

236 *Ibidem*.

Lara, já no Brasil colônia, a "alegação de crueldade do senhor, conforme previam Cartas Régias do final do século XVII, podia dar origem a uma troca de Senhor ou a uma ação de liberdade".[237]

Na sequência dessa discussão, o inventariante dá a sua versão sobre os fatos. Mostrando-se surpreso, o Comendador Halfeld diz que, após receber a intimação,

> Imediatamente entrei no quarto em que se achava Rita doente de pé inchado, disse a mesma em vista de testemunhas que posso apresentar – se necessário for, que deste momento em diante ela se achava libertada, oferecendo a ela ficar na minha casa para completar o seu curativo ou se ir da mesma casa como bem lhe parecesse.[238]

No dia seguinte a essa primeira intimação, o Comendador mostrou-se extremamente contrariado ao relembrar que, em seu caminho para a cidade, encontrou outros dois oficiais de justiça que rumavam em direção à sua residência com o mesmo intuito, como ocorrera na noite anterior. O comendador seguiu sua viagem e pediu ao seu cunhado, Francisco Alves da Cunha Horta, que os acompanhasse para entregar a dita liberta aos oficiais de justiça. Contudo, o Comendador Henrique Halfeld não deixou de refutar as alegações de seu filho, declarando o quão "falsa e maliciosa é a acusação deste requerimento quando diz que eu pretendia impedir que a dita Rita se retirasse da minha casa".[239] No correr do inventário, quando são feitas algumas modificações em vista de acontecimentos posteriores à *alimpação*, esse herdeiro pede, como pagamento de seu quinhão, a escrava Rita Conga, que ele havia libertado, desistindo do pedido que havia feito de outro cativo, de nome Paulino.

Situação bem mais complicada parece ter sido a da escrava Ritta mulata e de seus filhos Augusto e Marcolino. O Capitão Bernando Marianno Halfeld, filho da finada Dona Cândida, quis dar a manumissão à escrava Ritta mulata, avaliada, à época, em oitocentos mil réis (800$000). Requereu que a mesma fosse adjudicada para o pagamento do seu quinhão hereditário, de conformidade com a frase ensinada pelo Dr. Silveira da Motta nos seus apontamentos

---

237 LARA, *op. cit.*, 1988, p. 263.

238 *Ibidem*, p. 285v.

239 *Ibidem*.

jurídicos – verbo alforriar. Pedia o capitão que a dita escrava fosse posta imediatamente em liberdade, juntamente com seus dois filhos, que já haviam sido libertados pelo inventariante, o Comendador Henrique Guilherme Fernando Halfeld, na presença de testemunhas.

Bernardo Marianno Halfeld compareceu ao cartório da cidade de Juiz de Fora no dia 15 de setembro de 1868 e "dava a liberdade como de ventre livre a [sic] escrava Ritta mulata pela quantia de oitocentos mil réis, sem ônus algum".[240] Novamente o jogo de palavras retorna, o sentido de concessão senhorial dado à alforria, outorgada pelo senhor "sem ônus". Entretanto, como descrito na própria fonte, coube à cativa o desembolso de uma quantia para a efetivação da carta de liberdade, ou seja, ao contrário do exposto, essa manumissão teve uma sobrecarga, uma imposição pecuniária que deveria ser respeitada.

Todavia, a história da liberdade da escrava Ritta mulata não se havia resolvido. O viúvo inventariante, Comendador Henrique Halfeld, pediu a sua posse na partilha. Como já expusemos, o herdeiro Bernardo Mariano Halfeld requereu que, além da dita escrava, queria estender a liberdade a seus filhos, liberdade esta que havia sido dada pelo Comendador "por meio de palavras". O inventariante roga ao juiz de direito por justiça, narrando o que, segundo ele, havia ocorrido com exatidão. De acordo com sua explicação, o Comendador dizia haver pedido, no ato da *alimpação* do inventário, a mulata Ritta e seus dois filhos, solicitação que também fez o herdeiro Bernardo, que dizia ter preferência no na solicitação, pois pretendia dar liberdade aos filhos da cativa.

Essa promessa de liberdade tinha de ser cumprida. Graham, em seu já citado estudo sobre o Vale do Paraíba fluminense, sugeriu que,

> Conforme o costume, Inácia não poderia vendê-la sem passar para o novo dono o compromisso de libertá-la, nem a promessa de liberdade, uma vez feita, poderia ser descumprida, o que servia tanto de proteção contra a escravização de pessoas libertas, quanto como um modo de cumprir uma promessa feita a um escravo. Com sua liberdade reconhecida após a morte de Inácia, Bernardina tornou-se uma mulher plenamente livre.[241]

240 *Ibidem*, p. 277.

241 GRAHAM, Sandra, *op. cit.*, p. 145-147.

Ainda de acordo com a mesma autora, "A liberdade era algo aguardado com ansiedade; viria com a morte em algum momento incerto, e mesmo assim só se os outros soubessem e honrassem a promessa".[242]

Demonstramos, acima, como a vontade senhorial era forte quando das disposições testamentárias. Aqui não se trata de uma vontade depois da morte, mas de uma promessa de liberdade feita pelo Comendador Halfeld ainda em vida. No entanto, o "poder" dessa vontade tinha de ser cumprido, e, quem sabe, até com mais força. Chalhoub analisou o caso do libelo de liberdade impetrado pela escrava Rubina, alforriada por seu senhor Custódio Manoel Gomes Guimarães, que, porém, faleceu sem testamento. Desse caso, um detalhe nos chama a atenção por sua "semelhança" com o caso que estamos apresentando – a forma como Rubina teria sido alforriada. Percebemos, por meio da indignação de seu defensor, que "não se conformava de maneira alguma com a insistência do casal [viúva e segundo esposo] em ignorar a promessa oral de liberdade feita por Custódio pouco antes de morrer".[243] Todavia, mesmo com a indignação do defensor e, até mesmo, após vitória parcial nessa contenda, o Tribunal da Relação deu ganho de causa aos proprietários de Custódia.

As histórias de Rubina, analisadas por Chalhoub, e a de Ritta guardam muitas semelhanças com outras tantas que visavam à afirmação da liberdade, sobretudo antes de 1871. De acordo com o autor:

> [...] a afirmação da idéia de liberdade do escravo só pode ter origem na vontade do seu senhor particular. [...] idéia que fundamenta a maioria das ações de liberdade analisadas para o período anterior à chamada "lei do ventre livre": os escravos defendem seu direito à alforria como exigência de cumprimento de determinações expressas do senhor.[244]

O Comendador insistiu em seu pedido de ficar com a escrava Ritta, declarando que, se fosse atendido, libertaria também seus filhos. Porém, esse senhor se surpreendeu com a intimação que recebeu, exigindo que a escrava fosse adjudicada a seu quinhão, a fim de receber sua liberdade, bem como a de seus filhos. A surpresa do senhor Halfeld foi tamanha, pois

242 *Ibidem*, p. 153.

243 CHALHOUB, *op. cit.*, 1990, p. 103.

244 *Ibidem*, p. 115

> [...] viu destruídos os efeitos da reunião que havia se feito para a alimpação do inventário visto não se guardar o acordado e (?) para deixar em liberdade os menores filhos dessa mulata por ser dito que o suplicante havia declarado que os ia libertar! O suplicante não pode consentir que o (?) amor da liberdade autorize o ataque a seus direitos, pois entende que a liberdade bem entendida principia na consagração de respeito aos direitos individuais e por isso vem perante vossa senhoria protestar como inventariante e meeiro contra a falsa e fantástica liberdade desses menores [...].[245]

Juntamente com essas explicações, o inventariante requeria que o Capitão Bernardo entregasse os cativos que se achavam em seu poder,

> [...] pois como é patente a vossa senhoria não são libertos visto não possuírem titulo algum hábil de liberdade, e não estar o suplicante disposto a libertá-los por ter deixado de existir a condição com que a faria isto é ficar com a mulata Rita. Sendo óbvio o direito que consiste ao suplicante da integra justiça de vossa senhoria.[246]

Nas páginas que se seguem a essa contenda, fica claro que o inventariante, Henrique Guilherme Fernando Halfeld, destaca também que pretendia dar a liberdade aos filhos de Rita – declaração que o mesmo havia feito perante muitas testemunhas e o próprio Juiz de Órfãos. Essa declaração foi repetida e ratificada perante o procurador do Capitão Bernardo. No entanto,

> [...] ponderando [o procurador] a necessidade de se tomá-la por termo retorquiu o inventariante que *tinha palavra*, e então por deferência o mesmo inventariante o Dr. Procurador não insistiu na imediata feitura do termo, nunca pensando que o inventariante pusesse em duvida aquilo que afirmara de modo tão solene. A declaração publica e espontânea da alforria dos menores por parte do inventariante foi absoluta e categórica sem limitação alguma, e pois não pode ser nulificada por um [serôdio?] arrependimento. É inexato que a concepção da alforria dos dois menores fosse acompanhada da condição de ser a mãe dos mesmos adjudicada para a meação do inventariante.[247]

245 Inventário *post mortem* de Dona Cândida Maria Carlota, 1867. AHUFJF, Id: 375, Cx.: 39B, f. 289.

246 *Ibidem*, f. 288v.

247 *Ibidem*, f. 289-289v (grifo no original).

O inventariante ainda argumentou que seu filho, o Capitão Bernardo, pretendia apenas libertar Marcolino e Augusto e que, como o Comendador Henrique Halfeld os libertou, não insistiu mais que Ritta mulata, a mãe dos menores, viesse a fazer parte de seu quinhão. Todavia, mais tarde, entendeu o dito capitão que a escrava deveria ser manumitida "para melhor curar da criação e educação dos seus filhos. Nenhum obstáculo legal havia para tal concepção, e nem seria moral a concessão, que trazendo a liberdade dos filhos, impossibilitasse a mãe de receber igual favor de um dos herdeiros".[248]

A alegação chave para que os filhos de Ritta fossem alforriados residia na intenção de que ambos seriam libertados, manifestamente declarada pelo inventariante, perante muitas testemunhas e o próprio Juiz de Órfãos; inclusive, o Capitão Bernardo recorre ao próprio inventário para declarar que, naquele documento, o viúvo/inventariante já havia incluído os nomes de Marcolino e Augusto com a declaração para serem libertados. Segundo as alegações que vinham sendo feitas, o fato de o inventariante ter "empenhado a sua palavra", declarando libertos aqueles dois meninos, perante várias testemunhas, "é manifesto que desde esse momento devem eles ser considerados livres, pois a alforria não depende de prova literal ou título escrito, e uma vez conferida não pode ser revogada pelo doador a seu [talante?]".[249]

O advogado Mendes continuou suas argumentações, apelando para a honra do Juízo de Órfãos, ressaltando que:

> Achão-se os menores no goso de sua liberdade concedida pelo inventariante e em virtude em (?) deste juiso; não é possível que voltem a escravidão de que sairão por um meio legal sem que por essa sentença seja julgada nulo o titulo de suas alforrias; devem ser manutenidos no goso dessa liberdade até por honra deste juiso. Proponha o inventariante a sua ação e será convencido da injustiça de sua pretensão, mas um simples despacho deste juiso não pode revogar uma concessão de liberdade feita com tanta publicidade e solenidade, e temos fé que deste juiso protetor legal dos menores não emanará um acto que nulifique a alforria de dois (?).[250]

248 *Ibidem*, f. 289v.

249 *Ibidem*, f. 290.

250 *Ibidem*, f. 290-290v.

A tentativa por parte do inventariante causou surpresa a todos, talvez nem tanto pela reescravização, mas pelo fato de o mesmo senhor, umas das figuras mais importantes da cidade, ter invocado sua palavra de honra, dispensando a efetivação desse ato em algum documento oficial.

Severino Dias Tostes, outro membro daquela rica família, libertou Roza de nação Mina, de aproximadamente 46 anos, no dia 6 de junho de 1853, "ficando de hoje em diante gozando de sua liberdade".[251] Em 1857, foi reconhecida a carta em cartório. A única Rosa que conseguimos encontrar, no momento em que foi feito o inventário de Dona Felicidade Umbelina de Barbosa, falecida esposa de Severino, em 1843, mas que, na verdade, falecera em 1841, era Rosa Cassange, de dezoito anos, avaliada em 600$000.[252] Seria a mesma Rosa e, nesse caso, houve um equívoco no tocante à procedência dessa cativa?

O escravo Gervásio, de nação Congo, de 50 anos, foi libertado pelo mesmo senhor, em 8 de novembro de 1854. A princípio, tratava-se de uma alforria incondicional. Contudo, a carta registrada foi tão sucinta, que não nos possibilitou saber mais sobre o alforriado. Acreditamos que, se houvesse algum tipo de condição, essa deveria estar expressa naquele documento.

Severino Dias Tostes foi o testamenteiro de sua segunda esposa, Maria Luisa de Jesus, falecida em 1845. Essa senhora deixou libertos os seus escravos José, novo, de nação Benguela, e Pedro, de nação Congo, rogando a seu testamenteiro que lhes passasse a carta de liberdade, "pois só são meus escravos por dez anos".[253] Libertou também outra africana, de nome Maria Joaquina, de nação Cassange.

Antonio Dias Tostes "Filho" alforriou, em maio de 1857, Manoel pardo, de 24 anos, que fora comprado de João Albino. Manoel pardo deve ter sido muito perspicaz para obter sua manumissão. Afinal de contas, Tostes o havia comprado de outro senhor, embora não saibamos o tempo em que ficou sob o jugo de Antonio Dias Tostes. Receber a alforria com uma idade tão jovem, tendo que refazer, em uma nova senzala e perante um novo proprietário, relações de solidariedade que

---

251 Segundo Ofício de Notas. AHJF.

252 Inventário *post mortem* de Dona Felicidade Umbelina de Barbosa, 1843. código 2SVC, Cx.: 148, ordem 5. APMPJAS (Barbacena).

253 Contas de testamentaria de Maria Luisa de Jesus. Cx.: 112, ordem: 23, 1865. APMPJAS (Barbacena).

lhe pudessem dar acesso à tão almejada liberdade, só se pode ter dado por meio de muita negociação.[254]

A análise das alforrias registradas em cartório permite alargar o conhecimento das manumissões conquistadas pelos escravos por meio da concessão dada pelos senhores. O escravo Eduardo pertenceu a Dona Maria Antonia Claudiana de Moraes, uma das filhas de Antonio Dias Tostes e de Dona Anna. No dia 26 de setembro de 1853, na Villa de Santo Antonio do Parahibuna, Dona Maria Claudiana de Moraes passou a carta de liberdade ao escravo Eduardo pardo, de 4 anos, por sua livre e espontânea vontade, sem constrangimento, lembrando, ainda, aos seus herdeiros que, em tempo algum, poderiam chamá-lo de volta ao cativeiro.[255] Encontramos o escravo Eduardo, avaliado em 450$000 no inventário do falecido marido de Dona Maria Claudiana, feito em setembro de 1852, descrito como filho de Rita africana, de 24 anos, estimada em 900$000, que também era mãe de Senhorinha crioula, de 2 meses ou 2 anos, avaliada em 100$000. No ato da partilha, pudemos saber que a mãe e a irmã de Eduardo ficaram com a viúva inventariante. Provavelmente, o liberto Eduardo também deve ter ficado sob a "proteção" da inventariante, mantendo assim seus laços familiares.[256]

A mesma senhora registrou a carta de liberdade de Paulino, de 35 anos, distribuída ao cartório responsável, em 9 de julho de 1873. Na dita carta, consta não haver por parte do alforriado qualquer cumprimento de cláusula ou condição. Paulino também se encontrava mencionado nos bens do inventário do esposo de Dona Maria, o senhor Mariano Dutra de Moraes. Àquela época, ele fora descrito como um cativo africano de 18 anos, avaliado em 800$000. Mais uma vez, trata-se de um cativo alforriado que já vivia junto à posse de seus senhores, há algum tempo, talvez tempo suficiente para obter junto a eles, por meio das mais variadas estratégias, a mercê de uma alforria sem condição, o que, certamente, demonstra a perspicácia dos escravos no que concerne à relação senhor/escravo.

Dona Maria Antonia Claudiana de Moraes alforriou, em primeiro de outubro de 1884, a escrava Virginia, que tinha idade entre 18 e 20 anos, mediante o

254 Para uma análise das dificuldades e dos rearranjos junto a uma nova região, devido a uma possível migração forçada, cf. CHALHOUB, *op. cit.*, 1990; ROCHA, Cristiany Miranda. *Gerações da senzala: famílias e estratégias escravas no contexto dos tráficos africano e interno.* Tese (doutorado em História) – Unicamp, Campinas, 2004.

255 Segundo Ofício de Notas. AHJF.

256 Inventário *post mortem* do Capitão Mariano Dutra de Morais, 1852. AHUFJF, ID: 71, Cx.: 06B.

pagamento de 1:000$000. Alguns meses mais tarde, em 22 de novembro do mesmo ano, aquela senhora libertou ainda a escrava Maria Joaquina, brasileira, de cor preta, com aproximadamente 35 anos, dizendo: "concedo-lhe a liberdade livre de qualquer obrigação em attenção aos bons serviços que me tem prestado, e principalmente por ter criado a meu bisneto José filho de Guilherme Alvarenga, sempre de boa vontade amor e carinhos".[257]

No mesmo dia, mês e ano, alforriou ainda o escravo Justo, africano, de cor preta, de 51 anos mais ou menos, concedendo-lhe "a liberdade livre de qualquer obrigação em attenção aos bons serviços, que me tem prestado, principalmente nas occasiões de enfermidades na minha família attendendo a tudo isso resolvi a gratifica-lo com a liberdade".[258] Justo pertencia àquela senhora há muitos anos, em 1852 (31 anos antes da sua alforria), quando do inventário de seu marido, fora descrito como Justo africano, 20 anos, avaliado em 1:000$000. Sem dúvida, Justo foi beneficiado por esse longo tempo de convívio com esses senhores, tendo-os, inclusive, ao que parece, socorrido em momentos em que a saúde deles se encontrava debilitada. Seria ele um representante das "famílias fundadoras"? Talvez sim.

Às vésperas do fim da escravidão no Brasil, o liberto Crispim compareceu ao cartório para apresentar a sua carta de liberdade, que lhe fora passada por Dona Maria Antonia Claudiana de Moraes. Pelo teor da carta, podemos saber que o liberto era filho da escrava Merenciana, também pertencente àquela senhora, e que ele,

> [...] tendo sempre me servido bem, já como bolicero, já como meu copeiro e sempre mostrando fidelidade e amor, por isso de minha livre e espontânea vontade e sem constrangimento de pessoa alguma, concedo a liberdade para depois de minha morte entrar no gozo desta carta de liberdade [...].[259] A senhora afirmou ainda que ninguém poderia chama-lo á escravidão por motivo algum "[...] pois que eu como senhora que sou do dito Crispim lhe concedo a mesma liberdade, sem clausula alguma e que este escripto lhe sirva de prova e lhe seja profícuo em todo o tempo".[260]

257 Segundo Ofício de Notas. AHJF.

258 *Ibidem.*

259 *Ibidem.*

260 *Ibidem.*

Antonio José Henriques, casado com dona Rita, herdeira de Antonio Dias Tostes, registrou carta de liberdade, em retribuição aos bons serviços prestados a ele, para a escrava Juliana africana, sem condição alguma, podendo ela usufruir ampla e irrestritamente sua liberdade. A carta foi passada em 1º de agosto e ratificada em 1º de setembro de 1865.

Alguns cativos levavam, eles próprios, sua carta de alforria ao cartório. Foi esse o caso de Ernesto, que lançou em notas sua carta de liberdade em 14 de maio de 1884. Era ex-escravo de Dona Rita de Cassia Tostes, viúva do Capitão Antonio Dias Tostes. Quando lançou sua carta de alforria, o procurador daquela senhora não se opôs, dizendo ainda que concedia alforria, ficando Ernesto livre de qualquer ônus.[261]

O Capitão Antonio Dias Tostes legou à sua ex-escrava Maria Thereza uma morada de casas, com três alqueires de terras e mais os escravos Andreza e Adão. A escrava Andreza crioula, de mais ou menos 40 anos, era casada com Herculano, escravo dos herdeiros do capitão Tostes. Maria Thereza, sua nova proprietária, lhe conferiu a liberdade plena e irrevogável em 5 de agosto de 1885, estando a cativa, porém, obrigada a lhe prestar serviço pelo prazo de cinco anos.[262] A atitude da ex-escrava, e agora senhora, Maria Thereza, foi a reprodução de um "hábito" senhorial de forrar seus cativos, condicionando sua liberdade a alguns anos de trabalho. Contudo, se a ex-escrava pensava recuperar o valor da cativa Andreza, com cinco anos de serviço prestados, deve ter-se frustrado bastante, já que, menos de três anos depois, a dita cativa, por força da Lei Áurea, passaria à condição de liberta. As doações de terra a ex-escravos, como as feitas à liberta Maria Thereza e a outros cativos, por aqueles senhores e senhoras escravistas, embora não digam respeito a toda localidade, parecem ir ao encontro dos achados da comunidade do Cafundó, em que "a concessão de terra a escravos alforriados não era totalmente incomum".[263]

Marcellino Dias Tostes, herdeiro dos Tostes, em 2 de julho de 1858, deixou livre do cativeiro o seu escravo José Maria, e rogou aos seus herdeiros "que o não embaracem para que goze de sua liberdade".[264]

261 *Ibidem.*

262 Registro de testamento do capitão Antonio Dias Tostes. Livro 7 (1883-1889). AHJF.

263 SLENES; VOGT; FRY, *op. cit.*, p. 71.

264 Registros de Compra e Venda. AHJF.

Outro filho de Antonio Dias Tostes, Cezario Dias Tostes, deixou forras em testamento as escravas Margarida crioula, 32 anos, doente do peito, avaliada em 450$000, e sua filha Virginia crioula, de 14 anos, estimada em 900$000, com a condição de servirem "a minha mulher enquanto viva e por seu falecimento lhes Dara carta de liberdade para gozarem desse tempo em diante como se nascessem libertas". O falecido também rogou à sua esposa, Dona Maria Antonia Tostes, que não transferisse as referidas cativas de sua companhia.[265]

A Tabela 59 demonstra o "Ato legal" das alforrias (tipo de documento no qual elas foram anotadas) e o número de liberdades distribuídas nas três famílias, pelo menos as que pudemos conhecer.

Tabela 59. "Ato legal" das Alforrias distribuídas entre os cativos das famílias Paula Lima, Barbosa Lage e Dias Tostes, século XIX

Famílias senhoriais/ "Categoria legal"de alforria	Paula Lima	%	Dias Tostes	%	Barbosa Lage	%
Testamento	22	50,0	20	51,3	4	25,0
Inventário	15	34,1	6	15,4	8	50,0
Cartas	5	11,3	13	33,3	4	25,0
Pia batismal	1	2,3	-	-	-	-
Fundo de emancipação	1	2,3	-	-	-	-
Total	44	100	39	100	16	100

Fonte: Inventários *post mortem* do AHUFJF. Livros de Notas e Escrituras Públicas do AHJF. Registros paroquiais do ACMJ e CM – AAJF.

Primeiramente, percebe-se que aqueles que mais alforriaram seus cativos foram os Paula Lima, seguidos pelos Dias Tostes e, por último, com um número bastante inferior aos das outras duas famílias, os Barbosa Lage.

Em relação às 44 alforrias concedidas pelos Paula Lima, podemos perceber que a metade delas (22 ou 50,0%) se deu por meio dos testamentos de última vontade, seguindo-se as manumissões em inventários, 15 (34,1%), e 5 cartas de alforria (11,3%) e, por último, as libertações na pia batismal e pelo fundo de emancipação, cada uma com 1 manumissão (2,3%). Cabe ressaltar que essas duas últimas "formas" de alforria foram "exclusividade" dos Paula Lima. Portanto, nota-se que a maior parte das alforrias não ocorreu por meio das cartas. Isto reforça as argumentações de Eisenberg

265 Inventário *post mortem* de Cezário Dias Tostes, 1879. AHUFJF, ID: 181, Cx.: 12A.

sobre a necessidade de um intercruzamento de fontes, para que se possa ter acesso a um "universo" mais próximo da realidade. Da mesma forma, corrobora os estudos feitos por outros pesquisadores, já citados, em que concluem que as alforrias em cartório não constituíram a forma mais comum de manumissão.

Os familiares de Antonio Dias Tostes também alforriaram muito mais por meio dos testamentos do que por cartas, embora, ao contrário dos Paula Lima, a ordem das alforrias se tenha invertido. Enquanto os Paula Lima alforriaram mais em testamentos, inventários e cartas, os Dias Tostes manumitiram mais em testamentos, cartas e inventários. No total, foram 20 as alforrias testamentárias, que representavam mais da metade das manumissões (51,3%). Todavia, embora tivessem alforriado mais nos momentos finais de suas vidas, a segunda maior percentagem de manumitidos por eles obteve sua liberdade por meio das cartas de liberdade, 13 (33,3%), e, em último lugar, vinham as manumissões em inventário 6 (15,4%). As alforrias concedidas por essas famílias, portanto, ressaltam a importância das liberdades testamentárias como forma bastante comum no ato de alforriar.

Os Barbosa Lage, que, a princípio, tiveram maior cuidado com seus cativos, foram os que menos alforriaram. Conseguimos localizar somente 16 cativos libertados por eles. A maioria das liberdades foram encontradas nos inventários, 8 (50%), sendo todos escravos quartados pelo Dr. Francisco de Assis Barbosa Lage. As outras 8 dividiram-se, igualmente, entre liberdades em testamento e cartas de alforria, cada uma perfazendo 25% do total de manumissões. Esses dados reforçam o já exposto e demonstrado pela análise das outras duas famílias senhoriais, ou seja, ao que parece, apesar de toda a importância da manumissão cartorial, o registro não foi condição *sine qua non* para a liberdade. Outros documentos tiveram o mesmo peso legal, tanto para os senhores quanto para os escravos. Além da legalidade de tais "ritos jurídicos", o conhecimento público daquelas manumissões, em inventários, testamentos e na pia batismal, bastava para a confirmação do *status* de libertos dos ex-cativos. O registro em cartório deve ter sido feito muito mais pelos libertos que pensavam na mobilidade geográfica, e também pelos que tinham dúvidas quanto ao respeito dos herdeiros/legatários às disposições de última vontade, expressas por algum parente nos testamentos.

Em síntese, a análise das manumissões "concedidas" pelos Dias Tostes, pelos Paula Lima e pelos Barbosa Lage demonstra como os caminhos para a alforria eram muitos e também tortuosos. Para a obtenção de sua liberdade, os cativos tiveram de encontrar "brechas" dentro do sistema escravista, sempre com muita astúcia e por meio de estratégias diversas. A justiça também foi utilizada com o intuito de preservar a "promessa" de liberdade e as "vontades" dos senhores, mesmo as não expressas em documento tiveram de ser levadas em conta. Na maioria das vezes, as liberdades apareceram nas fontes como concessões senhoriais, frutos da justiça, dos sentimentos de solidariedade dos senhores para com seus cativos, da fé cristã, não que essas não possam ter existido. Todavia, marcadas por essa doação, nesse favor, sempre embasado nos "bons serviços" prestados pelos escravizados, escondiam-se situações muito mais complexas.

> [...] nem sempre essas histórias ocorreram dessa maneira e é importante ressaltar que as trajetórias de cada escravo, de cada manumissão, foram muito mais complexas que o resultado impresso no testamento senhorial. Muito além dos bons serviços prestados, os alforriados [...] certamente investiram em habilidades, em informações, em comportamento, em práticas cotidianas, em sentimentos, para tempos mais tarde, serem eles os escolhidos pelo proprietário moribundo, entre todos os outros companheiros, para então, "ganharem" suas cartas de liberdade.[266]

A família consanguínea e estendida e a herança africana foram de capital importância para a vida dos cativos, tanto na escravidão quanto na liberdade. Nos dizeres de Maria Inês Côrtes de Oliveira,

> [...] a transmissão da tradição africana quer ao nível da família parcial ou nuclear, quer da sutil rede de relações da "família por afinidade" constituíram algumas das múltiplas formas pelas quais, no quotidiano, os africanos [e crioulos] libertos conseguiram preservar os elementos culturais de que dispunham para enfrentar a conquista de novos espaços.[267]

Novamente acreditamos que o caso emblemático de Bernardina e de sua família, que obtiveram, além da liberdade, legados concedidos por sua senhora, Inácia Werneck, possa ser útil para o entendimento da importância da alforria para as famílias cativas.

> A situação desta família era, na verdade, ambígua; como muitos outros, eles ocupavam uma posição incerta entre cativos e livres. Depois de 1871 e da aprovação da lei Rio Branco, ou do Ventre Livre, como

266 PAIVA, Eduardo F., *op. cit.*, 2001, p. 167.

267 OLIVEIRA, Maria Inês C. de, *op. cit.*, p. 73.

> era chamada popularmente, a liberdade condicional podia ser imposta por no máximo sete anos. Mas, na época [quando?] de Inácia e Bernardina, práticas costumeiras, costuradas numa rede de obrigações desigualmente recíprocas, regulavam a concessão da liberdade. Em algum momento do passado, Inácia dera a Bernardina sua carta de alforria, porém com uma condição: que continuasse a servir à dona enquanto ela vivesse, muito mais do que sete anos, como acabou acontecendo. Com a liberdade incompleta, Bernardina continuou escrava até a morte de Inácia, mas ao mesmo tempo, na condição de mulher provisoriamente livre, podia contar, com uma espécie de contrato, com alguma força. Conforme o costume, Inácia não poderia vendê-la sem passar para o novo dono o compromisso de libertá-la, nem a promessa de liberdade, uma vez feita, poderia ser descumprida, o que servia tanto de proteção contra a escravização de pessoas libertas, quanto como um modo de cumprir uma promessa feita a um escravo. Com sua liberdade reconhecida após a morte de Inácia, Bernardina tornou-se uma mulher plenamente livre.[268]

Até agora, dentre outros aspectos, podemos perceber as "modalidades"/possibilidades/importância das alforrias para aqueles cativos, bem como as estratégias cotidianas para a obtenção da liberdade. Mas, fazer parte de uma grande, média ou pequena escravaria influenciou a busca da liberdade?

SENHORES DE MUITOS ESCRAVOS E POUCAS ALFORRIAS

Segundo algumas pesquisas, as conjunturas demográficas influenciaram as proporções das taxas de manumissão. Para alguns, o alto número de cativos, via tráfico, possibilitou aos senhores conceder mais alforrias. Já outros pesquisadores têm pensamento inverso sobre essa questão.[269]

Recentemente, os estudos sobre o tamanho das posses e a quantidade de alforrias concedidas pelos senhores têm demonstrado uma tendência à correlação inversa entre tamanho da propriedade e proporção de alforriados, isto é, quanto maior o número de cativos de uma propriedade, menores as percentagens de manumissão.

Segundo o historiador Robert Slenes, que se baseou em seis análises sobre as alforrias testamentárias em Minas Gerais, no Rio de Janeiro e em São Paulo,

---

268 GRAHAM, Sandra, *op. cit.*, p. 145-147.

269 KARASCH, *op. cit.*; CARNEIRO DA CUNHA, *op. cit.*

entre os séculos XVIII e XIX, as manumissões, de acordo com o tamanho das propriedades, sugerem largos contrastes. Segundo os seus cálculos, os "pequenos" proprietários de cativos (1 a 20) alforriaram, proporcionalmente, cerca de 2,9 a 17,8 vezes mais escravos do que os "grandes" (+ de 40 cativos, ou + de 20, para um dos estudos).[270]

> More importantly, three analyses, which calculate the proportion of bondspeople freed by wills in all probate records of slave owners, dying either testate or intestate, demonstrate that small masters (with 1-20 slaves) manumitted slaves from 2.3 to 10.2 times the rate of large proprietors (with over 40 bondspeople). In these latter cases, the proportions freed were, respectively, 9.1 percent (small holders) versus 3.9 percent (large owners) in the Comarca (District) of Rio das Mortes (southern Minas Gerais) from 1716-1789; 9.2 against 0.9 percent in Campinas, São Paulo from 1836 to 1845; and 16.7 versus 3.4 percent in Campinas during 1860 to 1871.[271]

No já citado estudo de Paiva, sobre a Comarca do Rio das Velhas e do Rio das Mortes, o historiador percebeu que, nas duas regiões, os pequenos proprietários alforriaram maior número de cativos. Nas duas comarcas somadas, os senhores de 1 a 5 cativos

---

270 As seis análises referidas pelo autor são as relativas aos estudos de Paiva (2001), Soares (2006), Guedes (2008) e Ferraz (2006). No caso da pesquisa empreendida por Lizandra, incluíram-se também as alforrias concedidas no decorrer do inventário.

271 "Mais importante, três análises, que calculam a proporção de cativos libertados em testamentos em todos os registros de inventário de donos de escravos, mortos com ou sem testamento, demonstram que pequenos proprietários (com 1-20 escravos) alforriaram escravos a uma taxa de 2,3 a 10,2 vezes a de grandes proprietários (aqueles com mais de 40 cativos). Nestes casos, as proporções de libertados foram, respectivamente, de 9,1 por cento (pequenos proprietários) versus 3,9 por cento (grandes proprietários) na Comarca (Distrito) do Rio das Mortes (sul de Minas Gerais) entre 1716-1789; 9,2 contra 0,9 por cento, em Campinas, São Paulo de 1836 a 1845; e 16,7 versus 3,4 por cento em Campinas durante 1860 a 1871." SLENES, Robert W. A "Great Arch" descending: reflections on manumission rates, slave identities and black social mobility in southeastern Brazil, 1791-1888. Campinas, nov. 2008 (Texto apresentado para discussão nas linhas de pesquisa em História Social da Cultura e História Social do Trabalho – Cecult/Unicamp). Esse texto foi posteriormente publicado, apresentando uma versão ligeiramente diferente da citada anteriormente e pode ser encontrado em: SLENES, Robert W.. "A 'Great Arch' Descending: Manumission Rates, Subaltern Social Mobility, and the Identities of Enslaved, Freeborn and Freed Blacks, in Southeastern Brazil, 1791-1888". In: GLEDHILL, John & SCHELL, Patience A. (eds.). *New Approaches to Resistance in Brazil and Mexico*. Durham, North Carolina: Duke University Press, 2012.

alforriaram 29,4%, os de 6 a 10, 23,5%, os de 11 a 20, 15,0%, enquanto os proprietários de 21 a 40 escravos e os com mais de 41 manumitiram, respectivamente, 7,4% e 2,8%.

> Quanto mais cativos um senhor possuía, menos ele os alforriava e/ou coartava. [...] Voltando a regra, os menores proprietários é quem mais alforriavam e/ou coartavam mancípios. Isso significa que nas pequenas posses, o tipo mais característico das regiões urbanizadas, os acordos se fizeram proporcionalmente mais intensos, dada, claro, a proximidade cotidiana das relações senhor/escravo. Com a mesma importância, outros atores contribuíram para o estabelecimento desses arranjos. Entre eles, a ascendência escrava ou liberta de significativa parcela desses senhores mais modestos, o trabalho conjunto, no dia-a-dia, de donos de propriedades e a acentuada e mútua dependência. [...] As cartas de liberdade e de corte eram [...] essencialmente urbanas, embora não fossem completamente desconsiderados em áreas rurais. Mas foi preferencialmente pelas ruas, becos e largos que andou a maioria dos homens e mulheres forros e coartados.[272]

Na cidade do Rio de Janeiro do século XIX, onde as manumissões raramente eram gratuitas, as cartas de alforria demonstram que "o típico senhor que alforriava escravos não era o grande fazendeiro ou portador de título de nobreza, mas um homem de posição social média, de profissão urbana".[273] De acordo com Karasch,

> Embora os dados sobre ocupação estejam incompletos, eram poucos os da elite rural que libertavam escravos. Em outras palavras, os cativos que pertenciam a modestos donos urbanos tinham maior probabilidade de ganhar alforria do que os escravos de fazendeiros. [...] Dos 167 senhores rurais livres que alforriaram escravos, somente sete eram fazendeiros. Essa amostra sugere que a elite fundiária não era significativa na alforria e que os escravos cariocas mandados para o campo, em especial depois de 1850, perdiam a esperança de liberdade. [...] Em outras palavras, os escravos tinham maior probabilidade de obter a liberdade se pertencessem a homens ou mulheres urbanos de renda média, e menor chance, se fossem dos homens da elite rural dominante.[274]

---

272 PAIVA, Eduardo F., *op. cit.*, 2001, p. 173-178.

273 KARASCH, *op. cit.*, p. 440.

274 *Ibidem*, p. 449-451.

Ricardo Salles, referindo-se às alforrias concedidas durante o processo de inventário, não incluindo, em sua análise, as manumissões em testamentos, averiguou que, em áreas rurais da província fluminense, as *plantations* "maduras tendiam a alforriar menos. E no interior dessas áreas, a alforria era mais rara nos plantéis das *plantations* do que nas médias e pequenas propriedades ou posses de escravos".[275]

Analisando as alforrias entre 1839 e 1880, Salles concluiu que, tomadas em conjunto das de Vassouras, registradas em inventários, 60,66% foram concedidas pelos micro (1 e 4 cativos), pequenos (5 a 19) e médios proprietários (20-490), enquanto os mega (mais de 100) e os grandes (50 até 99) foram responsáveis por 39,34%. Todavia, o pesquisador verificou que, a partir de 1836/1850, os mega e os grandes possuidores de cativos nunca tiveram menos do que 70% de alforriados em inventários, "Fato que mostra claramente que a prática das alforrias era mais incomum entre grandes e megaplantéis".[276] Segundo esse estudo, que chegou a constatações semelhantes às de Karasch, em Vassouras,

> A baixa taxa de alforrias [...] indica ainda que a concentração espacial e social do cativeiro, no novo quadro demográfico [resultado da estabilização ou mesmo do crescimento da população com base sem sua reprodução vegetativa e no comércio interno de cativos] que passou a dominar as relações entre senhores e escravos, a partir de meados de 1860, re-significou o sentido do instituto da alforria. Senhores, principalmente aqueles que dispunham de grandes plantéis e tinham outros meios de controle sobre eles, tornaram-se cada vez mais relutantes em se desfazer de seus escravos concedendo-lhes alforria. Quando esta era obtida, era resultado de esforços muito maiores por parte dos cativos do que aqueles que eles tinham despendido antes de 1850. Por outro lado, as novas condições sociais incidiam também no estreitamento do espaço de manobras daqueles poucos que, a duras penas, haviam obtido sua liberdade. De uma prática dominantemente vista como concessão senhorial, a alforria tornou-se mais e mais conquista cativa.[277]

Roberto Guedes Ferreira, em estudo sobre a localidade de Porto Feliz (São Paulo), c.1798-c.1850, encontrou, entre os testamentos que pesquisou, 272 senhores

275 SALLES, Ricardo. *E o Vale era o escravo: Vassouras, século XIX. Senhores e escravos no coração do Império*. Rio de Janeiro: Civilização Brasileira, 2008.

276 *Ibidem*, p. 291.

277 *Ibidem*, p. 256.

escravistas, sendo que 144 deles (53%) libertaram cativos naquele ato de última vontade. Os pequenos, médios e grandes testamenteiros libertantes alforriaram, respectivamente, 30,4%, 15,6% e 6,4% dos seus escravos. O autor percebeu, então, que,

> Ao testarem, mais da metade de pequenos, médios e grandes escravistas praticaram o ato da alforria, com uma intensidade um pouco maior entre os grandes senhores, mas sem variações percentuais significativas. Dessa maneira, o ato de alforriar não se relaciona ao tamanho da propriedade. Por outro lado, entre os libertadores, os pequenos senhores, proporcionalmente, foram os que mais contribuíram para o primeiro passo de mobilidade social, alforriando 30,4% dos seus escravos, representando 34,2% do total, o que supera os de senhores de média escravaria. Por sua vez, os grandes proprietários só alforriaram 6,4% de seus cativos, mas os seus libertos formavam a maioria dos alforriados.[278]

Embora não realize sobre essa questão uma análise de maneira direta, o estudo de Cristiano Lima da Silva sobre as alforrias na pia batismal em São João Del Rei, entre os anos de 1750-1850, demonstrou que essa modalidade de manumissão também beneficiava, proporcionalmente, mais os cativos pertencentes a pequenos proprietários do que os concernentes a grandes posses.[279] Foram 63 os escravistas que alforriaram crianças na pia, cujos inventários *post mortem* foram localizados. Somando-se todas as propriedades que tinham entre 1-19 escravos na hora da morte do senhor, os alforriados na pia equivaliam a 30,5% do total. Já nas posses com 20 cativos ou mais, esses libertandos correspondiam a 3,4% do total inventariado. Refinando ainda mais essas cifras, podemos conhecer mais de perto as percentagens de crianças alforriadas de acordo com o tamanho da posse. Os proprietários que possuíam entre 1 e 4 cativos, na hora da morte, haviam alforriado 24 (o equivalente a 55,8% dos escravos inventariados). Os com 5-9 cativos libertaram 23 (27,4% dos inventariados), e os com posses de escravos entre 10-19 deram liberdade a 4 (10,0%). Já os proprietários com 20 a 39 escravos e com mais de 40 alforriaram 8 e 7, o que equivalia, respectivamente, a 3,9 e 2,9%.[280]

278 GUEDES, Roberto. *Egressos do cativeiro: trabalho, família, aliança e mobilidade social (Porto Feliz, São Paulo, c. 1798-c. 1850)*. Rio de Janeiro: Mauad X/Faperj, 2008, p. 192.

279 SILVA, Cristiano Lima da. *Como se livre nascera: a alforria na pia batismal em São João Del Rei (1750-1850)*. Dissertação (mestrado em História) – UFF, Niterói, 2004.

280 Como já dissemos, o autor não fala sobre esses dados no texto de sua dissertação. A análise de tais dados foi feita com base em Cristiano Lima da Silva (*op. cit.*, Anexo 2, p. 151), que fez o

Marcio Soares, em seu estudo sobre Campos dos Goytacazes (Rio de Janeiro), no século XVIII e na primeira metade do XIX, chegou a conclusões semelhantes. Visualizando as alforrias em testamento (concedidas por testadores libertantes), percebeu que, proporcionalmente, quanto maiores eram as fortunas dos testadores, menores as chances de manumissões. Também chamou a atenção para o fato de que as proporções dos alforriados pertencentes a testadores sem herdeiros eram sempre maiores do que as dos que pertenciam aos com herdeiros. A maior ou menor presença dos herdeiros era fundamental para a liberdade dos cativos. Nos dizeres do pesquisador,

> Certamente que a quantidade de escravos alforriados num testamento estava relacionada com o montante da fortuna daqueles senhores e senhoras. Todavia, isso não significa dizer que as pessoas mais abastadas alforriassem mais. Consegui localizar 79 inventários daqueles testadores que determinaram a alforria de escravos como disposição de última vontade e o exame dessa documentação demonstrou exatamente o contrário. Proporcionalmente os mais ricos e poderosos praticavam menos a alforria e geralmente, quando o faziam, libertavam poucos escravos. Quanto maiores as escravarias, maiores eram as quantidades de homens africanos adultos. Maiores escravarias, maior o distanciamento senhorial com relação a uma parcela dos cativos. Conseqüentemente, menores eram as chances de alforria para os africanos.[281]

Cabe ressaltar que, em nossa amostra, temos poucos dados sobre as pequenas posses, o que não nos permite afirmar com certeza, assim como os estudos acima demonstram, uma correlação inversa entre o tamanho da propriedade e a proporção das alforrias, embora haja poucos casos de pequenas posses. Há seis casos de grandes propriedades (cinco deles possuidores de inventários com testamento), o que não é um número exíguo, especialmente considerando-se o fato de que conseguimos rastrear todas as formas de alforria. Assim sendo, vamo-nos ater aqui àqueles casos em que houve essa possibilidade, em primeiro lugar, os dos que alforriaram em testamento, depois, todo o grupo de inventariados, sejam testadores libertantes ou não.

---

cruzamento de dados sobre escravos inventariados e número de crianças alforriadas, realizado pelo Professor Robert Slenes, a quem agradeço por me ter cedido suas análises.

281 SOARES, Márcio, *op. cit.*, p. 134-135.

A Tabela 60 apresenta dados de pessoas das três famílias em que foram encontrados inventários *post mortem*.

Tabela 60. Inventariados com ou sem testamento e número de escravos alforriados em testamento: famílias Barbosa Lage, Dias Tostes e Paula Lima, século XIX

Senhores	Ano do inventário*	Nº de cativos inventariados	Com testamento?	Alforriou em testamento?	Número de cativos alforriados/coartados em testamento
Manoel Ignacio Barbosa Lage	1868	118	Sim	Sim	1
Antonio Augusto Barbosa Lage	1868	41	Sim	Sim	1
Dr. Francisco de Assis Barbosa Lage	1880	10	Sim	Sim	8
D. Florisbella Francisca de Assis Barbosa Lage Moretzsohn	1882	103	Sim	Não	-
D. Florisbella Augusta Barbosa Lage	1887	10	Sim	Não	-
D. Marianna Cândida de Assis Barbosa	1881	35	Sim	Não	-
Antonio Dias Tostes*	1852	44	Sim	Sim	2
Cezario Dias Tostes	1879	4	Sim	Sim	2
Dona Cândida Maria Carlota	1867	56	Não	-	-
Felix Gonçalves da Costa	1807	21	Sim	Não	-
D. Felicidade Umbelina de Barbosa	1843	17	Não	-	-
Manoel Dias Tostes	1866	29	Não	-	-
Mariano Dutra de Moraes	1852	101	Não	-	-
Custodio Dias Tostes	1847	33	Não	-	-
Comendador Francisco de Paula Lima	1866	204	Sim	Sim	13
Dona Francisca Benedicta de Miranda Lima	1877	130	Não	-	-
Capitão José Rodrigues de Lima	1833	53	Sim	Sim	2
Visconde de Uberaba	1856	52	Não	-	-
Dona Maria Antonia de Oliveira	1856	34	Não	-	-

Fonte: Inventários *post mortem* do AHUFJF e do APMPAJS (Barbacena). *Na verdade, temos a prestação de contas testamentárias de Antonio Dias Tostes, que, diferentemente de todas as outras fontes desse tipo, traz o número de cativos pertencentes àquele senhor, o que permitiu então analisar a relação entre o número de cativos e a proporção de alforriados naquela faixa de tamanho da posse.

As alforrias nos inventários com testamento demonstram que mais da metade dos pequenos e grandes senhores libertaram os cativos na hora da morte, sendo que, em números absolutos, os maiores proprietários de cativos concederam mais alforrias que os pequenos. Todavia, olhando primeiro para os casos de "testadores libertantes" (ver Tabela 61), observamos que, proporcionalmente, os pequenos proprietários foram os que mais libertaram: 71,4% do total dos seus escravos. Já os maiores testadores libertantes alforriaram apenas 4,0% de todos os escravos pertencentes àquelas posses.

Tabela 61. Alforrias na morte dos senhores, em inventários com testadores libertantes, Dias Tostes, Barbosa Lage e Paula Lima, século XIX

Tamanho das posses	Testadores libertantes	% do total de libertantes	Total de escravos possuídos	Número de Alforrias em testamento	% no total de alforriados	% alforriados na faixa de posse
Pequena (1-20 cativos)	2	28,6	14	10	34,5	71,4
Média (21-40 cativos)	-	-	-	-	-	-
Grande (41 +)	5	71,4	460	19	65,5	4,0
Total	7	100	474	29	100	6,1

Fonte: Inventários *post mortem* do AHUFJF e do APMPAJS (Barbacena).

Os dados para Juiz de Fora, baseados no estudo daquelas três famílias, coadunam-se, guardadas as devidas proporções, com as constatações expostas por outros estudos sobre as alforrias em diversos recortes cronológicos, abarcando várias localidades do sudeste escravista. Todos esses estudos demonstram que as alforrias por "testadores libertantes" ocorreram com mais frequência nas pequenas posses (Tabela 62).

Tabela 62. Alforrias na morte dos senhores, por "testadores libertantes" em Juiz de Fora, em comparação com quatro localidades do Sudeste escravista*[282]

Tamanho das posses	Juiz de Fora (MG) (XIX)	Comarca do Rio das Velhas (MG) (1720-1784)	Campinas (SP) (1836-1845)	Campinas (SP) (1860-1871)	Porto Feliz (SP) (1788-1878)	Campos (RJ) (1735-1807)	Campos (RJ) (1808-1830)
Pequena (1-20 cativos)	71,4%	31,9%	36,8%	43,5%	30,4%	26,7%	70,8%
Média (21-40 cativos)	-	15,4%	52,1%	5,2%	15,6%	17,2%	26,2%
Grande (41 + cativos)	4,0%	1,8%	2,5%	4,6%	6,4%	4,9%	6,8%

Fonte: PAIVA, Eduardo França, *op. cit.*, 2001, p. 175; FERRAZ, *op. cit.*, p. 65-66; GUEDES, *op. cit.*, p. 192 e SOARES, *op. cit.*, p. 135. *Eduardo França Paiva discriminou as faixas de tamanho das propriedades, o que permitiu que "refizéssemos" as percentagens, de maneira a poder comparar com Juiz de Fora. As faixas de tamanho das posses, feitas por Lizandra Ferraz, são as seguintes: pequena = 1 a 20 cativos; médias = 21 a 50, e grandes = mais de 50. Em seu estudo, a pesquisadora, assim como Paiva, distribuiu suas faixas de posse, o que possibilitou o mesmo procedimento feito com os dados daquele autor, permitindo a comparação entre os dados das Comarcas do Rio das Velhas e de Juiz de Fora. Na pesquisa de Roberto Guedes, as propriedades se distribuem da seguinte maneira: pequenas posses com até 10 escravos, as médias, entre 11 e 20 cativos, e as grandes, com mais de 20. Contudo, não nos foi possível, assim como aos autores dos dois outros trabalhos citados, "refazer" as porcentagens. Apesar disso, também ocorreu a correlação inversa entre tamanho da posse e porcentagens de alforriados no estudo de Guedes. Márcio Soares comparou as proporções das alforrias de acordo com as faixas de tamanho de riqueza. Isto tornou mais difícil a comparação com os estudos que abordam esse tema, levando-se em comparação as faixas de tamanho de posses. Todavia, procuramos, na Tabela 62, uma aproximação. Consideramos, nos dois períodos estudados pelo autor, que os indivíduos mais ricos, como os descritos na última faixa, nesse caso a de maior riqueza, e os mais pobres foram os arrolados na primeira faixa de fortuna. Na faixa intermediária, e somente nela, procedemos a um novo cálculo, cujas cifras se encontram na Tabela acima. Cabe ressaltar que, a par de todos esses cálculos, uma consideração que deve ser feita sobre o estudo de Soares é que, em sua pesquisa, também houve uma correlação inversa entre as faixas de fortuna e a proporção de alforrias, ou seja, os mais ricos alforriaram proporcionalmente menos do que os menos abastados.

---

282 Agradeço aqui ao Professor Robert Slenes a ajuda na construção dessa e das outras tabelas comparativas (com os dados de Paiva, Soares, Guedes, Ferraz etc.). As cifras do seu artigo "A Great Arch Descending ..." foram construídas a partir das tabelas que ele elaborou com esses dados. Foi o modelo dessas tabelas, que ele me sugeriu como exercício didático, com o intuito de que eu refizesse os cálculos a fim de comparar os resultados de minha pesquisa com as dele e dos autores citados e, desta forma, discutir comparativamente os resultados, que me possibilitou chegar aos dados acima. Portanto, a análise, os cálculos e a construção das tabelas foi fruto de esforço conjunto.

O estudo das alforrias em todos os inventários, ou seja, aqueles com ou sem testamentos, permite outro refinamento da análise. Na Tabela 63, os números e as percentagens mudam, porém as pequenas posses continuam a alforriar proporcionalmente mais do que as grandes, respectivamente, 24,4% e 2,1%.

Tabela 63. Alforrias na morte dos senhores em todos os inventários, com e sem testamentos: famílias Dias Tostes, Barbosa Lage e Paula Lima, século XIX

Escravaria	Inventários com e sem testamento	%	Total de escravos possuídos	%	Testadores que libertaram	%	Alforrias em testamento	%	% alforriados na faixa de posse
Pequena (1-20 cativos)	4	21,0	41	3,7	2	28,6	10	34,5	24,4
Média (21-40 cativos)	5	26,3	152	13,9	-	-	-	-	-
Grande (41 + cativos)	10	52,7	902	82,4	5	71,4	19	65,5	2,1
Total	19	100	1095	100	7	100	29	100	2,6

Fonte: Inventários *post mortem* do AHUFJF e do APMPAJS (Barbacena).

A comparação, aqui, pode ser feita com os estudos de Paiva sobre a Comarca do Rio das Mortes e com a pesquisa de Ferraz sobre os dois períodos em Campinas. No que diz respeito às percentagens dos alforriados pelos senhores de maior cabedal, nossa cifra se encontra bem no meio da variação assinalada pelos resultados dos pesquisadores citados (Tabela 64).

Tabela 64. Alforrias na morte dos senhores, em inventários com e sem testamento: Juiz de Fora em comparação com duas localidades do Sudeste escravista

Tamanho das posses	Juiz de Fora (XIX)	Rio das Mortes (MG) (1716-1789)	Campinas (SP) (1836-1845)	Campinas (SP) (1860-1871)
Pequena (1-20 cativos)	24,4%	9,1%	9,2%	16,7%
Média (21-40 cativos)	-	2,9%	10,0%	3,1%
Grande (41 + cativos)	2,1%	3,9%	0,9%	3,4%

Fonte: PAIVA, Eduardo França, *op. cit.*, 2001, p. 176; FERRAZ, *op. cit.*, p. 65-66. Aqui cabem as mesmas ressalvas feitas na Tabela 62, no que diz respeito aos cálculos feitos a partir dos trabalhos de Paiva e Ferraz.

Considerando-se as alforrias concedidas em testamento, mais as outorgadas no decorrer do processo de inventário, eleva-se o número de escravistas que libertaram (Tabela 65). Nesse aspecto, os grandes proprietários também se sobressaíram em relação aos senhores possuidores de pequenas posses. A agregação dessas alforrias no decorrer do inventário elevou o número de manumissões feitas por aquelas famílias. De um total de 29 em inventário, com e sem testamento, elas passaram para 52. Em números absolutos, os que mais contribuíram para o primeiro passo rumo à liberdade novamente foram os senhores de maior riqueza. Todavia, apesar de terem mantido a mesma percentagem de alforrias, os senhores com menor riqueza continuaram a superar os mais ricos, no que diz respeito à proporção de alforrias de seus escravos, respectivamente, 24,4% contra 4,2%. Os médios proprietários, que alforriaram apenas no decorrer do inventário, libertaram 2,6% do total de seus escravos. Não foi possível comparar os resultados da Tabela 65 com os de outras regiões, pois não existem trabalhos com dados disponíveis (discriminados por faixa de tamanho da posse) sobre alforrias, concedidas no decorrer do processo de inventário.

Tabela 65. Alforrias na morte dos senhores em inventários com e sem testamentos e no decorrer do inventário, nas famílias Dias Tostes, Barbosa Lage e Paula Lima, século XIX

Escravaria	Número de alforrias em testamento	Número de alforrias no decorrer do inventário	Total de alforrias em testamento e no decorrer do inventário	%	% de alforriados na faixa de posse
Pequena	10	-	10	19,2	24,4
Média	-	4	4	7,7	2,6
Grande	19	19	38	73,1	4,2
Total	29	23	52	100	4,7

Fonte: Inventários *post mortem* do AHUFJF e do APMPAJS (Barbacena). As senhoras que alforriaram no decorrer do inventário foram Dona Maria Antonia de Oliveira, 4 cativos; Dona Cândida Maria Carlota, 6 e Dona Francisca Benedicta de Miranda Lima, 13.

Uma explicação possível para esses resultados é dada por Soares:[283] o relacionamento entre senhores e escravos era mais "próximo" nas pequenas posses, tanto física quanto culturalmente (havia relativamente menos africanos), do que nas grandes, o que levava

283 SOARES, Márcio. *Op. cit.*

mais senhores a alforriar em testamento. Outra é a hipótese de Slenes:[284] os pequenos proprietários eram bem mais vulneráveis do que os grandes (tinham menos recursos para lidar com fugas e outros atos de rebeldia) e, portanto, tinham que ceder mais na "negociação" com seus escravos, no caso, abrindo mais perspectivas para eles ganharem a alforria em testamento. Seja como for, as perspectivas para se atingir a alforria, via testamento do senhor e no decorrer do processo subsequente de inventário, eram – em todos os estudos disponíveis – tão diferentes, comparando pequenas e grandes posses, que é de se perguntar se as estratégias escravas de sobrevivência e de construção de identidades não teriam sido igualmente contrastantes nos dois contextos.

Com relação às alforrias nas pequenas posses, neste trabalho estudamos posses de pessoas ligadas a grandes escravistas. Robert Slenes nos alertou que, talvez pudesse haver uma concentração de "alforriáveis" (gente das famílias fundadoras) nas pequenas posses dessas famílias senhoriais. Segundo Slenes, há casos em que os pais, ainda em vida, vão transferindo escravos para os filhos, ficando com poucos na hora da morte. Pois bem, seria interessante ver se esses "poucos" eram indivíduos muito conhecidos, de famílias presentes desde longa data nas escravarias – inclusive gente mais velha. Se esses proprietários idosos moram sozinhos, seria lógico que eles tendessem a ficar com escravos de confiança – muitos com alforria prometida – um pouco pelas mesmas razões que os pequenos escravistas, sem recursos. Isto é, são mais vulneráveis, portanto, tem que tomar lá suas precauções.

É exatamente isso que encontramos, uma concentração dos "alforriáveis" nas pequenas posses dessas parentelas com grandes escravistas! Embora seja uma constatação preliminar, por causa do tamanho da amostra de pequenos proprietários isso é interessante. Esse fato reforça a decisão de abordar família e alforria juntos, já que as relações familiares foram de extrema importância para a liberdade daquelas pessoas. As hipóteses de Slenes nos parecem bastante acertadas, contudo esse aspecto (concentração dos "alforriáveis") é assunto para outro estudo.

***

Liberdade – era esse o desejo que rondava os corações daqueles homens e mulheres escravizados: "Ninguém conheceu a escravidão melhor que o escravo, e poucos teriam pensado mais sobre o que a liberdade podia significar".[285] Esse foi um

284 SLENES, *op. cit.*, 2008.

285 BERLIN, Ira. *Gerações de cativeiro*. Rio de Janeiro: Record, 2006, p. 13.

aspecto importante que, sem dúvida alguma, pesou nas estratégias adotadas pelos cativos na sua luta pela alforria. A passagem da condição de cativo para a de liberto foi motivo de variados estratagemas, ora solitárias, ora familiares, que os escravos elaboravam, utilizando-se de suas experiências, seus conhecimentos e sua astúcia no embate cotidiano pela obtenção do sonho de liberdade, comprando, ganhando, negociando e brigando. À medida que as oportunidades surgiam, a despeito das relações desiguais entre senhores e escravos, os cativos e seus familiares as aproveitavam com o intuito de se retirarem do cativeiro.

> [...] não foram poucos os indivíduos que faziam parte de famílias que vivenciaram a conflituosa dualidade cativeiro-liberdade. Eram cativos unidos de forma consensual ou legítima à pessoa livre ou liberta; e escravizados com filhos já alforriados ou nascidos depois da lei do Ventre Livre. Muitos daqueles que ainda permaneciam na condição de cativos, tiveram que dividir as agruras impostas pelo regime de cativeiro com os seus familiares e parentes não escravos. A observação deste detalhe nos leva a romper com o circuito da escravidão, ou seja, a observar os laços parentais entre escravizados e gente liberta e livre, assim como a interação entre escravizados e a sociedade em geral e não apenas os seus senhores.[286]

Na luta pela liberdade, as famílias escravas constituíram papel fundamental. A liberdade para os cativos se ancorava na perspectiva de uma vida melhor para eles e seus familiares, em sua nova condição jurídica – projeto do qual muitos participaram. Para tanto, como pudemos perceber, os escravos não se furtaram, cada vez mais, a lutar para retirar da escravidão suas mães, seus pais, seus filhos, seus avós, seus primos etc., aqueles com quem iriam reconstruir suas vidas no mundo da liberdade.

286 REIS, Isabel Cristina Ferreira dos. *A família negra no tempo da escravidão: Bahia, 1850-1888*. Tese (doutorado em História) – Unicamp, Campinas, 2007, p. 273.

CONSIDERAÇÕES FINAIS

"Zonas Proibidas ou Áreas Proibidas", assim foi designada a região onde viria a se formar a Mata Mineira. O "Caminho Novo", que passava ao longo daquela vegetação, foi o propiciador da formação dos ranchos, responsáveis pelo abastecimento dos viajantes e dos tropeiros. A densa floresta de Mata Atlântica foi derrubada. De barreira natural, ao povoamento e ao contrabando, aquelas "Zonas Proibidas" passaram a abrigar a incipiente cafeicultura, que se tornaria a responsável pelo desenvolvimento da região. Esse produto foi o responsável pelo seu desbravamento e pela formação posterior de algumas das localidades economicamente mais importantes, como Juiz de Fora. A partir de então, passaram a surgir, às margens dessa estrada, distritos, vilas e cidades. Muitos deles, como o Distrito de Santo Antonio do Paraibuna, tornaram-se ao longo do Oitocentos importantes núcleos populacionais.

As posses do senhor Antonio Dias Tostes, do Comendador Francisco de Paula Lima e do capitão Manoel Ignácio Barbosa Lage, três grandes proprietários escravistas que residiam na Zona da Mata Mineira, foram o ponto inicial de nosso trabalho, cenário em que transitaram homens e mulheres escravizados, bem como seus familiares.

Homens de grande riqueza, prestígio e poder local encabeçavam três das famílias mais importantes da atual Juiz de Fora. Muitos desses "homens bons" se utilizaram do matrimônio para manter e/ou aumentar suas fortunas, principalmente entre eles próprios ou entre outras famílias possuidoras de igual cabedal. O montante de suas fortunas variou, entretanto, notou-se que, a par das diferenciações entre a distribuição de suas riquezas, eles foram detentores, dentre outros bens, de muitos escravos, terras, dívidas ativas e produziram bastante café.

Esse produto de exportação proporcionou o crescimento demográfico e o desenvolvimento da localidade. A necessidade de mão de obra para o plantio dessa rubiácea, que foi o principal produto de exportação da Província mineira, sobretudo pela atuação dos cafeicultores da Zona da Mata, levou a um vertiginoso aumento demográfico da população cativa. No início, na primeira metade do século XIX, o tráfico atlântico foi o propiciador desse aumento. Já na segunda metade, foi o tráfico interno o responsável pelo fornecimento de cativos para a lavoura cafeeira. Nesse sentido, ganhou força o tráfico local, ou seja, houve várias transferências dentro da própria localidade, possivelmente de pequenas para médias e grandes posses.

Foram esses tráficos que conformaram os padrões demográficos das posses de escravos durante o século XIX. Notamos que as posses estudadas tinham uma maioria de homens em idade produtiva, 15-40 anos. As diferenciações puderam ser observadas na medida em que as fontes demonstraram diversidades entre os aspectos demográficos das escravarias. Na primeira metade do Oitocentos, tanto a análise da posse de Antonio Dias Tostes quanto a das listas Nominativas de Habitantes demonstraram um padrão característico do tráfico internacional de cativos, ou seja, uma maioria de homens africanos em idade produtiva. Na segunda metade daquele século, a análise dos inventários do Comendador Paula Lima e do capitão Manoel Ignácio Barbosa Lage ainda demonstra um padrão semelhante. Entretanto, houve maior equilíbrio tanto entre homens e mulheres, quanto entre africanos e crioulos, inclusive com maior número de cativos acima dos 40 anos de idade. Provavelmente, essas mudanças foram reflexo do fim do tráfico africano.

A manutenção/ampliação da posse pertencente a Antonio Dias Tostes contou, principalmente, com o tráfico de escravos africanos, inclusive por meio da compra desses cativos na Corte. Essa também parece ter sido a opção encontrada pelo Comendador Francisco de Paula Lima, embora sua posse deva ter contado com alguns nascimentos. Já o capitão Manoel Ignácio Barbosa Lage, ao que tudo indica, pelas análises das fontes, valeu-se da reprodução natural de cativos para a manutenção/ampliação de sua propriedade. Salta aos olhos o grande percentual de crioulos e crianças em sua posse. As opções para o aumento das escravarias daqueles senhores foram também influenciadas pelas conjunturas pelas quais passaram, especialmente às vinculadas à proibição do tráfico de escravos africanos.

Como já dissemos, o tráfico foi responsável pelo crescimento demográfico da localidade. Foram "várias" as modalidades de tráfico. Na primeira metade do século XIX, sobressaiu o tráfico proveniente do continente africano. Até meados dos anos 1830, esse aumento do contingente cativo se deu de maneira legal. Provavelmente, após esse período, o tráfico ilegal de africanos foi a solução encontrada. Na segunda metade daquele século, os escravos que lá chegaram eram provenientes do tráfico interno, que teve seu período de expansão a partir de 1850. No caso de Juiz de Fora, percebeu-se que a maioria dos cativos, transacionados por aquelas três famílias, vieram primeiramente do chamado tráfico local, ou seja, aquele feito dentro dos limites do próprio município. Em seguida, chegaram os africanos oriundos do tráfico intraprovincial, portanto vindos de outras regiões, e, por último, os cativos de outras Províncias do Império, oriundos do tráfico interprovincial. As Listas Nominativas de 1831/32 demonstram que, desde muito, a localidade contava com um afluxo de cativos africanos, vindos do mercado do Valongo.

Os africanos escravizados vindos para o Brasil trouxeram consigo suas culturas, experiências e recordações, que eram, muitas vezes, ressignificadas. Nesse aspecto, o papel da família foi fundamental para a manutenção dessas culturas, pois, por meio delas, muitas tradições africanas foram mantidas. Outrossim, os laços familiares e de parentesco desses cativos lhes garantiram um espaço de autonomia e resistência. Os africanos, muitas vezes, se reconheciam em um grupo de parentesco, "pouco importando" o local em que estivessem. Foi essa memória intergeracional, ancorada na família, que lhes permitiu manter suas tradições fora da África.

O casamento realizado na Igreja Católica foi uma realidade entre aqueles cativos, tanto no Distrito quanto nas três famílias estudadas. Nesse aspecto, as mulheres percentualmente foram as que mais contraíram matrimônio. De acordo com as Listas de 1831/32, houve uma correlação direta entre o tamanho das posses e o número de casados. Dessa forma, quanto maior o tamanho da posse, maiores as possibilidades de casamento. Pudemos constatar também que, quando foi possível saber a procedência dos cativos, parece ter havido preferência por casamentos endogâmicos, da mesma forma que a maior parte dos casados eram de igual condição cativa, pertencentes ao mesmo senhor. Todavia, é preciso ressaltar que existiram muitas relações fortes e duradouras entre os cativos, que não foram sacramentadas pela Igreja. Portanto, nossos dados dizem respeito aos casados perante aquela instituição. Da mesma forma, ocorreram casamentos entre cativos e livres, embora em menores proporções.

Foi possível também localizar muitos casais com filhos ou sem filhos, pais com filhos, alguns deles vivendo há muito tempo com seus descendentes, o que denota certa estabilidade da família escrava, bem como de seus laços familiares. Não estamos querendo dizer que esses pais, essas mães e esses filhos vivessem em um sistema escravista marcado pela benevolência. Houve, e isto é certo, muito desrespeito aos laços familiares daquelas pessoas. Contudo, muitos deles conseguiram ultrapassar essa etapa difícil de suas vidas, contando, muitas vezes, com suas próprias ações junto a seus senhores, objetivando a manutenção de seus laços de afeto e amizade. Nas ocasiões em que houve a separação de familiares, essa não foi "real", pois esses indivíduos foram partilhados entre herdeiros menores de idade, que ainda residiam junto ao pai ou à mãe viúva, e, entre aqueles que compartilhavam seus parentes o mesmo *locus* geográfico. Dessa forma, os laços familiares entre os herdeiros se mantiveram, apesar das dificuldades, muito mais "próximos" do que, à primeira vista, se pode perceber. Dentre aqueles três clãs, o único do qual pudemos saber se, efetivamente, houve famílias escravas separadas, foi a do Comendador Paula Lima. Na divisão das famílias, em todos os casos, houve preferência por legar ao viúvo a maior parte dos escravos com relações familiares, sobretudo se tivessem filhos.

O parentesco engendrado por meio do batismo cristão possibilitou àqueles escravizados e a seus filhos a oportunidade de estender suas redes de solidariedade por meio do compadrio. A família Dias Tostes tinha um percentual máximo de crianças ilegítimas (naturais) entre as levadas ao batismo. Já os Paula Lima e, especialmente, os Barbosa Lage tiveram a maioria de crianças batizadas como legítimas, ou seja, fruto de uma união sacramentada pela Igreja. Cabe, mais uma vez, reforçar aqui que o fato de não terem, no ato do batismo, mães e pais legítimos, não significa dizer que aquelas crianças naturais fossem fruto de uniões ilícitas e passageiras, e que não mantivessem um contato estreito com ambos, principalmente com os pais. Muitas deviam viver junto aos pais. Porém, como não houve por parte deles a união perante a Igreja, o pároco os registrou como naturais.

No que diz respeito aos padrinhos dessas crianças, para muitos deles não foi possível conhecer a condição, todavia, entre aqueles em que essa variável foi conhecida, houve endogamia entre eles. Padrinhos escravos apadrinhavam com madrinhas também escravas; padrinhos livres, com madrinhas de igual condição e, assim, sucessivamente. Os pais que levaram seus filhos ao batismo, também eram, em sua maioria, de igual condição, pelo menos entre aqueles de que foi possível saber essa variável.

A família escrava foi importante para os projetos de liberdade daqueles cativos. Pudemos perceber que, de diversas formas, aqueles escravizados buscaram para si e para seus entes a tão sonhada carta de liberdade. Com muita astúcia e perspicácia, sempre aproveitando as oportunidades, muitos deles puderam retirar-se e aos seus do cativeiro. A alforria, muitas vezes, foi um projeto coletivo, mas houve também, como constatamos, projetos "individuais". Adquirindo pecúlio, recorrendo à justiça, cuidando de seus senhores, foram várias as estratégias rumo à liberdade. No que diz respeito às maneiras como as alforrias foram dadas por aqueles senhores, observamos que a maior parte veio por meio dos testamentos e ao longo dos inventários, quando da última vontade de seus proprietários. Portanto, não foi apenas via cartas de alforria, registradas em cartório, que se deram as liberdades desses cativos.

A análise das alforrias, concedidas por alguns indivíduos das famílias estudadas, contrastadas com o número de cativos que tinham, permitiu perceber algumas tendências quanto às práticas de manumissões entre os grandes possuidores de cativos, que alforriaram, proporcionalmente, menos escravos do que os pequenos proprietários – não que entre estes o cativeiro tenha sido mais fácil. Cabe destacar que, houve uma concentração dos "alforriáveis" nas pequenas posses dessas parentelas com grandes escravistas. Ao que parece, esses "pequenos" senhores tinham menores chances de exercer sua força e tiveram que ceder mais na "negociação" com os escravos.

Em síntese, a família cativa foi fundamental para as vidas daqueles homens e mulheres escravizados. Foi, por meio dela, que conseguiram manter e transmitir sua cultura, sempre bastante ancorada em suas experiências e tradições africanas. Foi essencial também, quando houve o momento da partilha dos bens de seus senhores e, muitas vezes, conseguiu manter-se unida. Foi, ainda, uma das principais "molas" para a vida rumo ao mundo da liberdade, e sua importância foi vital depois de conquistada a alforria. O intercruzamento de fontes variadas tornou possível conhecer alguns aspectos desses cativos, que pertenceram às três famílias senhorias, que, talvez, não tenham sido a regra, mas também não foram a exceção. Dentro daquelas grandes escravarias, os cativos e suas famílias lutaram cotidianamente para manter e ampliar seus laços de amizade e parentesco.

REFERÊNCIAS

FONTES

Catedral Metropolitana de Juiz de Fora
- Registros paroquiais de batismo
- Registros paroquiais de casamentos

Cúria Metropolitana – Arquivo Arquidiocesano de Juiz de Fora
- Registros paroquiais de batismo
- Registros paroquiais de casamentos

Arquivo Histórico da Universidade Federal de Juiz de Fora
- Fundo Fórum Benajamin Colucci: Inventários *post mortem*

Arquivo Histórico da Cidade de Juiz de Fora
- Cartório do 1º ofício de Notas
- Cartórios Distritais de Juiz de Fora
- Segundo Tabelionato de Notas

Arquivo Público Mineiro – Belo Horizonte (MG)

Mapas de população. Distrito de Santo Antonio do Juiz de Fora, termo de Barbacena, 1831. APM. Caixa 9; Documento 4.

Arquivo Público Municipal Professor Altair José Savassi – Barbacena (MG)
- Primeira Vara Cível
- Segunda Vara Cível

IMPRESSOS

ANTONIL, André João. *Cultura e opulência do Brasil*. 2ª ed. São Paulo: Companhia Editora Nacional, s/d.

Constituições Primeiras do Arcebispado da Bahia. Feitas, e ordenadas pelo Illustrissimo, e Reverendíssimo Senhor D. Sebastião Monteiro da Vide. 5 Arcebispo do dito Arcebispado, e do Conselho de Sua Magestade. Propostas, e Aceitas em o Synodo Diocesano, que o dito senhor celebrou em 12 de Junho do anno de 1707. Impressas em Lisboa no anno de 1719, e em Coimbra em 1720 com todas as Licenças necessárias, e ora reimpressas nesta capital. São Paulo na Typographia 2 *de Dezembro* de Antonio Louzada Antunes, 1853.

MALHEIRO, Agostinho Perdigão. *A escravidão no Brasil: ensaio histórico, jurídico, social*. 2ª ed. 2 vols. Petrópolis: Vozes/INL, 1976.

SAINT-HILAIRE, Auguste de. *Voyage dans les provinces de Rio de Janeiro et de Minas Geraes*. Paris: Grimbert & Dorez, 1830.

SILVA, Antonio de Moraes. *Dicionário da Língua Portuguesa*. 6ª ed. Lisboa: Typ. De Antonio Jose da Rocha, 1858.

BIBLIOGRAFIA

AGOSTINI, Camilla. *Africanos no cativeiro e a construção de identidades no Além-mar: Vale do Paraíba, século XIX*. Dissertação (mestrado em História) – Unicamp, Campinas, 1997.

ALMEIDA, Kátia Lorena Novais. *Alforrias em Rio de Contas – Bahia, século XIX*. Dissertação (mestrado em História) – UFBA, Salvador, 2006.

ALMICO, Rita de Cássia. *Fortunas em movimento: um estudo sobre as transformações na riqueza pessoal em Juiz de Fora, 1870/1914*. Dissertação (mestrado em História Econômica) – IE-Unicamp, Campinas, 2001.

AMOGLIA, Ana Maria Faria. *Um ar de liberdade: o suicídio de escravos no município de Juiz de Fora (1830-1888)*. Dissertação (mestrado em História) – UFF, Niterói, 2006.

ANDRADE, Marcos Ferreira de. *Família, fortuna e poder no Império do Brasil – Minas Gerais – Campanha da Princesa (1799-1850)*. Tese (doutorado em História) – UFF, Niterói, 2005.

ANDRADE, Rômulo. "Escravidão e cafeicultura em Minas Gerais: o caso da Zona da Mata". *Revista Brasileira de História*, São Paulo, vol. 11, nº 22, mar./ago. 1991.

______. *Limites impostos pela escravidão à comunidade escrava e seus vínculos de parentesco: Zona da Mata de Minas Gerais, século XIX*. 2 vols. Tese (doutorado em História) – USP, São Paulo, 1995.

______. "Família escrava e estrutura agrária na Minas Gerais oitocentista". *População e família*, São Paulo, vol. 1, nº 1, jan./jun. 1998.

______. "Ampliando estudos sobre famílias escravas no século XIX: crianças cativas em Minas Gerais: legitimidade, alforria e estabilidade familiar". *Revista Universidade Rural – Série Ciências Humanas*, Rio de Janeiro, vol. 24 (1-2), jan/jun. 2002.

BACELLAR, Carlos de Almeida & SCOTT, Ana Silvia Volpi. "Sobreviver na senzala: estudo da composição e continuidade das grandes escravarias paulistas, 1798-1818". In: NADALIN, Sérgio Odilon, *et al* (coord.). *História e população: estudos sobre a América Latina*. São Paulo: Fundação Sistema Estadual de Análise de Dados, 1990.

BACELLAR, Carlos de Almeida Prado. *Os senhores da terra: família e sistema sucessório entre os senhores de engenho do Oeste Paulista – 1765-1855*. Campinas: Centro de Memória da Unicamp, 1997.

______. "Família, herança e poder em São Paulo: 1765-1855". *Estudos Cedhal*, São Paulo, nº 7, 1991.

______. "Arrolando os habitantes no passado: as listas nominativas sob um olhar crítico". *Locus: Revista de História*, Juiz de Fora, vol. 14, nº 1, 2008.

BASTIDE, Roger. *As religiões africanas no Brasil*. São Paulo: Edusp, 1971.

BASTOS, Wilson de Lima. "Do Caminho Novo dos campos gerais à estrada de rodagem União e Indústria e a Estrada de Ferro D. Pedro II". In: BASTOS, Wilson de Lima *et al*. *História econômica de Juiz de Fora: subsídios*. Juiz de Fora: Instituto Histórico e Geográfico de Juiz de Fora, 1987.

______. *Caminho Novo: espinha dorsal de Minas*. Juiz de Fora: Funalfa, 2004.

BELLINI, Ligia. "Por amor e por interesse: a relação senhor-escravo em cartas de alforria". In: REIS, João José (org.). *Escravidão e invenção da liberdade: estudos sobre o negro no Brasil.* São Paulo: Brasiliense, 1988.

BERGAD, Laird W. *Escravidão e história econômica: demografia de Minas Gerais, 1720-1888.* Bauru: Edusc, 2004.

BERLIN, Ira. *Gerações de cativeiro.* Rio de Janeiro: Record, 2006.

BERTIN, Enidelce. *Alforrias na São Paulo do século XIX: liberdade e dominação.* São Paulo: Humanitas/FFLCH-USP, 2004.

BLASENHEIM, Peter Louis. *A regional history of the Zona da Mata in Minas Gerais, Brazil: 1870-1906.* Tese (doutorado em História) – Stanford University, 1982.

BOTELHO, Tarcísio Rodrigues. *Famílias e escravarias: demografia e família escrava no norte de Minas Gerais no século XIX.* Dissertação (mestrado em História) – FFLCH/USP, São Paulo, 1994.

______. "As alforrias em Minas Gerais no século XIX". LPH – *Revista de História,* Ouro Preto, UFOP, vol. 6, 1996.

______. "Famílias e escravarias: demografia e família escrava no norte de Minas Gerais no século XIX". *População e Família,* São Paulo, vol. 1, nº 1, jan./jun. 1998.

______. "As alforrias em Minas Gerais no século XIX". *Varia História,* Belo Horizonte, nº 23, jul. 2000.

______ & PAIVA, Clotilde Andrade. "População e espaço no século XIX: algumas evidências de dinâmicas diferenciadas". In: *Anais do VII Seminário sobre a Economia Mineira.* Vol. 1. Belo Horizonte: Cedeplar, 1995.

BRÜGGER, S. M. J. "Legitimidade, casamento e relações ditas ilícitas em São João del Rei (1730-1850)". In: *Anais do IX Seminário sobre Economia Mineira.* Belo Horizonte: Cedeplar, 2000.

______. *Minas patriarcal: família e sociedade (São João Del Rei, séculos XVIII e XIX).* Tese (doutorado em História) – UFF, Niterói, 2002.

CANABRAVA, Alice P. "Uma economia em decadência: os níveis de riqueza na Capitania de São Paulo, 1765-67". *Revista Brasileira de História,* vol. 26, nº 4, out./dez. 1972.

CANO, Wilson. "A economia do ouro em Minas Gerais (século XVIII)". *Contexto*, São Paulo, nº 3, 1977.

______ & LUNA, Francisco Vidal. "Economia escravista em Minas Gerais". *Cadernos IFCH/Unicamp*, 10, out. 1983, p. 1-14.

CARDOSO, Fernando Henrique. *Capitalismo e escravidão no Brasil meridional*. São Paulo: Difusão Européia do Livro, 1962.

CARNEIRO, Patrício A. S. & MATOS, Ralfo E. S. "A formação do espaço agrário no Leste da Capitania de Minas Gerais: Vale dos Rios Piranga e Paraibuna (1694-1835)". In: *Anais do XIII Seminário sobre a Economia Mineira*. Belo Horizonte: Cedeplar/UFMG, 2008.

CARNEIRO DA CUNHA, Manuela. "Sobre os silêncios da lei. Lei costumeira e positiva nas alforrias de escravos no Brasil do século XIX". In: *Antropologia do Brasil: mito, história, etnicidade*. São Paulo: Brasiliense/Edusp, 1986.

CARRARA, Angelo Alves. *A Zona da Mata de Minas Gerais: diversidade econômica e continuísmo (1839-1909)*. Dissertação (mestrado em História) – UFF, Niterói, 1993.

______. *Estruturas agrárias e capitalismo: ocupação do solo e transformação do trabalho na Zona da Mata central de Minas Gerais (séculos XVIII e XIX)*. Ouro Preto: Editora Ufop, 1999.

______. *Minas e Currais: produção rural e mercado interno de Minas Gerais, 1674-1807*. Juiz de Fora: Editora da UFJF, 2007.

CHALHOUB, Sidney. *Visões da liberdade: uma história das últimas décadas da escravidão na corte*. São Paulo: Companhia das Letras, 1990.

______. *Cidade febril: cortiços e epidemias na Corte imperial*. São Paulo: Companhia das Letras, 1996.

______. *Machado de Assis: historiador*. São Paulo: Companhia das Letras, 2003.

CONRAD, Robert. *Os últimos anos da escravatura no Brasil – 1850-1888*. Rio de Janeiro: Civilização Brasileira, 1978.

COSTA, Dora Isabel Paiva da. *Herança e ciclo de vida: um estudo sobre família e população em Campinas, São Paulo, 1765-1850*. Tese (doutorado em História) – UFF, Niterói, 1997.

COSTA, Emilia Viotti da. *Da senzala à colônia*. São Paulo: Difel, 1966.

COSTA, Iraci Del Nero da. *Populações mineiras: sobre a estrutura populacional de alguns núcleos mineiros no alvorecer do século XIX*. São Paulo: IPE/USP, 1981.

______ & LUNA, Francisco Vidal. "Vila Rica: nota sobre casamentos de escravos (1727-1826)". *África* – Revista do Centro de Estudos Africanos da USP, nº 4, 1981.

______ & LUNA, Francisco Vidal. *Minas colonial: economia e sociedade*. São Paulo: Pioneira, 1982.

______. "Nota sobre ciclo de vida e posse de escravos". *História: Questões e Debates*, vol. 4, nº 6, jun. 1983.

______; SLENES, Robert W.; SCHWARTZ, Stuart B. "A família escrava em Lorena (1801)". *Estudos Econômicos*, São Paulo, vol. 17, nº 2, maio/ago. 1987.

______. *Arraia miúda*. São Paulo: MGPS Editores, 1992.

CUNHA, Maísa Faleiros da. *Fogos e escravos da Franca do Imperador no século XIX*. Dissertação (mestrado em Demografia) – Unicamp, Campinas, 2005.

______. *Demografia e família escrava: Franca (SP), século XIX*. Tese (doutorado em Demografia) – Unicamp, Campinas, 2009.

DAMÁSIO, Adauto. *Alforrias e ações de liberdade em Campinas na primeira metade do século XIX*. Dissertação (mestrado em História) – Unicamp, Campinas, 1995.

DUNAWAY, Wilma A. *The African-American family in slavery and emancipation*. Cambridge: Cambridge University Press, 2003.

EISENBERG, Peter. *Modernização sem mudança: a indústria açucareira em Pernambuco, 1840-1910*. Rio de Janeiro: Paz e Terra; Campinas: Editora da Unicamp, 1977.

______. "Ficando livre: as alforrias em Campinas no século XIX". *Estudos Econômicos*, São Paulo, 17(2), maio/ago. 1987.

______. *Homens esquecidos: escravos e trabalhadores livres no Brasil, séculos XVIII e XIX*. Campinas: Editora da Unicamp, 1989.

ELTIS, David. "The volume and structure of the transatlantic slave trade: a reassessment". *William and Mary Quaterly*, ano III, vol. 58, nº 1, jan. 2001.

ESTEVES, Albino. *Álbum de Juiz de Fora*. Belo Horizonte: Imprensa Oficial, 1915.

Estudos Econômicos (17: 2, 1987) número especial sobre a família escrava.

FARIA, Sheila Siqueira de Castro. "Família escrava e legitimidade: estratégias de preservação da autonomia". *Estudos Afro-Asiáticos*, Rio de Janeiro, nº 23, dez. 1992.

_______. *A colônia em movimento: fortuna e família no cotidiano colonial (sudeste, século XIX)*. Rio de Janeiro: Nova Fronteira, 1998.

_______. "Fortuna e família em Bananal no século XIX". In: MATTOS DE CASTRO, Hebe & SCHNOOR, Eduardo (orgs.). *Resgate: uma janela para o Oitocentos*. Rio de Janeiro: Topbooks, 1995.

_______. "A riqueza dos libertos: os alforriados no Brasil escravista". In: CHAVES, Claudia Maria das Graças & SILVEIRA, Marco Antonio (orgs.). *Território, conflito e identidade*. Belo Horizonte: Argvmentvm; Brasília: Capes, 2007.

FAZOLATTO, Douglas. *Juiz de Fora: imagens do passado*. Juiz de Fora: Funalfa, 2003.

FERNANDES, Florestan. *A integração do negro na sociedade de classes*. São Paulo: Edusp, 1965.

FERNANDEZ, Ramón. V. G. "A consistência das listas nominativas de habitantes da capitania de São Paulo: um estudo de caso". *Estudos Econômicos*, São Paulo, vol. 19, nº 3, set./dez. 1989.

FERRAZ, Lizandra Meyer. *Testamentos, alforrias e liberdade: Campinas, século XIX*. Monografia (Conclusão de Curso) – Unicamp, Campinas, 2006.

FLORENTINO, Manolo & GÓES, José Roberto. *Paz nas senzalas: famílias escravas e tráfico atlântico, Rio de Janeiro, c. 1790-1850*. Rio de Janeiro: Civilização Brasileira, 1997.

FLORENTINO, Manolo. *Em costas negras: uma história do tráfico de escravos entre a África e o Rio de Janeiro, século XVIII e XIX*. São Paulo: Companhia das Letras, 1997.

_______. "Alforrias e etnicidade no Rio de Janeiro oitocentista: notas de pesquisa". *Topoi*, Rio de Janeiro, set. 2002.

FONER, Eric. "O significado da liberdade". *Revista Brasileira de História*, São Paulo, vol. 8, nº 16, mar./ago. 1988.

FRAGOSO, João Luís Ribeiro. *Sistemas agrários em Paraíba do Sul (1850-1920): um estudo de relações não-capitalistas de produção*. Dissertação (mestrado em História) – UFRJ, Rio de Janeiro, 1983.

______ & FLORENTINO, Manolo Garcia. "Marcelino, filho de Inocência crioula, neto de Joana Cabinda: um estudo sobre famílias escravas em Paraíba do Sul (1835-1872)". *Estudos Econômicos*, São Paulo, 17(2), maio/ago. 1987, p. 151-173.

______ & PTIZER, Renato Rocha. "Barões, homens livres pobres e escravos: notas sobre uma fonte múltipla – inventários *post mortem*". *Revista Arrabaldes*, ano 1, nº 2, set./dez. 1988.

______ & FERREIRA, Roberto Guedes. "Alegrias e artimanhas de uma fonte seriada: despacho de escravos e passaportes da Intendência de Polícia da Corte, 1819-1833". In: *Seminário de História Quantitativa e Serial no Brasil: um balanço*. Ouro Preto, ANPUH-MG, 2001.

FRANCISCO, Raquel Pereira. *Laços da senzala, arranjos da flor de maio: relações familiares e de parentesco entre a população escava e liberta – Juiz de Fora (1870-1900)*. Dissertação (mestrado em História) – UFF, Niterói, 2007.

FRANCO, Maria Sylvia de Carvalho Franco. *Homens livres na ordem escravocrata*. São Paulo: Ática, 1974.

FURTADO, Celso. *Formação econômica do Brasil*. 7ª ed. São Paulo: Nacional, 1969.

GARAVAZO, Juliana. *Riqueza e escravidão no Nordeste Paulista: Batatais, 1851-1887*. Dissertação (mestrado em História Econômica) – FFLCH-USP, São Paulo, 2006.

GENOVESE, Eugene. *Roll Jordan Roll*. Nova York: Pantheon, 1974.

GENOVEZ, Patrícia Falco. "Câmara dos Compadres: relações familiares na Câmara Municipal de Juiz de Fora (1853-1889)". *Lócus: Revista de História*, Juiz de Fora, vol. 2, nº 2, 1996.

GINZBURG, Carlo. *A micro-história e outros ensaios*. Lisboa: Difel, 1991.

GIROLETTI, Domingos. *A industrialização de Juiz de Fora (1850-1930)*. Juiz de Fora: Editora da UFJF, 1988.

GÓES, José Roberto. *O cativeiro imperfeito: um estudo sobre a escravidão no Rio de Janeiro na primeira metade do século XIX*. Vitória: Lineart, 1993.

GOMES, Ângela de Castro. "Questão social e historiografia no Brasil do pós-1980: notas para um debate" (Ensaios bibliográficos). *Revista Estudos Históricos*, 34: 2, 2004.

GOMES, Flavio dos Santos. *História de quilombolas: mocambos e comunidades de senzalas no Rio de Janeiro, século XIX*. Rio de Janeiro: Arquivo Nacional, 1995.

GONÇALVES, Andréa Lisly. "Alforrias na Comarca de Ouro Preto (1808-1870)". *População e Família*, São Paulo, Cedhal/FFLCH-USP, 2000.

GOODWIN JR., James William. "A modernidade como projeto Conservador: a atuação da Câmara Municipal de Juiz de Fora, 1850-1888". *Locus: Revista de História*, Juiz de Fora, vol. 3, nº 1, 1997.

GORENDER, Jacob. *O escravismo colonial*. 4ª ed. São Paulo: Ática, 1985.

GOULART, Maurício. *A escravidão africana no Brasil: das origens à extinção do tráfico*. São Paulo: Alfa-Ômega, 1975.

GRAÇA FILHO, Afonso de Alencastro & PINTO, Fábio Carlos Vieira. "Tráfico e famílias escravas em Minas Gerais". In: GONÇALVES, Andréa Lisly & ARAUJO, Valdei Lopes de (orgs.). *Estado, região e sociedade: contribuições sobre história social e política*. Belo Horizonte: Argvmentvm, 2008.

GRAHAM, Richard. "A família escrava no Brasil colonial". In: *Escravidão, reforma e imperialismo*. São Paulo: Perspectiva, 1979.

_______. "Another middle passage? The internal slave trade in Brazil". In: JOHNSON, Walter (org.). *Domestic passages: internal slave trades in the Americas, 1808-1888*. New Haven: Yale University Press, 2005.

GRAHAM, Sandra Lauderdale. *Caetana diz não: histórias de mulheres da sociedade escravista brasileira*. São Paulo: Companhia das Letras, 2005.

GUDEMAN, S. & SCHWARTZ, S. "Purgando o pecado original: compadrio e batismo de escravos na Bahia no século XVIII". In: REIS, João José (org.). *Escravidão e invenção da liberdade: estudos sobre o negro no Brasil*. São Paulo: Brasiliense; Brasília: CNPq, 1988.

GUEDES, Roberto. *Na pia batismal família e compadrio entre escravos na freguesia de São José do Rio de Janeiro (primeira metade do século XIX)*. Dissertação (mestrado em História) – UFF, Niterói, 2000.

_______. "O parentesco ritual na freguesia de São José do Rio de Janeiro". *Sesmaria – Revista do NEHPS*, Campo Grande, ano 1, nº 1, 2001.

______. *Egressos do cativeiro: trabalho, família, aliança e mobilidade social (Porto Feliz, São Paulo, c. 1798-c. 1850)*. Rio de Janeiro: Mauad x/Faperj, 2008.

GUIMARÃES, Elione. *Violência entre parceiros de cativeiro: Juiz de Fora, segunda metade do século XIX*. São Paulo: Fapeb (Fundo de Apoio à Pesquisa na Educação Básica)/ Annablume, 2006a.

______. *Múltiplos viveres de afrodescendentes na escravidão e no pós-emancipação: família, trabalho, terra e conflito (Juiz de Fora – MG, 1828-1928)*. São Paulo: Annablume; Juiz de Fora: Funalfa, 2006b.

GUTIERREZ, Horácio. "Demografia escrava numa economia não-exportadora, Paraná: 1800-1830". *Estudos Econômicos*, São Paulo, 17 (2), maio/ago. 1987.

______. "Crioulos e africanos no Paraná, 1798-1830". *Revista Brasileira de História*, 8: 16, mar./ago. 1988.

GUTMAN, Herbert. *The black family in slavery and freedom, 1750-1925*. Nova York: Vintage Books, 1976.

HEBRARD, Jean. "Esclavage et dénomination: imposition et appropriation d'um nom chez lês esclaves de la Bahia au XIX^{a} siecle". *Cahiers du Brésil Contemporain*, nº 53/54, 2003.

HENRY, L. *Técnicas de análise em demografia histórica*. Curitiba: Universidade Federal do Paraná, 1977.

HIGGINS, Kathleen J. *The slave society in eighteenth-century Sabará: a community study in colonial Brazil*. New Haven: Yale University, 1987.

HIGMAN, Barry. *Slave population and economy in Jamaica, 1807-1834*. Cambridge: Cambridge University Press, 1976.

IGLÉSIAS, Francisco. "Minas Gerais". In: HOLANDA, Sérgio Buarque de (org.). *História Geral da Civilização Brasileira*. 3ª ed., t. 2, vol. 2. São Paulo: Difel, 1972.

______. *Política economia do governo provincial mineiro (1835-1889)*. Rio de Janeiro: MEC/ Instituto Nacional do Livro, 1958.

JIMÉNEZ, Rafael Duharte. "Apuntes para la manumisión de esclavos en Santiago de Cuba". *Revista de Historia y Ciencias Sociales*, México, Secuencia, 13, 106, 1989.

JOHNSON, Walter. "On Agency". *Journal of Social History* 37.1, 2003.

KARASCH, Mary C. *A vida dos escravos no Rio de Janeiro (1808-1850)*. São Paulo: Companhia das Letras, 2000.

KJFERVE, Tânia Maria G. & BRUGGER, Silvia Maria. "Compadrio: relação social e libertação espiritual em sociedades escravistas (Campos, 1754-1766)". *Estudos Afro-Asiáticos*, Rio de Janeiro, nº 20, 1991.

KLEIN, Herbert S. "A demografia do tráfico atlântico de escravos para o Brasil". *Estudos Econômicos*, São Paulo, vol. 17, nº 2, maio/ago. 1987.

_______. *Escravidão africana: América Latina e Caribe*. São Paulo: Brasiliense, 1987.

LACERDA, Antonio Henrique Duarte. *Os padrões de alforrias em um município cafeeiro em expansão: Juiz de Fora, Zona da Mata de Minas Gerais, 1844-1888*. São Paulo: Fapeb/Annablume, 2006.

LAMUR, H. E. "A família escrava no Suriname colonial do século XIX". *Estudos Afro-Asiáticos*, Rio de Janeiro, nº 29, mar. 1996.

LANNA, Ana Lucia Duarte. *A transformação do trabalho: a passagem para o trabalho livre na Zona da Mata Mineira – 1870-1920*. Campinas: Editora da Unicamp, 1989.

LARA, Silvia Hunold. *Campos da violência: escravos se senhores na Capitania do Rio de Janeiro, 1750-1808*. Rio de Janeiro: Paz e Terra, 1988.

_______. "Blowin' in the wind: Thompson e a experiência negra no Brasil". *Projeto História*, São Paulo, vol. 12, 1995.

LENHARO, Alcir. *As tropas da moderação*. São Paulo: Símbolo, 1979.

LESSA, Jair. *Juiz de fora e seus pioneiros*. Juiz de Fora: UFJF/Funalfa, 1985.

LEVI, Giovanni. *A herança imaterial: trajetória de um exorcista no Piemonte do século XVII*. Rio de Janeiro: Civilização Brasileira, 2000.

LEWIN, Linda. *Surprise heirs*. Stanford: Stanford University Press, 2003.

LIBBY, Douglas Cole. *Transformação e trabalho em uma economia escravista: Minas Gerais no século XIX*. São Paulo: Brasiliense, 1988.

_______ & PAIVA, Clotilde Andrade. "Alforrias e forros em uma freguesia mineira: São José d'El Rey em 1795". *Revista Brasileira de Estudos da População*, vol. 17, nº 1/2, jan./dez. 2000.

_______. "Minas na mira dos Brasilianistas: reflexões sobre os trabalhos de Higgins e Bergad". In: BOTELHO, Tarcísio Rodrigues (org.). *História quantitativa e serial: um balanço*. Belo Horizonte: ANPUH-MG, 2001.

_______. *American Historical Review*, 107, 1, 2002.

LIMA, Adriano Bernardo Moraes. *Trajetórias de crioulos: um estudo das relações comunitárias de escravos e forros no Termo da Vila de Curitiba (c. 1760-c. 1830)*. Dissertação (mestrado em História) – UFPR, Curitiba, 2001.

LIMA, Ivana Stolze. *Cores, marcas e falas: sentidos da mestiçagem no Império do Brasil*. Rio de Janeiro: Arquivo Nacional, 2003.

LIMA, João Heraldo. *Café e indústria em Minas Gerais (1870-1920)*. Petrópolis: Vozes, 1981.

LOPES, Eliane Cristina. *O revelar do pecado: os filhos ilegítimos na São Paulo do século XVIII*. São Paulo: Annablume/Fapesp, 1999.

LOVEJOY, Paul. *Transformations in slavery: a history of slavery in Africa*. Cambridge: Cambridge University Press, 1983.

LUNA, Francisco Vidal. "Casamento de escravos em São Paulo: 1776, 1804, 1829". In: NADALIN, S. O. & MARCÍLIO, M. L. (orgs.). *História e população, estudos sobre a América Latina: São Paulo*. São Paulo: Abep/IUSSP/Celade, 1990.

_______ & KLEIN, Herbert S. *Slavery and economy of São Paulo, 1750-1850*. California: Stanford University Press, 2003.

_______. *Evolução da sociedade e economia escravistas de São Paulo, de 1750 a 1850*. Tradução Laura Teixeira Motta. São Paulo: Edusp, 2005.

MACHADO, Cláudio Heleno. *Tráfico interno de escravos estabelecidos na direção de um município da região cafeeira de Minas Gerais: Juiz de Fora, na Zona da Mata (segunda metade do século XIX)*. Monografia (Curso de especialização em História do Brasil) – UFJF, Juiz de Fora, 1998.

MACHADO, Maria Helena Pereira Toledo. "Em torno da autonomia escrava: uma nova direção para a história social da escravidão". *Revista Brasileira de História*, 8: 16, mar./ago. 1988.

MALONE, Ann Patton. *Sweet chariot: slave family and household structure in nineteenth-century*. Louisiana: Chapel Hill & London, 1992.

MARCÍLIO, Maria L. *Crescimento demográfico e evolução agrária paulista: 1700-1836*. São Paulo: Hucitec/Edusp, 2000.

MARCONDES, Renato Leite. *A arte de acumular na economia cafeeira: Vale do Paraíba, século XIX*. Lorena: Stiliano, 1998.

MARTINS, Roberto Borges. *Growing in silence: the slave economic of nineteenth century Minas Gerais (Brazil)*. Tese (doutorado) –University Vanderbilt, Nashville, 1980.

_______. "Minas e o tráfico de escravos no século XIX, outra vez". In: SZMRECSÁNYI, Tamás & LAPA, José Roberto do Amaral. *História econômica da independência ao império*. São Paulo: Hucitec, 1996.

_______. *A economia escravista de Minas Gerais no século XIX*. Belo Horizonte: Cedeplar, 1980.

_______. "Minas Gerais, século XIX: tráfico e apego a escravidão numa economia não--exportadora". *Estudos Econômicos*, 13 (1), jan./abr. 1983, p. 181-209.

_______ & MARTINS FILHO, Amílcar. "Slavery in a non-export economy: nineteenth century Minas Gerais revisited". *Hispanic American Historical Review*, 63(3), 1983, p. 537-68.

_______ & MARTINS, Maria do Carmo Salazar. RBEP, 58, jan. 1984, p. 105-20.

MATTOS DE CASTRO, Hebe Maria. *Ao sul da história*. São Paulo: Brasiliense, 1987.

_______. *Das cores do silêncio: os significados da liberdade no sudeste escravista*. Rio de Janeiro: Nova Fronteira, 1998.

_______. "Laços de família e direitos no final da escravidão". In: ALENCASTRO, Luiz Felipe de (org.). *História da vida privada no Brasil*: Império. 7ª reimpressão. São Paulo: Companhia da Letras, 2004.

MATTOSO, Kátia de Queirós. *Ser escravo no Brasil*. São Paulo: Brasiliense, 1982.

_______; KLEIN, Herbert; ENGERMAN, Stanley L. "Notas sobre as tendências e padrões dos preços de alforria na Bahia, 1819-1888". In: REIS, João José (org.). *Escravidão e invenção da liberdade: estudos sobre o negro no Brasil*. São Paulo: Brasiliense, 1988.

MELLO, Zélia Cardoso de. *Metamorfoses da riqueza: São Paulo, 1845-1895*. São Paulo: Hucitec/Prefeitura do Município de São Paulo/Secretaria Municipal de Cultura, 1985.

MERCADANTE, Paulo. *Os sertões do Leste*. Rio de Janeiro: Zahar, 1973.

METCALF, Alida C. "Fathers and sons: the politics of inheritance in a Colonial Brazilian Township". *Hispanic American Historical Review*, vol. 66, nº 3, 1986.

_______. "Vida familiar dos escravos em São Paulo no século dezoito: o caso de Santana de Parnaíba". *Estudos Econômicos*, São Paulo, 17(2), maio/ago. 1987.

_______. "A família escrava no Brasil Colonial: um estudo de caso em São Paulo". In: NADALIN, S. O. & MARCÍLIO, M. L. (orgs.). *Historia e população: estudos sobre a América Latina*. São Paulo: Fundação Sistema Estadual de Análise de Dados, 1990.

MINTZ, Sidney & PRICE, Richard. *O nascimento da cultura afro-americana: uma perspectiva antropológica*. Rio de Janeiro: Pallas/Universidade Candido Mendes, 2003.

MOTTA, José Flavio. *Corpos escravos, vontades livres: posse de cativos e família escrava em Bananal (1801-1829)*. São Paulo: Annablume/Fapesp, 1999.

_______. "Escravos daqui, dali e de mais além: o tráfico interno de cativos em Constituição (Piracicaba), 1861-1880". *Revista Brasileira de História*, São Paulo, vol. 26, nº 52, 2006.

_______ & MARCONDES, Renato Leite. "O comércio de escravos no vale do Paraíba paulista: Guaratinguetá e Silveiras na década de 1870". *Estudos Econômicos*, 30 (2), 2000.

NAZZARI, Muriel. *Disappearance of the Dowry: women, families, and social change in São Paulo, Brazil, 1600-1900*. Stanford: Stanford University Press, 1991.

NEIBOER, H. J. *Slavery as an industrial system*. Nova York: Burt Franklin, 1971.

NEVES, M. de F. R. das. "Ampliando a família escrava: o compadrio de escravos em São Paulo no século XIX". In: NADALIN, S. O. & MARCÍLIO, M. L. (orgs.). *História e população: estudos sobre a América Latina*. São Paulo: Abep/IUSSP/Celade/Fundação Seade, 1990.

NOGUERÓL, Luiz Paulo Ferreira de. *Economia escravista e preços de escravos em Minas Gerais: o caso de Sabará entre 1850 e 1887*. Dissertação (mestrado em Economia) – Cedeplar/UFMG, Belo Horizonte, 1997.

OLIVEIRA, Flávia Arlanch Martins de. "Famílias proprietárias e estratégias de poder local no século passado". *Revista Brasileira de História*, São Paulo, vol. 9, nº 17, set. 1988/fev. 1989.

OLIVEIRA, Lélio Luiz de. *Economia e história em Franca: século XIX*. Franca: Unesp-FHDSS/ Amazonas Prod. Calçados S/A, 1997.

OLIVEIRA, Luís Eduardo de. *Os trabalhadores e a cidade: a formação do proletariado de Juiz de Fora e suas lutas por direitos (1877-1920)*. Tese (doutorado em História) – UFF, Niterói, 2008.

OLIVEIRA, Maria Inês Côrtes de. *O liberto: o seu mundo e os outros*. São Paulo: Corrupio; [Brasília, DF]: CNPq, 1988.

OLIVEIRA, Mônica Ribeiro de. *Negócios de famílias: mercado, terra e poder na formação da cafeicultura mineira, 1780-1870*. Bauru: Edusc; Juiz de Fora: Funalfa, 2005.

PAIVA, Clotilde A. & MARTINS, Mª do Carmo Salazar. "Revisão crítica do recenseamento de 1872". In: *Anais do II Seminário sobre Economia Mineira*. Belo Horizonte: Cedeplar/Face/UFMG, 1983.

_______; LIBBY, Douglas Cole; CRIMALDI, Márcia. "Crescimento natural dos escravos: uma questão em aberto". In: *Anais do IV Seminário sobre a Economia Mineira*. Belo Horizonte: Cedeplar/Face/UFMG.

_______ & ARNAUT, Luiz D. H. "Fontes para o estudo de Minas oitocentista: listas nominativas". In: *Anais do V Seminário sobre a Economia Mineira*. Belo Horizonte: Cedeplar/Face/UFMG, 1990.

_______ & KLEIN, Herbert S. "Escravos e livres nas Minas Gerais do século XIX: Campanha em 1831". *Estudos Econômicos*, São Paulo, 22 (1), jan./abr. 1992, p. 129-151.

_______ & LIBBY, Douglas Cole. "Caminhos alternativos: escravidão e reprodução em Minas Gerais no século XIX". *Estudos Econômicos*, São Paulo, vol. 25, maio-ago. 1995.

PAIVA, Eduardo França. *Escravos e libertos nas Minas Gerais do século XVIII*: estratégias de resistência através dos testamentos. São Paulo: Annablume, 1995.

_______. *Escravidão e universo cultural na colônia: Minas Gerais, 1716-1789*. Belo Horizonte: Editora da UFMG, 2001.

PEDRO, Alessandra. *As alforrias e o poder senhorial em Campinas (1865-1875)*. Monografia (conclusão de curso) – Unicamp, Campinas, 2006.

PINHEIRO, Fabio Wilson Amaral. *O tráfico atlântico de escravos na formação dos plantéis mineiros, Zona da Mata (c. 1809 – c. 1830)*. Dissertação (mestrado em História) – UFRJ, Rio de Janeiro, 2007.

PIRES, Anderson José. *Capital agrário, investimento e crise na cafeicultura de Juiz de Fora (1870-1930)*. Dissertação (mestrado em História) – UFF, Niterói, 1993.

PIROLA, Ricardo Figueiredo. *A conspiração escrava em Campinas, 1832: rebelião, etnicidade e família*. Dissertação (mestrado em História) – IFCH/Unicamp, Campinas, 2005.

População e Família (Cedhal/USP), vol. 1, nº 1, jan./jun. 1998.

POSTIGO, José Luis Belmonte. "Con la plata ganada y su próprio esfuerzo. Los mecanismos de manumisión em Santiago de Cuba, 1780-1803". *Revisto Del Grupo de Estúdios Afroamericanos*, Universidad de Barcelona, nº 3, 2005.

PRADO JR., Caio. *Formação do Brasil contemporâneo. Colônia*. 18ª ed. São Paulo: Brasiliense, 1983.

PRATT, Mary Louis. *Os olhos do império: relatos de viagem e transculturação*. Bauru: Edusc, 1999.

RAMOS, Donald. "City and country: the family en Minas Gerais, 1804-1838". *Journal of Family History*, vol. 3, nº 4, 1986.

REIS, Isabel Cristina Ferreira dos. *Histórias de vida familiar e afetiva de escravos na Bahia do século XIX*. Salvador: Centro de Estudos Baianos, 2001.

______. *A família negra no tempo da escravidão: Bahia, 1850-1888*. Tese (doutorado em História) – Unicamp, Campinas, 2007.

REIS, João José. *Rebelião escrava no Brasil: a história do levante dos malês (1835)*. São Paulo: Companhia das Letras, 2003.

RESENDE, Francisco de Paula Ferreira de. *Minhas recordações*. Rio de Janeiro: José Olympio, 1944.

RESENDE, Maria Efigênia Lage de. *Formação da estrutura de dominação em Minas Gerais: o novo PRM (1889-1906)*. Belo Horizonte: Proed/UFMG, 1982.

REZENDE, Irene Nogueira de. *O paraíso e a esperança: vida cotidiana de fazendeiros na Zona da Mata de Minas Gerais*. São Paulo: Humanitas/FFLCH-USP, 2004.

RIBEIRO, Alexandre Vieira. *O tráfico atlântico de escravos e a praça mercantil de Salvador, c. 1680-c. 1830*. Dissertação (mestrado em História) – UFRJ, Rio de Janeiro, 2005.

RIOS, Ana Lugão. *Família e transição*. Dissertação (mestrado em História) – UFF, Niterói, 1990.

ROCHA, Cristiany Miranda. *Gerações da senzala: famílias e estratégias escravas no contexto dos tráficos africano e interno*. Tese (doutorado em História) – Unicamp, Campinas, 2004.

_______. *Histórias de famílias escravas: Campinas, século XIX*. Campinas: Editora da Unicamp, 2004.

RODRIGUES, André Figueiredo. *Um potentado na Mantiqueira: José Aires Gomes e a ocupação da terra na Borda do Campo*. Dissertação (mestrado em História) – FFLCH-USP, São Paulo, 2002.

RODRIGUES, Jaime. *O infame comércio: propostas e experiências no final do tráfico de africanos para o Brasil (1800-1850)*. Campinas: Editora da Unicamp/Cecult, 2000.

SALLES, Ricardo. *E o Vale era o escravo: Vassouras, século XIX. Senhores e escravos no coração do Império*. Rio de Janeiro: Civilização Brasileira, 2008.

SAMARA, Eni de Mesquita. "A família negra no Brasil: escravos e libertos". In: *Anais do VI Encontro Nacional de Estudos Populacionais*. Olinda: Abep, 1988.

SANTOS, Jonas Rafael dos. "Senhores e escravos: a estrutura da posse de escravos em Mogi das Cruzes no início do século XIX". *Estudos de História*, Franca, vol. 9, nº 2, 2002.

SARAIVA, Luiz Fernando. *Um correr de casas, antigas senzalas: a transição do trabalho escravo para o livre em Juiz de Fora*. Dissertação (mestrado em História) – UFF, Niterói, 2001.

SCHWARTZ, Stuart. "A manumissão dos escravos no Brasil Colonial – Bahia, 1684-1745". In: *Anais de História*, Assis, nº 6, 1974.

_______. "Purgando o pecado original: compadrio e batismo de escravo na Bahia do século XVIII". In: REIS, João J. (org.). *Escravidão e invenção da liberdade*. São Paulo: Brasiliense, 1988.

_______. *Segredos internos: engenhos e escravos na sociedade colonial, 1550-1835*. São Paulo: Companhia das Letras, 1989.

_______. *Escravos, roceiros e rebeldes*. Bauru: Edusc, 2001.

SCOTT, Rebecca J. *Emancipação escrava em Cuba: a transição para o trabalho livre – 1860-1899*. Rio de Janeiro: Paz e Terra; Campinas: Editora da Unicamp, 1991.

SEVCENKO, Nicolau. *Literatura como missão: tensões sociais e criação cultural na Primeira República*. 2ª ed. São Paulo: Companhia das Letras, 2003.

SILVA, Cristiano Lima da. *Como se livre nascera: a alforria na pia batismal em São João Del Rei (1750-1850)*. Dissertação (mestrado em História) – UFF, Niterói, 2004.

SILVA, Maria Beatriz Nizza da. "A luta pela alforria". In: SILVA, Maria Beatriz Nizza da (org.). *Brasil: colonização e escravidão*. Rio de Janeiro: Nova Fronteira, 2000.

______. *Sistema de casamento no Brasil colonial*. São Paulo: T.A. Queiroz/Edusp, 1984.

SLENES, Robert W. *The demography and economics of Brazilian slavery: 1850-1888*. Tese (doutorado) – Stanford University, Stanford, 1976.

______. "Escravos, cartórios e desburocratização: o que Rui Barbosa não queimou será destruído agora?". *Revista Brasileira de História*, 1985.

______. "Escravidão e família: padrões de casamento e estabilidade familiar numa comunidade escrava. Campinas, século XIX". *Estudos Econômicos*, São Paulo, vol. 17, nº 2, maio/ago. 1987.

______. "Lares negros, olhares brancos: histórias da família escrava no século XIX". *Revista Brasileira de Historia*, 8: 16, mar. 1988 (Reeditado em: ARANTES, Antônio Augusto *et al. Colcha de retalhos: estudos sobre a família no Brasil*. 2ª ed, Campinas: Editora da Unicamp, 1993).

______. "Os múltiplos de porcos e diamantes: a economia escrava de Minas Gerais no século XIX". *Estudos Econômicos*, São Paulo, vol. 18, nº 3, 1988.

______. "*Malungu, Ngoma* vem!: África encoberta e descoberta no Brasil". *Cadernos do Museu da Escravatura*, Luanda, Ministério da Cultura, nº 1, 1995 [Reedição corrigida de: "*Malungu, Ngoma* vem!: África coberta e descoberta do [sic: leia-se "no"] Brasil". *Revista USP*, nº 12, dez. 1991/jan.-fev. 1992, p. 48-67].

______. "Família escrava e trabalho". *Revista Tempo*, Niterói, nº 6, 1998.

______. *Na senzala uma flor: esperanças e recordações na formação da família escrava – Brasil sudeste, século XIX*. Rio de Janeiro: Nova Fronteira, 1999.

_______. "Senhores e subalternos no Oeste paulista". In: ALENCASTRO, Luiz Felipe de (org.). *História da vida privada no Brasil: Império*. 7ª reimpressão. São Paulo: Companhia das Letras, 2004.

_______. "The Brazilian Internal Slave Trade, 1850-1888: Regional economies, slave experience and the politics of a peculiar market". In: JOHNSON, Walter (org.). *Domestic passages: Internal Slave Trades in the Americas, 1808-1888*. New Haven: Yale University Press, 2005.

_______. "A Árvore de *Nsanda* transplantada: cultos *kongo* de aflição e identidade escrava no Sudeste brasileiro (século XIX)". In: LIBBY, Douglas Cole & FURTADO, Júnia Ferreira (orgs.). *Trabalho livre, trabalho escravo: Brasil e Europa, séculos XVII e XIX*. São Paulo: Annablume, 2006.

_______. *A "Great Arch" descending: reflections on manumission rates, slave identities and black social mobility in southeastern Brazil, 1791-1888*. Campinas, nov. 2008 (Texto apresentado para discussão nas linhas de pesquisa em História Social da Cultura e História Social do Trabalho – Cecult/Unicamp).

_______. *A "Great Arch" descending: manumission rates, subaltern social mobility and enslaved, freeborn and freed black identities in southeastern Brazil, 1791-1888*". In: GLEDHILL, John & SCHELL, Patience A. (orgs.). *New approaches to resistance in Brazil and Mexico*. Durham: Duke University Press, 2012.

_______; VOGT, Carlos; FRY, Peter. *Cafundó: a África no Brasil – linguagem e sociedade*. São Paulo: Companhia das Letras, 1996.

SOARES, Márcio de Sousa. *A remissão do cativeiro: alforrias e liberdades nos Campos dos Goitacases, c. 1750-c. 1830*. Tese (doutorado em História) – UFF, Niterói, 2006.

SOARES, Mariza de Carvalho. *Devotos da cor: identidade étnica, religiosidade e escravidão no Rio de Janeiro, século XVIII*. Rio de Janeiro: Civilização Brasileira, 2000.

SOUZA, Elza Coelho de. "Distribuição das propriedades rurais no Estado de Minas Gerais". *Revista Brasileira de Geografia*, 13 (1), jan.-mar. 1951.

SOUZA, Laura de Mello. "Coartação – Problemática e episódios referentes a Minas Gerais no século XVIII". In: SILVA, Maria Beatriz Nizza da (org.). *Brasil: colonização e escravidão*. Rio de Janeiro: Nova Fronteira, 2000.

SOUZA, Sonia Maria de. *Além dos cafezais: produção de alimentos e mercado interno em uma região de economia agroexportadora – Juiz de Fora na segunda metade do século XIX*. Dissertação (mestrado em História) – UFF, Niterói, 1999.

______. *Terra, família, solidariedade...: estratégias de sobrevivência camponesa no período da transição – Juiz de Fora (1870-1920)*. Bauru: Edusc, 2007.

STEIN, Stanley. *Grandeza e decadência do café no Vale do Paraíba, com referência especial ao município de Vassouras*. São Paulo: Brasiliense, 1961.

STEVENSON, Brenda E. *Life in black and white: family and community in slave south*. Nova York: Oxford University Press: 1996.

TEIXEIRA, Heloísa Maria. *Reprodução e famílias escravas de Mariana (1850-1888)*. Dissertação (mestrado em História Econômica) – FFLCH-USP, São Paulo, 2001.

THORNTON, John K. *A África e os africanos na formação do mundo atlântico, 1400-1800*. Rio de Janeiro: Elsevier, 2004.

VALVERDE, Orlando. "Estudo regional da Zona da Mata de Minas Gerais". *Revista Brasileira de Geografia*, Rio de Janeiro, nº 1, jan./mar. 1958, p. 3-82.

VILLA, Carlos Eduardo Valencia. *Produzindo alforrias no Rio de Janeiro no século XIX*. Dissertação (mestrado em História) – UFRJ, Rio de Janeiro, 2008.

WINCH, Donald. *Classical political economy and the colonies*. Cambridge: Harvard University Press, 1965.

AGRADECIMENTOS

O fim de um trabalho acadêmico é sempre muito gratificante. Já se passaram alguns anos desde a defesa da tese. Apesar disso, sempre nos lembramos de toda a trajetória e daqueles que estiveram sempre conosco ajudando, apoiando, torcendo, incentivando. A esses se somam outros tantos que, ao longo dos anos, têm tido papel importante na vida profissional e pessoal. Sempre há o risco de esquecer alguém. Sabendo disso, já me desculpo e agradeço àqueles que direta ou indiretamente estiveram comigo ao longo desses anos.

Os agradecimentos são muitos! Começo agradecendo à responsável por tudo isso. Minha mãe Sebastiana Francisca!!! Exemplo de força, luta e perseverança. Esteve comigo todo esse tempo, tanto nos bons quanto nos maus momentos. Não tenho dúvidas que sem a ajuda dela teria trilhado outro caminho, talvez não tão gratificante quanto o que escolhi. Mãe, essa vitória é sua!!! Agradeço também a minhas irmãs Dalila e Flaviana Freire pelo incentivo e ajuda nesta caminhada. Sou grato também ao meu pai Flavio Cirino Freire.

Robert Slenes, o nosso *Branco Velho*, mestre de sabedoria e humildade, orientou este trabalho com extrema competência, curiosidade, respeito e muito bom humor. Grande malungu e historiador! Com ele pude aprender um pouco mais, diria muito mais, sobre o ofício de historiador. Suas críticas e sugestões sempre precisas possibilitaram os resultados que ora apresento. A ele agradeço também o apoio que sempre deu às minhas "escolhas" durante a pesquisa, sempre me colocando nos trilhos quando eu parecia me afastar dos objetivos propostos. Mesmo depois de alguns anos, Bob continua colaborando com a minha formação, afinal de contas, orientador é para sempre. Enfim, além de mostrar minha gratidão, só posso dizer que foi um grande prazer tê-lo como orientador!

Não posso também deixar de agradecer a outros dois professores com quem pude conviver e entender um pouco mais, sobretudo, sobre a história do Brasil. São eles Sidney Chalhoub e Silvia Hunold Lara. A eles agradeço também a participação na qualificação. Suas críticas e sugestões naquele momento foram fundamentais para a pesquisa, e procurei, na medida do possível, incorporá-las.

Agradeço à banca examinadora da tese, composta por Sidney Chalhoub, Silvia Hunold Lara, Carlos de Almeida Prado Bacellar e José Flávio Motta. Suas arguições e indicações foram muito importantes para amadurecer ideias e para novos rumos na pesquisa. Procurei, sempre que possível, incorporar as críticas e sugestões. Aos dois últimos agradeço também a interlocução mesmo depois de findo o trabalho. A José Flávio sou grato ainda por ter aceito escrever a orelha deste livro.

O Centro de Estudos em História Social da Cultura (Cecult) da Unicamp possibilitou todo o aparato técnico e acadêmico para a consecução do trabalho. As reuniões na linha de pesquisa em História Social da Cultura e em História Social do Trabalho, bem como os diversos encontros com pesquisadores de todas as partes, promovidos por este Centro de Pesquisa, permitiram um intercâmbio fundamental e alargaram os horizontes da investigação. Não poderia aqui deixar de agradecer muito a Flavia Renata Peral, que sempre, e ainda hoje continua, com muita paciência, gentileza e competência se colocando à disposição para ajudar. Agradeço também à Unicamp e em especial ao Departamento de História pela infraestrutura e acolhida.

Angelo Alves Carrara foi o responsável pelo gosto com a pesquisa. Ainda nos tempos de ICHS/Ouro Preto, ele me "arremessou" nos registros paroquiais e, a partir de então, não parei mais. Além de mestre, tornou-se um grande amigo e continua me ajudando e aconselhando não só na pesquisa, mas também na vida. Além de minha admiração por seu trabalho enquanto historiador, também não posso deixar de apontar a grande pessoa que, com certeza, tem tudo a ver com a família, sobretudo Cecília e Marina. Angelo muito obrigado por tudo!

Agradeço a alguns colegas e professores que durante esses anos me auxiliaram de maneiras diversas. Gostaria de agradecer novamente a José Flavio Motta, pelo interesse que tem demonstrado pela pesquisa desde algum tempo. Agradeço, principalmente por ter me possibilitado assistir ao seu curso, ministrado na USP, sobre "Demografia Histórica". As discussões feitas com os colegas naquela disciplina foram muito valiosas, especialmente no momento em que a pesquisa começava a ficar mais fechada. Iraci Del Nero Costa, mesmo sem conhecê-lo pessoalmente, foi, e continua sendo, sempre solicito e rápido em sanar minhas dúvidas. Eduardo França Paiva tem sido presença constante nos últimos anos. Além da amizade, respeito e dos diálogos devo a ele um "novo olhar" para algumas questões com as quais venho trabalhando nos últimos anos. Outros tantos pesquisadores fizeram críticas e sugestões e seria aqui difícil apontar todos. Contudo, agradeço de forma especial àqueles que conheci nos encontros da ABEP, ABPHE, Cedeplar/UFMG e no Seminário sobre a História Econômica e Social da Zona da Mata Mineira. O meu muito obrigado também às professoras e amigas Maria de los Ángeles Merino Fuentes e Aisnara Perera Díaz, que gentilmente me forneceram material bibliográfico sobre Cuba.

Sou grato à Fundação de Amparo à Pesquisa do Estado de São Paulo (Fapesp) pelos financiamentos à pesquisa: ao presente livro. Sem essa bolsa ficaria muito mais difícil concluir a investigação e apresentar os resultados preliminares desse trabalho ao longo dos anos. Agradeço de modo especial ao meu parecerista, que sempre apontou "caminhos", apoiando o desenvolvimento da pesquisa.

Aos funcionários dos arquivos em que pesquisei, muito obrigado pelo empenho e dedicação. Em Juiz de Fora, no Arquivo da Cúria Metropolitana, agradeço a Rosângela, que me facultou o acesso aos documentos paroquiais. No Arquivo da Universidade Federal de Juiz de Fora ao Professor Galba, a Edna e ao Tarcísio. Para com o Arquivo da Cidade de Juiz de Fora tenho uma dívida de gratidão com os amigos Elione Guimarães e Henrique Lacerda, Chicão, e seus bolsistas. Henrique e Elione deram dicas, indicaram fontes e em nossas conversas pude aprender um pouco mais sobre a história de Juiz de Fora. A vocês o meu muito obrigado! Sou grato também aos funcionários do Arquivo Público Mineiro em Belo Horizonte e aos do Arquivo Histórico José Altair Savassi na cidade de Barbacena. Ainda em Barbacena, em particular agradeço à historiadora Erlaine Januário e sua família. Amiga que, sempre com muita gentileza, indicou fontes e se colocou à disposição para ajudar em todas as ocasiões.

Aos irmãos de sempre, Leonardo Seoldo Ferreira, Andrea Tassara e a pequena Ana Laura; Cid Gerardo Naves de Oliveira; Sergio Rodrigues (Sanduba). Os amigos que fiz em Ouro Preto, na época da graduação, muito me ajudaram, em especial aos irmãos da "República Tabu". Sylvio Elvis da Silva Barbosa, Cristiano Magson Genelhu e Silvia, Alexandre Carneiro Spindola e Lílian, Zapa, Fabiana

Muniz da Silveira e Lumena, Gabriela Moyle, Juliana Campos de Almeida foram muito importantes. Da mesma forma, tenho muito a agradecer aos amigos do "Consulado Mineiro" pela amizade e companheirismo durante o tempo de mestrado e que permanece ainda muito forte, sobretudo a Flavio Henrique Dias Saldanha, Marcelo de Souza Silva, Augusto Rischitelli e Tassio Franchi. Não poderia esquecer também dos amigos Marcos Sorilha e Claudia Bovo, Cássio Tomain e Lucas Pinheiro. À professora Maria Aparecida de Souza Lopes agradeço pelo aprendizado e empenho na pesquisa do mestrado, que possibilitaram a "ponte" entre Unesp/Franca e a Unicamp.

Quando cheguei a Campinas logo de pronto recebi o apoio do amigo Samuel Fernando de Souza e da Tatiana Takatuzi, que abriram as portas de sua casa e me acolheram por um bom tempo. A vocês, muito obrigado! Durante os anos de doutorado conheci muitas pessoas que de formas variadas em muito participaram de minha trajetória. Agradeço aos amigos "campineiros" Albertina Lima Vasconcellos (*in memorian*), Karen Fernanda Rodrigues de Souza, Paula Nomellini Bin, Mairon Escorsi Valério, Guilherme Pinheiro Pozzer, Flavio Carnielli, Ricardo Pirola, Endrica Gerardo, Uassyr de Siqueira, Juliana Gesuelli Meirelles, Marcela Jussara Miwa, Gláucia e Laura Candian Fraccaro. Mais recentemente pude conhecer e conviver com meus amigos da "terra da magia", Luciana da Cruz Brito, Kleber dos Santos e Iaci Maya, a quem agradeço pela força.

Em Campinas ainda tive o privilégio de compartilhar moradia e experiências com algumas pessoas que acompanharam de perto este trabalho, muito me ajudaram e a quem sou imensamente grato, Renilson Rosa Ribeiro, Glaydson José da Silva, Adilton Luis Martins, Jair Batista da Silva, Luisa Wittman e Marcelo Theo.

Outros colegas e professores que conheci ao longo desses anos ou estreitei ainda mais os laços de companheirismo foram Rômulo Andrade Garcia, Paulo Miceli, Glauber Biazzo, Maria Silvia Bassanezzi, Vitória Schettini, Cristiano Restitutti, Cláudio Carlan, Raquel, Giovana Xavier Côrtes, Kátia Lorena Novais Almeida, Raquel Pereira Francisco, Anderson Roberti dos Reis, Gustavo Accioli Lopes, Gustavo Tuna, Paula Chaves Teixeira, Cristiane Santos, Lizandra Meyer Ferraz, Paulo Eduardo Teixeira, Ynaê Lopes dos Santos, Daniela Magalhães Teixeira, Lerice Garzoni, Ana Gomes Porto, que em momentos diversos contribuíram para este trabalho. Não posso deixar de agradecer aos queridos Luiz Fernando Saraiva e Rita Almico, além de grandes historiadores, amigos muito queridos e grandes incentivadores nessa jornada. Gostaria de agradecer também a Maria Helena Pereira Toledo Machado pelo carinho e incentivo nestes últimos anos. Da mesma forma, agradeço aos professores e amigos Théo Lobarinhas Piñeiro e Carlos Gabriel Guimarães. Desde o término da tese, novos companheiros surgiram: Alexander Gebara, Rita Barros, Sergio Montalvão, Fernando Lamas, Vinícius Maia Cardoso, Isnara Pereira Ivo.

A outra parte de minha família, Rogério Carula (*in memorian*), Alaide Campolina Carula, Aline Carula e Fabrício Fontes, bem como os pequenos Ivan, Geovane e Tales. Seu Carlito" e Dona Neuza, Christian Rodrigues de Souza, Cíntia Campolina Onofre, César Rafaeli Munhoz. As conversas sempre agradáveis mesmo que não tratassem do tema deste trabalho, ajudaram a tornar mais leve esta caminhada. Agradeço demais ao padrinho Edvaldo, a Dona Maria, seu Zé e a vó Catarina.

Maísa Faleiros da Cunha foi interlocutora deste trabalho desde o começo. Com ela aprendi muito sobre a demografia da escravidão. Sua competência e generosidade ao longo dos anos foram fundamentais. Compartilhamos números, bibliografias, angústias, tristezas e alegrias... A ela agradeço por todas as sugestões, críticas, respeito e confiança, além do incentivo mesmo quando eu achava que o trabalho não estava legal. Acima de tudo agradeço a ela e ao Otávio Diniz pela amizade, que sem dúvida foi uma das grandes alegrias ao longo desses anos.

Juliana Gesuelli Meirelles é outra irmã que ganhei ao longo dos anos. Sempre de bom humor e torcendo muito por cada conquista, sua ajuda e carinho têm sido incontáveis e muito importantes ao longo dos anos. Ju obrigado demais!

Aos meus irmãos Carlos Eduardo Moreira de Araújo, Marcelo Mac Cord, Robério Santos Souza. O que dizer de vocês... O núcleo duro da Diretoria. Sem vocês ia ser muito difícil. Ufa!!! Quantas resenhas, dúvidas, angústias, tristezas e alegrias compartilhadas nestes anos. Além de irmãos e amigos, grandes historiadores. Cada um a seu modo me ensinou muito sobre amizade, cumplicidade, respeito, profissionalismo. Cresci muito enquanto indivíduo convivendo com vocês e vou levar para o resto de minha vida nossa grande amizade. Obrigado por tudo!!!

Desde 2009, tenho tido o prazer e a satisfação de trabalhar no Programa de Pós-Graduação em História da Universidade Salgado de Oliveira em Niterói. Esse tem sido um aprendizado único! Mas não é só isso. Ali fiz grandes amizades!!! É difícil expressar minha gratidão e carinho! Jorge Prata de Souza me abriu as portas da Universidade. Junto com ele, Marcia Amantino, Carlos Engemann, Marieta

Pinheiro de Carvalho, Érica Sarmiento, Francisco Calazans Falcon, Mary del Priore, Angélica Muller, Marcelo Thimóteo e Marly Vianna, além de grandes historiadores têm a cada dia me brindado com manifestações de carinho e amizade que nunca esquecerei!!! Ao longo dos anos, eles têm sido grandes amigos, com os quais aprendo uma coisa nova a cada dia. Agradeço também a Fernanda e Marcela, sempre solícitas e dispostas a resolver as questões burocrático/acadêmicas. Não posso deixar de agradecer muito pelo carinho, amizade e pelos divertidos encontros a Maria Aurora Dias Ribeiro da Costa, Rogério da Silva Lopes, Andrea Reis Bernardes Engemann e André Luiz Carvalho, que fazem parte dessa família estendida.

Karoline Carula. A você um agradecimento mais do que especial. Obrigado por tudo!!! Companheira, amiga... Difícil descrever. Você foi quem me acompanhou mais de perto durante todos esses anos. Compartilhou comigo todas as "fases" boas e ruins. E ficou ali, me apoiando, puxando a orelha, dando carinho e atenção, corrigindo os textos, procurando tornar a minha caminhada cada dia mais amena. Quero que saiba que o carinho, amizade, companheirismo, amor que sinto por você foram desde sempre o meu arrimo durante esta caminhada. MUITO OBRIGADO!

Esta obra foi impressa em São Paulo na primavera de 2014. No texto, foi utilizada a fonte Adobe Jenson Pro em corpo 11,2 e entrelinha de 15,5 pontos.